KARL CHRIST

NEUE PROFILE DER ALTEN GESCHICHTE

KARL CHRIST

NEUE PROFILE DER ALTEN GESCHICHTE

WISSENSCHAFTLICHE BUCHGESELLSCHAFT
DARMSTADT

Einbandbild: 1½facher Solidus des Constantius II (337–361) geprägt, 342/343 in Trier. Mit freundlicher Genehmigung des Rheinischen Landesmuseum Bonn.

CIP-Titelaufnahme der Deutschen Bibliothek

Christ, Karl:
Neue Profile der Alten Geschichte / Karl Christ. –
Darmstadt: Wiss. Buchges., 1990
ISBN 3-534-10289-4

Bestellnummer 10289-4

Gedruckt auf säurefreiem und alterungsbeständigem Werkdruckpapier
Satz: Maschinensetzerei Janß, Pfungstadt
Druck und Einband: Wissenschaftliche Buchgesellschaft, Darmstadt
Printed in Germany
Schrift: Linotype Garamond, 9,5/10,5

ISBN 3-534-10289-4

INHALT

Anhang

1

EINLEITUNG

Wie die erstmals 1972 erschienene Monographie ›Von Gibbon zu Rostovtzeff‹ (Darmstadt ^{3}1989), so möchte auch der vorliegende kleine Band die Entwicklung und die Vielfalt der Alten Geschichte in der Form von Orientierungen über Leben und Werk maßgebender Althistoriker aufzeigen. Standen damals die Klassiker unserer Disziplin im Mittelpunkt der Betrachtung, jene Gelehrten, welche die wissenschaftlichen Grundlagen des Faches in den verschiedensten Bereichen schufen, so hier vor allem die großen Gestalten des zweiten und des letzten Drittels unseres Jahrhunderts.

Bei der Auswahl wurde bewußt ein strenger Maßstab angelegt. Berücksichtigen ließen sich nur solche Althistoriker, deren Werk internationale Beachtung und Anerkennung fand, insbesondere jene, die sich durch Innovationen in Methode oder Thematik sowie durch bedeutsame Forschungsresultate auszeichneten oder deren Einfluß in der Disziplin und in weiteren Leserkreisen ungewöhnliche Dimensionen erreichte.

So erklärt sich die Beschränkung auf Andreas Alföldi, den ungarischen Althistoriker, welcher die Antike Numismatik und die Archäologie auf ganz neue Weise mit der Geschichte des Altertums verband, auf Joseph Vogt und Helmut Berve, die die Kontinuität der geisteswissenschaftlichen Tradition in Deutschland in sehr verschiedenartiger Weise repräsentierten, auf Ronald Syme, den Meister der Prosopographie und zugleich den Historiker der ›Römischen Revolution‹ und Analytiker der römischen Geschichtsschreibung, auf Arnaldo Momigliano, den Begründer einer modernen ›History of Historiography‹ und Erweiterer der Dimensionen der althistorischen Disziplin, und schließlich auf Moses Finley, den eigenwilligen Initiator im Bereich der Sozial- und Wirtschaftsgeschichte des Altertums.

Gerne sei eingeräumt, daß auch diese Auswahl letzten Endes subjektiv ist und daß man mit einigem Recht auf die große Bedeutung anderer Gelehrter hinweisen kann. Indessen sollten reine Spezialisten[1] hier ebensowenig aufgenommen werden wie diejenigen Althistoriker der behandelten Generation, die bereits an anderer Stelle ausführlich gewürdigt sind.[2] Für Gelehrte aus der Sowjetunion, der Deutschen Demokratischen Republik und anderen sozialistischen Ländern fehlten dem Verfasser leider die notwendigen Informationen.[3] Vielleicht wird sich dies in Zukunft ändern.

Selbstverständlich sind auch wissenschaftsgeschichtliche Urteile an den Erkenntnisstand und an die Perspektiven der jeweiligen Gegenwart gebunden. Es läßt sich nicht ausschließen, daß spätere Generationen die hier behandelten Gelehrten anders bewerten und hier nicht berücksichtigte Althistoriker in den Vordergrund rücken werden. Auch für die Wissenschaftsgeschichte gilt Mommsens Bild vom unendlichen Instanzenzug der Geschichte, für die Persönlichkeiten der untersuchten Forscher jedoch Friedrich Meineckes Lieblingswort des „individuum est ineffabile".

So verschiedenartig die hier berücksichtigten Forscher nach Herkunft, Bildungsgang, Erkenntnisinteressen und wissenschaftlicher Leistung sind, sie gehören alle jener Generation an, die in den zwei Jahrzehnten vor dem Ausbruch des I. Weltkrieges geboren wurde und die ihre wissenschaftliche Karriere erst während der zwanziger Jahre unseres Jahrhunderts – oder darnach – begann. Sie alle wurden dann, freilich in sehr unterschiedlicher Weise, von Politik, Kriegführung und Verbrechen der europäischen Diktaturen und Ideologien betroffen, alle tief in das Geschehen des II. Weltkriegs verstrickt, an dessen Folgen sie alle zu leiden hatten. Gleichwohl liegt der Höhepunkt ihres Wirkens zumeist in der Zeit darnach.

Bei der Darstellung von Leben und Leistung der hier behandelten Gelehrten wurde jene Methode beibehalten, die sich bereits in der Sammlung ›Von Gibbon zu Rostovtzeff‹ bewährte. Das heißt, es werden jeweils Lebens- und Bildungsgang des betreffenden Historikers skizziert, politische, gesellschaftliche, religiöse wie wissenschaftliche Voraussetzungen seiner Werke gezeigt, diese selbst dann

[1] Dies galt auch für den Meister der griechischen Epigraphik L. Robert (1904–1985). Zu ihm siehe P. Herrmann, Louis Robert, Gnomon 58, 1986, 81–83.

[2] Siehe die bibliographischen Angaben im Anhang, S. 346ff.

[3] Die derzeit beste Einführung in diesen Problemkreis bietet H. Heinen (Hrsg.), Die Geschichte des Altertums im Spiegel der sowjetischen Forschung. Darmstadt 1980 (Erträge der Forschung, 146).

mit ausgewählten und charakteristischen Zitaten vergegenwärtigt.[4] Resonanz, Kritik und Wirkung sollten schließlich wenigstens knapp berücksichtigt werden.

Im Unterschied zu den ausführlichen Gelehrtenbiographien alter und neuer Art verzichten die folgenden wissenschaftsgeschichtlichen Miniaturen in der Regel auf alle moralischen Wertungen ebenso wie auf die Berücksichtigung des Privatlebens oder der sozialen Beziehungen und Leistungen der einzelnen Historiker. Ein besonderes Problem stellte bei den deutschen Professoren die Bewertung ihres Verhaltens in der Ära des Nationalsozialismus dar.[5] Wissenschaftsgeschichtliche Untersuchungen können sich dabei, aller *oral history* zum Trotz, bisher in der Regel nur an die gedruckten Äußerungen halten: scripta manent. Es ist evident, daß damit nur *eine* Seite von Bewährung, Versagen oder Indifferenz eines Gelehrten im nationalsozialistischen Staat erfaßt werden kann. Wer indessen solche Texte aus der Distanz mit wissenschaftsgeschichtlichen Intentionen analysiert, wirft sich weder zum moralischen Ankläger auf, noch beabsichtigt er, die betreffenden Personen zu diffamieren. Er versucht vielmehr zu ergründen, warum diese Gelehrten Opfer der nationalsozialistischen Ideologie und damit zugleich ungewollt Handlanger eines zutiefst verbrecherischen Systems geworden sind. Gerade für die Wissenschaftsgeschichte gilt in besonderer Weise Ciceros Wort: *Nam quis nescit primam esse historiae legem, ne quid falsi dicere audeat? Deinde ne quid veri non audeat?* (De oratore II, 15, 62).

Der Anhang des Bandes bringt dann in übersichtlicher Form die notwendigen bibliographischen Informationen zur Wissenschaftsgeschichte der Althistorie generell wie zu den behandelten Autoren. Es wäre nicht das schlechteste Resultat des Buches, wenn es neues Interesse für die Werke dieser bedeutenden Althistoriker

[4] Dabei wurden insbesondere auch schwer zugängliche Texte berücksichtigt.

[5] Die allgemeine Problematik behandelt in vorbildlicher Weise H. Seier, Die Hochschullehrerschaft im Dritten Reich, in: K. Schwabe (Hrsg.), Deutsche Hochschullehrer als Elite 1815–1945. Boppard 1988, 247–295. – Zu den speziellen Entwicklungen siehe V. Losemann, Nationalsozialismus und Antike. Hamburg 1977; K. Christ, Römische Geschichte und deutsche Geschichtswissenschaft. München 1982, 195 ff.; B. Näf, Von Perikles zu Hitler? Bern 1986.

wecken und damit den geistigen Reichtum unserer alten Disziplin vermitteln könnte.

Versucht man, die hier behandelten Althistoriker in die Gesamtentwicklung der Altertums- und Geschichtswissenschaften einzuordnen, so schlagen sie gleichsam die Brücke von der „klassischen" Epoche dieser Disziplinen im 19. Jahrhundert[6] zur Gegenwart. Altersmäßig gehören sie, vereinfacht gesagt, der Generation der Mommsen-Enkel an; zum Teil haben sie die großen Meister der Zeit nach Mommsen, den Universalhistoriker Eduard Meyer und den damals führenden Philologen Ulrich von Wilamowitz-Moellendorff, noch persönlich kennengelernt. Andererseits überschattet ihr Wirken zweifellos noch die Gegenwart; durch ihr wissenschaftliches Werk wie durch ihre Schüler sind sie noch immer einflußreich und präsent.

Als sie mit ihrer wissenschaftlichen Arbeit begannen, dominierten weithin die Methoden der politischen Geschichte, der Verfassungs- und Rechtsgeschichte wie der Geistesgeschichte. Gleichzeitig standen sie im Bann der ebenfalls von Theodor Mommsen forcierten modernen Groß- und Spezialforschung, der sich damals entfaltenden systematischen Editionsprojekte für die antiken Inschriften, Münzen, Papyri und die archäologischen Denkmäler. In der Situation nach dem I. Weltkrieg sahen sie deshalb eine Herausforderung für ihre eigenen, oft neuen methodischen Impulse.

Von Moses Finley abgesehen, der sich von Anfang an konsequent zu sozialwissenschaftlichen Ansätzen bekannte, überwogen bei den behandelten Forschern und Gelehrten noch immer die geistesgeschichtlichen Perspektiven und Methoden. Im Zeitalter der Ideologien mußte dies notwendig zur Verstrickung in deren Spannungsfeld führen, einer Verstrickung, die ein *sacrificium intellectus* ebenso nach sich ziehen konnte wie die Gefährdung der Existenz.

Die Gruppe der behandelten Gelehrten wuchs noch in einer Bildungstradition auf, in der die Bedeutung der klassischen Studien zwar schon in Frage gestellt wurde, deren Position im wesentlichen aber noch immer gefestigt war.[7] Die Mehrzahl dieser Althistoriker

[6] Vergleiche die Beiträge in: K. Christ – A. Momigliano, Die Antike im 19. Jahrhundert in Italien und Deutschland. Bologna 1988 (Istituto Italo-Germanico in Trento, Contributi, 2).

[7] Siehe hierzu insbesondere die Studien in: Philologie und Hermeneutik

besaß ein sehr scharfes Bewußtsein für die Gefährdung ihrer Prioritäten durch die Auswirkungen neuer bildungspolitischer Entscheidungen; sie sah sich deshalb auch schon zu apologetischen Aktionen genötigt. Im Schwanken zwischen der Anpassung an neue geistige Strömungen und der trotzigen Weiterführung bewährter Methoden, die dann von Jüngeren als „atavistisch" bezeichnet wurden, bestand ihr Dilemma.

Ungeachtet völlig verschiedener Arbeitsschwerpunkte und ungeachtet aller persönlichen, weltanschaulichen, politischen und wissenschaftlichen Differenzen blieben die hier vorgestellten Forscher noch immer durch manche Gemeinsamkeiten verbunden. Was sich indessen schon zu ihren Lebzeiten abzeichnete, sollte schließlich die Entwicklung gegen Ende des Jahrhunderts bestimmen: zunächst die völlige Veränderung der Rahmenbedingungen wissenschaftlicher Arbeit im Zeitalter der ‚geöffneten' Massenuniversität sowie einer auf ‚Entrümpelung' bedachten Wissenschaftspolitik in Ost und West, die in den humanistischen Studien zum Teil obsolete, elitäre Aktivitäten sah, die nur noch bedingt förderungswürdig erschienen. Gleichzeitig trug die fortschreitende wissenschaftliche Spezialisierung einerseits zur weiteren Aufsplitterung der Disziplin bei, andererseits durch den Einsatz des aufwendigen neuen technischen Instrumentariums der Datenverarbeitung zur Konzentration der Großforschung in zuvor nie gekanntem Ausmaß.

Von der deutlichen Reaktion auf die Ideologisierung der wissenschaftlichen Arbeit profitierte nach dem II. Weltkrieg insbesondere die Spezialforschung. Quelleneditionen, die Publikationen von Inschriften, Münzen und anderen Zeugnissen des Altertums,[8] personengeschichtliche Forschung[9] oder im weiteren Sinne pragmatische, neopositivistische Arbeiten, wie sie in der Bundesrepublik insbesondere für H. Bengtson und dessen Schule charakteristisch waren,[10] zunächst aber auch im Umfeld der alten Berliner Akademie der Wissen-

im 19. Jahrhundert. II. Hrsg. von M. Bollack und H. Wismann. Göttingen 1983.

[8] Hervorzuheben sind hierbei vor allem die Arbeiten von G. Alföldy, W. Eck, Chr. Habicht, P. Herrmann, K. Kraft und vielen anderen.

[9] Aus der großen Zahl einschlägiger Studien seien lediglich diejenigen von G. Alföldy, W. Eck und U. Vogel-Weidemann genannt.

[10] Eine Übersicht über deren Produktion gab H. Bengtson, Jahrbuch

schaften und deren Nachfolgeinstitutionen weitergeführt wurden,[11] boten größeren Anreiz und tiefere Befriedigung als die Unterwerfung unter umstrittene, sich häufig rasch ändernde ideologische Prioritäten.

Wenn daneben vor allem im deutschen Bereich in einer traditionalistischen Phase zunächst ältere Arbeitsrichtungen, wie zum Beispiel politische und Verfassungsgeschichte auf hohem Niveau und zum Teil auch in durchaus persönlicher Akzentuierung neu belebt wurden,[12] so kam es seit den späten sechziger Jahren zu einer bis heute andauernden modernistischen Methodenvielfalt. Im Rückgriff auf Max Weber[13] wurde Strukturgeschichte praktiziert, Begriffsgeschichte neu akzentuiert,[14] politische Anthropologie und Mentalitätsgeschichte erprobt.[15]

Auf sehr verschiedenartige Weise und in sehr unterschiedlichen Höhenlagen entfalteten sich jetzt aber auch die zahlreichen Spielarten der Sozial- und Wirtschaftsgeschichte des Altertums,[16] die von

der historischen Forschung 1978 (1979), 13–32. Schriftenverzeichnis 1936–1973 in: H. Bengtson, Kleine Schriften zur Alten Geschichte. München 1974, 649ff.

[11] Siehe K. Christ, Römische Geschichte und deutsche Geschichtswissenschaft. München 1982, 314 ff.

[12] Zu erwähnen sind hierzu vor allem die Arbeiten von A. Heuß und J. Bleicken, V. Ehrenberg sowie von H. Schäfer und dessen Heidelberger Schule und Ernst Meyer.

[13] Den entscheidenden Impuls gab A. Heuß, Max Webers Bedeutung für die Geschichte des griechisch-römischen Altertums, Historische Zeitschrift 201, 1965, 529–556. Zu Max Webers Rezeption ist besonders wichtig: die Einleitung von J. Deininger, in: M. Weber, Die römische Agrargeschichte . . ., Tübingen 1986 (Max Weber Gesamtausgabe I, 2), 1 ff. – Auf M. Weber beriefen sich unter anderen W. Dahlheim, Th. Hantos, Chr. Meier, W. Schuller – um nur einige Namen zu nennen.

[14] Chr. Meier, Die Entstehung des Politischen bei den Griechen. Frankfurt 1980.

[15] Chr. Meier–P. Veyne, Kannten die Griechen die Demokratie? Berlin 1988; U. Raulff (Hrsg.), Mentalitäten-Geschichte. Berlin 1987.

[16] Aus der reichen Produktion seien lediglich hervorgehoben: Fr. Gschnitzer, Griechische Sozialgeschichte. Wiesbaden 1981; M. Austin – P. Vidal-Naquet, Gesellschaft und Wirtschaft im alten Griechenland. München 1984; G. Alföldy, Römische Sozialgeschichte. Wiesbaden [3]1984; ders., Die römische Gesellschaft. Ausgewählte Beiträge. Stuttgart 1986; Fr. De Martino, Wirtschaftsgeschichte des alten Rom. München 1985.

den breiten Strömungen der Soziologie[17] wie der Geschichtswissenschaften zusätzliche Impulse erhielten. Zwischen der Beharrungskraft ihrer traditionellen Ansätze[18] und dem Experimentieren mit neuen Methoden, zwischen der Kontinuität der Quellenkritik und der intellektuellen Verfremdung ihrer Materie, zwischen vielversprechenden Innovationen und modischen Eintagsfliegen behauptet sich die Disziplin in der Gegenwart.

Gerade in einer solchen Situation dürfte es sich empfehlen, an die Leistungen, aber auch an die Gefährdungen jener Forschergeneration zu erinnern, auf deren Schultern wir heute stehen, das heißt, jene neuen Profile aufzuzeigen, die die Alte Geschichte in unserem Jahrhundert erhielt.

Wie sein Vorgänger, so ist auch dieses kleine Buch aus Marburger Lehrveranstaltungen hervorgegangen. Den Studierenden und den Mitarbeitern des Marburger Althistorischen Seminars weiß sich der Verfasser für ihre Anregungen und ihre Hilfe dankbar verbunden, insbesondere Frau A. Schneider und den Herren Dr. V. Losemann und M. Peter. Ein besonderer Dank gilt daneben auch H. Bellen für seine Unterstützung des Vogt-Kapitels, den italienischen Freunden und nicht zuletzt Frau Dr. A. M. Meyer, London, für jene bei A. D. Momigliano.

[17] Grundlegend für die Problematik ist immer noch D. Timpe, Alte Geschichte und die Fragestellung der Soziologie, Historische Zeitschrift 213, 1971, 1–12,

[18] Siehe den Gesamtüberblick bei K. Christ, Römische Geschichte und deutsche Geschichtswissenschaft. München 1982.

2

ANDREAS ALFÖLDI
(1895–1981)

I

Der zuletzt in Princeton lebende Andreas Alföldi gehörte zu jenem kleinen Kreis von Altertumswissenschaftlern, die sich in aller Welt zu Hause fühlen konnten. Durch zahllose Forschungs- und Vortragsreisen waren ihm die großen Sammlungen und Institute der Vereinigten Staaten und Europas vertraut, die meisten Münzkabinette und Museen kannte er persönlich. Einflußreiche Schüler und Kollegen boten ihm immer neue Bühnen, um die Resultate seiner Forschungen mitzuteilen, unterstützten ihn bei seinen Arbeiten, realisierten seine zum Teil weit ausgreifenden Pläne und sicherten ihm eine ungewöhnliche internationale Resonanz. Für Numismatiker, Archäologen, Prähistoriker, Althistoriker, Philologen, Religionswissenschaftler sowie für die Vertreter weiterer Nachbardisziplinen besaß Alföldis Name schon zu Lebzeiten klassischen Rang. Zahlreiche Ehrendoktorate, Mitgliedschaften in Akademien und andere hohe Auszeichnungen, wie die Aufnahme in den Orden „Pour le Mérite", verliehen ihm zusätzlichen Glanz.

Geprägt wurde dieser weltläufige Mann indessen völlig vom Erleben der Endphase der k. u. k. Monarchie, vor allem von der Zeit Kaiser Franz Josephs, und tief verwurzelt blieb er stets in seiner ungarischen Heimat.[1] In Pomáz bei Budapest war Andreas Alföldi am 27. 8. 1895 als Sohn eines Arztes geboren worden und hatte dann an einem humanistischen Gymnasium in Budapest eine sehr gediegene und zugleich vielseitige Bildung erworben. Obwohl er sich schon früh für die archäologischen Denkmäler seiner Heimat zu interes-

[1] Die Nachzeichnung des Lebenslaufs folgt den Nachrufen von M. R.-Alföldi, Historische Zeitschrift 233, 1981, 781–786; G. Alföldy, Gnomon 53, 1981, 410–414; J. Heurgon u. a., Journal des Savants 1981, 197–227 sowie der Gedenkpublikation des Institute for Advanced Study, Andrew Alföldi 1895–1981. Princeton 1982.

sieren begann, verlief sein weiterer Werdegang alles andere als reibungslos. Nach dem Tode des Vaters im Jahre 1910 waren die Mittel und die Möglichkeiten der Familie zunächst sehr begrenzt. Dennoch konnte Alföldi nach dem Abitur in Budapest ein Studium der Altertumswissenschaften aufnehmen, das er durch vielfältige persönliche Initiativen ergänzte, unter anderem auch durch die autodidaktische Bemühung um die Antike Numismatik.[2]

Wie viele Angehörige des ungarischen Bürgertums zog Alföldi begeistert in den I. Weltkrieg; er wurde jedoch 1917 schwer verwundet und schließlich hochdekoriert aus der Armee entlassen. Stolz hat er stets auf jene Jahre der persönlichen Bewährung in außerordentlichen Lagen zurückgeblickt und sich immer ein Interesse an allen militärischen und strategischen Fragen bewahrt. Die nationale Demütigung Ungarns durch den Frieden von Trianon verstärkte zugleich seine Heimatverbundenheit und sein Eintreten für die historischen Interessen seines Landes. Über allen Wechsel der politischen Entwicklungen und Systeme hielt er daran unbeirrt fest.

Die Fortsetzung und der Abschluß des Studiums an der Universität Budapest erfolgten unter der Leitung von Valentin Kuzsinsky, der 1919 auch Alföldis Dissertation über ›Pannonische Tonmodel und Imperiale Ikonographie‹[3] betreute, ein ungewöhnliches, doch für Alföldis Prioritäten bezeichnendes Thema. Ging es ihm dabei scheinbar zunächst lediglich um die historische Auswertung einer begrenzten und bisher vernachlässigten Gruppe bescheidener archäologischer Denkmäler, so dokumentiert diese Studie doch zugleich ebenso Alföldis persönlichen methodischen Ansatz wie die leitenden Perspektiven seiner Fragestellungen in jenen Jahren. Beides resultierte letzten Endes aus der speziellen Überlieferungslage der Geschichte des Donauraums im Altertum wie aus dem damaligen Forschungsstand im ungarischen Bereich.

[2] Seine erste Veröffentlichung war die Rezension von Á. Buday, Római felirattan (Römische Epigraphik) in: Archaeologiai Értesitö 34, 1914, 430f. Zu Alföldis autodidaktischer Bemühung um die Antike Numismatik siehe G. Alföldy, a. O., 410.

[3] Pannoniai agyagminták es vonatkozásaik a császárokra, Archaeologiai Értesitö 38, 1918–19, 1–36. – Alföldi griff das Thema zwei Jahrzehnte später in der Festschrift für seinen Lehrer wieder auf: Tonmodel und Reliefmedaillons aus den Donauländern, in: Laureae Aquincenses I (Dissertationes Pannonicae ser. II, 10). Budapest 1938, 312–341.

Da nur wenige schriftliche Quellen der Antike auf die Situation und die Vorgänge im Donauraum wie in dessen Vorfeld, speziell im Karpatenbecken, näher eingingen, sahen sich die Altertumsforscher dieses Gebietes auf die Auswertung epigraphischer und numismatischer Zeugnisse, nicht zuletzt der archäologischen Denkmäler und der Werke der Kleinkunst, angewiesen. Die nach dem Ende des I. Weltkrieges notwendige Reorganisation der ungarischen Bodendenkmalpflege und Archäologie[4] wirkte für die Intensivierung der Arbeiten auf jenem Felde nicht weniger stimulierend als die Tatsache, daß die politischen und territorialen Auseinandersetzungen im Donauraum, insbesondere die rumänischen und die ungarischen Ansprüche auf Siebenbürgen, zum Teil mit historischen Argumentationen geführt wurden, die später auch Alföldi zu Stellungnahmen zwangen.

Schon früh hatte sich Alföldi durch seine numismatischen Studien so eindeutig qualifiziert, daß er noch im Jahre 1919 eine Stelle im Münzkabinett des Ungarischen Nationalmuseums in Budapest übernehmen konnte, die ihm die Fortsetzung seiner wissenschaftlichen Arbeit in dieser Disziplin ermöglichte.[5] 1923 folgte er dann einem Ruf an die Universität von Debrecen, damals der zweitgrößten Ungarns, wo er bis 1930 als Professor der Alten Geschichte wirkte. In jenem Jahre wurde er zum Nachfolger Kuzsinskys in Budapest ernannt und konnte sich nun als Inhaber des berühmten Lehrstuhles Archaeologia terrae Hungaricae und als Leiter eines angesehenen Instituts voll entfalten. Dank beträchtlicher organisatorischer Fähigkeiten und einer ungewöhnlichen persönlichen Ausstrahlung wurde der Radius seines Wirkens immer größer. Alföldi prägte für lange Zeit die archäologischen wie die althistorischen Studien seines Landes, fand zugleich aber auch starke internationale Beachtung.

Charakteristisch für Alföldis Methode war die Bündelung der verschiedensten Spezialdisziplinen zur Lösung historischer Probleme. In einem Augenblick immer stärkerer Isolierung des Spezia-

[4] Dazu M. R.-Alföldi, a. O., 781 f.

[5] Von den frühen numismatischen Arbeiten seien hervorgehoben: Il tresore di Nagytéény, Rivista Italiana di Numismatica 1921, 113–119; A Keczeli lelet (Der Fund von Kecel), Archaeologiai Értesitö 39, 1920–22, 99–102; Das Ende der Münzprägung in Pannonien, Mitteilungen der Numismatischen Gesellschaft in Wien 25, 1922, 172 f.

listentums wurde er einer der letzten, die führend den Forschungsprozeß verschiedener Einzeldisziplinen zu beeinflussen und zu koordinieren verstanden. Die sich häufig gegenseitig ausschließenden Systematisierungsbestrebungen einerseits und die subtilen Spezialanalysen andererseits hat er in gleicher Weise gemeistert. Die möglichst vollständige Sammlung der Emissionen einer Münzstätte oder der Inschriften einer Region lag ihm ebenso am Herzen wie die umfassende Interpretation eines einzelnen Münzbildes oder eines nur schwer zu entziffernden epigraphischen Textes. Obwohl er in einzelnen Fällen viele Jahre hindurch umfassende Materialsammlungen anlegte, welche die Kustoden und Konservatoren der Kabinette und Museen in aller Welt in Atem hielten, begnügte er sich nie mit bloßer antiquarischer Registrierungstätigkeit. Immer leiteten ihn vielmehr konkrete historische Fragestellungen.

Großprojekte standen stets neben verhältnismäßig rasch abgeschlossenen Einzelstudien, die erstaunlicherweise annähernd gleichzeitig auf völlig verschiedenen Arbeitsfeldern durchgeführt wurden, so daß sich der Verfasser gelegentlich zu verzetteln schien. Oft genug sind sie mit Hilfe treuer Freunde und ergebener Mitarbeiter, gegen Ende seines Lebens nicht zuletzt dank seiner zweiten Frau, Elisabeth Alföldi-Rosenbaum, in den verschiedensten europäischen Sprachen publiziert worden. Denn da sich Alföldi bei nahezu allen seinen Forschungen auf ein reiches Abbildungsmaterial stützen mußte, war es für ihn unumgänglich, die Veröffentlichung seiner Arbeiten in den großen internationalen Fachorganen der Archäologie und der Numismatik, der Kunstgeschichte wie der Prähistorie anzustreben. Deutschsprachigen, italienischen und englischen Zeitschriften oder Reihen kam dabei lange Zeit eine Schlüsselstellung für die Vermittlung von Alföldis Resultaten zu. Persönliche Kontakte erlaubten in einzelnen Fällen auch die Übersetzung seiner Arbeiten; sowohl H. Mattingly als auch H. Fuchs, K. Kraft, Fr. Kolb und H. Wolff haben sich dafür besonders engagiert.

Die Vielzahl von Alföldis Publikationen, die schließlich über dreihundert Titel, darunter etwa zwei Dutzend größere und kleinere Monographien, umfaßte, konnte nur deshalb zustande kommen, weil der Autor einerseits über eine ungewöhnliche Kenntnis der gesamten antiken Literatur verfügte, deren wichtigste Texte ihm stets gegenwärtig waren, andererseits über eine ebenso erstaunliche Vertrautheit mit dem Gesamtbestand der Denkmäler des Altertums, mochte es sich dabei um die großen Kunstwerke oder um nur wenig bekannte Fundstücke oder um Zeugnisse der Kleinkunst und des Kunsthandwerks handeln. Ein bis in das hohe Alter präzises Gedächtnis sowie hohe visuelle Begabung und Vorstellungskraft ermöglichten ihm Assoziationen ungewöhnlicher Tragweite, mochte ihn seine Imagination dabei auch gelegentlich zu weit führen.

Alföldi war ein glänzender Zeichner. Seine Begabung erlaubte es ihm, jahrzehntelang wichtigste Merkmale einzelner Gepräge, seien es die oft winzigen Emissionszeichen der verschiedenen Münzstätten, seien es Besonderheiten eines Münzbildes in Stil oder Gestaltung, Veränderungen von Symbolen und ähnliches mehr, graphisch exakt festzuhalten und auf dieser Grundlage auch chronologische Abfolgen zu rekonstruieren oder den Niederschlag bestimmter Ereignisse und Intentionen im Münzbild zu erfassen. Nicht weniger eindrucksvoll war es, wenn er in einem Gespräch zum Bleistift griff und zur Veranschaulichung von Problemen mit wenigen sicheren Strichen zum Beispiel die geographischen Voraussetzungen für den Verlauf des Limes in Dakien aufzeichnen konnte. Anrührend ist die gezeichnete Widmung für die Basler Kollegen, Freunde und Schüler in der Monographie über die trojanischen Urahnen der Römer, dem Basler Rektoratsprogramm für das Jahr 1956.

Ein großer Redner war Alföldi dagegen nicht. Die Vorträge, die er so gerne hielt, entsprachen mitunter nicht einmal den bescheidensten rhetorischen oder didaktischen Erwartungen; sie hatten gelegentlich „fortlaufenden" Erfolg. Was allein wirkte und auch überzeugen konnte, war seine Präsentation nur wenig bekannter Quellen, war die Mitteilung von Beobachtungen und Kombinationen, insbesondere in den Feldern der Numismatik und der Kleinkunst. Am stärksten imponierte Alföldi wohl in kleinen Kreisen und insbesondere dort, wo er Respekt und Vertrauen fand. Dann ließ er nicht nur an seinem ungewöhnlichen Wissen und an seinen reichen Erfahrungen teilhaben, dann war er auch ein liebenswürdiger Kavalier der alten k. u. k. Edukation. Andererseits blieb er verletzlich wie ein Künstler und glich darin völlig dem als „Primadonna" geschmähten Cicero. Ernste und entschiedene Kritik vergaß er nie; in seiner Monomanie konnte er dann auch ungerecht werden. Denn von seinen Lieblingsideen ließ er nie ab; Widerspruch führte bei ihm meist zur Starrheit.

Alföldis Wille, zu wirken und Einfluß auszuüben, bestimmte

auch seine Aktivitäten als Initiator und Organisator. So wurde er in Ungarn langjähriger Herausgeber der Zeitschriften ›Numizmatikai Közlöny‹ und ›Archaeologiai Értesitö‹ sowie der Publikationsreihen der ›Dissertationes Pannonicae‹. In der Schweiz begründete er später in Analogie dazu die Dissertationes Bernenses und fungierte als einer der Herausgeber des Handbuchs der Schweiz zur Römer- und Merowingerzeit. Dank der Freundschaft mit J. Straub und R. Habelt war er darnach auch Mitherausgeber der verschiedenen Bonner Antiquitas-Reihen. Doch so vielfältig alle diese Aktivitäten waren, in erster Linie blieb Alföldi stets ein Vertreter konkreter Spezialforschung, mochte sich diese auch in größeren Monographien niederschlagen. Ausführlichere Darstellungen lagen ihm dagegen nicht; an einem umfangreicheren Geschichtswerk hat er sich nie versucht.

II

Alföldis wissenschaftliche Produktion setzte zunächst mit kleineren Spezialuntersuchungen zur Numismatik und Archäologie, bald aber auch zu historischen Problemen und zu Zeugnissen des frühen Christentums der pannonischen Provinzen und deren Umfeldes ein.[6] Neben Schatzfundpublikationen und Interpretationen einzelner Denkmäler[7] rückten die für Alföldis Perspektiven typischen Probleme barbarischer Nachahmungen römischer Gepräge[8] in den Vordergrund sowie die Bemühung um ein Corpus aller in Siscia

[6] Die Einzelheiten zum Folgenden sind in der Bibliography of Andrew Alföldi, in: The Institute for Advanced Study. Andrew Alföldi, 31–52 zusammengestellt. Hier werden daher lediglich die wichtigsten oder exemplarische bibliographische Daten gegeben.

[7] Siehe Anm. 5.

[8] Barbarische Nachahmungen römischer Siliquae aus dem 4. Jahrhundert, Blätter für Münzfreunde 58, 1923, 394–396; Materialien zur Klassifizierung der gleichzeitigen Nachahmungen von Römermünzen aus Ungarn und den Nachbarländern. Nachahmungen des zwischen 317 und 330 geprägten römischen Kleingeldes, Numizmatikai Közlöny 25, 1926, 37–48; Nachahmungen von Goldmünzen aus diokletianisch-konstantinischer Zeit, Numizmatikai Közlöny 26–27, 1927–28, 1–10; Nachahmungen römischer Goldmedaillons als germanischer Halsschmuck, Numizmatikai Közlöny 28–29, 1929–30, 3–21.

(Sisak) geprägten römischen Münzen[9]. Schon früh wurde er so auch auf die Fragen der Dauer römischer Münzprägung in Pannonien geführt, auf die mit ihnen verbundenen der Geldzirkulation, des Zusammenbruchs des römischen Wehrsystems in Pannonien, nicht zuletzt auf diejenigen der Siedlungskontinuität der romanisierten Provinzialbevölkerung.

Aus diesem Bündel von Forschungsansätzen entstand das zweibändige Werk ›Der Untergang der Römerherrschaft in Pannonien‹ (Berlin 1924–1926), in dem Alföldi erstmals die Geschichte seiner engeren Heimat auf breiter Grundlage mit der Geschichte des Imperiums verband. In methodischer Hinsicht überraschte diese Publikation insbesondere durch die souveräne Interpretation der verschiedensten Quellengattungen. Die Notitia dignitatum war ebenso ausgewertet wie Inschriften und Ziegelstempel, archäologische Funde nicht weniger als die Münzemissionen von Siscia, Sirmium und Thessaloniki, vor allem aber dank systematisch angelegter Repertorien die Münzfunde der gesamten Region. Neben der präzisen Erfassung der „Keszthely-Kultur", sicheren Fundbeschreibungen und oft weit ausgreifenden stilistischen Vergleichen brachte das Werk das bedeutsame Resultat, daß die römische Herrschaft in Pannonien nicht etwa nach der Katastrophe von Adrianopel endete, sondern noch unter Theodosius weiterbestand. Wissenschaftsgeschichtlich[10] markiert diese Monographie den Beginn der modernen Versuche, auf der Basis einer systematischen Auswertung der Münzfunde sowie der gleichzeitigen Analyse aller anderen verfügbaren Geschichtsquellen die politische Geschichte einer Region zu rekonstruieren.

[9] Siscia. I–V., Blätter für Münzfreunde 58, 1923, 9–11; 314–317; 351 f.; Siscia. Vorarbeiten zu einem Corpus der in Siscia geprägten Römermünzen. Die Prägungen des Gallienus, Numizmatikai Közlöny 26–27, 1928–29, 14–58; Die Prägungen von Claudius und Quintillus, a. O. 34–35, 1935–36, 3–23; Die Prägungen von Tacitus und Florianus, a. O. 38–39, 1939–40, 7–22; Verzeichnis der Antoniniane des Kaisers Probus, a. O. 36–37, 1938–39, 3–88; The first Gold Issue of the Tetrarchy at Siscia, Numismatic Chronicle 9, 1929, 280–284.

[10] Zur wissenschaftsgeschichtlichen Einordnung siehe K. Christ, Antike Münzfunde Südwestdeutschlands. I. Heidelberg 1960, 19. – Alföldis Interpretation widersprach E. Stein, Untersuchungen zur spätrömischen Verwaltungsgeschichte, Rheinisches Museum 74, 1925, 347 f.

In einer ganzen Reihe späterer Monographien hat Alföldi dann während zweier Jahrzehnte die Geschichte der römischen Donauprovinzen und deren Nachbarräume zu klären versucht, ganz abgesehen von einer Vielzahl von Spezialuntersuchungen und Fundpublikationen. Während seine Beiträge ›Zur Geschichte des Karpatenbeckens im 1. Jahrhundert v. Chr.‹ (Budapest 1942), ›Daci e romani in Transilvania‹ (Budapest 1940; ^{2}1944), ›Zu den Schicksalen Siebenbürgens im Altertum‹ (Budapest 1944) die angemessene Beachtung fanden, erreichten seine großen historischen Partien im Rahmen der breit angelegten Geschichte von Budapest[11] lediglich ungarische Leser. Ein Artikel ›Pannonia‹ für die Realencyclopädie der classischen Altertumswissenschaft ging einige Jahre später ebenso verloren wie die nach neuen methodischen Gesichtspunkten angelegte Materialsammlung für eine Neubearbeitung des III. Bandes des ›Corpus Inscriptionum Latinarum‹.

In den Arbeiten, welche die Geschichte des Karpatenbeckens, Dakiens und damit Siebenbürgens betrafen, wurden Alföldis Untersuchungen in die auch während des II. Weltkriegs schwelenden politischen Auseinandersetzungen zwischen Ungarn und Rumänien verstrickt. Sie mußten daher auch die tagespolitische Dimension berühren, wobei das Problem der Siedlungskontinuität in den dakischen Provinzen Roms in den Mittelpunkt der Kontroversen rückte. Während dabei rumänische Forscher wie C. Daicoviciu[12], wo immer es anging, Gesichtspunkte der Kontinuität vertraten, war und blieb Alföldi einer der entschiedensten Verfechter der Diskontinuität.

Aus den intensiven Bemühungen um die römische Numismatik des Donauraums, vor allem aus der Erforschung der Prägungen der Münzstätte von Siscia, erwuchs gleichsam organisch ein weiterer Interessenschwerpunkt der zwanziger und dreißiger Jahre: die Zeit der Soldatenkaiser des 3. Jahrhunderts n. Chr. Auch hier hat sich Alföldi mit zahlreichen numismatischen und historischen Spezialstudien ausgewiesen,[13] so daß ihm die Darstellung der einschlä-

[11] Budapest története. I. Budapest az ókorban. Budapest 1942, 137–235; 266–352; 670–746.

[12] Siebenbürgen im Altertum. Bukarest 1943.

[13] Zur Kenntnis der römischen Soldatenkaiser. I. Der Usurpator Aureolus und die Kavalleriereform des Gallienus, Zeitschrift für Numismatik 37, 1927, 197–212; II. Das Problem des „verweiblichten" Kaisers Gallienus,

gigen Probleme im XII. Band der Cambridge Ancient History übertragen wurde.[14] Auch hier vermittelte er die Grundzüge seiner Konzeption in den verschiedensten Zusammenhängen, so daß es ihm schließlich gelang, sein Geschichtsbild und seine Wertungen weithin durchzusetzen.

Eine Schlüsselrolle spielte dabei der auf gleichzeitigen numismatischen und archäologischen Arbeiten aufbauende Beitrag über ›Die Vorherrschaft der Pannonier im Römerreiche und die Reaktion des Hellenentums unter Gallienus‹ aus dem Jahre 1929[15]. Nachdem wenige Jahre zuvor Michael Rostovtzeff erneut die Frage nach den tieferen Ursachen der Reichskrise des 3. Jahrhunderts n. Chr. aufgeworfen hatte,[16] stellte sich auch Alföldi diesen Problemen. Er war der Ansicht, daß die „Agonie des Imperium Romanum ... dadurch verursacht (wurde), daß, als die äußeren und inneren Erschütterungen eintraten, keine Schicht der Reichsbewohner da war, welche sich vollends dem Staatswohl weihend anstatt der erschöpften Italiker dem Weltreich als ein neues Rückgrat dienen konnte ... Der Riesenkörper mußte also fieberhaft in sich ringen, bis die urwüchsigen Kräfte, die ihm noch geblieben waren, zu einem

Zeitschrift für Numismatik 38, 1928, 156–203; III. Die Besiegung eines Gegenkaisers im Jahre 263, a. O. 40, 1930, 1–15. (Nachdruck in: Studien zur Geschichte der Weltkrise des 3. Jahrhunderts n. Chr. Darmstadt 1967, 1–72); The Numbering of the Victories of the Emperor Gallienus and the Loyalty of his Legions, Numismatic Chronicle 9, 1929, 218–279 (Deutsche Übersetzung in: Studien ..., 73–119); Die Hauptereignisse der Jahre 253–261 n. Chr. im Orient im Spiegel der Münzprägung, Berytus 4, 1937, 41–68 (Nachdruck in: Studien ..., 123–154); Die römische Münzprägung und die historischen Ereignisse im Osten zwischen 260 und 270 n. Chr., Berytus 5, 1938, 47–92 (Nachdruck in: Studien ..., 155–209); Zu den Christenverfolgungen in der Mitte des 3. Jahrhunderts, Klio 31, 1938, 323–348 (Nachdruck in: Studien ..., 285–311).

[14] The Invasion of the Peoples from the Rhine to the Black Sea, Cambridge Ancient History XII, 1939, 138–164 (Deutsch: Studien ..., 312–341); The Crisis of the Empire 249–270 A. D., a. O., 165–231 (Deutsch: Studien ..., 342–426).

[15] Erstpublikation in: Fünfundzwanzig Jahre Römisch-Germanische Kommission. Berlin 1929, 11–51 (Nachdruck in: Studien ..., 228–284 – Danach wird hier zitiert).

[16] Social and Economic History of the Roman Empire. Oxford 1926.

neuen Lebenskeim sich gestaltend ihn in kolossaler Anstrengung nochmals auf hundert Jahre retteten, bis in die Zeit, da der Hunnensturm sein Schicksal endgültig besiegelte. Diese welthistorische Mission fiel den Söhnen des Donaulandes zu. – Die staatsrettende Rolle der Illyrier hat die Geschichtsschreibung bisher nicht gewürdigt: Sie wurden allein als gutes Soldatenmaterial behandelt und ihre auf den Thron gelangten Repräsentanten nur ob ihrer individuellen Tüchtigkeit gelobt" (228f.).

An anderer Stelle schrieb Alföldi zusammenfassend über die Leistung der „Kaiser donauländischer Herkunft": „Das große Glück des Reiches ist es gewesen, daß diese Leute restlos romanisiert waren und trotz der schrecklichen Verwüstung der eigenen Länder sich zu entschließen vermochten, für die Majestät Roms überall im Reiche zu kämpfen. So wurde schon durch Decius wie in der Folge durch seine pannonischen Nachfolger der Genius Illyrici als eine neue Offenbarung des römischen Patriotismus, Tugend und Opferfreude hingestellt. Und das mit Recht, denn Illyricum hat die Reichseinheit wiederhergestellt. Ihre Vorherrschaft bedeutet zugleich einen letzten Vorstoß des Westens gegen das Übergewicht des Ostens. Daß im Orient das Latein als Amtssprache sich einbürgern konnte und der römische Staatsgedanke so tiefe Wurzeln schlug, daß dort ein neues Rom gegründet werden konnte, ist durch die Einstellung und Aktivität der neuen illyrischen Führerschicht bedingt. Wir wissen auch, daß diese Rolle vor allen den Pannoniern zukam, aber daß auch die Regimenter Dakiens sich darin rühmlich hervorgetan hatten; Mösier und Thraker waren an dem großen Werk der Restauration ebenfalls beteiligt" (384).

Neben der Beleuchtung der Rolle der illyrischen Soldatenkaiser, die weithin überzeugte, steht ein zweiter persönlicher Akzent Alföldis, für den dies nicht in gleicher Weise gilt: seine Bemühung um eine Neubewertung des Kaisers Gallienus. Hier war er der Überzeugung, daß sich dieser Kaiser in der schwierigen Situation des Jahres 260 n. Chr. „nicht nur militärisch bewährt, sondern sogar noch die geistige Spannkraft gehabt (habe), inmitten von Sengen und Morden eine Herrschaft der hellenisch gefärbten, aufgeklärten Menschenliebe zu inaugurieren, wie sie einst in den vergangenen Friedenszeiten den Namen der Antonine vergoldet hatte" (238). Als Belege so weitreichender Absichten sah Alföldi den „Friedensschluß mit dem Christentum", die Förderung der Eleusinischen Mysterien und den Neuplatonismus; ihren Ausdruck fand er jedoch auch in der Porträtkunst der Epoche.

Besonders überraschend war dabei jene angebliche religionspolitische Funktionalisierung der Eleusinischen Mysterien, die Alföldi bei Gallienus unterstellte. Seine These lautete: „Die ergreifende Sehnsucht der Massen, die Erlösung vom Tode und ein glückliches Leben im Jenseits zu erlangen und die allgemeine Überzeugung, daß diese Glücksgüter nur durch die Weihen der Mysterienreligionen geboten werden können, hat Gallienus unter anderem mit der starken Förderung der eleusinischen Mysterien befriedigen wollen" (241). Durch Hinweise auf die Verbindung der Mysterien mit der Philosophie, vor allem mit der Lehre Plotins, aber auch durch die Verknüpfung des religiösen Reformversuchs „mit der neuen Staatsform des Gottkaisertums" (242) glaubte Alföldi alle Zweifel an seiner Konzeption beseitigen zu können:

„Unter seinem (sc. des Gallienus) Patronat konnte der neuplatonische Philosophenkreis des Plotinos ein zeitgemäßes Weltanschauungssystem für die Gebildeten prägen, aber auch der politischen und patriotischen Notwendigkeit der Erhaltung des Polytheismus einen (bis zum Ende des Heidentums maßgebenden) Ausdruck verleihen. Auch in der Kunst flackert in diesen Jahren eine kurze, aber höchst intensive und bedeutsame Reaktion der klassischen Antike gegen die neue Barbarei auf; die ästhetischen Betrachtungen des Plotinos zeigen uns, wie eng die Neuplatoniker mit dieser Kulturblüte verflochten sein mußten. Die ganze Bewegung hatte einen ausgesprochen hellenischen Charakter, wie auch der Hof des Gallienus voll mit griechischen Literaten gewesen ist" (368f.).

Doch selbst Alföldi machte sich über das Resultat und die Tragweite dieser Bestrebungen keinerlei Illusionen: „Das Aufflackern des hellenischen Geistes im Moment der größten Erschütterung der Kulturwelt konnte die Menschenmassen nicht mehr ergreifen. Zum Regieren war er also nicht mehr berufen; nur die Opferfreudigkeit des pannonischen Bauern konnte das Reich erretten, das der italische Bauer einst erobert hatte" (281).

III

Alföldis Erforschung der Geschichte des Donauraums wie seine Studien über den Verlauf der Völkerbewegung im Vorfeld des Imperium Romanum und erst recht seine Bemühungen um die Zeit der Soldatenkaiser führten ihn geradezu zwangsläufig auch zur Beschäftigung mit den Problemen der Spätantike. Dabei erfolgte dies auf denkbar breiter Grundlage und in sehr komplexer Weise. Auch hier verstand es sich für Alföldi von selbst, daß er sich nicht nur um intensive Interpretationen der schriftlichen Überlieferung, zum Beispiel der Panegyriker oder der Werke des Laktanz und Euseb, nicht zuletzt der Historia Augusta, bemühte, sondern in gleicher Weise auch die offizielle Münzprägung sowie Sonderprägungen oder Werke der Kleinkunst, endlich archäologische Zeugnisse verschiedenster Art als Geschichtsquellen auswerten wollte.

Dabei ist zu berücksichtigen, daß die systematische wissenschaftliche Bearbeitung der einschlägigen numismatischen und der archäologischen Quellen zum Zeitpunkt seiner eigenen Initiativen erst eingeleitet war – für die konstantinischen Prägungen hatte Alföldi zum Beispiel noch von dem älteren Standardwerk von J. Maurice, Numismatique constantinienne (3 Bde. Paris 1903–1908) auszugehen. In nicht wenigen Fällen mußte er deshalb Pionierarbeit leisten, die Chronologie der Emissionen einer Münzstätte klären oder umfangreiche Materialsammlungen bisher völlig vernachlässigter Quellengattungen organisieren, ehe er danach an eine historische Auswertung denken konnte. Wie immer es um die Akzeptanz seiner Thesen bestellt ist, zweifellos wurde Alföldi in diesem Felde sowohl einer der wichtigsten Initiatoren als auch einer der führenden Grundlagenforscher.[17]

Die Schwerpunkte von Alföldis Aktivitäten im Bereich der Spätantike erscheinen indessen insgesamt dennoch in eindeutigen Zusammenhängen. Wenn ihn Konstantin der Große und Valentinian I. besonders fesselten, so nicht nur, weil sie dem Donauraum entstammten, sondern auch, weil sie zugleich in den großen religiösen und politischen Auseinandersetzungen des 4. Jahrhunderts n. Chr.

[17] Die beste zusammenfassende Würdigung der Aktivitäten Alföldis im Bereich der Spätantike gab bisher A. Chastagnol, Journal des Savants 1981, 214–226.

entscheidende Akzente gesetzt hatten, freilich mit sehr unterschiedlichen Auswirkungen und auch von völlig verschiedener Dauer. Aufstieg und Behauptung des Christentums sah Alföldi dabei nicht isoliert. Er spürte mit gleicher Energie auch den letzten Äußerungen der alten Kulte und der altgläubigen Geiteswelt nach, sei es in der Erfassung der Solverehrung bei Konstantin, sei es in den Zeugnissen des spätantiken Isiskultes, sei es bei der Interpretation der Bilderwelt altgläubiger Neujahrsgeschenke oder in jener der Historia Augusta. Zur ungewöhnlichen Aufgeschlossenheit für alle Fragen religiöser wie politischer Formen traten auch hier Alföldis spezielles Interesse an den Zeichen der Herrschaftssymbolik sowie seine Versuche, Kunst und Denkmäler der Steppenvölker wie der germanischen Welt adäquat zu berücksichtigen. Insgesamt ergab sich so eine sehr persönliche Sicht der Spätantike, die zwar nicht zu einer neuen großen Synthese jener Epoche führte, dennoch aber auf den verschiedensten Sektoren äußerst stimulierend wirkte.

Bei Konstantin dem Großen war eine frühe numismatische, in der Methode konventionelle Untersuchung über dessen Donaubrücke[18] nur ein Vorspiel zu Alföldis sehr viel weiteren Perspektiven. 1932 eröffnete seine Studie über Konstantins Helm mit dem christlichen Monogramm[19] eine ganze Reihe von Arbeiten[20], in denen insbesondere die Münzen der konstantinischen Epoche als Zeugnisse der religiösen Entwicklung und Überzeugungen des Kaisers, seiner Politik gegenüber dem römischen Senat wie seiner Entscheidungen für den Ausbau und die neuen Funktionen von Konstantinopel ausgewertet wurden. Es waren Arbeiten, die zunächst in der Monographie ›The Conversion of Constantine the Great and Pagan Rome‹ (Oxford 1948)[21] zusammengefaßt, darnach

[18] Die Donaubrücke Konstantins und verwandte historische Darstellungen auf spätrömischen Münzen, Zeitschrift für Numismatik 36, 1926, 161–174.

[19] The Helmet of Constantine with the Christian Monogram, Journal of Roman Studies 22, 1932, 9–23.

[20] Hoc signo victor eris, in: Pisciculi. Festschrift F. J. Dölger. Münster 1939, 1–18 (Nachdruck in: H. Kraft [Hrsg.], Konstantin der Große. Darmstadt 1974 [Wege der Forschung, 131], 224–246); La conversione di Constantino e Roma pagana, Corvina 6, 1943, 529–544; On the Foundation of Constantinople: A Few Notes, Journal of Roman Studies 37, 1946, 10–16.

[21] Erweiterter Nachdruck 1969. Italienische Ausgabe: Constantino tra Paganismo e Cristianesimo. Rom 1976.

aber durch spätere Spezialstudien noch ergänzt und vertieft wurden.[22]

Alföldi war davon überzeugt, daß Konstantin der Große zunächst Sol verehrte, dann aber vor der Schlacht an der Milvischen Brücke ein echtes Bekehrungserlebnis hatte, aus dem er sogleich auch die Konsequenzen zog. Während er nach jener Schlacht ganz offen die germanischen Verbände der „Cornuti" feierte, die entscheidend zum militärischen Erfolg im Kampf gegen Maxentius beigetragen hatten,[23] bekannte sich Konstantin nach Alföldi andererseits ebenso offen zu seinem christlichen Glauben. In den subtilen Untersuchungen religiöser Symbolik in der Münzprägung rückten zunächst in Siscia geprägte Münzen mit dem Christusmonogramm auf dem Kaiserhelm, die auf das Jahr 317 n. Chr. datiert wurden, in den Mittelpunkt der Diskussion,[24] dann, seit den Beobachtungen von R. Delbrueck[25], jenes im Zusammenhang mit Konstantins Decennalien bereits 315 n. Chr. geprägte Silbermedaillon, das auf seiner Vorderseite eine Büste Konstantins mit Helm und Panzer zeigte.[26]

Auffallend waren dabei zwei Symbole der Darstellung: Einmal ein Christusmonogramm, das auf einer kleinen runden Scheibe am Ansatz des Helmbusches angebracht war, sowie ein Kreuzszepter, das Alföldi folgendermaßen interpretierte: „Dabei hält auf dieser Geschenkmünze Konstantins Abbild in der Linken neben dem

[22] The Initials of Christ on the Helmet of Constantine, in: Studies in Roman Economic and Social History in Honor of A. C. Johnson. Princeton 1951, 303–311; Das Kreuzszepter Konstantins des Großen, Schweizer Münzblätter 4, 1954, 81–86; Cornuti. A Teutonic Contingent in the Service of Constantine the Great and its Decisive Role in the Battle at the Milvian Bridge, Dumbarton Oaks Papers 13, 1959, 171–179.

[23] Siehe Anm. 22 und: Ein spätrömisches Schildzeichen keltischer oder germanischer Herkunft, Germania 19, 1935, 324–328.

[24] The Helmet of Constantine with the Christian Monogram, Journal of Roman Studies 22, 1932, 9–23.

[25] Spätantike Kaiserporträts. Berlin 1933, 72.

[26] Hoc signo victor eris, siehe Anm. 20. Hier wird nach dem Nachdruck zitiert. – In Anm. 20 sind auch die späteren einschlägigen Arbeiten aufgeführt. – Vergleiche auch K. Kraft, Das Silbermedaillon Constantins des Großen mit dem Christusmonogramm auf dem Helm, Jahrbuch für Numismatik und Geldgeschichte 5/6, 1954/5, 151–178.

Schild mit der lupa Romana ein – bisher mißverstandenes – Symbol von grundstürzender Bedeutung: ein Zepter mit dem Kreuz Christi, worauf das Weltrund ruht (die Nachbildung dieses Sinnbildes unter Valentinian II. mit dem Monogramm Christi auf dem Globus bietet eine erwünschte Stütze für unsere Erklärung). Das ist der früheste weltlich-offizielle Beleg für die Verchristlichung des Weltherrschaftsgedankens durch Konstantin" (229).

Für die Vorgänge bei der „Vision" Konstantins folgte Alföldi dem Bericht des Laktanz[27]: „Danach hat ein Traumgesicht dem Kaiser die Anweisung gegeben, sich und sein Heer mit dem Namenszug des Erlösers zu wappnen, und zwar knapp vor dem letzten Entscheidungskampf. Daß dieses Traumerlebnis echt war, kann man bei dem tief religiösen Denken und dem christlichen Missionsbewußtsein Konstantins nicht bezweifeln. Daß aber die politische Auswertung des Traumes eine Notwendigkeit gewesen ist, folgt aus der Gedankenwelt jenes Zeitalters. Denn der von den Hemmnissen einer jeden rechtlichen Bindung befreite Autokrat mußte eine theologische Beglaubigung seiner gottgewollten Mission auf Erden suchen" (238f.).

So eindeutig Alföldis Verständnis der „Bekehrung" Konstantins war, so differenziert, aber auch idealisiert, sah er die weitere Entwicklung: „Wie Konstantin nach der Schlacht am Pons Milvius das Weltreich in kaum mehr als in einem Jahrzehnt von Schritt zu Schritt behutsam vorgehend verchristlicht hat, haben andere trefflich dargetan. Er hat keine Revolution von unten geführt, die das Alte einfach abschaffen und das Neue einsetzen könnte, sondern hat die ganze fundamentale Umstellung, zum Glück der Menschheit, von oben schonungsvoll durchführen müssen; so gesehen ist es erstaunlich schnell gegangen" (245).

Die Beharrungskraft der alten Kulte, insbesondere des Solkultes, aber suchte Alföldi folgendermaßen zu erklären: „Man soll sich nicht wundern, wenn in den ersten Jahren der ungeheuren Wendung Risse sichtbar werden und Inkonsequenzen auftreten. Den Solkult, der auch auf die Kirche eine große Wirkung ausgeübt hat, konnte Konstantin erst mit den Jahren verdrängen . . . Freilich konnten die Christen in Sol die Sonne der Gerechtigkeit, d. h. den Erlöser erblicken. Doch ist diese Zwiespältigkeit langsam ge-

[27] de mortibus persecutorum 44, 5f.

schwunden. Das Monogramm Christi sollte nicht mehr auf Schild und Helm vor Feind und Übel schützen, sondern es glänzte schon auf der Fahne des Angriffs" (246).

Auf politischem Gebiet hatte Alföldi in einer vergleichenden Untersuchung der Bilder und Legenden der Prägestätten von Rom und Konstantinopel im Zeitraum zwischen 324 bis 330 n. Chr. einerseits Konstantins Anerkennung der traditionellen römischen Kräfte, die in der Vicennalienfeier von 326 n. Chr. ihre Peripetie erreichte, andererseits den schrittweisen Bedeutungsgewinn von Konstantinopel aufgezeigt.[28] Schon hier begegnet die für Alföldi typische Respektierung des römischen Senats der Spätantike, die sowohl in der Monographie über Konstantin[29] als auch in jener über Valentinian I.[30] in allgemeiner Weise ihren Niederschlag fand, in spezieller Hinsicht sich dagegen bereits in früheren Veröffentlichungen abgezeichnet hatte. Besonders starke Beachtung fand dabei das Werk ›A Festival of Isis in Rome under the Christian Emperors of the IVth Century‹[31] von 1937.

Alföldi wertete hier eine zuvor nie systematisch bearbeitete, spezielle Gattung von Messing- und Bronzemünzen aus, die in der Zeit zwischen Diokletian und Theodosius geprägt wurden und auf ihren Rückseiten Abbildungen von Isis oder Szenen des Isiskultes zeigen. Die Vorderseiten weisen zwischen Diokletian und den Herrschern der Dynastie Valentinians Kaiserporträts auf, unter Theodosius dagegen Abbildungen von Isis und Serapis. Alföldi verband diese Serien mit den jeweils am 3. Januar dargebrachten vota publica, berücksichtigte jedoch auch das Fest des navigium Isidis, das jeweils am 5. März den Beginn der mediterranen Seefahrt feierte. Insbesondere aber sah er in diesen Prägungen ein Zugeständnis der christlichen Kaiser an die altgläubige Aristokratie.[32]

[28] On the Foundation of Constantinople: A Few Notes, Journal of Roman Studies 37, 1946, 10–16.

[29] The Conversion of Constantine the Great and Pagan Rome. Oxford 1948.

[30] A Conflict of Ideas in the Late Roman Empire. The Clash between the Senate and Valentinian I. Oxford 1952. Nachdruck Westport, Conn. 1979.

[31] Dissertationes Pannonicae, Ser. II, 7. Budapest 1937. – Zugleich auch in einer ungarischen Version erschienen.

[32] Der Problemkreis wurde wieder aufgegriffen in der Studie Die Alexandrinischen Götter und die Vota Publica am Jahresbeginn, Jahrbuch für

Ähnliche Gedankengänge leiteten ihn auch bei seiner Erforschung der „Kontorniaten“ [33], medaillenähnlicher Bronzestücke, welche als spezielles Kennzeichen eine nachträglich eingegrabene Rille mit Randwulst aufweisen. Auf ihren Vorderseiten zeigen die Kontorniaten Bildnisse Alexanders d. Gr., seiner Mutter Olympias, aber auch solche bekannter Dichter und Autoren wie Homer, Terenz, Sallust und Horaz, in auffälliger Frequenz daneben Kaiserporträts von Nero, Traian sowie Caracalla. Ferner findet sich hier ein aus P und E gebildetes Monogramm oder ein kleiner Palmzweig. Auf der Rückseite erscheinen häufig Zirkusszenen, Wagen, Pferde, Musikinstrumente, Bilder aus dem Bereich der Mythologie oder der Alexandertradition. Die zum Teil geprägten, aber auch gegossenen oder in Intaglio-Technik hergestellten Exemplare weisen meist einen Durchmesser von etwa 4 cm auf; sie wurden in der zweiten Hälfte des 4. und zu Beginn des 5. Jahrhunderts n. Chr. in einer römischen Münzstätte hergestellt.

Alföldi, der diese einst als „Pseudomonetae“ bezeichneten Medaillen viele Jahre hindurch systematisch sammelte und der auch die heute grundlegenden Kataloge erstellte, ordnete die Kontorniaten schon früh in ganz bestimmte gesellschaftliche und religionspolitische Zusammenhänge ein: „Es gibt eine Art von Neujahrsgeschenken, die die senatorischen Herren in Rom noch im 5. Jahrhundert zu verteilen pflegten, . . . Diese ahmen äußerlich alte Münzen nach, die nach dem Aberglauben der Römer als gute Vorzeichen galten und so zu Neujahrsgeschenken sich sehr gut eigneten. Unter dem Vorwand der Nachahmung wurde jedoch oft eine Auswahl von Typen getroffen, die einen heidnischen Geschmack hatten, oder man hat die heidnischen Anspielungen noch durch besondere Zutaten verschärft und gar neu entworfene Bilder als heidnische Propagan-

Antike und Christentum 8/9, 1965/6, 53–87. – Zu den neu gefundenen Zeugnissen spätantiker Isis-Verehrung in Rom, Ostia und Portus siehe A. Chastagnol, Journal des Savants 1981, 221.

[33] Die Kontorniaten. Ein verkanntes Propagandamittel der stadtrömischen heidnischen Aristokratie in ihrem Kampfe gegen das christliche Kaisertum. I. (Text) Budapest 1942; II. (Tafeln) Leipzig 1943. – Neubearbeitung: Die Kontorniat Medaillons. Teil 1: Katalog, Tafeln (In Zusammenarbeit mit E. Alföldi und C. L. Clay). Berlin 1976. Teil 2: in Vorbereitung.

dastücke unter dem Gewand der veteres monetae eingeschmuggelt. In einer Serie von Kontorniaten, die unter Valentinianus III. dem stadtrömischen Volk verteilt wurde, taucht unter anderen auch das Brustbild des Julianus Apostata auf – eine Demonstration, die nicht mißverstanden werden kann. Da ersieht man besonders deutlich, wie lange die Sehnsucht der Römer nach der großen heidnischen Vergangenheit wach geblieben ist; und auch dann noch war es noch nicht zum letzten Male. Und diese versteckten Anspielungen auf die heidnische Religion und die Verherrlichung von deren Vorkämpfer unter dem Deckmantel der Altertümlichkeit, diese ganze verstohlene historisierte Propaganda entspricht ganz genau dem Verfahren der Historia Augusta. Wir lernen hier deutlich das Milieu kennen, wo dieses Flickwerk entstand, und erfassen zugleich, daß hinter dieser schwindelhaften Aufmachung verklungene Träume schlummern, eine romantische Sehnsucht nach der alten Größe; endlich ein sympathischer Zug der vielgeschmähten Schrift, die uns so viel Kopfzerbrechen bereitet.“ [34]

Während Alföldis systematische Erfassung der Kontorniaten allgemein gewürdigt wurde, auch der Beginn der Serien im Zusammenhang mit dem Rombesuch Constantius' II. im Jahre 357 n. Chr. denkbar erschien,[35] blieben viele Einzelheiten seiner Interpretationen umstritten.[36] Dies gilt für die Gesamtauffassung der Kontorniaten als „verkanntes Propagandamittel der stadtrömischen heidnischen Aristokratie in ihrem Kampfe gegen das christliche Kaisertum“ wie für die Annahme der selbständigen Mitwirkung des praefectus urbi oder für die Auflösung des PE-Symbols in PFEL = p(raemia) fel(iciter) und für andere Punkte mehr. Gleichwohl sind Tragweite und Bedeutung seines Erklärungsversuches nicht zu verkennen.

In der „Historia Augusta“ hatte Alföldi von Anfang an „ein erst am Ende des 4. Jahrhunderts entstandenes, einfältiges und mit

[34] Der Rechtsstreit zwischen der römischen Kirche und dem Verein der Popinarii, Klio 31, 1938, 253 = Studien . . ., 435.

[35] A. Piganiol, La propagande paienne à Rome sous le Bas-Empire, Journal des Savants 1945, 19–28 = Ders., Scripta varia. III. Brüssel 1973, 324–343.

[36] Hervorzuheben sind hier: S. Mazzarino, La propaganda senatoriale nel tardo impero, Doxa 4, 1951, 121–148 sowie J. M. C. Toynbee, Journal of Roman Studies 35, 1945, 115 ff. und J. Vogt, Gnomon 21, 1949, 28 f.

unzähligen Entstellungen behaftetes Flickwerk"[37] gesehen, dessen Methode er vor allem am Beispiel der Gallienus-Vita scharf beleuchtete. Der Höhepunkt seiner Initiativen auf diesem Felde lag dann freilich erst in der Zeit nach dem II. Weltkrieg, als er zusammen mit J. Straub die Bonner Historia-Augusta-Forschung inaugurierte, die Tätigkeit einer Forschergruppe, welche die einzelnen Biographien systematisch und allseitig durchleuchten und darnach auch einen ausführlichen Kommentar der einzelnen Biographien erstellen wollte. 1963 begann die in rascher Folge auch publizierte Reihe der Bonner Historia-Augusta-Colloquien, die Kommentar-Publikation hat Alföldi freilich nicht mehr erlebt.[38]

Ein letztes Element von Alföldis Arbeiten zur Spätantike bilden die zahlreichen, in der Regel kleineren Spezialstudien zur Geschichte und Zivilisation der Steppenvölker. Seit den zwanziger Jahren setzte auch er sich mit den Impulsen Strzygowskis[39], Rostovtzeffs[40] und schließlich Dumézils[41] auseinander, befaßte sich nicht nur mit den Problemen der Hunnenzeit[42], Attilas[43], der Awaren[44], sondern griff bis in die Welt der eurasiatischen Reiterhirten aus,[45] versuchte,

[37] Zur Kenntnis der Zeit der römischen Soldatenkaiser, Zeitschrift für Numismatik 37, 1927, 197 = Studien . . ., 1.

[38] Zu dem Projekt siehe K. Christ, Römische Geschichte und deutsche Geschichtswissenschaft. München 1982, 269.

[39] Vergleiche die Rezension von Br. Brehm, Der Ursprung der germanischen Tierornamentik, in: J. Strzygowski (Hrsg.), Der Norden in der bildenden Kunst Westeuropas. Wien 1926, 37–95: Protestáns Szemle 36, 1927, 179ff.

[40] Rezension von M. Rostowzew, Skythien und der Bosporus. I. 1931, Gnomon 9, 1933, 561–572.

[41] Siehe dazu A. Momigliano, Journal of Roman Studies 57, 1967, 211 = Quarto Contributo alle storia degli studi classici e del mondo antico. Rom 1969, 487.

[42] Funde aus der Hunnenzeit und ihre ethnische Sonderung. Budapest 1932 (Archaeologia Hungarica IX, 1).

[43] Attila, in: Menschen die Geschichte machten. I. Wien 1931, 229–234; L'idée de domination chez Attila, Nouvelle Revue de Hongrie 51, 1932, 232–238.

[44] Zur historischen Bestimmung der Awarenfunde, Eurasia Septentrionalis, Antiqua 9, 1934, 285–307.

[45] Antike Darstellungen zur Kenntnis der Kultur der eurasiatischen Reiterhirten, Folia Archaeologica 3/4, 1941, 166–181.

die geistigen Grundlagen des hochasiatischen Tierstils[46] ebenso zu klären wie die Entstehung des Königtums bei den Reitervölkern Nordasiens[47].

Nach dem II. Weltkrieg haben ihn dazuhin auch die Probleme Irans fasziniert; Darstellungen des iranischen Weltriesen[48] interpretierte er in gleicher Weise wie Königsweihe und Männerbund bei den Achämeniden[49], den Kreislauf der Tiere um Mithras[50] wie eine sassanidische Silberphalera in Dumbarton Oaks[51]. Wenn die Beschäftigung mit der Welt der Reiter- und Steppenvölker nach 1947, insgesamt gesehen, hinter anderen Arbeitsschwerpunkten zurücktrat, so hängt dies selbstverständlich mit seiner damaligen Übersiedlung in die Schweiz zusammen.

IV

Andreas Alföldi besaß von Anfang an ein geschärftes Organ für alle Fragen der Symbolik und der ideellen Phänomenologie des römischen Kaisertums im weitesten Sinne. Ob er Münzbilder interpretierte, die Phraseologie der Legenden beleuchtete, Topoi der Dichtung und der Literatur klärte, die Aussagen von Denkmälern der verschiedensten archäologischen Gattungen erläuterte – stets suchte er diese Quellen in erster Linie als Träger der politischen Ideenwelt zu würdigen. Am erfolgreichsten war er dabei in den beiden umfangreichen und untereinander im Zusammenhang stehenden Studien über ›Die Ausgestaltung des monarchischen Zeremoniells am römischen Kaiserhofe‹[52] und ›Insignien und Tracht der

[46] Die geistigen Grundlagen des hochasiatischen Tierstiles, Forschungen und Fortschritte 1931, 278–280; Die theriomorphe Weltbetrachtung in den hochasiatischen Kulturen, Archäologischer Anzeiger 46, 1931, 393–418.

[47] A tarchan méltóságnév erédete, Magyar Nyelv 28, 1932, 205–220.

[48] Der iranische Weltriese auf archäologischen Denkmälern, Jahrbuch der Schweizerischen Gesellschaft für Urgeschichte 40, 1949–50, 17–34.

[49] Königsweihe und Männerbund bei den Achämeniden, Schweizerisches Archiv für Volkskunde 47, 1951, 11–16.

[50] Der Kreislauf der Tiere um Mithras, Germania 30, 1952, 362–368.

[51] A Sassanian Silver Phalera at Dumbarton Oaks, Dumbarton Oaks Papers 11, 1957, 237–239.

[52] Römische Mitteilungen 49, 1934, 1–118.

römischen Kaiser‹[53], die später unter dem Titel ›Die monarchische Repräsentation im römischen Kaiserreiche‹[54] zusammengefaßt wurden, einer Monographie, deren fundamentale wissenschaftliche Bedeutung unbestritten ist.

In der Arbeit über die Ausgestaltung des monarchischen Zeremoniells gelang Alföldi zunächst der Nachweis, daß die auch noch von Teilen der modernen Forschung angenommene Einführung des persischen Hofzeremoniells durch Diokletian, vor allem im Hinblick auf die Führung des dominus-Titels, die Forderung der Proskynese sowie das Tragen eines Prachtgewandes und edelsteingeschmückter Schuhe, in jener summarischen Form, wie sie spätantike Quellen berichten, nicht zutreffen kann.

Ausgangspunkt war für Alföldi die Feststellung, daß „in der antiken Literatur massenhaft exempla von Gewaltherrschern (zu finden sind), die ihre Untertanen wie der Perserkönig knechten, die ebenso wie dieser angebetet werden müssen und die in goldstrotzenden, edelsteinbeladenen Kleidern prangen; diese abschreckenden Beispiele bilden oft den Ausgangspunkt oder die Einkleidung, wenn historische Persönlichkeiten tyrannischer Gelüste beschuldigt werden". So postulierte er: „Wir müssen den Niederschlag dieses geistigen Formenzwanges zuerst entfernen, um den echten Anteil der Überlieferung herauszuschälen. Auch ist das Milieu, aus dem diese Begriffsbildungen herstammen, bisher nur philologisch richtig erfaßt, nicht aber historisch verwertet worden" (8f.).

Um den Hintergrund der römischen und vor allem der spätantiken Entwicklungen angemessen zu beleuchten und um diese verständlich zu machen, analysierte Alföldi zunächst die Vorstellung des Perserkönigs „als Vorbild des Tyrannen in der griechisch-römischen Literatur". Mit Hilfe zahlreicher Belege konkretisierte er die alte Antithese griechischer Freiheit und persischer Herrschaft, aus der dann später diejenige zwischen der libertas Romana und der servitus Persica hervorging. Für Alföldi war es daher auch „eine feststehende Topik, die die Biographien der Regenten der Tetrarchie zu Wüterichen in der Art des Perserkönigs verzerrte. Für einen besonderen Zug dieses Tyrannenbildes gab die Verunglimpfung Alexanders das Vorbild ab" (18).

[53] Römische Mitteilungen 50, 1935, 1–171.

[54] Darmstadt 1970. ^{3}1980. Danach wird hier zitiert.

Darüber hinaus wies Alföldi nachdrücklich darauf hin, daß die Topik, die formelhafte Ausdrucksweise, während der Römischen Republik und des Principats „noch keine leere Phraseologie (war), sondern eine wirksame Waffe der Gegner der Monarchie. Die Deklamationen der kynisch-stoischen Volksprediger griechisch-orientalischer Herkunft, die in der Zeit der Bürgerkriege in Rom gegen die Tyrannei hetzten, würden an sich wenig bedeutet haben. Aber es weiß ein jeder, daß die senatorisch-republikanische Partei ihre Opposition seit Cato Uticensis bis Helvidius Priscus und Thrasea Paetus und noch viel weiter in die Gedankenprägung dieser Philosophenschulen kleidete. Außerdem haben diese Prinzipien nicht nur den Widerstand der Republikaner zu formulieren geholfen, sondern sie wurden, wie bekannt, zeitweilig – vor allem unter der Verwaltung von Seneca, unter Marcus und Julianus – als Leitsätze der Regierung angesprochen und haben dadurch die strengmonarchische Ausprägung der Herrschaftsform ernstlich zu hemmen vermocht. Daneben sorgte für die allgemeine Verbreitung dieser Grundsätze die das Geistesleben überwuchernde Rhetorik" (19f.).

Damit hatte Alföldi zugleich auch die allgemeine Bedeutung der von ihm behandelten Thematik vor Augen geführt, einer Materie, die sich nicht in der Rekonstruktion von Einzelheiten und Ablauf des Zeremoniells oder in der Registrierung der verschiedenen Elemente der Tracht und der Insignien der Principes erschöpfte, sondern die für die Beurteilung der Institution des Principats, die Selbstdarstellung der einzelnen Herrscher und für das Verständnis gerade des spätantiken Kaisertums von denkbar größter Bedeutung war. Dies zeigte sich schon daran, daß Alföldi bei seinen folgenden Einzelstudien über ›Die tatsächliche Ausgestaltung des monarchischen Zeremoniells‹ von „zwei gegnerischen Richtungen im Verkehr mit dem Monarchen" sprach. Er unterschied dabei die augusteische Linie und Intention, die auch von den „meisten seiner Nachfolger" während der ersten beiden Jahrhunderte n. Chr. geteilt wurden, das heißt den Willen, „nicht als Gewaltherrscher, sondern nur als Bürger von überragendem Ansehen betrachtet zu werden" (25), von der sich daneben ausbildenden „Absonderung des Monarchen".

„Die Absonderung des Monarchen von der Menge der Beherrschten" wurde dabei nach Alföldi nicht allein durch die innere

Konsequenz der Entwicklung gefördert: „Nicht nur die technischen und sachlichen Schwierigkeiten und die vielfachen Beschränkungen wirkten hier mit, denen die Tagesordnung des Kaisers unterlag, sondern eine von der senatorischen und der aufgeklärten Ideologie gänzlich abweichende Auffassung vom Wesen der Herrschaft. Diese kam schon einmal mit Caesar in die Höhe und, mit dessen Fall mitunterdrückt, bleibt sie mehr in der Unterströmung, allmählich wieder erstarkend und seit etwa Commodus die Oberhand gewinnend.

Zu einer sakral-theologischen Formprägung des Verkehrs zwischen Kaiser und Untertan brauchte man nicht gleich das orientalische Gottkönigtum nach Rom herüberzupflanzen. Die Träger des Prinzipates selbst haben den Leiter des Staates unendlich hoch über die übrigen Senatoren gehoben, die für dessen Wohl beten und opfern, auf seinen Namen schwören, ihn als Gottessohn titulieren mußten, seinen und seiner Herrschaft Geburtstag wie seine Familienfeste als Staatsfeier begingen usw. Die auctoritas, die den ersten Prinzeps nach eigenem Geständnis über alle anderen erhob, hat einen religiösen Anstrich gewonnen, – so wie sein Ehrentitel Augustus ebenfalls sakral ist. Das philosophische Herrscherideal griechischer Abkunft, das Cicero in seinem Werk De re publica den Optimaten eingeschärft hatte, war auch mit göttlicher Erhabenheit umhüllt. Überhaupt konnte der abstrakte, aus der Wirkung von kosmischen und transzendentalen Kräften abgeleitete Königsbegriff der hellenistischen Philosophie seine Wirkung auf diese Kreise nicht verfehlt haben. Das Wunschbild des Weltheilands, welches die Kulturwelt in der Zeit der Bürgerkriege in seinem Banne hielt, haben sogar die Häupter der antimonarchischen Partei mit ihrer eigenen Tätigkeit in Verbindung zu bringen gesucht. – Um die religiöse Weihe, die das Kaisertum umgab, zu verstehen, muß man sich vor allem vergegenwärtigen, daß die Sphäre des Göttlichen in der Gedankenwelt der Antike unvergleichlich niedriger anfängt, als in der unsrigen“ (29f.).

Diese Sätze enthielten die Voraussetzungen, und sie bildeten zugleich das Fundament der folgenden Spezialuntersuchungen Alföldis, in denen er die verschiedenen Formen der Begrüßung des Kaisers, die salutatio als Gruß und Ehrenbezeigung republikanischer Art und die adoratio als „Selbstdemütigung vor dem dominus et deus“ im einzelnen analysierte. Dasselbe galt für „die allmähliche

Konventionalisierung der Proskynese" [55] wie für die Adoration der Kaiserbilder, schließlich auch für die Studien über „die kollektive Begrüßung des Kaisers und seine Ehrung in der Öffentlichkeit" [56]. Für alle diese Bereiche wurde die gesamte antike Literatur ebenso ausgewertet wie die archäologischen Denkmäler, nicht zuletzt die Medaillons und die Münzen. Mochte Alföldi für viele Fragen auch von den Ergebnissen und Beobachtungen anderer zeitgenössischer Forscher profitieren – so vor allem von den Arbeiten von Fr. Cumont, R. Delbrueck, A. von Domaszewski, S. Eitrem und P. L. Strack –, insgesamt gesehen war die umfassende Darstellung der Entwicklung doch sein persönliches Verdienst.

Ähnliche Perspektiven galten auch für den zweiten Teil des Untersuchungsbündels, für die Studien über ›Insignien und Tracht der römischen Kaiser‹. Wenn man vor Alföldis Arbeit „den Abzeichen der Kaiserwürde, der kaiserlichen Tracht, wie überhaupt den monarchischen Repräsentationsformen des Prinzipates noch keine eigene Behandlung gewidmet hat", so war seiner Ansicht nach dafür „die Stellungnahme des größten Kenners von Rom, der je gelebt hat, vermutlich ausschlaggebend". Immer wieder griff Alföldi auf die apodiktischen Äußerungen in Mommsens „Staatsrecht" zurück, um dagegen seine eigenen Auffassungen und Ziele abzuset-

[55] „Diocletianus ist nicht nur nicht der ‚erste' gewesen, der sich kniefällig anbeten ließ, sondern es scheiterten auch vor ihm alle Gewalthaber, welche die Proskynese aus eigenem Willen den Untertanen aufzudrängen versuchten; Caesar und Antonius, Caligula und Domitianus haben nur gewaltige Reaktionen mit ihren Experimenten ausgelöst. Nicht der Weg von oben, sondern der von unten her führt zum Siege durch die Beugsamkeit der Untertanen, durch welche die Adoration eine consuetudo venerationis geworden ist, wie sich schon die Geburtstagsrede auf Herculius im Jahre 291 ausdrückt (genethl. 11, 1)." A. O., 58.

[56] „Die ausnehmende Bedeutung der Akklamationen des Senates besteht darin, daß diese die Willensäußerung dieser Körperschaft allmählich ganz verdrängen und an deren Stelle das bedingungslose Sichfügen in den schicksalhaften und göttlichen Herrscherwillen versinnbildlichen. In seltener Klarheit kann man darin die große Wandlung erfassen, die von der freien Offenbarung der Persönlichkeit zur festumschriebenen und formgebundenen kollektiven Kundgebung, von der Logik des Rechtes zur dogmatischen Vorausbestimmtheit der religiösen Gedankensphäre hinüberführt." A. O., 84.

zen: „Unter dem überragenden Einfluß unseres Archegeten hielt man es daher nicht für nötig und lohnend, diesen Fragen weiter nachzugehen. Natürlich hat der sich in die republikanischen Formen hüllende Prinzipat auch in der äußeren Erscheinung des Machthabers die alte Prägung gewahrt und sogar den mittelalterlichen Erben seiner Macht noch manche Einzelheiten altrömischer Repräsentation übermitteln können. Man vergaß jedoch, daß die ehrwürdigen Distinktionen der Magistrate schnell einen monarchischen Anstrich erhielten: die Beschränkung ihrer Anwendung auf den Prinzeps oder die spezielle Art und Weise ihrer Führung hat sie zu Trägern einer ganz neuen Rolle gemacht" (121).

Auch hier ist die grundsätzliche Bewertung des Untersuchungsgegenstandes besonders wichtig, die Alföldi seinen Studien voranstellte: „Während nämlich die historisch-politische Bedeutung der republikanischen Relikte der monarchischen Szenerie durch Mommsen erkannt und festgelegt wurde, ließ er etwa die Hälfte der konstituierenden Elemente der Insignien nicht zur Geltung kommen. Es existierte für ihn ein Zepter nur unter den Requisiten des Triumphes, die Strahlenkrone sollte durch die Kaiser der beiden ersten Jahrhunderte ‘nicht geführt worden’ sein, der Edelsteinschmuck der kaiserlichen Kleidung und Ausrüstung wird bei ihm als mit Diocletianus beginnend gebucht, wie die Diademtracht erst seit Konstantin. Nicht die Unrichtigkeit der einzelnen Behauptungen fällt hier so schwer in die Waagschale, als vielmehr die konsequente Ausschaltung der Attribute und Machtsymbole, die aus der religiös-emotionalen Grundfläche des Prinzipates herstammen; . . . Die Insignien, die aus dieser Sphäre stammen, wurden zumeist nicht auf dem Rechtswege von oben her verfügt, sondern sind durch die nie geschlossenen Tore der Schmeichelei unter dem Vorwand künstlerischer und poetischer Freiheit eingeführt worden; auch bei offensichtlicher Initiative des Hofes ist dessen Einmischung möglichst verschwiegen worden. Nichtsdestoweniger waren sie von allem Anfang an von Staats wegen zugelassen und ein Teil von ihnen wurde von nur bildhaft dargestellter Symbolik zum wirklichen Abzeichen der Kaiserwürde konkretisiert. Manche sind auf diesem Wege nicht gänzlich durchgedrungen, doch gehört ihre ganze, von der Staatsgewalt scheinbar nicht akkreditierte Vorgeschichte ebenfalls in den Rahmen unserer Betrachtung" (122).

Im ersten Hauptteil seiner Untersuchungen behandelte Alföldi

„die republikanisch-juristischen Ausdrucksformen des Prinzipates und ihre monarchische Umbildung im Spiegel der kaiserlichen Kleidung und der Attribute". Er unterschied dabei drei verschiedene Entwicklungslinien, die den Gesamtprozeß prägen sollten: Eine erste zeigte das demonstrative Auftreten des Princeps in der Bürgertracht, einen Zusammenhang, in den auch die corona civica eingeordnet wurde, sowie sein Aufgreifen von Elementen der Senatsrepräsentation, insbesondere magistratischer und priesterlicher Attribute.

Davon abgesetzt wurde als zweite Linie die Umwandlung des Triumphalkostüms zum kaiserlichen Ornat, ein Bereich, in dessen Rahmen auch der edelsteingeschmückte Goldkranz des Herrschers, sein goldener Sessel und der Kaisersitz bei den Spielen näher erörtert wurden. In einer dritten Linie wurde dann der konstante Bedeutungszuwachs militärischer Insignien und Attribute bis in die Spätantike besprochen, dabei zum Beispiel die Bekleidung mit dem Paludamentum wie die Torqueskrönung untersucht, ein militärisches „Friedenskostüm" von einem „Kriegskostüm" unterschieden.

In vielen Einzelheiten klärte Alföldi so die Geschichte und den Funktionswandel der zahlreichen Herrschafts- und Ehrenzeichen. Er wies nach, daß „der ständige Kopfschmuck des Prinzeps, der Lorbeerkranz ... aus der Beschränkung eines republikanischen Ehrenzeichens auf ihn hervorgegangen" ist (137); er zeigte, auf welche Weise und in welchen Etappen auch „das altrömische Ehrenkleid (des Triumphalgewandes) aus einer eintägigen Auszeichnung zum allgemeinen Festkleid des Monarchen" wurde (144). In seinen minutiösen Auswertungen der Bilder von Münzen und Medaillons oder anderer Darstellungen sah er oft nicht beachtete Zusammenhänge: „Wenn im 5. Jahrhundert Lanze und Schild zu wichtigen Insignien des Kaisertums wurden, so dürfte dies auf die Auffassung des 3. Jahrhunderts zurückgehen, wo der als Vorkämpfer Roms aufgefaßte Imperator so oft mit diesen Waffen abgebildet wurde, bis sie schließlich als seine Attribute aufgefaßt worden sind" (185f.).

Auch hier sah Alföldi die Einzelheiten immer in größeren Zusammenhängen. Besonders deutlich wird dies in seiner Erörterung der Entwicklung der Beziehungen zwischen Princeps und Senat: „Wie die völlige Umgestaltung der Rolle des Senates in der Regierung keine isolierte Erscheinung ist, sondern mit den fundamentalen Veränderungen im Zusammenhang steht, die im 2. Jahrhundert die antike Lebensform umgeprägt und aufgelöst haben, so ist auch die doppelsinnige Stellungnahme der Machthaber gegenüber dem Senat in der geschichtlichen Entwicklung bedingt: das Beibehalten und die Weiterentfaltung der hergebrachten *Formen* und das Absterben ihres alten *Inhaltes* sind eben die einander ergänzenden Merkmale des traianisch-hadrianisch-antoninischen Zeitalters. Dieser Riß hat sich in der Entwicklung der Folgezeit nur noch weiter gespaltet. Man denke nur daran, wie unverkürzt die republikanisch-oligarchische Phraseologie des Tacitus noch bei den spätrömischen Schriftstellern weiterlebt und bei Iulianus dem Apostaten, bei Symmachus und anderen noch in der zweiten Hälfte des 4. Jahrhunderts politisch wirksam werden konnte, als die alten Grundlagen, für welche sie geschaffen war, schon total verschwunden waren. Und daß hier der literarische Formenzwang nur sekundär wirkte, erweist die davon vielfach unabhängige Sehnsucht nach altrömischem Wesen bei der illyrischen Führerschicht des 3. Jahrhunderts, bei denselben Leuten, die die republikanischen Überbleibsel der Verfassung vernichtet hatten“ (133f.).

Allerdings schränken diese durchaus zutreffenden Feststellungen Alföldis implizit auch die Tragweite seiner eigenen Forschungsresultate ein: die Diskrepanz zwischen Form und Inhalt relativiert in vielen Fällen notwendig die tatsächliche Bedeutung und Verbindlichkeit konventionell weitergeführter Insignien wie konventionell fortgesetzten Zeremoniells.

Im zweiten Hauptteil dieser Untersuchungen wurden dann „der Niederschlag der ethisch-religiösen Umhüllung des Kaisertums in der Tracht und den Machtsymbolen und die Insignien hellenistischer Herkunft“ besprochen. Alföldi wollte dabei zunächst die „gemeinsame Grundfläche des euphemistischen Hofstiles“ ebenso vergegenwärtigen wie „die juristische Festlegung der subjektiv-gefühlsmäßigen Devotion durch die sakrale Prägung des Majestätsbegriffes“. Insbesondere ging es ihm darum, in plastischen Einzelheiten jenen historischen Prozeß aufzuzeigen, „durch welchen die aus der Göttersymbolik übernommenen Attribute der Kaiserdarstellung konkretisiert und rechtlich festgesetzt wurden: Globus und Zepter, Götterthron und Baldachin wurden aus solchen imaginären Symbolen zu faßbaren und tatsächlichen Insignien der Monarchie“ (189). Die sakralen Zusammenhänge unterstrich Alföldi auch für die bekannten Termini der auctoritas, der Eide und Gelübde, des Divi filius wie der Vorstellung einer domus divina.

Schließlich erörterte Alföldi „das Eindringen des Litaneistiles in die Titulatur der Kaiser (Pater patriae, Augustus, Pius, Felix, Aeternus-Perpetuus, Dominus noster, Deus et Dominus, Bono rei publicae natus)". Er ging dabei von folgender Prämisse aus: „Die Verdrängung der rechtlichen Grundlage des Prinzipates durch die emotional-sakrale Grundlegung des Dominates vermögen wir nirgends so genau, in allen Etappen ihrer Entwicklung zu erfassen und zeitlich zu bestimmen, wie bei dem allmählichen Überwuchern der euphemistischen Ehrenbeinamen des Kaisers in seiner Titulatur. Man zerbrach sich viel den Kopf darüber, ob die einzelnen Attribute orientalisch oder römisch sind, – in Wahrheit mischen sich beide Elemente in ihnen, – aber die entwicklungsgeschichtliche Rolle ihres langwierigen Eroberungszuges wurde m. W. nicht erkannt." Zu Recht wandte sich Alföldi gegen Mommsens autoritäre Setzung: „Die zahlreichen übrigen Cognomina . . ., sodann optimus, pius, felix u. dgl. m., sind durchgängig, auch wo sie sich wiederholen, persönlich und für die Auffassung der kaiserlichen Gewalt im allgemeinen von keiner Bedeutung." [57] Man wird Alföldi bei seinem methodischen Ansatz allenfalls vorwerfen können, daß er bei seinen Interpretationen nicht weit genug ging, die Elemente der Siegestitulatur[58] ebensowenig einbezog wie die für die einzelnen Principes durchaus verschiedenen Bilder und Legenden der Reichsprägung und der Medaillons mit entsprechenden Zusammenhängen.

Wie angedeutet, streifte Alföldi schon hier das Bedeutungsfeld des pater patriae, dem er später weitere Spezialuntersuchungen widmen sollte[59] und das noch im posthum veröffentlichten Band seiner Caesar-Studien eine zentrale Rolle spielt.[60] Sicher arbeitete er das Phänomen der „Gehilfenstellung der Götter" heraus, wie es sich in deren Beinamen – zum Beispiel eines Custos, Conservator, Propugnator und so weiter – manifestiert, und folgerte: „Nicht nur die Menschheit, sondern auch die Götterwelt wird immer mehr auf die

[57] Römisches Staatsrecht. [3]II. Leipzig 1887, 774.

[58] P. Kneißl, Die Siegestitulatur der römischen Kaiser. Göttingen 1969.

[59] Zusammengestellt in: Der Vater des Vaterlandes im römischen Denken. Darmstadt 1971.

[60] Caesar in 44 v. Chr. I. Bonn 1985, 275ff.

zentrale Position des Kaisers eingestellt und dies hat in der Übertragung göttlicher Machtsymbole auf den Herrscher seine wichtigen Folgen." Ähnlich überzeugend war Alföldis Interpretation der „Einhüllung des Kaisers in die hellenistische Weltherrschersymbolik" (216). Erst innerhalb dieser Rahmen erhielten seine speziellen Untersuchungen der Insignien und Symbole ihre allgemeine Bedeutung, Untersuchungen, die auch die Überhöhung der jeweiligen domus principis umfaßten.

Ein eigenes Kapitel war schließlich den Kaiserattributen hellenistischer Provenienz gewidmet, dem „Einfluß der griechischen Reichshälfte auf die monarchische Repräsentation". Hier besprach Alföldi die Übernahme von Strahlenkrone und Nimbus, Diadem und Graeca vestis, insbesondere jedoch den Einfluß Alexanders des Großen auf diesen Gesamtbereich. Einen persönlichen Akzent legte er dabei auf die „Übergangsperiode zu dem reinen Dominat", darauf, „daß schon Septimius Severus vom exemplum Alexandri erfüllt gewesen ist, worauf die Schutzpatronenrolle von Hercules und Bacchus bei ihm hinweist". Damit wurde „auch der Alexanderwahn Caracallas viel verständlicher" (271). Standen dabei noch immer konkrete Zeugnisse und Symbole im Mittelpunkt der Betrachtung, so weiteten sich die Perspektiven in der Untersuchung der „bewegenden Kräfte der Entwicklung", dem Schlußabschnitt dieser Studien: „In der Ausgestaltung der monarchischen Repräsentation offenbarte sich vor uns das Ringen zweier entgegengesetzter Prinzipien, die die historische Entwicklung der Kaiserzeit bestimmt hatten. Macht und Recht standen einander auch damals gegenüber, vorzugsweise im Heer und im Senat verkörpert, welche dem Kaisertum die faktische Gewalt und die formale Sanktion dargeboten hatten. Der Gegensatz der herrschenden Stadtgemeinde und der unterjochten Ökumene, des orientalischen und okzidentalischen Geistes, der Zwiespalt der Lebensform in Stadt und Land, die territoriale Verschiedenheit der beiden Reichsteile waren hier zugleich am Werke; Dynamik und Statik, organischer Aufbau und mechanische Gliederung, juristische und religiöse Grundlegung, Freiheit und Bindung fochten miteinander ihren ewigen Kampf. Diese gegensätzlichen Paare strebten aber auch nach einer Vereinigung in zwei feindlichen Lagern. Die natürliche Zusammenfassung der treibenden Kräfte in zwei große Komplexe wurde dann durch die beiden Gründer der Kaiserherrschaft in der Weise aufgegriffen, daß sowohl die absolutistisch orientierte Einrichtung Caesars wie die behutsame Umbildung des Augustus sich auf je einen dieser Komplexe stützte" (272).

Für die weitere Entwicklung, die insbesondere auch durch „die Steigerung der materiellen Pracht" des Kaisertums gekennzeichnet wurde, bot nach Alföldi die „Kunstentwicklung" das beste Anschauungsmaterial: „Je weiter diese sich von der lebensgetreuen Auffassung entfernt, desto stärker löst die Harmonie der Farben ein greller Kontrast auf, desto mehr wird die figürliche Komposition durch die kostbare Dekoration verdrängt. Die neue, spirituelle Weltbetrachtung, die – wie öfters betont – an dem Absterben der realistischen Kunst ihren Anteil gehabt haben mußte, hat dann den abstrakten Formen, den Farben und den kostbaren Stoffen einen symbolischen Inhalt geliehen. Auf diese Bildsprache stützte sich die rangbezeichnende Pracht des Kaiserhofes, die wir in der zweiten Hälfte des 2. Jahrhunderts aus alten Wurzeln emporsprießen gesehen haben. Gold, Purpur und Porphyr wurden auf die Spitze der Hierarchie der Farben und Stoffe gestellt, die Edelsteinsorten nach Rang und Würden abgestuft.

Es spielte in diese Entwicklung auch ein anderes Moment hinein. Augustus konnte sich noch auf kulturell hochstehende Gesellschaftsschichten stützen, denen er mit seiner einfachen Kleidung und Wohneinrichtung eine Achtung einzuflößen vermochte. Die Herrscher der Spätzeit mußten jedoch einer primitiven Menge imponieren und die Effekte der Repräsentation auf deren Geschmack zuschneiden. Auf die Gesandten der Barbarenvölker übte die blendende Gold- und Edelsteinpracht des Thronsaals, der Kostüme der Kaiser und des Dienstpersonals, der Waffenrüstung der Leibwachen tatsächlich eine erdrückende Wirkung aus.

Die Vereinheitlichung und Zentralisation des Reiches brachten sozusagen das ganze Leben auf den gemeinsamen Nenner des Kaisertums. Die Stufenpyramide der Gesellschaftsklassen und der Beamtenhierarchie war ebenso nach der kaiserlichen Spitze gerichtet wie der großartige Verschmelzungs- und Einigungsprozeß der Götterwelt. Nicht mehr die Ewige Stadt ist der Mittelpunkt des Reiches: wo der Kaiser ist, ist auch Rom, sagt schon Herodianos" (274f.).

Auch nach dem Abschluß der umfassenden Studien über die monarchische Repräsentation führte Alföldi seine Untersuchungen auf diesem Felde weiter und ordnete sie dann auch selbst in einem kleinen Forschungsbericht im Rahmen seines Vorwortes zur monographischen Edition ein.[61] Seine Bemühungen galten dabei Zeichen und Attributen der verschiedensten Provenienz. Die künstlerische Darstellung des Romuluskopfes mit dem Wolfsrachen wie die Tierköpfe der Kopftracht von Standartenträgern und Hornisten der Kaiserzeit stellte er in totemistische Zusammenhänge,[62] das Speerattribut wurde als ursprüngliches Rechtssymbol der Souveränität des Latinerstammes interpretiert und in seiner Gesamtentwicklung verfolgt,[63] mit besonderem Nachdruck aber die Bedeutung etruskischer Elemente akzentuiert. Für die Übernahme der römischen Triumphaltracht von den Etruskern verwies Alföldi auf Verbindungen zu weiteren italischen Grundlagen (XII), für die Tracht der Patrizier auf die Attribute der Gardereiter etruskischer Könige Roms;[64] auch sonst spürte er immer wieder etruskischen oder älteren Vorstufen des römischen Bestandes an staatlichen oder religiösen Symbolen nach.

Neben diesem italisch-etruskischen Bereich klärte Alföldi jedoch auch die hellenistischen[65] und mesopotamisch-persischen Elemente[66] der kaiserzeitlichen Insignien und Repräsentanz. Es folgten schließlich oft mehrgliedrige, subtile Studien über einschlägige Komplexe der Späten Republik und des Principats, die in den Ar-

[61] A. O., XI–XVIII.

[62] Der neue Romulus, Museum Helveticum 8, 1951, 190–215.

[63] Vom Speerattribut der altrömischen Könige zu den Benefiziarierlanzen, in: Limes-Studien. Basel 1959, 7–12; Hasta – Summa Imperii, American Journal of Archaeology 63, 1959, 1–27; Zum Speersymbol der Souveränität im Altertum, in: Festschrift P. E. Schramm. Wiesbaden 1964, 3–6.

[64] Der frührömische Reiteradel und seine Ehrenabzeichen. Baden-Baden 1952. Nachdruck (mit neuer Einleitung): Rom 1979; Die Herrschaft der Reiterei in Griechenland und in Rom nach dem Sturz der Könige, in: Festschrift für K. Schefold. Antike Kunst, Beiheft 4, 1967, 13–47; (Centuria) procum patricium, Historia 17, 1968, 444–460.

[65] Gewaltherrscher und Theaterkönig, in: Late Classical and Medieval Studies in Honor of A. M. Friend. Princeton 1955, 15–55; Der Philosoph als Zeuge der Wahrheit und sein Gegenspieler, der Tyrann, in: Scientiis Artibusque. Acta Acad. Cathol. Hungar. 1, Rom 1958, 7–19.

[66] Die Geschichte des Throntabernakels, La Nouvelle Clio 1, 1950, 537–566.

beiten ›Der Vater des Vaterlandes im römischen Denken‹ (Darmstadt 1971)[67], jenen über den Komplex des Goldenen Zeitalters[68], vor allem aber in der Monographie ›Die zwei Lorbeerbäume des Augustus‹ (Bonn 1973) gipfelten. Alföldi wies hier auf die Zusammenhänge mit den zwei Lorbeerbäumen hin, welche einst die Türen des Heiligtums der Palatingemeinde flankiert hatten, und er glaubte deshalb, daß die im Jahre 27 v. Chr. Augustus zugebilligte Ehrung durch die beiden Lorbeerbäume vor seinem Haus noch in deren vielfältigen Abbildungen an die „göttliche Essenz" des Princeps erinnern würde.

Der Fluß dieser Arbeiten schien so nicht enden zu wollen. Es ist zudem anzunehmen, daß Alföldis oft bestaunte Materialsammlungen der Vorbereitung weiterer Spezialuntersuchungen in diesem Sektor dienen sollten. So komplex jedoch seine Studien sind, es war Alföldi bewußt, daß es ihm mit all dem nicht gelungen war, den Gesamtbereich systematisch zu ordnen und zu erschließen: Über die Dimensionen eines solchen Projekts machte er sich keinerlei Illusionen: „eine Gesamtschau dieser Erscheinung wäre allerdings m. E. wichtig genug, als würdiges Gegenstück des klassischen Staatsrechts Theodor Mommsens zu dienen. Sie würde sicher drei dicke Bände füllen: einen über Zeremoniell und verwandte Manifestationen der disziplinierten Massen, einen über Insignien und

[67] Eine Zusammenfassung der Studien: Der Traum der Rea, Museum Helveticum 7, 1950, 1–13; Der neue Romulus, a. O. 8, 1951, 190–215; Parens Patriae, a. O. 9, 1952, 204–243; 10, 1953, 103–124; 11, 1954, 133–169.

[68] Redeunt Saturnia Regna. I. Le triumvirat de Q. Fabius Maximus, C. Servilius et M. Caecilius Metellus, Revue Numismatique 1971, 76–89; II. An Iconographical Pattern Heralding the Return of the Golden Age in or around 139 B. C., Chiron 3, 1973, 131–142; III. Juppiter-Apollo and Veiovis, Chiron 2, 1972, 215–230; IV. Apollo und die Sibylle in der Epoche der Bürgerkriege, Chiron 5, 1975, 165–192; V. Zum Gottesgnadentum des Sulla, Chiron 6, 1976, 143–158; VI. From the Aion Plutonios to the Saeculum Frugiferum of the Roman Emperors, in: Greece and the Eastern Mediterranean in Ancient History and Prehistory. Studies presented to Fritz Schachermeyr. Berlin 1977, 1–30; VII. Frugifer-Triptolemos im ptolemäisch-römischen Herrscherkult, Chiron 9, 1979, 553–606. – Eine spezielle Ergänzung dazu bietet die Monographie Aion in Mérida und Aphrodisias. Mit Beiträgen von E. Alföldi-Rosenbaum, K. T. Erim und J. M. Reynolds. Madrider Beiträge 6, 1979.

Regelungen der Tracht, schließlich einen über die optisch gekennzeichnete und in kollektiven Gruppen und Handlungen faßbare Hierarchie mit ihren strukturellen Grundlagen in der Rangordnung" (Xf.).

V

Über Alföldis Schicksal während des II. Weltkrieges, der politischen Auseinandersetzungen im Ungarn Horthys, der Kämpfe um Budapest, der Besetzung des Landes durch die Rote Armee, dem Scheitern der frühen Koalitionsregierungen sowie dem immer stärker anwachsenden Druck der kommunistischen Partei unter M. Rákosi ist wenig bekannt. Hatte es zunächst den Anschein, als könne Alföldi wenigstens seine wissenschaftlichen Arbeiten über die Probleme des Donauraumes in Antike und Frühmittelalter fortsetzen,[69] so mußte er doch bald erkennen, daß für ihn in der neuen, sich immer deutlicher abzeichnenden Ordnung des sowjetisch beherrschten Nachkriegsungarn kein Platz mehr war. 1947 konnte er zwar in einer für damalige Verhältnisse relativ geordneten Form in die Schweiz ausreisen, hatte indessen einen großen Teil seiner Arbeitsmaterialien zurückzulassen.

Der Beginn der Schweizer Jahre war identisch mit einer tiefen Lebenszäsur. Ungeachtet der wertvollen Unterstützung durch Schweizer Kollegen, die ihm bald auch eine neue Existenz ermöglichten, hatte er schwerste persönliche und familiäre Belastungen zu tragen. Schon auf Grund neuer Voraussetzungen und fehlender materieller Grundlagen mußte Alföldi seine wissenschaftlichen Arbeiten neu orientieren – obwohl er gelegentlich auch ältere Fäden wiederaufnehmen konnte. Die bisher in seinem Œuvre dominierenden Themenkreise der historischen und archäologischen Erforschung des Donauraums in den weitesten Dimensionen sowie die Bemühungen um die Erhellung der geistigen Grundlagen der römischen Kaiserzeit und nicht zuletzt die Studien über die Reichskrise

[69] A honfoglalás elötti Magyarország története és kulturtörténete részletes feldolgozásának terve, Archaeologiai Értesitö 1946–48, 439–441; A varciánusok törzse Dél-Pannoniában és szomszédai, a. O., 280–282; Budapest ösi múltjának új emlékei, in: Budapest 1946, 343–344; Az utolsó nagy pannon császár, Budapest 1946.

des 3. Jahrhunderts n. Chr. traten nun zurück. Neue Schwerpunkte im Bereich der römischen Geschichte und Numismatik, aber auch in der Provinzialforschung, Archäologie sowie in der Epoche der Spätantike zeichneten sich schon früh ab. Sie alle standen indessen im Schatten der Alföldi immer stärker faszinierenden Gestalt Caesars.

Alföldis äußerer Lebensgang wurde zunächst durch tiefe Unruhe geprägt. Mochte er seine persönlichen gesundheitlichen Belastungen in einer imponierenden Weise verdrängen,[70] die familiären Sorgen rissen lange Zeit nicht ab. Ein neues wissenschaftliches Wirkungsfeld fand er zunächst an der Universität Bern, die ihn 1948 auf den Lehrstuhl für Alte Geschichte berief. Schon 1952 folgte er dann einem Ruf nach Basel, wo er jedoch wiederum nur vier Jahre blieb, ehe er 1956 in Princeton im Rahmen der School of Historical Studies des Institute of Advanced Study eine Professur übernahm, die ihm eine angemessene Existenz mit großzügigen Reisemöglichkeiten bot. Denn obwohl sich Alföldi in Princeton, vor allem in seiner Ehe mit der Archäologin Elisabeth Rosenbaum, optimale Forschungsbedingungen in kongenialer Atmosphäre eröffneten, brach er, wann immer es möglich war, zu Studien- und Vortragsreisen nach Europa auf. Wenn ihn auch gelegentlich Operationen und Krankenhausaufenthalte fesselten, Alföldi blieb bis zu seinem Tode am 12. 2. 1981 in Princeton von scheinbar unerschöpflicher Dynamik erfüllt. Noch immer entwickelte er Pläne und Initiativen, sammelte er unermüdlich Materialien für eine nicht abreißende Kette alter und neuer Projekte, obwohl ihn allein schon die Studien zur späten Republik sowie zur Epoche Caesars völlig ausfüllen mußten.

Während der Schweizer Jahre entrichtete Alföldi zunächst dem Raum und der Geschichte seiner neuen Wirkungsstätten seinen Tribut. In den Vorträgen über ›Rhein und Donau in der Römerzeit‹[71] und ›Die ethische Grenzscheide am römischen Limes‹[72] sind die

[70] Vergleiche G. Alföldy, Gnomon 53, 1981, 414.

[71] Jahrbuch der Gesellschaft Pro Vindonissa 1948/49, 5–21.

[72] Die ethische Grenzscheide am römischen Limes, Schweizer Beiträge zur allgemeinen Geschichte 8, 1950, 37–50 = The Moral Barrier on Rhine and Danube, in: The Congress of Roman Frontier Studies. 1949. Durham 1952, 1–16.

existentielle Dimension und der Niederschlag der politischen Lage zur Zeit des „Eisernen Vorhangs“ evident. Alföldis prinzipielle Konzeption fand denn auch Widerspruch und konnte sich in ihrer Konsequenz nicht durchsetzen.[73] Die kleineren Materialvorlagen dürften dagegen ebenso ihren Platz behaupten wie Alföldis Beiträge zu den Schweizer Sammelwerken jener Jahre, Arbeiten, von denen insbesondere seine Darstellung der römischen Kaiserzeit innerhalb der ›Historia Mundi‹[74] auch einen größeren Leserkreis fand.

Wichtiger wurde indessen Alföldis Hinwendung zu den Problemen der Römischen Republik, bei der sich bald drei zentrale Forschungsfelder herauskristallisierten: erstens die Geschichte des alten Italiens, der Etrusker, Latiner und des frühen Rom; zweitens die Münzprägung der Römischen Republik; drittens die Geschichte der späten Republik, Caesars Monarchie sowie Oktavians Aufstieg zur Macht. Das erste Forschungsfeld hatte Alföldi schon 1952 mit seiner Studie über den frührömischen Reiteradel und dessen Ehrenabzeichen betreten,[75] noch tiefer drang er in die neuen Perspektiven mit der Arbeit über ›Die trojanischen Urahnen der Römer‹[76] (Basel 1957) ein.

Ausgehend von dem kleinen Bronzekopf einer jungen Frau, der als Schnellwaagengewicht diente und sich einst im Besitz von J. J. Bachofen befand, einem Kopf, der durch eine eigenartige, letzten Endes aus dem skythisch-iranischen Bereich stammende Helmform akzentuiert wird, untersuchte Alföldi zunächst die Rolle der Rhome, das heißt jener Trojanerin im Gefolge des Aeneas, welche nach einer um Kroton heimischen Erzählung die trojanischen Frauen zum Verbrennen der Schiffe aufgewiegelt haben soll. Seit dem Beginn des 3. Jahrhunderts v. Chr., seit Kallias, ist dann nach

[73] Vergleiche K. Christ, Zur römischen Okkupation der Zentralalpen und des nördlichen Alpenvorlandes, Historia 6, 1957, 428 (= Ders., Römische Geschichte und Wissenschaftsgeschichte. I. Darmstadt 1982, 252); Ders., Römer und Barbaren in der hohen Kaiserzeit, Saeculum 10, 1959, 273–288 (= Römische Geschichte und Wissenschaftsgeschichte. II. Darmstadt 1983, 28–43).

[74] Römische Kaiserzeit, in: Historia Mundi. IV. Bern 1956, 190–297.

[75] Der frührömische Reiteradel und seine Ehrenabzeichen. Baden-Baden 1952. Nachdruck Rom 1979.

[76] Die trojanischen Urahnen der Römer (Rektoratsprogramm der Universität Basel für das Jahr 1956). Basel 1957. Nachdruck Rom 1979.

Alföldi eine konsequente Rangerhöhung der Rhome zu beobachten. In der frühen römischen Geschichtsschreibung wechselt die trojanische Stammutter der Römer mehrfach den Namen. Wird sie bei Naevius, Ennius und den Annalisten „Ilia" benannt, so bei Cato „Rhea Silvia". Mit großem Nachdruck wies Alföldi jedoch auch darauf hin, daß das an der „phrygischen" Mütze kenntliche Bild der trojanischen Stammutter der Römer zur Zeit des 1. Punischen Krieges auf den römischen Münzen erscheint, sie somit offiziell anerkannt und demonstrativ herausgestellt wurde.

Eine zweite Linie der Untersuchung galt der Verbindung der römischen mit der etruskischen Aeneassage sowie mit latinischen Traditionen. Auf Grund archäologischer Denkmäler und weiterer Quellen sah Alföldi die etruskische Aeneasverehrung ebenso schlüssig dokumentiert wie die herausragende Rolle der Latinerstadt Lavinium und deren speziellen Anschluß an den Aeneaskreis. Das Gesamtresultat von Alföldis Studie war somit nichts Geringeres als die Integration der römischen Vorstellungen über die eigenen Anfänge in einen sehr viel breiteren Grundstock etruskischer und latinischer Parallelen. Der Radius dieser Beziehungen wurde dann in den folgenden Monographien immer weiter ausgedehnt, wodurch es zu geradezu revolutionären neuen Akzenten in Alföldis Bild der italischen Frühgeschichte wie der Beziehungen zwischen Etruskern, Latinern und Rom kam.

Alföldis Hauptwerk in diesem Bereich, ›Early Rome and the Latins‹ (Ann Arbor 1965)[77], ist aus Vorlesungen an der American Academy in Rome und an der University of Michigan hervorgegangen. Es erschien in einem Augenblick, als die Probleme der italischen Frühgeschichte, der Etrusker, der Anfänge Roms wie der Anfänge der Römischen Republik von der internationalen Forschung besonders lebhaft diskutiert und als in diesem Sektor Jahr für Jahr faszinierende neue Funde gemacht wurden.[78] Während sich indessen die meisten der damals zu diesem Komplex vorgelegten Arbeiten, wenn man von ähnlich strukturierten Studien von G. Dumézil[79] absieht,

[77] Die deutsche Übersetzung: Das frühe Rom und die Latiner. Darmstadt 1977 wird Fr. Kolb verdankt. Nach dieser Ausgabe wird hier zitiert.

[78] Vergleiche den souveränen Forschungsbericht von A. Momigliano, An Interim Report on the Origins of Rome, Journal of Roman Studies 53, 1963, 95–121 (= Ders., Terzo Contributo . . . Rom 1966, 545–598).

[79] Siehe zuletzt G. Dumézil, Mythos und Epos. Die Ideologie der drei

lediglich mit speziellen Einzelproblemen oder mit Teilbereichen des Problembündels befaßten, wagte Alföldi den Versuch einer weitausgreifenden und umfassenden Gesamtinterpretation. Seine völlige Neubewertung der frührömischen und der mit diesen zusammenhängenden Geschichtsstränge fußte dabei nicht nur auf einer teilweise radikalen Kritik der schriftlichen Überlieferung[80] wie der komplexen modernen Forschung, auf dem Versuch, selbst die Resultate der jüngsten archäologischen Grabungen und Neufunde in seine Konzeption zu integrieren sowie vorher nicht beachtete Zeugnisse auszuwerten, sondern vor allem auf dem weiten universalhistorischen Bezugsrahmen, aus dem er seine Auffassungen in entscheidenden Punkten ableitete.

Dies alles hatte zur Folge, daß sich Alföldis Arbeiten in diesem Bereich mehrfach überschnitten. So wie er in die Monographie über das frühe Rom und die Latiner teilweise neugefaßte, ältere Elemente seiner Studien einfügte,[81] Einzelprobleme in späteren Aufsätzen besprach,[82] widmete er der Struktur des voretruskischen Römerstaates (Heidelberg 1974) ebenso eine eigene Monographie wie der speziellen Auseinandersetzung mit der neueren Forschung auf diesem Felde, nicht zuletzt der Kritik an seinen Thesen.[83] Alle diese Arbeiten müssen daher stets im Zusammenhang gesehen werden.

Den Status quo der internationalen Forschung zu Beginn seiner Arbeiten und seine methodischen Prämissen umriß Alföldi in der Einleitung zu ›Das frühe Rom und die Latiner‹ so: „Jüngste Ausgra-

Funktionen in den Epen der indoeuropäischen Völker. Frankfurt 1988. Zur Kritik an Dumézils Theorie: A. Momigliano, Georges Dumézil and the Trifunctional Approach to Roman Civilization, History and Theory 23, 1984, 312–333 (= Ders., Ottavo Contributo . . ., Rom 1987, 135–159).

[80] Dankbar und zugleich voll Anerkennung griff er dabei immer wieder auf das dafür grundlegende Werk von A. Schwegler, Römische Geschichte. 3 Bde. Tübingen 1853–1858 zurück.

[81] Vergleiche Anm. 76 und Ager Romanus antiquus, Hermes 90, 1962, 187–213.

[82] Il dominio della cavalleria dopo la caduta dei re in Grecia ed a Roma, Rendiconti dell' accademia di arch., lettere e belle arti di Napoli 90, 1965, 21–34. Vergleiche Anm. 64.

[83] Römische Frühgeschichte. Kritik und Forschung seit 1964. Heidelberg 1976.

bungen in der ›Ewigen Stadt‹ und in Latium haben uns neue Anhaltspunkte für die Beurteilung der Frühzeit geliefert. Verbesserte Methoden bei der Auswertung der literarischen und monumentalen Quellen haben es ermöglicht, das von den Annalisten gezeichnete, nebelhaft verschwommene Bild zu korrigieren und zu ergänzen. Neue Untersuchungen über architektonische Technik und moderne stratigraphische Ausgrabungen brachten bisher unbekannte Einzelheiten über Geschehen, Machtverhältnisse und Organisation in diesem Gebiet zutage. Der Fortschritt in der typologischen und chronologischen Einordnung von Fundgruppen hat neue Einsichten in die kulturellen, wirtschaftlichen und politischen Entwicklungen eröffnet. Kunstdenkmäler, Münzen und Gemmen, deren historischer Aussagewert zumeist übersehen wurde, bringen in einigen Fällen unerwartete Hilfe und runden das Bild der literarischen Überlieferung ab. Religiöse Riten lassen Überreste früher politischer Institutionen erkennen. Soziologie und Ethnologie verhelfen uns zum Verständnis archaischer sozialer Strukturen“ (1 f.).

Gerade das „Verständnis archaischer sozialer Strukturen“ suchte Alföldi dabei auf völlig neuen Wegen zu erlangen. Im Unterschied zu den römischen Historikern der späten Republik, welche die Struktur des Latinerbundes häufig von den Vorbildern griechischer Institutionen ableiteten, griff Alföldi auf Grund seiner früheren Studien der eurasischen Reiter- und Hirtenvölker sehr viel weiter zurück, um die latinischen und römischen Phänomene zu klären: „Aber die Wurzeln, aus denen alle diese den griechischen und römischen Bundesversammlungen gemeinsamen Züge entsprangen, sind deutlicher zu erkennen, wenn man die gleichen Phänomene in einer anderen Umwelt betrachtet, in der die archaische Struktur der alten indogermanischen Viehzüchtergesellschaften, die sich auf ugrische, türkische und mongolische Völker vererbte, isoliert von der südlichen Kulturwelt fast unversehrt bis ins 18. Jahrhundert erhalten blieb. Ich meine die Reiterhirten Nordasiens. Hier kann man sehr gut beobachten, daß die einzelnen Gebiete des öffentlichen Lebens in primitiven Gesellschaften noch nicht – wie in unserer Zeit – mehr oder weniger säuberlich voneinander getrennt ihr Eigenleben führen. Sie sind im Gegenteil eng miteinander verknüpft und bilden ein untrennbares Ganzes. Das geheiligte Ritual, die Formen der sozialen Organisaiton, das wirtschaftliche Leben mit seiner Produktion und den Schutzmaßnahmen zu deren Erhaltung, die Art der Kriegführung und die Regierungsmethoden bilden einen einzigen Komplex, der emotionell verankert ist in einem theriomorphen Entstehungsmythos des Volkes und der dramatischen Aufführung dieses Mythos' bei den großen jährlichen Zusammenkünften der Stammesangehörigen, bei denen Opfer dargebracht und Spiele veranstaltet werden, wo die jungen Leute sich nach Lebensgefährten umsehen, bei denen die Verteilung der Weidegründe zwischen den Sippen besprochen wird, Beratungen über Krieg und Frieden stattfinden und Pläne für Raubzüge geschmiedet werden" (11).

Nicht ohne Stolz wies Alföldi in der deutschen Ausgabe der Monographie darauf hin: „Ich habe seit 1931 versucht, die Aufmerksamkeit der Gelehrten auf diesen kulturmorphologischen Ursprung der indogermanischen Stämme zu lenken, und hoffe, in meinem Buche über ›Die Struktur des voretruskischen Römerstaates‹, Heidelberg 1974, den entsprechenden Nachweis geführt zu haben."[84] Gegenüber Dumézils Auffassungen der altitalischen Gesellschaftsstruktur äußerte er sich wenig später in einer für ihn typischen Weise so: „Ich hoffe, in meiner Studie ›Bärenkult und Matriarchat in Eurasien‹ (Nyelvtudományi Közlemények 50, 1936, 5 ff. ungarisch . . .) gezeigt zu haben, daß das System der dreigeteilten Gesellschaft unter den Indogermanen und ebenso unter anderen Völkern als matriarchalische Gliederung entstanden ist. Seitdem hat G. Dumézil einige Aspekte dieser Gesellschaftsstruktur bei den italischen Stämmen untersucht . . ., mit manchen wichtigen Beobachtungen, deren Wert dadurch nicht gemindert wird, daß wir seine Hauptthese von einer „funktionellen" Dreiteilung der Latiner in Soldaten, Priester und Bauern wie im Iran und in Indien nicht akzeptieren können. Die große Schwierigkeit dieses verwickelten Problems liegt darin, daß die – nach meiner Meinung matriarchalische – Dreiteilung in Rom und manchen anderen Staaten mit einer patriarchalischen Zweiteilung verbunden wurde. Die Kombination Juppiter, Mars, Quirinus stellt – wenigstens nach meiner Auffassung – den höchsten Gott über die beiden Vorsteher einer zweiteiligen Ordnung, oder mit anderen Worten: Juppiter als gemeinsamer Schirmherr der Gemeinden von Palatin und Quirinal."[85] Es dürfte nicht überraschen, daß die mit konventionellen

[84] A. O., 372, Anm. 14.
[85] A. O., 378, Anm. 60. – Vergleiche oben Anm. 79.

Methoden arbeitenden Spezialisten weder Alföldi noch Dumézil folgen konnten.

Die Monographie über ›Das frühe Rom und die Latiner‹, die das Kernstück von Alföldis Forschungen in diesem Bereich bleiben sollte, verband vier sich überlappende und untereinander zusammenhängende Themenkreise. In einem ersten Komplex suchte er mit der skizzierten Methode Struktur und geschichtliche Entwicklung des Latinerbundes zu klären, wobei einerseits die Bedeutung der Versammlungen der Latiner am Fuß des Albanerberges, des Zentrums des Kultes in Aricia zur Zeit der Auseinandersetzung mit Porsenna, des Dianatempels auf dem Aventin, den Alföldi als latinisches Bundesheiligtum interpretierte, besonders betont wurden. Andererseits arbeitete er die frühe, dominierende Stellung von Alba Longa und Lavinium im Rahmen des Latinischen Bundes heraus, schloß dabei seine schon bekannten Auffassungen über die „trojanischen Urahnen" ebenso ein wie die damals neu entdeckten archäologischen Zeugnisse eines latinischen Bundesheiligtums in Lavinium.

Einen zweiten Schwerpunkt bildete dann die systematische Kritik der annalistischen Tradition sowie des Geschichtswerkes des Fabius Pictor, den Alföldi mit dem Verfasser der Historia Augusta verglich und dessen Verantwortung für die Entstellung der frührömischen Geschichte er leidenschaftlich brandmarkte, obwohl er Fabius Pictor dann auch wieder ‚mildernde Umstände' zubilligte: „Was er lieferte, war keine ehrenrührige Fälscherarbeit. Er konstruierte aus dem Wenigen, das Legende und blasse Erinnerung bieten konnten, eine irreale, aber ehrwürdige Kindheit der neuen Führungsmacht der Mittelmeerwelt. Manche Entstellungen der Wahrheit in seinem Werk entsprangen persönlicher Voreingenommenheit; aber in erster Linie handelte es sich um eine pia fraus, begangen im Interesse des Staates, mit dessen Schicksal seine Familie seit vielen Jahrhunderten eng verbunden war. Es war nicht seine Schuld, daß seine Darstellung des frühen Rom kanonisch wurde . . . Sein Scheinbild der Anfänge Roms hat die Jahrhunderte überdauert; doch es darf uns jetzt nicht länger täuschen" (166).

Als drittes Element folgte die Analyse der Etruskerherrschaft über Latium und Rom, wobei Alföldi die Vorstellung einer ganzen Reihe sich ablösender Machtpositionen etruskischer Städte postulierte und in einer Untersuchung der Grenzen des frühen ager Romanus „Topographie und Archäologie gegen literarische Fiktion" setzte. Diese Kritik mündete in die Ablehnung der von G. Pasquali und anderen Gelehrten entwickelten Vorstellung einer „Grande Roma dei Tarquinii" sowie in den Versuch, für Roms Aufstieg während der frühen Republik den entscheidenden historischen Akzent erst in das 5. und 4. Jahrhundert v. Chr. zu setzen.

Alföldi hat seine wichtigsten Resultate selbst so zusammengefaßt: „Das königszeitliche Rom, nach den Annalen die Vormacht in Mittelitalien, erweist sich lediglich als kräftiger Vasall südetruskischer Staaten, die sich diesen wichtigen Umschlagplatz am Unterlauf des Tiber gegenseitig streitig machen. Das gewaltig unterschätzte Rom des 5. Jahrhunderts v. Chr. hingegen wird Schauplatz einer spektakulären Entwicklung. Während dieser seiner kritischen Periode nimmt Rom an Umfang und Schlagkraft zu und überschattet allmählich die anderen Latinerstaaten. Auch der Schock der gallischen Katastrophe kann den Aufstieg nicht hemmen. – Das mag eine Enttäuschung für diejenigen sein, die noch an die hegemoniale Stellung Roms im 7. und 6. Jahrhundert v. Chr. glauben. Aber die Tatsache, daß Roms Aufstieg später begann, als die Annalen uns glauben lassen wollen, schmälert nicht die Größe der ‚Ewigen Stadt' als Herrscherin über die Mittelmeerwelt" (4).

Eine so radikale neue Konzeption der römischen Frühgeschichte löste naturgemäß entschiedene Kritik und Epikritik aus.[86] Als einer der kompetentesten Gegner der Thesen Alföldis wandte sich sogleich A. Momigliano gegen dessen Beurteilung des Fabius Pictor[87]. In einer späteren Rezension des Werks konstatierte er dann: „Jeder, der mit den dürftigen Fragmenten des Fabius vertraut ist, wird sich sogleich fragen, wie Alföldi soviel über Fabius wissen kann. Die Antwort ist in der Tat, daß er es nicht kann." [88] Zur Rekonstruktion etruskischer Herrschaft über das Rom der Königszeit hieß es wenig später: „Die Theorie, daß Rom während der letzten 150 Jahre der Monarchie von einer etruskischen Hand in die andere überging, scheint mir ohne die geringste Stütze in unserer Überlie-

[86] Siehe Anm. 83.

[87] Did Fabius Pictor Lie?, The New York Review of Books, 5, 3, 16 September 1965, 19–22 = Essays in Ancient and Modern Historiography. Oxford 1977, 99–105.

[88] Quarto Contributo . . . Rom 1969, 489.

ferung zu sein.“ [89] Auch im Hinblick auf Roms Stellung im Bund der Latiner äußerte Momigliano erhebliche Vorbehalte, obwohl ihm hier Alföldis Beurteilung der Stellung von Lavinium als Zentrum des Aeneas-Kultes durchaus plausibel erschien. Trotz all dem hielt auch Momigliano ›Early Rome and the Latins‹ für ein „großes und epochales Werk“ [90].

Alföldis Schweizer Jahre hatten sodann intensive numismatische Studien vielfältigster Art [91] erbracht, die schließlich in die Vorarbeiten des breit angelegten Caesar-Buches einmünden sollten. Eine Voraussetzung dafür waren die engen Kontakte mit Schweizer Numismatikern und Archäologen, die ihm auch Publikationsmöglichkeiten für seine in der Regel mit zahlreichen Abbildungen und Tafeln ausgestatteten Untersuchungen boten. In den ›Schweizer Münzblättern‹ und anderen Schweizer Organen erschienen seine numismatischen Arbeiten in ebenso dichter Folge wie einst in ›Numizmatikai Közlöny‹. Neben speziellen Fragen der republikanischen Prägung und jenen der caesarischen Epoche behandelte er, dies nun freilich an anderen Orten, auch allgemeinere Probleme wie zum Beispiel ›The Main Aspects of Political Propaganda on the Coinage of the Roman Republic‹ [92] oder ›Timaios' Bericht über die Anfänge der Geldprägung in Rom‹ [93]. Doch so stimulierend diese Studien wirkten, ihre Resonanz blieb wesentlich bescheidener als jene der Arbeiten zur Schlußphase der Römischen Republik und zu C. Iulius Caesar.

[89] A. O., 492.

[90] A. O., 499 – Zum aktuellen Forschungsstand siehe A. Momigliano, The Origins of Rome, Settimo Contributo . . . Rom 1985, 379–436.

[91] Komplementäre Doppeltypen in der Münzprägung der römischen Republik, Schweizer Münzblätter 2, 1951, 1–7; Studien zur Zeitfolge der Münzprägung der römischen Republik, Schweizerische Numismatische Rundschau 36, 1954, 5–30; Zur römischen Münzprägung im zweiten punischen Kriege, Jahrbuch für Numismatik und Geldgeschichte 16, 1965, 33–47; Die Penaten, Aeneas und Latinus. Eine archäologisch-historische Untersuchung über das Schwurgold und die nummi quadrigati, Römische Mitteilungen 78, 1971, 1–57.

[92] The Main Aspects of Political Propaganda on the Coinage of the Roman Republic, in: Essays in Roman Coinage, presented to Harold Mattingly. Oxford 1956, 63–95.

[93] Timaois' Bericht über die Anfänge der Geldprägung in Rom, Römische Mitteilungen 68, 1961, 64–79.

VI

Im Jahre 1953 legte Alföldi seine bald großes Aufsehen erregenden ›Studien über Caesars Monarchie‹[94] vor und publizierte damit ein erstes Glied jener Forschungen, die ihn bis an das Ende seines Lebens beschäftigen sollten.[95] In deren Mittelpunkt stand der Versuch, erstmals in einer systematischen Weise die Münzbilder als historische Quelle für die Impulse „zur monarchischen Erhöhung und religiösen Verklärung Caesars in 44 v. Chr. Geb. (auszuwerten)". Alföldi umriß die Bedeutung des Wechsels der Darstellungen wie der Legenden auf den römischen Prägungen dieses Jahres später so: „Unter allen Quellen, die uns für jenes Schicksalsjahr 44 zur Verfügung stehen, kommt den Münzemissionen eine außergewöhnliche Bedeutung zu, da die blitzschnelle und fieberhafte politische Entwicklung, die mit der Ermordung Caesars zwar zeitweilig andere Bahnen suchte, aber schließlich unaufhaltsam weiterging, zu einer fortwährend neuen Formulierung der Stellung Caesars im und zum Staate führte; die dazu erforderlichen stets neuen Titulaturen und Umstellungen der Prägung und die dadurch hervorgerufenen kurzlebigen Münztypen lassen uns bei richtiger zeitlicher Einordnung das Aufkommen der Monarchie mit Händen greifen."[96]

Eine Schlüsselstellung sowohl für Alföldis Rekonstruktion der Chronologie der Prägungen des Jahres 44 v. Chr. als auch für die Erfassung der monarchischen Symbolik nahm dabei das Unikat eines Denars des Münzmeisters M. Mettius aus dem Jahre 44 v. Chr. ein, das sich in der Kgl. Münzsammlung im Haag befindet. Denn nach Alföldis Überzeugung zeigt dessen Bild „hinter dem Kopf Caesars statt des Augurstabs das auf dem Kapitol dem Höchsten Gott geweihte Diademband . . ., welches Caesar am 15. Februar angeboten worden ist. So ist dieses Unikum, das Caesar noch immer

[94] Bulletin de la Société Royale des Lettres de Lund 1952/3, 1–86. – Im folgenden wird auf Wertungen und auch auf Formulierungen meiner Rezension der einschlägigen Werke Alföldis in Gnomon 58, 1986, 715–723 zurückgegriffen. Dort finden sich auch weitere Einzelnachweise für die hier vorgetragene Auffassung.

[95] Vergleiche den Hinweis von P. Bastien in: Andrew Alföldi 1895–1981. Princeton 1982, 24.

[96] Caesar in 44 v. Chr. II. Bonn 1974, X.

Diktator zum vierten Male nennt, in den Tagen nach diesem Ereignis geprägt worden" (6).

Obwohl die Ouvertüre von Alföldis Caesarforschungen daneben auch noch weitere Leitmotive enthält, wie die Analyse der „massenpsychologischen Erschütterungen nach Caesars Ermordung in Rom", konzentrierte sich die Kritik im wesentlichen auf den numismatischen Teil der ›Studien‹. Gerade die führenden englischen Numismatiker wie H. Mattingly, R. Carson und C. Kraay[97] zeigten sich reserviert oder ablehnend; hinsichtlich der historischen Interpretation von Caesars Münzporträt im Zusammenhang mit monarchischen Ambitionen wurden Alföldis Thesen zudem bald durch die Forschungen seines eigenen Schülers K. Kraft[98] in den Hintergrund gedrängt.

Gerade die skeptische Aufnahme der ›Studien‹, Kritik und Widersprüche provozierten Alföldi zu noch intensiveren Bemühungen. Seine Reaktion erfolgte auf zwei Wegen. Einmal versuchte er beharrlich und unermüdlich, die materielle Basis für die Rekonstruktion der Chronologie der Prägungen des Jahres 44 v. Chr. zu erweitern. Gleichzeitig führte er daneben subtile Spezialuntersuchungen zur Interpretation der einzelnen Münztypen dieses Jahres und damit verbundener Themenkreise durch, die dann in dem Band ›Caesariana‹ (Bonn 1984) von seiner Frau, Elisabeth Alföldi-Rosenbaum, herausgegeben wurden. Wie eindringlich Alföldis Interpretation der Münzbilder war und wie früh zugleich seine wesentlichen Beurteilungspunkte Caesars feststanden, zeigt am besten ein Parergon aus jenen Jahren, das er unter dem Titel ›Das wahre Gesicht Caesars‹[99] veröffentlichte: „... Aber der Gesamtausdruck ist hier gar nicht um den Mund versammelt, der witzig und liebenswürdig lächelnd auf dem kraftvollen Kinn sitzt; der Brennpunkt

[97] Die Zurückhaltung H. Mattinglys erwähnt Alföldi selbst a. O., 6; R. Carson, Gnomon 28, 1956, 181 ff.; C. Kraay: "The fact is that the nail which supported Caesar's diadem in the temple of Jupiter is not strong enough to secure the chronology of his moneyer's issues.", Caesar's Quattuorviri of 44 B. C.: The arrangement of heir issues, The Numismatic Chronicle 14, 1954, 21.

[98] Der goldene Kranz Caesars und der Kampf um die Entlarvung des ‚Tyrannen', Jahrbuch für Numismatik und Geldgeschichte 3/4, 1952/3 (1954), 7–97 (= Darmstadt ²1969. Libelli, 258).

[99] Antike Kunst 2, 1959, 27–32, hier: 30.

der Physiognomie ist nicht auf die wie im geselligen Verkehr zu Frage und Antwort bereiten Lippen verlegt – nein, all die Gesichtszüge sind beherrscht durch die ungemein lebhaft, ja bohrend scharf blickenden und weitgeöffneten Augen, ... in denen ... die ungemein hochgespannte Energie dieses größten Sohnes Roms sich spiegelt. Das feine Lächeln, das Überlegenheit mit freundlicher Liebenswürdigkeit des Kulturmenschen verbindet, etwas Eitelkeit unwillkürlich bloßstellt und die väterliche Milde des Staatslenkers zur Schau trägt, würde zu einer bedeutungslosen Grimasse verflachen ohne die Ausdrucksstärke der Augen, die den Gehirnapparat hinter dem mächtig gewölbten Schädel bedienen ...

Ein Wort über seine Eigenart ist noch am Platze. Es ist abwegig, die zweitausendste Wiederkehr seines Todes als welterfreuenden Befreiungstag zu feiern. Der Mann, der seinen Gegnern so großzügig verzieh, der seine Leibgarden in der Stadt entfernte und seinen Körper der herrschsüchtigen Oligarchie bewußt freigab in klarer Erkenntnis der Weltgefährdung, die durch seine Ermordung hervorgerufen werden mußte, ihn freigab für den Fall, daß sie ihn nicht als Landesvater und Beglücker des Volkes ertragen wollten, dieser Mann hat mit den alten und modernen Gewaltmenschen gar nichts zu tun, mit den Verbrechertypen, die aus tausendmal gesicherter Deckung ihre Massenmorde bewerkstelligen."

Als sehr zeitraubend erwies sich die Materialsammlung als Basis für eine systematische Chronologie der Gepräge des Jahres 44 v. Chr., deren Resultate Alföldi dann dank der Mitarbeit von W. Kellner im Jahre 1974 in dem zweiten Band von ›Caesar in 44 v. Chr.‹ vorlegen konnte. Er betonte dort, daß er nach der Veröffentlichung von 1953 „durch 20 Jahre hindurch in der ganzen Kulturwelt alle aufspürbaren Exemplare dieser Denarprägungen gesammelt und auf den beiliegenden 156 Lichtdrucktafeln vergrößert abgebildet (habe). Wegen der zu befürchtenden leichtfertigen Kritik, die geneigt ist, eine solche Sammelarbeit als Selbstverständlichkeit abzutun und leichten Herzens zu zerpflücken, muß ich gestehen, daß dies eine mühselige Angelegenheit gewesen ist. Auch die gewöhnlichsten Denartypen sind unvergleichbar seltener als der Durchschnitt der Emissionen vor und nach 44 v. Chr., und kein bequemer Baedeker oder Guide Michelin ist da, um ihre Aufbewahrungsorte anzuzeigen" (IX). Diese Leistung ist denn auch unumstritten; ganz anders steht es indessen um die Bewertung der Rekonstruktion der Stempelabfolge der Münztypen, der Stempellisten und der Stempelverbindungen, die allenfalls eine relative Chronologie ermitteln könnten. Sie sind nicht mehr als das, als was sie schon W. Kellner bezeichnet hatte, der dem durch Graustar und Grünstar behinderten Alföldi die numismatische Feinarbeit zuletzt abgenommen hatte: „bescheidene Ordnungsvorschläge" (13). Auch hier wurden im übrigen von der Fachkritik schwerwiegende Vorbehalte geäußert.[100] Besonders negativ mußte sich ferner auswirken, daß trotz der angespannten Recherchen kein zweites Exemplar des umstrittenen Mettius-Denars mit dem Diadem aufgetaucht ist.

Für Alföldi selbst sollten diese komplexen numismatischen Studien freilich nur die Grundlage für ein großes Caesarwerk bilden, von dem dann posthum lediglich ein Teil im ersten Band von ›Caesar in 44 v. Chr.‹ (Bonn 1985)[101] veröffentlicht werden konnte. Wie H. Wolff dort berichtete, sollte diese Partie ursprünglich vier Glieder umfassen: Im ersten Teil wollte Alföldi Caesars staatsrechtliche, soziopolitische und religiöse Erhöhung zwischen 49 und den Iden des März erörtern sowie die Ursachen und die Motive dieser Erhöhung klären. In einem zweiten Teil sollten die langfristigen Strukturveränderungen der späten Republik analysiert werden. Vor dem Hintergrund des Versagens der Optimaten beabsichtigte Alföldi dann im dritten Teil Caesars Politik und deren Normen zu skizzieren, wobei die clementia in den Mittelpunkt rückte. Caesars Ermordung und seine Mörder sollten schließlich im vierten Teil behandelt werden.

Allein von dem so momumental konzipierten Werk lag bei Alföldis Tod lediglich der Teil über die Clementia Caesaris in bereits korrigierten Druckfahnen vor. Ihm wurden deshalb von den Herausgebern des Bandes andere, noch nicht veröffentlichte Texte Alföldis zum Caesar-Komplex beigegeben, die insgesamt wenig-

[100] So ist H. Zehnacker, Revue des Études Latines 53, 1975, 576ff. beizupflichten, der eine genaue Konkordanz der abgebildeten Stücke mit den früher von Alföldi gezeichneten oder erwähnten Exemplaren ebenso vermißt wie die unentbehrlichen Angaben über Gewicht und Stempelstellung der früher in Katalogen oder Standardwerken publizierten Münzen, kurzum jenen Standard, der für Veröffentlichungen solchen Anspruchs längst selbstverständlich geworden ist.

[101] Aus dem Nachlaß herausgegeben von H. Wolff, E. Alföldi-Rosenbaum und G. Stumpf (Antiquitas, Reihe 3, 16).

stens die Grundzüge von Alföldis Caesarbild ahnen lassen: eine Untersuchung über ›Die Gärung der Massen als bewegende Kraft der politischen Entwicklung im 1. Jh. v. Chr.‹ aus den Jahren 1954/5, ein Vortrag ›Die Souveränität des römischen Volkes‹ von 1979/80, eine Spezialuntersuchung ›Diadem und Kranz‹ aus der Zeit zwischen 1967 und 1972 sowie Alföldis letzter Vortrag in Princeton vom Jahre 1980 ›Der Wendepunkt in der römischen Geschichte im Jahre 44 v. Chr.‹.

›Die Gärung der Massen . . .‹ hatte Alföldi schon in seinen ›Studien über Caesars Monarchie‹ gestreift. Es war seine Überzeugung, daß „der kleine Mann der Übergangszeit" gerade durch „die Volksvereine mit religiöser Zweckbestimmung" in das öffentliche Leben Roms eingriff. Er untersuchte deshalb die Zusammensetzung des politisch aktiven hauptstädtischen Proletariats, die Rolle von Sklaven, Freigelassenen wie jene der Handwerkervereinigungen sowie die der bewaffneten politischen Kampfgruppen in den Tagen des Clodius und Milo. Nach einer eindrucksvollen Zusammenstellung von Belegen für die Verachtung des niederen Volkes durch die spätrepublikanische Führungsschicht erörterte Alföldi die Kultvereine als revolutionäre Organisationen. In diesem Zusammenhang besprach er die Einführung des Kultes der Magna Mater wie die Bekämpfung der bacchischen Mystenvereine, insbesondere jedoch ›Die Kultvereine der Isis als Stützpunkte der Massenbewegung zur Zeit der Bürgerkriege in Rom‹.

Dank enger Zusammenarbeit mit G. Sangiorgi und K. Schefold konnte Alföldi hier die archäologischen Zeugnisse in weitem Umfang auswerten, Werke der Kleinkunst wie Edelsteinglyptik oder Glasflußnachahmungen ebenso wie die Wandmalerei oder die Beizeichen der Silberprägung des frühen 1. Jahrhunderts v. Chr. Gelegentlich wagte er dabei sehr weitgehende Analogien: „Und wie gestern und vorgestern die Parteisymbole umstürzlerischer Bewegungen, die, heimlich oder offen an die Hauswände gekritzelt, den Schatten einer geplanten Machtergreifung vorauswarfen, dünkt einem heute die Schmugglerware der Isis auf den Denaren der weltbeherrschenden Republik" (61). Es mag sein, daß Alföldi die revolutionäre Rolle der Kultvereine hier wie im Falle der Kompitalvereine im Banne seiner Perspektiven zu stark betont hat; sein Verdienst bleibt es jedoch, auf diese vernachlässigten Phänomene mit Nachdruck hingewiesen zu haben. Im Falle der Isisverehrung wurde hier zudem die Brücke von den Arbeiten der dreißiger Jahre zur Spätantike zurück zur späten Republik geschlagen.

Während Alföldis Beiträge zur Souveränität des römischen Volkes, zu Diadem und Kranz und zum Wendepunkt der römischen Geschichte im Jahre 44 v. Chr. wohl nur von sekundärer Bedeutung und zudem im einzelnen umstritten[102] sind, führt die große Partie über die „Clementia Caesaris" (173–386) ins Zentrum von Alföldis Auffassungen. „Gerade die clementia dieses großartigen Menschen" sah er „in unserem Jahrhundert durch die Forschung am meisten mißhandelt", nicht zuletzt deshalb, weil die „blutigen Schlächtereien der modernen Gewaltmenschen, die unsere Epoche gequält haben, ... ihren Schatten auch auf die Historiker Caesars" warfen. Inzwischen aber (sc. 1979), glaubte Alföldi, sei die „Distanz, die uns jetzt von jenen schauerlichen Erschütterungen trennt, ... groß genug, um die großherzige Gestalt Caesars ohne jenen Schatten deutlicher erblicken zu können" (173).

Alföldi kehrte im Grunde zu Theodor Mommsens Wertungen zurück:[103] Von der Herrschaftspraxis der spätrepublikanischen Führungsschicht war er abgestoßen, von Caesars Politik der clementia fasziniert, von Ciceros Opportunismus enttäuscht, über „die politische Blindheit und Skrupellosigkeit der Caesarmörder" (317) entsetzt. Die Oligarchie der späten Republik bewertete er so: „Aber wir dürfen die damalige Oligarchie nicht ohne weiteres als Trägerin der republikanischen Ideale hinnehmen, hinter deren Fassade sie sich mit solchem Erfolg verstecken konnte. Aus einer großartigen, opferbereiten Führungsschicht hatte sie sich zu einer vom Volksganzen losgelösten Herrscherschicht umgestaltet. Ihr krasser Egoismus, ihre Verständnislosigkeit für die Bedürfnisse und Rechte der unteren Volksschichten, ihre Mißwirtschaft in den Reichsländern gibt ihr keine Berechtigung dafür, ihre Kollektivherrschaft als echt republikanisch anzusehen. Ihre retrogressive Selbstverschließung vor jeglicher Anpassung der Staatsmaschinerie an die veränderten Strukturen rechtfertigt daher die Abschaffung ihres absolutistischen Waltens voll und ganz" (226).

Umfassend wertete Alföldi in diesem Teil seiner Untersuchungen

[102] H.-W. Ritter, Die Bedeutung des Diadems, Historia 36, 1987, 290–301.

[103] Zu Mommsens Caesarbild siehe A. Heuß, Theodor Mommsen und

vor allem die einschlägige literarische Überlieferung aus. Er griff dabei weit zurück, um die clementia als Schlagwort mit der popularen Tradition zu verbinden und um das populare Begriffsfeld von clementia – misericordia – mansuetudo mit dem oligarchischen der severitas und crudelitas zu kontrastieren. Kontrastierung und Polarisierung wurden für Alföldi generell zu Strukturprinzipien seiner Konzeption: Sullanische Grausamkeit stellte er der Caesarischen Rechtlichkeit gegenüber, Caesars Schonung der Brutalität des Pompeius, den mildesten Vater dem grausamsten Tyrannen. Vor allem suchte er jeden Zweifel daran zu entkräften, daß die clementia Caesars leitendes Prinzip im Bürgerkrieg war, mehr noch, er wollte nachweisen, daß Caesar seine clementia selbst gegenüber äußeren Gegnern und Sklaven praktizierte: „Für unsere Problematik ist es entscheidend wichtig, daß Mäßigung und Milde nicht erst für den Bürgerkrieg verkündet worden sind, sondern schon die Äußerungen und Handlungen auf dem Schlachtfeld und in den Kommentarien des Bellum Gallicum durchziehen“ (224).

Temperamentvoll wandte sich Alföldi denn auch gegen die „modernen Gegner Caesars, die in seiner clementia nur Heuchelei erblicken“ (206), gegen die kritischen Beurteilungen Caesars bei Ed. Meyer, R. Syme, L. R. Taylor, M. Treu, H. Strasburger und M. Rambaud vor allem, gegen die Versuche der „Historiker der Weltkriegsgeneration“, „Caesars Kommentarien des Betrugs und der Fälschung zu bezichtigen“ (215). Gegenüber all dieser Kritik blieb Alföldi dabei, „daß die clementia Caesaris keine ethische Sonderformel war, sondern ein Oberbegriff, der durch seinen allseitigen Zusammenhang mit verwandten moralischen Aspekten der zentrale Kern des Verhaltens Caesars gewesen ist. Dies ist eine sowohl für seine sittliche Beurteilung als auch für das Verständnis seiner großen politischen Konzeption maßgebende Tatsache“ (206).

Caesars „überlegene Selbstzügelung und die unerhörte Mäßigung im Bürgerkrieg“ (245) mündeten konsequent in die „Güte des Landesvaters“ (275); seit dem Jahre 48 v. Chr. wurde nach Alföldi „der Sieger von Pharsalos, durch den totalen Umschwung der Machtverhältnisse plötzlich wie auf einer Rutschbahn in Richtung auf die Monarchie gestoßen“ (242). Auch hier blieb Alföldi bei seinen bis-

das 19. Jahrhundert. Kiel 1956; A. Wucher, Theodor Mommsen, Geschichtsschreibung und Politik. Göttingen [2]1968.

herigen Wertungen: „Der Königstitel als definitive Lösung war für Caesar im Februar 44 annehmbar, ja erwünscht, so wie das Wunschbild des väterlichen, für das Volk sorgenden Königs theoretisch auch Cicero vorgeschwebt hat; angesichts des Widerwillens und der Entrüstung der Römer drängte Caesar aber nach den Luperkalien nicht mehr nach dem Titel. Die Landesvaterschaft aber hat er sowohl angenommen als auch verwirklicht" (320f.). Caesar, der „Landesvater" – sollte diese Auffassung der dynamischen Gestalt des Diktators wirklich gerecht werden?

Wie bei Theodor Mommsen entsprachen Alföldis idealisiertem Caesarbild harsche Verdikte über die Gegenseite. Nur „der romantische Republikanismus (hat) aus dem eiskalten Egoisten, aus dem unzuverlässigen, scheinheiligen Pompeius nachträglich einen Heiligen und Märtyrer gemacht ... An ein gemäßigtes Prinzipat ist bei diesem von leidenschaftlicher Eitelkeit bewegten, auf ein alleiniges Führertum durch den wohlgeplanten Bürgerkrieg und auf ein Blutgericht nach dem Sieg hinstrebenden Menschen nicht zu denken" (242).

Cicero war für Caesar der „ideologische Anstifter des Caesarmordes" (367), persönlich jedoch „eine Künstlernatur mit der Eitelkeit einer Primadonna" (385). „Ciceros Weltanschauung war aus einer Gesamtschau abgeleitet, die, in die Vergangenheit zurückblikkend, aus zwei Quellen schöpfte. Die eine war die Verhaltensweise der welterobernden römischen Führungsschicht, die andere die literarisch-philosophische Ideologie des klassischen Griechentums. Sein überragendes Künstlertalent brauchte eine Bühne, die sich auf dem winzigen Fleckchen in der Mitte Roms, in der Kurie und auf dem Forum, befand. Sein Blick war vollständig nach innen gekehrt, stets auf jene Arena des Rednerkampfes gerichtet" (384).

Durch „die Aufwiegelung des M. Brutus" trug Cicero nach Alföldi die „moralische Verantwortung für Caesars Ermordung" (317). Die Erklärung für die „unsinnige Einstellung" der Caesarmörder aber konnte nach ihm „nur im Sieg der griechischen Erziehung und Staatstheorie über das erdgebundene römische Vernunftdenken gesucht werden" (320).

Die damit angedeuteten Hauptlinien dürften wenigstens den Umriß von Alföldis letztem Hauptwerk skizziert haben, eines Werks, welches durch die Geschlossenheit seiner Konzeption nicht weniger imponiert als durch die Vielfalt der Ansätze und den Reichtum der

Beobachtungen, Erkenntnisse und Wertungen. Dies gilt auch für jene Teile, wo Alföldis Thesen zum Widerspruch reizen. Wenn man berücksichtigt, daß in ›Caesar in 44 v. Chr.‹ lediglich ein Bruchteil der durch Jahrzehnte hin betriebenen Forschungen vorliegt, kann man ahnen, wie tief Alföldi von der Gestalt Caesars erregt war. Diese Ergriffenheit, um nicht zu sagen Obsession, erklärt wohl auch den Elan und die geistige Frische, mit denen die Partien geschrieben sind. Selten hat Alföldi mit so starkem inneren Engagement formuliert.

Selten hat er auch die Interdependenzen zwischen Gegenwartsimpulsen und historischer Wertung so konsequent berücksichtigt wie hier: „Bekanntlich hat Caesar über seine jährlichen Operationen in Gallien fortlaufend Vorberichte veröffentlicht, um das Römervolk über seine Leistungen sauber und nüchtern aufzuklären. Dann hat er diesen Informationsdienst im eigenen Interesse auch auf den Bürgerkrieg ausgedehnt. Dies war politische Propaganda im modernsten Sinne. Nun wurde unsere eigene Zeit, zuerst durch den parteibefangenen Boulevard-Journalismus, der die wunden Punkte seiner Auftraggeber im Dunkeln läßt und alles für diese Vorteilhafte mit grellem Lampenlicht überbeleuchtet, auf den Mißbrauch des schriftlichen Nachrichtendienstes aufmerksam gemacht. Dann haben wir die Trugbilder verschiedener Utopien in der zentral gelenkten Presse jüngster Diktaturen über uns ergießen lassen müssen. So entstand bei den Generationen der Weltkriege der Eindruck, daß Propaganda-Literatur entweder ein reines Lügengewebe ist oder doch irgendwie mit Verstellung und Fälschung zusammenhängt. Kein Wunder also, daß nach dem zweiten Weltkrieg Caesars Kommentarien durch die – bewußte oder unbewußte – Identifizierung jenes antiken Condottiere mit modernen Gewaltmenschen als Lügenpropaganda moderner Art verdammt worden sind“ (210).

Dasselbe gilt für Alföldis Versuche, die Wirkung von antiken Ideologemen durch zeitgenössische Erfahrungen verständlich zu machen. So schrieb er zum Beispiel im Hinblick auf die Prägekraft des griechischen Tyrannenbildes: „Die ungeheure Wirkung dieses Gedankenkomplexes im politischen Kampf wird der Leser sofort begreifen, wenn er an die enorme Zugkraft des Klischeedenkens bei der heutigen Menschheit denkt. Eine zur Handhabung der Gesellschaft geeignete Theorie erfaßt die nur reproduktive Gedankenkapazität der Massen. Die Theorie kann sich von den praktischen

Bedingungen und Bedürfnissen himmelweit entfernen, aber auf Grund der Trägheit des Denkens wird man diese Zwangsjacke gerne und lange weiter tragen" (280).

Mit all dem sicherte sich Alföldi in der langen Reihe der Caesarstudien und -beurteilungen seinen besonderen, sehr persönlichen Platz. Mag sich seine Chronologie der Denarprägung des Jahres 44 v. Chr. auf die Dauer ebensowenig durchsetzen wie seine manchmal bedenklichen und nicht selten auch provozierenden Auffassungen von Diadem und Kranz oder die ganz eindeutig überspannte clementia-Interpretation, so bleibt doch anzuerkennen, daß sich niemals zuvor ein Historiker so eindringlich und hartnäckig um die Erfassung des Münzmaterials des Jahres 44 v. Chr., vor allem aber um die historische Interpretation von Münzbildern und -legenden der caesarischen Epoche unter den Kriterien der politischen Symbolik und der Herrschaftszeichen bemühte wie A. Alföldi.

Bei der Bewertung und Einordnung seines Caesarbildes ist zu bedenken, daß Alföldi keine Biographie schreiben wollte, vor allem aber, daß die Gesamtbeurteilung seiner Auffassungen dadurch erschwert wird, daß von den umfangreichen Studien lediglich ein Bruchteil publiziert wurde. Sieht man von der Kontinuität jener Methoden ab, die Alföldi in den dreißiger Jahren so erfolgreich auf die Phänomene der Kaiserzeit und der Spätantike angewandt hatte, so ist seine Beurteilung in erster Linie als eine Reaktion auf die sehr kritischen Caesarbilder zu verstehen, die vor allem durch M. Rambaud[104] und H. Strasburger[105] aufgerichtet wurden – um nur zwei profilierte Vertreter jener Autoren zu nennen, gegen die Alföldi so entschieden vorging. Mit seinem idealistischen Verständnis der Politik und der Persönlichkeit Caesars ist Alföldi zunächst ein erratischer Block im Strom der modernen Caesarforschung. Es mag sein, daß dieses Caesarbild die unvermeidliche Antithese zur Sicht der „Historiker der Weltkriegsgeneration" darstellt.

104 M. Rambaud, L'art de la déformation historique dans les Commentaires de César. Paris 1953.

105 H. Strasburger, Caesar im Urteil seiner Zeitgenossen, Historische Zeitschrift 175, 1953, 225–264 (= Darmstadt ^{2}1968).

VII

Andreas Alföldis Arbeiten auf dem Gebiet der Römischen Geschichte setzten ein, als dort noch immer die staats- und verfassungsrechtlichen Methoden Theodor Mommsens dominierten. Neben M. Rostovtzeff,[106] der als erster die Resultate der Archäologie zur Basis großer und systematischer Darstellungen der römischen Kaiserzeit wie der Epoche des Hellenismus wählte und damit der Sozial- und Wirtschaftsgeschichte des Altertums neue Wege wies, gab Alföldi seit den zwanziger Jahren sechs Jahrzehnte lang im Gesamtbereich des orbis Romanus und der Römischen Geschichte wohl die stärksten Innovationsimpulse. Mit primär geistesgeschichtlichen Methoden und Fragestellungen erschloß er komplexe, vorher vernachlässigte Quellenbestände und interpretierte sie zugleich in den weitesten Horizonten, vor allem unter politischen, religions- und geistesgeschichtlichen Aspekten. In allen Epochen der Römischen Geschichte belebte er damit die Forschung in stärkster Weise.

Eine kritische Bilanz mag noch einmal das Ausmaß dieser Studien vergegenwärtigen und zugleich die Wirkung der größeren Werke beleuchten: Für die Phase des frühen Rom haben Alföldis Forschungen in jedem Falle die Bedeutung der zuvor im allgemeinen unterschätzten latinischen Elemente und Zusammenhänge aufgezeigt. Andererseits dürfte er selbst die Tragweite der Traditionen eurasischer Nomaden überbewertet haben. Kontrovers bleiben auch seine neuen chronologischen und historischen Rekonstruktionsversuche.

Im Bereich der späten Republik kann die Forschung auf Alföldis Ansätzen einer Neuordnung des numismatischen Materials, speziell für das Jahr 44 v. Chr., weiterbauen. Allerdings erfordert dies im einzelnen eine sorgfältige Verifizierung. Auch in den Interpretationen dieses Sektors findet sich Überzeugendes neben Überspanntem, sind Zweifel und Vorbehalte jedenfalls nicht ausgeräumt. Die intensive Bemühung um den clementia-Komplex kann Alföldis ungewöhnlich idealistisches und optimistisches Bild des Landesvaters Caesar nicht stützen. Caesar war gewiß ein intelligenter Diktator – aber eben ein Diktator, der die eigene Person absolut gesetzt hatte.

[106] Vergleiche K. Christ, Von Gibbon zu Rostovtzeff. Darmstadt [3]1989, 334 ff.

Größere und wohl auch weiterhin anhaltende Akzeptanz erzielte Alföldi dagegen mit seinen zahlreichen Forschungen zur römischen Kaiserzeit. Sein Augustusbuch zählt zu seinen imponierendsten Monographien; die in der „monarchischen Repräsentation" zusammengefaßten Studien über Zeremoniell, Insignien und Tracht der römischen Kaiser machen die Tragweite jener originellen Methoden sichtbar, die mit seinem Namen verbunden bleiben werden, Studien, welche zugleich in konkreter Weise den Grundwiderspruch des Principats zwischen Form und Gehalt, Stilisierung und Macht freigelegt haben. Ähnlichen Erfolg hatte Alföldi mit den Arbeiten zur Reichskrise des 3. Jahrhunderts, insbesondere mit der Profilierung der Leistungen wie der Bedeutung der illyrischen Soldatenkaiser. Diese neue Akzentuierung hat sich im europäischen Geschichtsbild durchgesetzt, weniger dagegen der Versuch, auf den verschiedensten Feldern eine umfassende gallienische Renaissance nachzuweisen.

Was einst Haverfield für Britannien leistete, leistete Alföldi für den Donauraum. Erst mit ihm begann die systematische moderne Auswertung der Inschriften, Münzen, der archäologischen Quellen einschließlich der Kleinfunde unter historischen Fragestellungen. Alföldis Forschungen und Aktivitäten hoben die donauländischen Provinzialstudien auf internationales Niveau; der Verlust seiner systematischen Arbeiten wiegt deshalb auch besonders schwer. – Auch im Bereich der Spätantike erlebte Alföldi den Abschluß eines Hauptwerkes nicht mehr. Doch die erste Auflage seiner ›Kontorniaten‹ konnte mitten im II. Weltkrieg erscheinen und damit für die Erforschung der spätantiken Religions-, Geistes- und Mentalitätsgeschichte ebenso neue Quellen erschließen wie zuvor die Monographie über das Isisfest. Die Resonanz der Arbeiten über Konstantin den Großen und Valentinian I. blieb demgegenüber verhaltener; die Bilanz der von Alföldi mitstimulierten Historia-Augusta-Forschung steht noch immer aus.

Parallele wissenschaftliche Forschungen in den verschiedenartigsten Problemkreisen fordern ihren Preis, insbesondere dann, wenn sie so rasch und in so großer Zahl veröffentlicht werden, wie das bei Alföldi der Fall war. Neben der Kritik an einzelnen Interpretationen erhob sich zuletzt auch diejenige am Eklektizismus seiner Literaturbenutzung. Noch schwerer wogen indessen die prinzipiellen Einwände gegen Alföldis Methode. In der Mattingly-Festschrift des Jahres 1956, zu der Alföldi seine Studie über die Hauptaspekte der politischen Propaganda auf den Münzen der Römischen Republik beigesteuert hatte, erschien auch die programmatische und provozierende Arbeit von A. H. M. Jones über ›Numismatics and History‹. Zu den subtilen Deutungsversuchen der Symbolik antiker Münzbilder, wie sie Alföldi praktizierte, erklärte Jones dort apodiktisch: „Es ist . . . fraglich, ob die komplizierten Botschaften, welche einige Numismatiker von Münzbildern ableiten, von diesen absichtlich vermittelt werden sollten und noch fraglicher, ob sie generell verstanden wurden . . . Es wäre besser, wenn die Numismatiker die Münzbilder und -legenden weniger ernst nähmen und wenn die Historiker der römischen Kaiserzeit, anstatt eine phantastische Geschichte auf ihnen aufzubauen, offen zugeben würden, daß die politische Geschichte von Zeiträumen, in denen Münzen die einzige Quelle sind, nicht zu rekonstruieren ist, abgesehen vom reinen Skelett der Chronologie der einzelnen Regierungen, der Räume, welche die verschiedenen Kaiser effektiv kontrollierten und irgendwelcher hervorstechender Ereignisse, welche die Münzen direkt feiern." [107]

Gewiß überspannte Alföldi in einzelnen Fällen den Bogen seiner Interpretationen und stieß deshalb auch auf Skepsis und Ablehnung. Er war nun einmal besessen von dem Willen, die Bedeutung oft winziger Symbole und Beizeichen auf Münzen und Werken der Kleinkunst zu erfassen und nicht selten in den weitesten Zusammenhängen zu interpretieren. Seine komplexen Kenntnisse der antiken Vorstellungs- und Formenwelt, der Mythologie und der Religionen, der Herrschaftssymbolik wie der politischen oder ideologischen Implikationen von Bildern und Legenden erlaubten ihm in vielen Fällen durchaus überzeugende Assoziationen oder doch zumindest Hypothesen von einiger Wahrscheinlichkeit. Trotz aller Mängel in der Durchführung seiner voraussetzungsreichen und anspruchsvollen Methoden zählt Alföldi zu den wenigen Forschern, die der Römischen Geschichte eine neue Dimension erschlossen haben.

[107] A. H. M. Jones, Numismatics and History, in: Essays in Roman Coinage, presented to H. Mattingly. Oxford 1956, 13–33; Wiederabdruck in: Ders., The Roman Economy. Ed. by P. A. Brunt. Oxford 1974, 61–80. Die Zitate, 63f. – Zur Kritik an Jones zuletzt K. Christ, Alte Geschichte und Antike Numismatik, in: Studi per Laura Breglia. Supplemento al n. 4/1987 (Parte I) del Bollettino di Numismatica. Rom 1988, 39–48.

3

JOSEPH VOGT
(1895–1986)

I

Joseph Vogt galt viele Jahre hindurch als *der* schwäbische Althistoriker schlechthin. In der württembergischen Landesuniversität Tübingen wurde er zweimal zum Dekan der Philosophischen Fakultät, 1958/9 auch zum Rektor der Hochschule gewählt. Seine wissenschaftlichen Arbeiten und die in mehrere Sprachen übersetzten Darstellungen zur Römischen Geschichte sowie seine Impulse in den Bereichen der Universalgeschichte und der Erforschung der antiken Sklaverei sicherten ihm schon früh eine weite, internationale Reputation. Vogt wurde Mitglied der Akademien der Wissenschaften in Mainz, Heidelberg und Wien, des Deutschen Archäologischen Instituts, der Academie des Inscriptions et Belles Lettres in Paris, er wirkte kurze Zeit auch als Präsident der Mainzer Akademie, war Träger des Großen Bundesverdienstkreuzes und des Premio „Cultori di Roma", schließlich Ehrendoktor der Università Cattolica del Sacro Cuore in Mailand.

Doch dieser angesehene Gelehrte fühlte sich zeitlebens in besonderer Weise mit seinem Elternhaus und seiner engeren Heimat verbunden. Als Sohn einer gläubigen katholischen Bauernfamilie war er am 23. 6. 1895 in Schechingen zur Welt gekommen, einem kleinen Dorf, „auf der Hochfläche zwischen Kocher und Lein" gelegen. Diese Dorfheimat hat er später in einer feinsinnigen landesgeschichtlichen Miniatur porträtiert.[1] Es war für Joseph Vogt eine

[1] J. Vogt, Josephus der römische Kaiser, Tübinger Forschungen 7, 1962, 4: „Vieles von dem, was im Lauf der Jahrtausende auf diesem Boden geschehen ist, trägt sie in ihrem Antlitz. Von den Kelten hat sie die Schanze und die Hügelgräber im Hagwald, von den Römern, die sich gleichwohl hinter ihrem Limes hielten, den Gartenbau, von den Alemannen Sprache und Sitte, von den christlichen Glaubensboten die Kirche zum heiligen Sebastian, vom römischen Kaiser Friedrich III. die Marktgerechtigkeit, von

der bewegendsten Ehrungen, daß ihm sein Heimatdorf zum 75. Geburtstag die Ehrenbürgerrechte verlieh.

In dem seiner Dissertation beigefügten Lebenslauf hat Vogt seinen Bildungsgang und dessen Unterbrechung durch den I. Weltkrieg so beschrieben: „Nach dem Unterricht in der Volksschule meiner Heimat besuchte ich die Lateinschule in Mergentheim und das Gymnasium in Rottweil, wo ich im Sommer 1913 das Zeugnis der Reife erwarb. Wintersemester 1913/14 und Sommersemester 1914 studierte ich in Tübingen als Angehöriger des Wilhelmstifts katholische Theologie. Nach Ausbruch des Krieges meldete ich mich als Freiwilliger und war von Dezember 1914 bis Januar 1919 ohne Unterbrechung an der Front verwendet. Im August 1916 wurde ich zum Leutnant der Reserve befördert. Nach meiner Entlassung am 31. Januar 1919 kehrte ich nach Tübingen zurück und studierte vom Zwischensemester 1919 bis zum Wintersemester 1920/21 klassische Philologie, Geschichte und Archäologie.“ [2] Es folgen die Namen der akademischen Lehrer,[3] darunter Haller, von Mess, Pfister, Wilhelm Schmid, Watzinger – und vor allen Wilhelm Weber [4], dem Vogts Dissertation auch gewidmet war.

den Adelmann das Schloß, von Württemberg das Schulhaus, vom Deutschen Reich das Denkmal der Gefallenen zweier Weltkriege, aber auch die gewerblichen Betriebe, die neue Lebensmöglichkeiten schaffen, auch für die Heimatvertriebenen, die hier ihre Zuflucht finden.“

[2] J. Vogt, Alexandria. Die alexandrinischen Münzen als Quellen einer alexandrinischen Kaisergeschichte. I. Von Augustus bis Trajan. (Maschinenschr.) Tübingen 1921, 89.

[3] Die Ausführungen über J. Vogts Leben und Werk stützen sich insbesondere auf H. Bellen, Akademie der Wissenschaften und der Literatur Mainz, Jahrbuch 1986, 87–92; V. Ehrenberg, Beilage zu „Aufstieg und Niedergang der Römischen Welt“. Hrsg. von H. Temporini. I, 1. Berlin 1970; F. G. Maier, Neue Zürcher Zeitung 19.–20. 7. 1986, 33; H. Gräfin Vitzthum, Tübinger Blätter 73, 1986, 100. – Übernommen wurden hier Wertungen und Formulierungen meiner eigenen älteren Beiträge: Joseph Vogt und die Geschichte des Altertums, Saeculum 21, 1970, 106–150; J. Vogt, Gnomon 59, 1987, 476–478.

[4] Zu W. Weber siehe K. Christ, Römische Geschichte und deutsche Geschichtswissenschaft. München 1982, 210 ff.; V. Losemann, Nationalsozialismus und Antike. Hamburg 1977, 75 ff. Zum persönlichen Verhältnis: J. Vogt, Wilhelm Weber, Gnomon 21, 1949, 176–179.

Wie seine Tübinger Studienfreunde Victor Ehrenberg[5] und Fritz Taeger[6] wurde offensichtlich auch Vogt von dem passionierten und in seiner Lehre mitreißenden Wilhelm Weber für die Alte Geschichte gewonnen. Die mit ungewöhnlicher Arbeitsenergie schon zu Beginn des Jahres 1921 abgeschlossene Dissertation stellt das erste Glied in der Kette der von Weber initiierten Monographien über die Reichsmünzstätten des griechischen Ostens dar. Sie war in numismatischer Hinsicht sehr voraussetzungsreich, für einen Anfänger äußerst schwierig, doch schon von ihrer Konzeption her auf Erweiterung und Fortsetzung angelegt.

Diese Aufgabe führte Vogt nach Berlin. Er hat dort nicht nur im Münzkabinett unter K. Regling gearbeitet, sondern daneben auch bei Ed. Meyer, W. Schubart, U. von Wilamowitz-Moellendorff und U. Wilcken studiert und somit die großen Meister des wilhelminischen Deutschlands noch persönlich erlebt. W. Schadewaldt wußte umgekehrt lebendig darüber zu berichten, welchen Eindruck der emsige junge Doktor aus Tübingen auf die etwas weniger fleißigen Berliner Kommilitonen machte, die ihn nie zu stören wagten. Das Resultat dieser geradezu fanatischen Anspannung konnte sich sehen lassen: Schon am 10. 8. 1923 konnte sich Vogt in Tübingen mit der inzwischen abgeschlossenen numismatischen Arbeit und zusätzlichen ›Untersuchungen zur Opposition in der römischen Kaiserzeit‹ habilitieren; wieder ein Jahr später lag die große Habilitationsschrift gedruckt vor.[7]

Dieses Werk, ›Die alexandrinischen Münzen. Grundlegung einer alexandrinischen Kaisergeschichte‹ (2 Bde. Stuttgart 1924), hatte in seinem zweiten Teil die Vogt zugänglichen Sammlungen und Kataloge ausgeschöpft und so ein chronologisch angeordnetes Verzeichnis der alexandrinischen Münzen präsentiert, das als gediegene Grundlage der von Vogt im ersten Band vorgelegten Untersuchungen und Erörterungen dieser Prägung unter primär historischen, religions- und kulturgeschichtlichen Aspekten dienen konnte. Schon bei der Behandlung der allgemeinen Voraussetzungen seiner

[5] Vergleiche J. Vogt, Victor Ehrenberg, Gnomon 48, 1976, 423–426; K. Christ (Hrsg.), Sparta. Darmstadt 1986, 46ff.

[6] K. Christ, Fritz Taeger, in: Ders., Römische Geschichte und Wissenschaftsgeschichte. III. Darmstadt 1983, 128–136.

[7] Die obigen Angaben stützen sich auf H. Bellen a. O. (Anm. 3), 87.

Studien konnte Vogt die Aussagemöglichkeiten gerade der alexandrinischen Prägung skizzieren:

„Aus den Veränderungen des Gesamtbildes der Prägung, ihrem mehr römischen oder griechischen oder provinzial-ägyptischen Charakter ersehen wir die kulturgeschichtliche Entwicklung der Kaiserzeit. Der Romanismus der julisch-claudischen Dynastie hat von dem kulturellen Leben der Provinz nur wenig in die Symbolik der Münzprägung aufgenommen. Das ändert sich mit den Flaviern. In der Zeit von Domitian bis Pius zeigt die Prägung die reichste Entfaltung der lokalen Überzeugungen und Interessen; selbst die Gottheiten der ägyptischen Gaue werden offiziell anerkannt, freilich in einer von der Regierung modifizierten Form. Die Prägung des Marcus bringt den Rückschlag. Maßgebend wird jetzt immer mehr das römische Vorbild, das seinerseits mehr und mehr eintönig wird. Niedergang der antiken Kultur unter dem Druck der Thronstreitigkeiten und der Kriegsnöte, Uniformierung des Reichs unter dem absoluten Herrscher ist die Signatur des 3. Jahrhunderts, auch in der Symbolik der alexandrinischen Münzen“ (11).

Obwohl Vogt mit großer Akribie und unter Heranziehung eines sehr komplexen Parallelmaterials die speziellen Probleme der Chronologie, Legenden, Bildwahl und Entwicklungen der alexandrinischen Münzen in der Zeit zwischen Augustus und Diokletian behandelte, dabei auch eigene Exkurse zum Beispiel über Zeus Helios – Sarapis (55ff.), den alexandrinischen Demeterkult (79ff.) oder den Typus Sarapis am Brunnen (85ff.) einschaltete, verlor er sich nie in den Einzelproblemen, sondern suchte stets, wann immer möglich, eine Antwort auf die grundsätzlichen historischen und religionsgeschichtlichen Fragen. Nach ihm befähigte gerade die „Sonderstellung Alexandrias das Münzorgan dieser Stadt zu Aufträgen . . ., die in der römischen Prägung nicht in derselben Weise erledigt werden konnten, wie die panhellenische Propaganda unter Nero und Hadrian“ (231). Origineller war Alexandria nach Vogt vor allem in der Präsentation der religiösen Inhalte,[8] die Prägung

[8] In dieser Hinsicht hat er die Aussagen folgendermaßen zusammengefaßt: „Bis um die Mitte des I. Jahrhunderts hatte eine in augusteischem Sinn geleitete Politik es verstanden, die Gottheiten der alexandrinischen Religion nur in beschränktem Umfang, soweit sie nicht der Staatsreligion gefährlich wurden, durch das offizielle Organ der Münze anzuerkennen. In

insgesamt das „lebendige Zeugnis für die eigenartige und kulturelle Verfassung des Reichs von Augustus bis Diocletian" (233).

Wie Vogt einmal in jenen Jahren schrieb, hatte er die Erfahrung gemacht, daß „Numismatik im Dienst der Geschichte . . . voll von Schwierigkeiten und Entsagungen ist"[9]. Die immense Arbeitsleistung seiner eigenen Unternehmung wird freilich erst dann deutlich, wenn man berücksichtigt, daß er im Erscheinungsjahr der ›Alexandrinischen Münzen‹ auch noch die Terrakotten der Sammlung von Sieglin publizierte.[10] Wie Wilhelm Weber, der zehn Jahre zuvor die ägyptisch-griechischen Terrakotten der Königlichen Museen zu Berlin ediert hatte,[11] so wurde auch Vogt einer der wenigen Althistoriker, die sich jemals auf dieses Gebiet der Kleinkunst wagten und die bei ihren Interpretationen insbesondere die religions- und kulturgeschichtlichen Aspekte zu berücksichtigen suchten.

Schon in seinen einleitenden Ausführungen hielt Vogt fest: „Neben dem kunstgeschichtlichen Ertrag gewähren die Terrakotten der allgemeinen Kulturgeschichte reichen Gewinn. Wer sich ernsthaft bemüht, das Leben des aus Ägyptern und Griechen gemischten

jenem verhängnisvollen Dreikaiserjahr trat die endgültige Wendung ein. Isis war auf dem Plan erschienen und zog den ganzen Schwarm der ägyptisch-griechischen Götter nach sich. Die flavische Dynastie, die sich Sarapis und Isis persönlich verpflichtet fühlte, gestattete gern die Erweiterung der alexandrinischen Position. Bei Trajan, Hadrian und Pius ersehen wir dann aus der Symbolik der Münztypen die freieste Entfaltung der Landesreligion.

Dagegen macht sich seit Marcus ein grundsätzlicher Wandel in der Prägung bemerkbar. Wie die Münzen in Stil, Technik und Währungssystem die römische Beeinflussung immer deutlicher erkennen lassen, so vollzieht sich auch in der Symbolik der Typen immer mehr ein Angleich an die für das ganze Reich von Rom aus verbreiteten Münzbilder. Nur wenige der alexandrinischen Götter vermögen im 3. Jahrhundert ihre Stellung in der Prägung zu behaupten" (231 f.).

[9] Gnomon 1, 1925, 283.

[10] Die griechisch-ägyptische Sammlung Ernst von Sieglin. Hrsg. von E. von Sieglin. 2. Terrakotten, bearbeitet von J. Vogt. Mit 109 Tafeln und 65 Abbildungen im Text, in: Expedition E. von Sieglin. Ausgrabungen in Alexandria. II. Leipzig 1924.

[11] W. Weber, Die ägyptisch-griechischen Terrakotten, in: Kgl. Museen zu Berlin. Mitteilungen aus der ägyptischen Sammlung II. Berlin 1914.

Volkes zu verstehen, wird ihrer nicht entraten können. Hier findet er die Götterbilder, mit denen der kleine Mann seinen Hausaltar schmückte, die Weihegaben, die er in den Tempel brachte; hier die Nippfiguren, mit denen er sich im Leben umgab und noch im Tod sich zu erfreuen und zu schützen suchte. Kein Schriftsteller hat von der Frömmigkeit und Lebenslust des niederen Volkes ein so anschauliches Bild gezeichnet, wie es durch die Terrakotten geboten wird" (XII).

Wie bei den Münzen so war auch hier die Edition selbst präzise und eindringlich. Systematisch wurden die in den Terrakotten begegnenden Götter-, Dämonen- und Menschentypen näher analysiert und zu Gruppen zusammengefaßt. Die Kontinuität altägyptischer Gottheiten, deren Gestaltwandel, die große Bedeutung von Dämonen, nicht zuletzt die Rolle der weiblichen Terrakottafiguren im Totenkult traten dabei klar zutage. Ebenso eindrucksvoll gelang die Differenzierung der Menschendarstellungen, bei denen die Freude an der Karikatur sowie die Sorgfalt in der Gestaltung der verschiedenen Berufsgruppen, der Sklaven (56ff.) und der Angehörigen fremder Völker besonders hervorgehoben wurden. Insgesamt gesehen war für Vogt gerade „in den Erzeugnissen der ländlichen Kunstübung der Prozeß der Auseinandersetzung zwischen ägyptischer Tradition und griechischem Formwillen greifbar in die Erscheinung getreten" (XI).

Während die beiden Hauptwerke des Jahres 1924 im allgemeinen weithin volle Anerkennung fanden,[12] kann man dies von der ebenfalls in diesem Jahre erschienenen kleinen Monographie ›Römische Politik in Ägypten‹[13] nicht behaupten. Vogt wollte hier in gedrängter Form System und Auswirkung der römischen Herrschaft vergegenwärtigen. Seine Grundeinstellung gegenüber der römischen Verwaltung war dabei ziemlich kritisch. In der Herrschaft der Principes sah er in erster Linie eine „Fortsetzung des ptolemäischen Absolutismus" (6). Er gelangte zu dem Ergebnis, daß sich die römische Administration insgesamt „auf die Dauer ihren Aufgaben in Ägypten nicht gewachsen" (9) zeigte. Zur religionsgeschichtlichen Entwicklung, die Vogt auch hier besonders faszinierte, wurde kon-

[12] A. Stein, Gnomon 1, 1925, 340–346.

[13] J. Vogt, Römische Politik in Ägypten. Leipzig 1924 (Beihefte zum Alten Orient, 2).

statiert: „Das wahre religiöse Leben der Kaiserzeit vollzog sich auch in Ägypten ohne die Regierung oder gar gegen sie ... Auf religiösem Gebiet war das mechanistische Prinzip der römischen Politik am meisten verfehlt; hier hat es auch am gründlichsten versagt" (15).

Unter kritischem Vorzeichen stand denn auch Vogts Bewertung der Auswirkungen der römischen Herrschaft: „Zu allen Zeiten hat es zum Rüstzeug imperialistischer Politik gehört, den unterworfenen Völkern vorzutäuschen, daß sie zu ihrem eigenen Nutzen von Fremden beherrscht werden, daß ihre dienende Stellung wahre Freiheit bedeute. Die Römer waren Meister in dieser Verführungskunst, so sehr sie in ihren eigenen politischen Angelegenheiten die Phrase verabscheuten" (16). Vogts Überblick über die Haltung der einzelnen römischen Kaiser gegenüber Ägypten griff verständlicherweise auf „die alexandrinische Prägung als Selbstdarstellung der kaiserlichen Provinzialpolitik" (18) zurück. In geraffter Weise wurden Typenschatz und Legenden dabei mit der Interpretation weiterer Quellen verbunden, dabei freilich auch, wie E. Hohl zu Recht betonte,[14] beim allgemeinen Leser zuviel vorausgesetzt.

Wie so viele andere Gelehrte vor ihm und nach ihm ist auch Vogt immer wieder zu den Themenkreisen und Problemen seiner wissenschaftlichen Anfänge zurückgekehrt. Besonders eindrucksvoll erfolgte dies in seinem Beitrag ›Herodot in Ägypten. Ein Kapitel zum griechischen Kulturbewußtsein‹[15]. Anders als der Mehrzahl der Autoren, die sich zuvor mit diesem Problembündel befaßt hatten, ging es Vogt in erster Linie „um die Stellung Herodots zur ägyptischen Kultur" (97). Gut dokumentiert wurden vor allem Herodots Beitrag zur interpretatio Graeca der ägyptischen Religion beleuchtet[16] und die Folgen dieser Position für das griechische Kultur-

[14] E. Hohl, Gnomon 1, 1925, 346.

[15] In: Genethliakon Wilhelm Schmid. Stuttgart 1929 (Tübinger Beiträge zur Altertumswissenschaft, 5), 97–137 = Orbis. Freiburg 1960, 11–46.

[16] „Hier hat er unter Verkennung wesentlicher Unterschiede zumeist Ägyptisches durch griechische Äquivalente wiedergegeben. Er hat, um nur das Wichtigste zu nennen, die Göttervorstellungen der Ägypter mit den griechischen identifiziert; er hat bei den Ägyptern dieselben Formen des Kultus gesehen, die ihm von der griechischen Welt her geläufig waren; Orakel, Mysterien, Jenseitsglauben faßte er bei beiden Völkern als weithin übereinstimmend auf. Den Höhepunkt bildet gewiß die schlechthin voll-

bewußtsein aufgezeigt.[17] Vogts schon hier sichtbar werdendes spezifisches Interesse an den Kulturberührungen sollte auch weiterhin beherrschend bleiben.

Eine ganz andere Thematik und ganz andere Perspektiven prägten dagegen den erstmals 1938 erschienenen Aufsatz ›Ägypten als Reichsprovinz im Wandel der Jahrtausende‹[18]. Vogt ging dort der Frage nach der Stellung Ägyptens innerhalb der Kette jener Großreiche nach, die das Nilland integriert hatten, streifte somit die Funktion dieses Raumes zur Zeit der Herrschaft der Achämeniden, Alexanders d. Gr. und der Ptolemäer, der Römer, Araber, Türken und Briten. Voraussetzungen und Eigenart der jeweiligen Reichsstrukturen wurden dabei in gleicher Weise berührt wie das universalhistorische und geschichtsphilosophische Phänomen der historischen Wiederholung.

Zusammengenommen hatte Vogts Frühwerk zur Geschichte des römischen wie des griechischen Ägypten einen imponierenden wissenschaftlichen Fortschritt erbracht und den jungen Gelehrten

zogene Gleichung ägyptischer Götter mit griechischen, die für den ganzen Vorgang charakteristisch ist" (128).

[17] „Die Bereitschaft der Griechen, Elemente ihrer materiellen und geistigen Kultur als Erfindungen anderer Völker anzusehen, beruht keineswegs auf würdeloser Überschätzung des Fremden. Wäre Selbstaufgabe das bestimmende Moment im Verhalten der Griechen zum Orient gewesen, so wäre dieser wahrlich nicht hellenisiert worden. Die großzügige Art der Griechen, sich in manchen Dingen als abhängig von anderen Völkern zu betrachten, enthält vielmehr, wie sich bei genauerem Zusehen zeigt, einen viel tiefer gehenden Anspruch der Überlegenheit über alle andern. Denn die Annahme der hellenischen Abhängigkeit ist zumeist verbunden mit weitgehender Umdeutung des Fremden in das Griechische. Zugrunde liegt der Gedanke, daß die menschliche Kultur in ihren verschiedenen Prägungen auf dieselben wesentlichen Elemente zurückgeführt werden kann, und daß diese Elemente im Denken, Reden und Bilden der Griechen ihren gültigen Ausdruck gefunden haben. Ein Volk, das sich grundsätzlich zum allgemein Menschlichen in so unmittelbare Beziehung setzte, konnte die Abhängigkeit von andern in noch so vielen einzelnen Dingen als belanglos hinnehmen" (135f.).

[18] Klio 31, 1938, 301–312. Ergänzt abgedruckt in: Gesetz und Handlungsfreiheit in der Geschichte. Studien zur historischen Wiederholung. Stuttgart 1955, 35–53.

gleichzeitig denkbar vorteilhaft präsentiert. Die Auswertung der numismatischen und der archäologischen Quellen war nicht weniger geglückt als diejenige der literarischen. Die Freude an der exakten und konkreten Einzelinterpretation hatte sich mit weitreichenden allgemeinen historischen Problemstellungen verbunden, Gediegenheit mit Weitblick, das Interesse an historisch-politischen Fragen mit solchen der Religionsgeschichte, die Bemühung um Kulturberührungen mit universalhistorischen Ansätzen in der Tradition Eduard Meyers.

II

Die Resonanz der frühen Schriften Vogts, der Eindruck seiner Persönlichkeit, aber auch die nachdrückliche Förderung durch seinen Lehrer sollten bald ihre Früchte tragen. Zunächst wurde ihm ein Reisestipendium des Deutschen Archäologischen Instituts verliehen, das ihm endlich auch den persönlichen Kontakt mit dem Mittelmeerraum ermöglichte. „Die Kenntnis der Schauplätze des antiken Lebens und die Begegnung mit den Archäologen in Rom und Athen, Kairo und Jerusalem gaben eine Fülle von Anregungen“ – so schrieb er im Rückblick über diese Reise.[19] Später sollte die Autopsie Nordafrikas hinzukommen.[20] Doch schon 1925 wurde ihm die Vertretung des Lehrstuhls für Alte Geschichte an der Universität Tübingen angetragen, da Wilhelm Weber inzwischen einem Ruf nach Halle gefolgt war. 1926 wurde Vogt dann in Tübingen zu Webers Nachfolger gewählt; der 31jährige hatte sich durchgesetzt.

Nach der Habilitation verlagerte sich der Schwerpunkt in Vogts wissenschaftlicher Arbeit eindeutig auf den römischen Bereich. Dabei traten früh zwei Forschungsperspektiven hervor, die für ihn zunächst kennzeichnend werden sollten, einmal Studien zu Tacitus, zum andern Untersuchungen über Grundbegriffe römischer Politik und die Terminologie des römischen Imperialismus. Wie sich zeigen sollte, standen alle drei Komplexe untereinander in engem Zusammenhang und griffen gleichzeitig auch Gedanken und Wer-

[19] J. Vogt, in: W. E. Böhm (Hrsg.), Forscher und Gelehrte. Stuttgart 1966, 82.

[20] Vergleiche J. Vogt, Das französische Afrika als archäologische Provinz, Gnomon 4, 1928, 56f.

tungen wieder auf, die Vogt in seinen Veröffentlichungen über das römische Ägypten vorgetragen hatte.

Von Tacitus wurde auch Vogt fasziniert. Wie er später einmal schrieb,[21] empfängt jeder Leser „von ihm einen unauslöschlichen Eindruck. Man kann Livius vergessen, Cicero von sich stoßen: den Bann des Tacitus wird keiner los, der einmal in den Bereich seiner suggestiven Kraft getreten ist. Die zauberische Wirkung dieser Geschichtsdeutung erklärt sich nur aus den tiefen Anlagen des Menschen Tacitus, aus den erschütternden Erfahrungen des Politikers und aus der einzigartigen Kunst des Schriftstellers." Dem Politiker Tacitus galt bereits Vogts Antrittsrede als Privatdozent.[22] Tacitus wurde dabei in erster Linie als Imperialist verstanden: „Dieser aus Brutalität und Größe gemischte Imperialismus zeigt, wie sehr die Staatsidee des Tacitus vom Machtgedanken beherrscht ist. Suchen wir nach der Herkunft dieser Auffassung, so stoßen wir nicht etwa auf eine philosophische Theorie, sondern auf die in den Geschlechtern des römischen Adels jahrhundertelang fortgeerbte Tradition" (10).

Die imperialistische Grundtendenz sah Vogt in Tacitus' ›Agricola‹[23] ebenso vorherrschend wie in der ›Germania‹[24] oder in den ›Historien‹ und ›Annalen‹[25]. Herrschte hier Kontinuität vor, so bei der Beurteilung der Monarchie gerade ein Entwicklungsmodell, das von einer prinzipiell positiven Bewertung im ›Dialogus‹[26] zur

[21] Das römische Geschichtsdenken und die Anschauung des Tacitus, in: Große Geschichtsdenker. Hrsg. von R. Stadelmann. Tübingen 1949, 45.

[22] Tacitus als Politiker. Stuttgart 1924.

[23] „Die Bedeutung der Schrift liegt in der Abkehr vom inneren Zank, im Hinweis auf das weite römische Reich. Sie ist ein an Kaiser und Senat gerichteter Aufruf zur Fortführung der altrömischen imperialistischen Politik" (8).

[24] „Unauffällig, aber deshalb nicht weniger wirksam, ... (wird) die Forderung erhoben, nun endlich die völlige Unterwerfung der Germanen, der gefährlichsten Feinde des Reichs, durchzuführen. ... dem Imperialisten kann auch dieses unschuldige Naturvolk nichts anderes sein als ein Werkzeug römischer Politik" (9).

[25] „Der imperialistische Gedanke beseelt auch seine großen Geschichtswerke, die Historien und die Annalen" (9).

[26] „Dieses aufrichtige Bekenntnis zur Monarchie – wohl das aufrichtigste, das wir aus dem Mund eines römischen Aristokraten kennen – ist ein

völligen Ablehnung des römischen Principats in den ›Annalen‹[27] führte. So geschlossen und konsequent Vogts frühes Tacitusbild war, es konnte sich nicht durchsetzen, auch nicht in der Frühdatierung des ›Dialogus‹; Vogt selbst hat seine Wertungen später erheblich modifiziert.[28]

Vogts nächste Tacitusstudie ›Tacitus und die Unparteilichkeit des Historikers‹[29] wurde zwölf Jahre später konzipiert. In ihr ging es nicht nur um eine Analyse und historiographische Einordnung der berühmten, meist nur verkürzt wiedergegebenen taciteischen Formel des *sine ira et studio*, sondern zugleich um die Erfassung der Eigenart, der Voraussetzungen wie der Bindungen der gesamten Geschichtsschreibung des Tacitus, aber auch der Bedingungen und Anforderungen der Geschichtsschreibung allgemein. „Unparteilichkeit" als Topos der antiken Historiographie und die Reaktionen der modernen Historiker auf diese Forderung waren somit nur ein Element der Untersuchung. Weitaus größeren Raum nahm Vogts Versuch ein, die „Voreingenommenheit" des Historikers Tacitus nachzuweisen.

Tacitus wurde für Vogt der Repräsentant „einer in der Republik steckengebliebenen senatorischen Richtung" der römischen Historiographie. Nach ihm hat er „das schöpferische Werk der Kaiser in den Ländern des Reichs nicht gesehen, die Veränderung in der gesamten Struktur der römischen Welt verkannt und die Wirksamkeit neuer geschichtlicher Kräfte, die in den Dingen lagen und von den Personalien des Hofes und der adeligen Gesellschaft unabhängig waren, sich entgehen lassen" (51). „Die Verzerrung der Gestalt des Tiberius" war nach Vogt „das furchtbarste Ergebnis der Voreingenommenheit des Geschichtsschreibers Tacitus" (55). Und Vogt folgerte: „Es ist die Tragik dieses voreingenommenen Historikers,

bedeutsames Dokument der politischen Stimmung in den glücklichen Tagen des Kaisers Titus" (6).

27 Vor allem in Tacitus' Verurteilung des augusteischen Principats sah Vogt die „völlige Ablehnung des Kaisertums überhaupt ausgesprochen" (14f.).

28 Vergleiche: Das römische Geschichtsdenken . . . (Anm. 21), 53.

29 Erstpublikation: Würzburger Studien zur Altertumswissenschaft 9, 1936, 1–20. Nachdrucke: Orbis. Freiburg 1960, 110–127; Tacitus. Hrsg. von V. Pöschl. Darmstadt 1969, 39–59.

daß er an die Werte, mit denen er die geschichtlichen Erscheinungen maß, am Ende selbst nicht mehr glaubte, daß er sie schließlich nicht mehr für erneuerungsfähig hielt" (56).

Aus der Auseinandersetzung mit Tacitus ergaben sich dann aber auch Vogts Reflexionen über Freiheit und Gebundenheit des Historikers allgemein: „Wenn auch der Wissenschaftsbegriff der Historie sich mannigfach wandelt, wenn auch die Gefährdung der Wahrhaftigkeit bald mehr in persönlichen Beziehungen, bald mehr in weltanschaulichen Bindungen erkannt wird, so gilt für die Geschichtsschreibung letzten Endes doch immer dieselbe Norm. Der Forscher, der wissenschaftlich nach Erkenntnis der Wahrheit strebt – und nur dieser trägt den Namen des Historikers –, soll in der Erschließung der Quellen, in der Ermittlung der Tatbestände seine Unabhängigkeit bewähren, in der Anordnung und Deutung des Geschehenen ist er auf seine persönliche Erfahrung angewiesen und an den Wert- und Sinnzusammenhang gebunden, in den er nach seinem Schicksal gehört. In dieser Bindung erweist er durch gewissenhafte Selbstprüfung und verantwortliche Gesinnung die Wahrhaftigkeit des Charakters, durch vollen Einsatz die Stärke der Persönlichkeit. In dieser Bindung erlangt er aber auch durch fruchtbare Erkenntnis, die das geschichtliche Weltbild sinnvoll weitergestaltet, die Freiheit des schaffenden Geistes" (20).

Auch in der Zeit nach dem II. Weltkrieg hat sich Vogt wiederholt mit Tacitus befaßt. Im Rahmen einer Tübinger Ringvorlesung ordnete er ihn in die Entwicklung des römischen Geschichtsdenkens ein.[30] Er wies darauf hin, daß es Tacitus „in erster Linie darum (ging), die sittlichen Kräfte und Zustände zu erfassen" (48). Tacitus' Blickfeld war angeblich „auf die moralischen Phänomene der Politik eingeengt", sein Werk von „seltsamer Wollust in der Enthüllung der Dekadenz" (48f.) geprägt, der Autor geradezu von der Erscheinung des Verfalls besessen. An anderer Stelle distanzierte sich Vogt dann entschieden von der von Fr. Klingner ausgehenden deutschen Tacitusforschung.[31] Er räumte zwar ein, daß diese Forschungsrichtung „mit dem feinen Werkzeug der Interpretation manches ent-

[30] Das römische Geschichtsdenken . . . (Anm. 21), 35–56.

[31] Die Geschichtsschreibung des Tacitus, ihr Platz im römischen Geschichtsdenken und ihr Verständnis in der modernen Forschung, in: Tacitus, Annalen. Stuttgart 1957, XV–XLII = Orbis. Freiburg 1960, 128–148.

deckt (habe), was Tacitus selbst nicht von sich aussagt". Dann jedoch wurde nachdrücklich konstatiert: „Aber daß sein Verfahren ihn befähigt habe, das Wesentliche im geschichtlichen Prozeß recht eigentlich zu erfassen, ist ein Mißverständnis der Aufgabe des historischen Erkennens" (XXXIf.). Dies hat Vogt dann im einzelnen nachzuweisen gesucht.

Nach wie vor hatte nach ihm „politische Erbitterung" das Urteil des Tacitus getrübt; er sprach von „rhetorischem Moralismus" und davon, daß schon Tacitus' Stil „das stärkste Zeugnis seiner intellektuellen Verzweiflung" (XXXIIIff.) sei. Andererseits wurde anerkannt, daß Tacitus „die Atmosphäre des Geschehens als historisch bedeutsames Element entdeckt" habe und daß er in der „Aufdekkung der Lebenswirklichkeit im tyrannischen Staat . . . bis an die Grenzen dessen (ging), was dem Historiker erreichbar und dem Leser erträglich ist". Trotz aller Vorbehalte bekannte Vogt am Ende: „Der Geschichtsschreiber, dessen Blick die menschliche Existenz so tief durchdringt, kann auch uns über die Jahrhunderte hin Weggenosse sein" (XXXVIIff.).

Die zweite Forschungsperspektive, die für Vogts wissenschaftliche Arbeit seit dem Beginn seiner Tübinger Lehrtätigkeit kennzeichnend wurde, bildeten Untersuchungen der Grundkategorien und Denkformen römischer Politik. Vogt hoffte damals, sie in „einer ausführlichen Darstellung der gedanklichen Begründung des römischen Imperialismus"[32] zusammenfassen zu können, wozu es freilich nie kam. Schon der Einsatz dieser Studien war bezeichnend genug: In seiner Rede zum Antritt der ordentlichen Professur für Geschichte des Altertums an der Universität Tübingen sprach Vogt im Jahre 1926 über ›Homo novus. Ein Typus der römischen Republik‹ (Stuttgart 1926)[33]. Er nahm dabei Kategorien und Wertungen auf, die einige Jahre zuvor Eduard Spranger in seinen ›Lebensformen‹ und Richard Heinze in seiner Rektoratsrede ›Von den Ursachen der Größe Roms‹[34] entwickelt hatten.

Der „homo novus", „der als der erste seiner Familie in die Ämter

[32] J. Vogt, Orbis. Freiburg 1960, 155.

[33] Danach wird hier zitiert. Überarbeitete Fassung in: J. Vogt, Gesetz und Handlungsfreiheit in der Geschichte. Stuttgart 1955, 81–106.

[34] Leipzig 1921 = R. Heinze, Vom Geist des Römertums. Hrsg. von E. Burck. Darmstadt ^{3}1960, 9–27.

und damit in den Senat eindrang", (4) war für Vogt der „Politiker des persönlichen Wertes . . . durch virtus überwindet er die Vorrechte der Geburt" (6). Eine für die Charakterisierung dieses Typus in Vogts Sicht zentrale Stelle lautet: „Die Bahn des homo novus wird bestimmt durch seine Veranlagung, in der ein unbändiger Lebensdrang, ein gewaltiger Wille zur Macht vorherrscht. Sich selbst über die andern zu erheben, ist das große Ziel dieses Machtmenschen. Aneignung von Kenntnissen, Erwerbung ästhetischer Ausdrucksformen, Ansammlung von wirtschaftlichen Gütern – all das sind nur Mittel zum feststehenden Zweck. Dieser Machtwille richtet sich nun – das ist das Römische an ihm – nicht auf Unterdrückung der andern; er strebt vielmehr dem in der römischen Welt höchst geachteten Wert zu: durch Erreichung der hohen Ämter das Vertrauen des Volkes, den Eintritt in die regierende Körperschaft des Senats, die Anerkennung seitens der ersten Gesellschaftsklasse zu gewinnen. Gegenüber der griechischen Tyrannis ist der römische Ehrgeiz, entsprechend dem aristokratischen Charakter des Lebens, maßvoll, verfassungsmäßig, staatsförderlich" (7). Mochte Vogt seine Erörterungen auch an den Beispielen des Cato Censorius, Marius und Cicero konkretisieren, das „Losungswort" des römischen homo novus „virtus est nobilitas" (22) galt zweifellos auch für ihn selbst; die existentiellen Bezüge der Thematik waren nicht zu überhören.[35]

In der drei Jahre später vorgelegten Untersuchung ›Orbis Romanus‹[36] ging es Vogt dann bereits um den Sprachgebrauch und die Vorstellungswelt des römischen Imperialismus. Dazu hatte er ein umfangreiches Material gesammelt und ausgewertet, die Exzerpte für den Thesaurus Linguae Latinae, die geographischen, archäologischen, vor allem wiederum die numismatischen Quellen systematisch analysiert. Der Wandel der antiken Konzeptionen vom Erd-

[35] „. . . in jedem Fall verdankt er dieser Herkunft die Mitgift einer unverbrauchten physischen Kraft, einer einfachen klaren Denkungsart, eines zähen Arbeitswillens. Natürliche Einfachheit umgibt ihn von frühester Jugend an, bewahrt ihn vor dem entnervenden Luxus der höchsten Gesellschaft" (8).

[36] Orbis Romanus. Zur Terminologie des römischen Imperialismus. Tübingen 1929 (Philosophie und Geschichte, 22). Neubearbeitung in: J. Vogt, Vom Reichsgedanken der Römer. Leipzig 1942, 170–207. Abdruck in: Orbis. Freiburg 1960, 151–171. Danach ist hier zitiert.

kreis und die philosophischen Konzeptionen von der Einheit der menschlichen Kultur im Weltreich wurden lediglich gestreift, im Mittelpunkt standen die Aspekte der politischen Terminologie.

Eines der wichtigsten Ergebnisse der Studie war für Vogt die Feststellung, „daß der Gedanke, das römische Reich umfasse die Oikumene, eine griechische Konzeption ist" (154), welche bereits im 2. Jahrhundert v. Chr. begegnet. Schon für Cicero aber war dann die Vorstellung durchaus geläufig, daß das römische Machtgebiet dem orbis terrarum entspräche, das römische Volk Träger der Weltherrschaft, diese Weltherrschaft aber ein „gerechtes Regiment", eine „Schutzherrschaft", ein patrocinium orbis terrae (de off. 2, 27) wäre. Die Verklammerung der Weltherrschaft mit der Stadt Rom wie mit dem römischen Kaisertum, aber auch die Übertragungen dieser Vorstellungen auf die christliche Kirche, die Gleichsetzung von orbis Romanus mit orbis catholicus wurden dann im einzelnen belegt und zu einem souverän gestalteten Gesamtbild vereinigt.

Wenn Vogts Arbeiten auf diesem Felde zunächst nicht fortgesetzt wurden, so lag dies an der Vorbereitung seiner erstmals 1932 erschienenen Darstellung ›Die römische Republik‹. Er hat darin in knapper Form unter sorgfältiger Auswertung der Überlieferung wie des modernen Forschungsstandes den Gang der römischen Geschichte bis zur Formierung des Principats geschildert, dies in eindrucksvoller, differenzierter und klarer Sprache, überlegen disponiert und plastisch gestaltet. Das Werk, das sich dann später in Neubearbeitungen jahrzehntelang als maßgebendes Hochschullehrbuch deutscher Sprache, aber auch in italienischen Übersetzungen behaupten sollte,[37] ist jedoch zugleich ein typisches Beispiel der in der Endphase der Weimarer Republik vorwaltenden politischen und geistesgeschichtlichen Ideenwelt gewesen.

Im Vorwort zur ersten Auflage setzte Vogt die entscheidenden Akzente seiner Bewertung der historischen Formation und damit auch der Schwerpunkte seiner Darstellung: „Die Begründung und Ausgestaltung des Freistaats, die Unterwerfung und Erschließung Italiens und des Mittelmeergebiets, die kulturelle Einigung der antiken Welt – das sind die Taten, die das Römertum als seine eigentüm-

[37] Freiburg ²1951; ³1955; ⁴1959; ⁶1973. (Danach auch Heyne-Taschenbuch Geschichte, 31.) Italienische Übersetzungen Bari 1939 und 1968.

lichen Leistungen, als seine großen und guten Werke angesprochen hat. In ihnen ist alles zusammengefaßt, was Rom an ursprünglicher Begabung besaß und an meisterhaftem Können erwarb. Auch die von außen aufgenommene, daher gesondert darzustellende griechische Bildung fügt sich dem beherrschenden römischen Lebensziel. In Staatskunst und Völkerregiment leuchtet der römische Ruhm, hierin ruht auch die vorbildliche Bedeutung, die der Name ‚Rom' für die abendländische Menschheit im Wandel der Jahrhunderte geborgen hat und dringlicher als je der Gegenwart darbietet. Diese weltgeschichtliche Leistung der römischen Republik in ihrer Besonderheit und in ihrer allgemeinen Gültigkeit aufzuzeigen, ist hier versucht worden" (V).

Dem geographischen Raum hat Vogt stets besondere Aufmerksamkeit gewidmet, ›Raumauffassung und Raumordnung in der römischen Politik‹[38] später in eindringlicher Weise erörtert. Offensichtlich wurden dabei die geopolitischen Perspektiven K. Haushofers aufgenommen, allerdings in einer wissenschaftlich durchaus vertretbaren Weise. Nach Vogt war jedenfalls die „doppelte Basis von Land und Meer" eine wesentliche Voraussetzung der römischen Reichsbildung, und „diese doppelte Basis, die von späteren Reichsbildungsversuchen nie wieder erreicht worden ist, erklärt neben manchen andern Gründen die lange Dauer der römischen Herrschaft" (9).

In Vogts Analyse der römischen Gesellschaft fällt schon eingangs die sehr positive Bewertung der patria potestas auf: „Mit Recht hat man aus dieser Einrichtung einen Grundgedanken des altrömischen Lebens erschlossen: die Anerkennung einer überragenden Autorität und die Erziehung zum Befehlen und Gehorchen" (18). Vogts stark idealisiertes Bild des republikanischen Rom mündete in die Feststellung: „Es gibt in der Geschichte des Altertums kein Staatswesen, in dem die praktischen Notwendigkeiten des politischen Lebens und die idealen Forderungen der Staatstheorie zu solchem Ausgleich gelangt wären ... Die Elemente des privaten Daseins, wie Familie, Eigentum, Bewegungsfreiheit, geistige Arbeit, sind von diesem Staat nicht unterdrückt, vielmehr in ihrer Unabhängigkeit garantiert worden" (41).

[38] In: H. Berve (Hrsg.), Das neue Bild der Antike. II. Leipzig 1942, 100–132 = J. Vogt, Vom Reichsgedanken der Römer. Leipzig 1942, 35–82. Nachdruck in: Ders., Orbis. Freiburg 1960, 172–198.

Der Wille zur Macht, der bereits für den „Homo novus" konstitutiv gewesen war, wurde jetzt für die Römer insgesamt in Anspruch genommen. Nach Vogt wurde die gesamte „Struktur des römischen Menschen" von ihm bestimmt. „Diesem Willen eignet eine ungebrochene Selbstbejahung und der naturhafte Zwang, andere nach eigenem Willen zu lenken" (45). Krieg war indessen nur als „Notwehr des Staates" erlaubt, „die willkürliche Kriegführung im Dienst des staatlichen Machtwillens dem alten Römertum unbekannt" (47).

„Ein erstes Meisterwerk römischer Staatskunst" (57) sah Vogt bezeichnenderweise im Aufbau des römischen Staates nach 340 v. Chr. in Latium; entschieden nahm er gegen die geläufige Devise des „divide et impera" Stellung;[39] die Vorstellung einer „imperialistischen" Planmäßigkeit des römischen Machtbildungsprozesses lehnte er kategorisch ab: „Auf instinktsicheres Wollen, nicht auf verstandesmäßige Berechnung ist die Geschlossenheit der römischen Expansionspolitik zurückzuführen" (76). Deshalb widersprach denn auch am Ende der Republik „die Schrankenlosigkeit, die der Schöpfung Cäsars in jedem Sinne eigen war, . . . der römischen Art und mußte einer monarchischen Ordnung weichen, die sich den wohlgesetzten Normen des Römertums fügte" (299).

Wie E. Hohl in einer sehr fairen und ausgewogenen Rezension[40] feststellte, hat Vogt so, ganz im Sinne seiner früheren Studien, die ethischen Überzeugungen der alten Republik verklärt, den römischen Imperialismus und die angebliche „Gerechtigkeit" dieses Staates in seiner äußeren Politik hinter einer völkerrechtlichen Apotheose verborgen. Als besonders geglückt rühmte Hohl demgegenüber die kulturgeschichtlichen Elemente der Darstellung, die sichere Zeichnung der literaturgeschichtlichen sowie der kunst- und religionsgeschichtlichen Abschnitte, in denen Vogt mit sein Bestes gab. Da er schon ein Jahr später im Rahmen von Gercke–Nordens ›Einleitung in die Altertumswissenschaft‹[41] eine ausführ-

[39] Divide et impera – die angebliche Maxime des römischen Imperialismus, in: Das Reich. Idee und Gestalt. Festschrift für Johannes Haller. Stuttgart 1940, 21–44 = Vom Reichsgedanken der Römer. Leipzig 1942, 83–117 = Orbis. Freiburg 1960, 199–218.

[40] E. Hohl, Gnomon 9, 1933, 143–145.

[41] Römische Geschichte bis zum Ende der Republik, in: A. Gercke–

liche Übersicht über die Quellen und die modernen Forschungen zu dieser Epoche vorlegte, hatte er in rascher Folge Arbeitsinstrumente geschaffen, die sich denkbar glücklich ergänzten.

Vogt hat sein Werk später, vor allem in der zweiten Auflage von 1951 und in der sechsten von 1973, erheblich umgearbeitet, die Resultate der modernen Spezialforschung – insbesondere zu den Anfängen Roms, zur frühen Republik und zum Jahrhundert der römischen Revolution – in erstaunlichem Umfang aufgenommen, vor allem jedoch seine Wertungen erheblich modifiziert und die universalhistorischen Zusammenhänge stärker ausgezogen. Dennoch blieb er bei seiner Überzeugung, daß „in der Begegnung Roms mit den italischen Nachbarn und der mediterranen Umwelt über Krieg und Unterwerfung hinweg der Gedanke einer Schutzverpflichtung für den Erdkreis und einer geistigen Verbundenheit der Menschen fruchtbar geworden ist" (^{6}1973, 9).

III

Als Joseph Vogt im Jahre 1929 überraschend einem Ruf an die Universität Würzburg folgte, begann für ihn ein unruhiger und schicksalhafter Lebensabschnitt. 1936 ging er als Nachfolger von Ernst Kornemann[42] nach Breslau, 1940 erneut nach Tübingen, 1944 nach Freiburg, wo er und seine Familie die Zerstörung der Stadt erleben mußten. Allein im Jahre 1946 durfte er seinen alten Tübinger Lehrstuhl wieder übernehmen – vermutlich haben nur wenige Gelehrte im Laufe von zwei Jahrzehnten drei Berufungen auf dasselbe Ordinariat erhalten. Da dieser Lebensabschnitt zugleich die Ära des nationalsozialistischen Deutschlands umspannt, eine Ära, in der Vogt offensichtlich weiterhin „Karriere" machte und nicht wenig publizierte, ist es unumgänglich, auf diese Zusammenhänge im folgenden näher einzugehen.

Vogt war kein nationalsozialistischer Aktivist[43]; dem stand

Ed. Norden, Einleitung in die Altertumswissenschaft. III,2. Leipzig 1933, 1–54.

[42] Zu E. Kornemann siehe K. Christ, Römische Geschichte und deutsche Geschichtswissenschaft. München 1982, 133 ff.

[43] V. Losemann, Nationalsozialismus und Antike. Hamburg 1977, 89.

schon sein katholischer Glaube entgegen. Doch andererseits widersprachen die in seinen Schriften schon vor 1933 ausgesprochenen Wertungen der nationalsozialistischen Weltanschauung nicht; sie konnten vielmehr mit deren Intentionen verbunden werden. Zudem war Vogt Frontkämpfer, ein sozialer Aufsteiger – und er genoß als Weberschüler[44] bei einflußreichen Stellen der Partei und des Staates eine beträchtliche Protektion. Ferner sprach für ihn, daß er als Hochschullehrer Erfolg hatte und sich größten Belastungen stellte. Dies alles darf jedoch nicht darüber hinwegtäuschen, daß Vogt für die jungen nationalsozialistischen Historiker um Walter Frank suspekt war[45] und daß das Resultat seiner Kompromißbereitschaft mit der Rassenlehre von Parteiseite aus als unbefriedigend betrachtet wurde.[46]

Vogts Einsatzbereitschaft erlahmte jedenfalls auch unter dem Nationalsozialismus nicht. Obwohl ihn die Entlassung jüdischer Kollegen und die Gefährdung seines Freundes Ehrenberg bedrükken mußten und obwohl ihn die Terrorakte des 9. und 10. 11. 1938 verstörten,[47] versuchte er auch im nationalsozialistischen System nicht nur das Mindestmaß an Pflichten zu erfüllen, sondern dem gerecht zu werden, was er für die Forderungen des Tages und seiner Sache hielt. Vogts Publikationen aus jenen Jahren sind alles andere als einheitlich. Sie zeigen ebenso deutlich Elemente der Anpassung – mochte diese auch unter apologetischen Vorzeichen zugunsten der Althistorie erfolgen – wie solche einer überraschenden Unabhängigkeit. Trotz einiger peinlicher Formulierungen wäre es daher insgesamt gesehen kaum richtig, in ihm einen konsequenten Vermittler des nationalsozialistischen Geschichtsbildes zu sehen. Er ist viel eher ein geradezu typisches Beispiel für die Reaktion konservativer deutscher Althistoriker auf das „Dritte Reich".

Die Monographie ›Ciceros Glaube an Rom‹[48] war die erste Schrift, die im nationalsozialistischen Deutschland entstand, eine gediegene philologische wie historische Interpretation, die keinerlei

[44] V. Losemann, a. O., 75ff., 207; K. Christ, a. O., 210ff.

[45] Siehe Anm. 43.

[46] Vergleiche dazu unten S. 94f.

[47] Ich stütze mich dabei auf H. Bellen, Akademie der Wissenschaften und der Literatur Mainz. Jahrbuch 1986, 89.

[48] Stuttgart 1935 (Würzburger Studien zur Altertumswissenschaft, 6). Nachdruck Darmstadt 1963.

ideologische Spuren enthält. Mit gewohntem Fleiß und großer Akribie hatte Vogt für diese Studie das Gesamtwerk Ciceros auf Aussagen über die Geschichte, Vergangenheit, Gegenwart und Zukunft des römischen Staates überprüft und die Vielzahl dieser Exzerpte unter den Kategorien „Bewahrung der Vergangenheit", „Deutung der Gegenwart" sowie „Ahnung des Ewigen" zu einem imponierenden Gesamtbild der einschlägigen ideengeschichtlichen Wertungen Ciceros vereinigt. Auf diese Weise war eine von Vogts wertvollsten wissenschaftlichen Untersuchungen entstanden.

Überzeugend konnte Vogt die normative Verbindlichkeit der Tradition für Cicero nachweisen und allgemein konstatieren: „die Überlieferung der Vorfahren ist zusammen mit den Gesetzen, der Stellung des Senats und der Religionsordnung schlechthin die autoritäre Größe des Römertums" (20). Es mag sein, daß Vogt bei der Bewertung von Ciceros Verhältnis zur Vergangenheit zu konsequent die Maßstäbe und Kriterien des modernen Historikers anlegte.[49] Doch sein Vergleich Ciceros mit Varro trifft zu: „Cicero, der ganz der Gegenwart verfallen war, konnte nur *aus* der Vergangenheit leben. Sein geschichtliches Bewußtsein war nicht entfernt so tief wie das Varros, doch um so viel lebendiger als der Politiker vom Leben unmittelbar und gefährlicher ergriffen ist als der Historiker" (29).

In dem der „Deutung der Gegenwart" gewidmeten Teil ging Vogt zunächst auf die Zeugnisse des Krisen- und Niedergangsbewußtseins im römischen Bereich seit dem 2. Jahrhundert v. Chr. ein. Auch „durch Ciceros ganzes Leben" zog sich nach Vogt „die Erkenntnis vom Niedergang der althergebrachten Ordnung, deren Bewahrung als Voraussetzung für den Bestand Roms gilt" (64). Gleichzeitig kritisierte Vogt nachdrücklich das „Illusionäre" an Ciceros Politik: „Das im Kampf gegen Catilina geprägte Wort: ‚Draußen herrscht Friede, der Feind steht im Innern' kann als Motto über Ciceros ganze Politik gesetzt werden und seine Verken-

[49] „Er war groß und bahnbrechend in der Analyse der eigenen Persönlichkeit, ihres Bildungsgangs und ihrer Innerlichkeit, aber eben deshalb hatte er nichts von dem, was den Historiker ausmacht. Es fehlte ihm die leidenschaftliche Erfassung und persönliche Durchdringung der Vergangenheit, der Drang der kritischen Forschung war ihm fremd und selbst der Genuß, gestaltete Geschichte der Phantasie zum Spiel zu geben . . . nahezu versagt" (28).

nung der Reichsinteressen, der militärischen Aufgaben und damit auch der Monarchie erklären" (68).

Dennoch war Cicero nach Vogt vom „Glauben an die ewige Sendung Roms tief durchdrungen" (76). Ganz im altrömischen Sinne wurde dabei der Zusammenhang zwischen dem Schicksal des Staates und der römischen Religiosität, zwischen göttlichem Willen und menschlicher Leistung unterstellt. Trotz aller Sorgen und Zweifel der Gegenwart sah Cicero „die römische Geschichte ... von Ideen erfüllt, die den ewigen Bestand Roms sichern und geradezu fordern" (89).

Im gleichen Jahr, in dem Vogt diese wertvolle wissenschaftliche Studie publizierte, setzte eine Trias von Arbeiten ein, die ein sehr viel bescheideneres Niveau aufwiesen und einen fatalen Weg beschritten, wie sich freilich erst aus der Distanz in voller Klarheit erkennen ließ. In der damals insbesondere unter Geschichtslehrern weit verbreiteten Zeitschrift ›Vergangenheit und Gegenwart‹ veröffentlichte Vogt zunächst zwei untereinander im Zusammenhang stehende Aufsätze über ›Bevölkerungsrückgang im römischen Reich‹[50] und über ›Rassenmischung im römischen Reich‹[51]. Dem folgte 1937 eine kleine Schrift ›Unsere Stellung zur Antike‹[52], ursprünglich ein Vortrag vor der Ortsgruppe Breslau der Deutschen Akademie.

Die Arbeit über den Bevölkerungsrückgang wurde durch eine knappe Skizze der bisher vorliegenden wissenschaftlichen Untersuchungen zur Bevölkerungsgeschichte und Rassengeschichte des Altertums eingeleitet. Apodiktisch konstatierte Vogt: „Für uns Deutsche hat die nationalsozialistische Bewegung die Rassenforschung zu einem wesentlichen Bestandteil der historischen Arbeit erhoben" (654). Zwar wurden in diesem Zusammenhang die Werke von H. Günther erwähnt, diese indessen lediglich als „Vorarbeiten" eingestuft, mit Nachdruck dagegen die „Schwierigkeiten aller bevölkerungs- und rassengeschichtlichen Forschung im Bereich der antiken Völker" (654) betont. Ähnlich wie gleichzeitig Helmut Berve[53] insistierte auch Vogt in diesem modischen Sektor auf exakter

[50] Vergangenheit und Gegenwart 25, 1935, 653–664.

[51] Vergangenheit und Gegenwart 26, 1936, 1–11.

[52] Breslau 1937 (110. Jahresbericht der Schlesischen Gesellschaft für vaterländische Cultur. 1937. Geisteswissenschaftliche Reihe, 3).

[53] Vergleiche unten S. 171 ff.

wissenschaftlicher Methode: „Alles in allem besitzen wir Quellen ganz verschiedener Art, deren Beurteilung eine gründliche historische, archäologische und anthropologische Schulung voraussetzt" (654).

Der Inhalt der Aufsätze war eher konventionell und lehnte sich im zweiten Teil vor allem an die Forschungen von T. Frank an. Vogts eigenes Rassenbild wirkt sehr apart, da er auch von „der kleinasiatischen und orientalischen Rasse" (5) sprechen konnte. Ein bisher meist übersehener Punkt verdient freilich Beachtung. In den beiden Aufsätzen hat sich Vogt erstmals ausführlicher mit der Gesamtproblematik der Sklaven befaßt und damit jenes Thema angeschnitten, das ihn rund fünfzehn Jahre später so sehr in seinen Bann ziehen sollte.[54] Vogts Untersuchung des „Bevölkerungswandels der Kaiserzeit" führte zu dem Ergebnis, „daß erst der rassische Niedergang der ehemals schöpferischen Völker, der Griechen und Römer, die Infiltration der Orientalen und den Einzug der Germanen möglich gemacht hat" (11). Seine Schlußbilanz entsprach völlig den Konzeptionen einer nationalsozialistischen Rassenlehre.[55]

In dem Vortrag ›Unsere Stellung zur Antike‹ ging es um weit allgemeinere Fragen. Vogts Ausgangspunkt war hier die geistige Konstellation der Gegenwart, der Augenblick, „in dem wir Deutsche die Antike aus besonderer Nähe uns zugewandt zu sehen glauben" (3). Nach einem kurzen Blick auf die Haltung des faschistischen Italien und auf die Stellung Englands zur Antike rief er die

[54] Siehe S. 112ff.

[55] „Da es sich in den Städten zumeist um eine wahllose Mischung handelte, so ergab sich als Folge eine fortdauernde Verschlechterung der Erbmasse. Die verschiedensten Anlagen wurden blindlings zusammengebracht, nirgends bestand mehr ein Idealbild, das die Mischung hätte leiten können. Der Menschheitsgedanke, der seit Jahrhunderten das philosophische Denken und das praktische Verhalten der Griechen und Römer beherrschte, hatte die naturgegebenen Wertstufen innerhalb des menschlichen Bereichs in Vergessenheit gebracht. Gegenüber der formlosen Masse dieser Weltbürger mußte schließlich auch die erzieherische Kraft der römischen Kultur versagen. Lange, sehr lange hat Rom die Fremden, die ihm artverwandt waren, zu sich emporgehoben, hat sie tiefgehend romanisiert. Als aber die schöpferische Kraft des römisch-italischen Volkstums völlig verausgabt war, da wurde der römische Name zum reinen Zivilisationsbegriff, zu einer Maske für den Untergang des Römertums" (11).

Bedeutung des Neuhumanismus für das deutsche Geistesleben des 18. und 19. Jahrhunderts in Erinnerung. Doch er hielt auch fest, daß „mit der Absonderung der Gebildeten" dieser Humanismus in Deutschland „seine nationale Tragweite" (6) eingebüßt habe.

Dem stellte Vogt die neue Entwicklung der Gegenwart entgegen und befand: „Aus seiner eigenen Wesenheit heraus hat der Nationalsozialismus die Antike als maßgebenden Wert erkannt ... Diese Beziehung zum artverwandten historischen Vorbild ist so ansprechend, daß sie – und dies ist das wesentlich Neue in unserer Stellung zur Antike – dem ganzen Volk greifbar werden könnte. Sie steht auch nicht im Widerspruch mit unserer Besinnung auf die germanische Vorzeit. Denn die Hellenen und Römer haben vor den Germanen ihren unbestreitbaren Vorsprung: sie sind ihrer Art früh bewußt geworden, haben sie zu höchster Menschlichkeit erhoben und haben durch die Werke ihrer Selbstdarstellung in Staat und Dichtung, Kunst und Philosophie eine Objektivierung ihrer Existenz erreicht. So bleiben sie die Erstgeborenen der arischen Völker" (6f.).

Vor allem durch die „kämpferische Lebensgestaltung", einem Kampf, der beim Römer „immer dem besten Staat und seinem Lebensraum" (8) galt, durch die „griechische Ethik des Sports" (10), die Tatsache, daß „der antike Staat ... als beherrschende, geisterfüllte Lebensgemeinschaft ohnegleichen in der Geschichte" (10) ist, nicht zuletzt durch die Formen der antiken Bauweise und Baugesinnung oder durch die Funktion der griechischen Tragödie sah Vogt den Vorbildcharakter der griechisch-römischen Antike dokumentiert. Worte des „Führers"[56] waren geschickt in diese Argumentation eingegliedert, trotz aller Unterschiede zwischen dem antiken Staat und der deutschen Volksgemeinschaft der Gegenwart doch „der Gleichklang unserer politischen Formung mit dem Rhythmus der antiken Polis" betont. Vogt ließ sich zu der Folgerung hinreißen: „Im Aufbau der Erziehung, im Einsatz der mar-

[56] Es handelt sich um Zitate der damals häufig nachgesprochenen Äußerungen: „Auch das hellenische Kulturideal soll uns in seiner vorbildlichen Schönheit erhalten bleiben" (10) und: „Römische Geschichte, in ganz großen Linien richtig aufgefaßt, ist und bleibt die beste Lehrmeisterin nicht nur für heute, sondern wohl für alle Zeiten" (12). Zu Hitlers Bild der Antike siehe K. Christ, Römische Geschichte und deutsche Geschichtswissenschaft. München 1982, 198f.

schierenden Formationen, in der Heerschau der nationalen Feiertage erscheint etwas von der politischen Lebensform der Antike in die höhere Stufe der Volkseinheit übertragen" (13).

Auf dem damit eingeschlagenen Weg schien Vogt konsequent weiterzugehen, als er ein Jahr später in einer neuen Schriftenreihe, die der Formierung eines „nationalpolitischen" Gymnasiums dienen wollte, eine Monographie über ›Cicero und Sallust über die Catilinarische Verschwörung‹ veröffentlichte.[57] Vogt wollte dabei „das politische Problem der Verschwörung und ihrer Überwindung aus den Reden Ciceros und aus der Monographie des Sallust" vergegenwärtigen. Er suchte „die Geschichte einer Regierung, die über der Wahrung der Verfassung nahezu den Staat preisgab, und das Bild eines Hochverräters, in dem sich die Entartung seines Volkes spiegelt", nachzuzeichnen. Vogt rechtfertigte sein damals scheinbar obsoletes Vorhaben damit, daß er auf „politische Erkenntnisse" hinwies, „die es lohnen, den Redner und den Historiker immer wieder Studenten und Schülern nahezubringen" (5).

Vogts Begrifflichkeit und Kategorien wurden dabei dem Ziel einer Aktualisierung der Thematik im nationalsozialistischen Bildungsgefüge weitgehend angepaßt. In dem einleitenden Abschnitt über „Volk und Staat in der römischen Republik", in dem Vogt die Grundlagen und Entwicklungen der Epoche skizzierte, wurden deshalb die Magistrate zu „Führern", der römische Senat zum „Führerkorps des Staates", Rom zur „Führermacht" (7f.). Auch „nordische Eroberer" durften nicht fehlen. An späterer Stelle konnte man lesen, daß Sallust „von der Rolle, die die Reinhaltung der Rasse und der Volkskraft spielt, ... nur eine unbestimmte Ahnung" (70) besitzt.

Im Mittelpunkt der Arbeit stand die Interpretation der vieltraktierten antiken Texte. Geschickt wurde das commentariolum petitionis als Quelle des römischen Wahlkampfes genutzt, der Aufstieg der beiden politischen Rivalen Cicero und Catilina geschildert, Cicero dabei als „der Korrekte", Catilina als „der Bandit" (16) bewertet. Von Anfang an trat jedoch Vogts kühle und distanzierte Einstellung gegenüber Cicero deutlich hervor. Die Analyse der Catilinarischen Reden zeigte nach Vogt, daß in der „Flucht aus der

[57] Frankfurt am Main 1938 (Auf dem Wege zum nationalpolitischen Gymnasium, 3). Nachdruck Darmstadt 1966.

Verantwortung ... der Verfall des römischen Führergedankens offenkundig" wird. Vogts Bilanz lautete: „Daß der Consul Cicero dieses notleidende Volk, diesen zerfallenen Staat gerettet zu haben glaubte, indem er alles beim alten ließ, das ist die Anklage, die wir aus seinen Reden gegen ihn selbst entnehmen" (38f.).

Sallust war nach Vogt dagegen ein Repräsentant der an Thukydides orientierten politischen Geschichtsschreibung: „In seinen Briefen hatte er entschiedene Ansätze gemacht, die Dinge in ihrem ursächlichen Zusammenhang zu erfassen, das Einzelne auf ein Allgemeines zurückzuführen und die Erscheinungen an Ideen, vor allem an sittlichen Werten zu messen. Diese Betrachtungsweise hatte ihn in der entarteten Politik zum Scheitern gebracht, sie sollte ihn nun in der Geschichtsschreibung zum Erfolg führen" (53). Kurzum, für Vogt wurde der idealisierte Sallust zum vorbildlichen „Geschichtsschreiber der res publica" (71).

So penetrant Vogts Übernahme der Begriffe und der Kriterien der nationalsozialistischen Ideologie in der Cicero- und Sallust-Arbeit heute wirken, so überraschend ist in dieser Hinsicht die ein Jahr später publizierte Untersuchung ›Kaiser Julian und das Judentum. Studien zum Weltanschauungskampf der Spätantike‹[58]. In dieser primär philologisch und religionshistorisch fundierten Monographie holte Vogt weit aus, um die Aktivitäten Julian Apostatas gegenüber dem Judentum verständlich zu machen: Über die Hälfte des Buches hatte Vogt einer Untersuchung der „geistigen Verfassung" des Judentums in der römischen Kaiserzeit, der Beurteilung des Judentums durch die spätantike Philosophie und das Christentum und schließlich der judenfeindlichen Gesetzgebung seit Konstantin dem Großen gewidmet.

In sehr zurückhaltender und sachlicher Diktion, umsichtig und kenntnisreich wurden dabei auch jüdische Quellen ausgeschöpft, um die erbitterte Romfeindschaft des Judentums nach dem Fall Jerusalems verständlich zu machen; die Sympathien für die Beharrungskraft und Glaubensstärke der Juden waren unverkennbar. Dem stellte Vogt die „instinktive Ablehnung" des Judentums auf hellenistischer wie römischer Seite entgegen. Er wies darauf hin, daß dem „polytheistischen Denken ... der jüdische Gottesglaube als Leugnung der Götter schlechthin, als Atheismus" (9) erscheinen

[58] Leipzig 1939 (Morgenland, 30).

mußte, vor allem jedoch der Auserwähltheitsanspruch des jüdischen Volkes als Provokation galt. Nachdrücklich wurden indessen auch positive Würdigungen des Judentums, so die Ansätze dazu im Peripatos, insbesondere freilich in der neuplatonischen Philosophie des Porphyrios unterstrichen.

Der Überblick über die Auseinandersetzung des Christentums mit dem Judentum zeigte dann erstmals Vogts Vertrautheit mit den Kirchenvätern. Die positive Zeichnung der Welt des Alten Testamentes bei Origenes und die reserviertere Haltung Eusebs wurden dabei stark kontrastiert, vor diesem Hintergrund dann die Politik Konstantins besprochen, die zwar das jüdische Bekenntnis als *religio licita* tolerierte, eine weitere Ausbreitung des Judentums aber verhindern wollte. Bestimmend für diese Einstellung war nach Vogt Konstantins Überzeugung, daß das jüdische Volk von Gott verstoßen sei.

In einer eingehenden Interpretation der Schriften des Julian Apostata wies Vogt die religiöse Fundierung von dessen speziellem „Hellenismus"-Begriff nach. Innerhalb von Julians nach wie vor polytheistischem System ergab sich zwar eine relative Anerkennung des Gottes der Juden als „Volksgott", doch ebenso eindeutig die Ablehnung des Auserwähltheitsanspruches. Der von Julian forcierte Wiederaufbau des Tempels in Jerusalem sollte nach Vogts sehr eingehender Interpretation einerseits erneut und in vollem Umfang demonstrativ den jüdischen Kult ermöglichen, andererseits jedoch auch die an die Zerstörung des Tempels anknüpfenden christlichen Vorstellungen diskreditieren. Episodenhaft wie diese Aktivität wurde schließlich auch die gesamte Religionspolitik des Apostaten eingestuft.

In den Wertungen wie im Tenor dieser Studien hatte Vogt eine bemerkenswerte Unabhängigkeit bewiesen. Den konsequenten Vertretern der Rassenlehre mußte es geradezu als Provokation erscheinen, wenn sie bei Vogt lasen, daß „als letzte Triebkraft der griechischen Abwehr (sc. gegen das Judentum in Syrien und Ägypten) . . . gewiß nicht die Empfindung des Rassengegensatzes (erscheint), die der antiken Welt nicht klar bewußt geworden ist" (10) oder daß „die Einengung des Judentums, auf die es ihm (sc. Konstantin dem Großen) und seinen Nachfolgern ankam, . . . nicht dem Haß gegen eine fremde, gefährliche Rasse (entsprang), vielmehr dem Kampf gegen eine verworfene Sekte" (27). Es ist begreiflich, daß die offiziellen Parteihistoriker die Verbreitung dieser Ansichten nicht unterstützten.[59]

In einer ganz anderen Weise zeigte Vogt seine Unabhängigkeit in dem erstmals 1940 erschienenen Beitrag ›Caesar und seine Soldaten‹[60]. Von Caesars zwiespältigem Bild in der Geschichte ausgehend, erörterte er dort „das Problem der persönlichen Beziehung Caesars zu seiner Armee, der Menschenführung beim Feldherrn, der seelischen Durchdringung seiner Soldaten, Unterführer und Generale, und der Rückwirkung dieses psychischen Phänomens auf das politische Werk" (90). Dieser Ansatz war originell, die Durchführung konsequent. In einem Rückblick über die Entwicklung der römischen Heeresstruktur betonte Vogt „die neue Form" der römischen Klientel und stellte fest: „Das militärische Kommando bedingt nun in einer bisher nicht gekannten Weise die Kunst der Menschenführung. . . . Der Prokonsul, der in seiner vollen Manneskraft den Gallischen Krieg begann und zehn Jahre später seine Armee in den Bürgerkrieg führte, hat durch den Zauber seiner Persönlichkeit, durch die geistige Größe seiner Kriegführung, durch die Unbedingtheit seines staatsmännischen Willens das neue Feldherrntum zur wahren Menschenbeherrschung erhoben" (91 f.).

Eindrucksvoll erinnerte Vogt an die Bewährung des Feldherrn Caesar in den Krisen des Gallischen wie des Bürgerkrieges, an seine Überwindung von Niederlagen, seine Unterdrückung von Meutereien. Entscheidend für Vogts Perspektiven war: „Was Caesar in der Menschenführung über die Feldherrn der neueren Jahrhunderte erhebt, das ist die unmittelbare persönliche Bindung von Führer und Truppe, die ununterbrochene leibliche und seelische Nähe" (103)[61].

[59] Die Einzelheiten darüber bei H. Heiber, Walter Frank und sein Reichsinstitut für Geschichte des neuen Deutschlands. Stuttgart 1966, 738 und V. Losemann, Nationalsozialismus und Antike. Hamburg 1977, 89.

[60] Neue Jahrbücher für Antike und deutsche Bildung 3, 1940, 120–135. Auch separat: Leipzig 1940. Nachdrucke in: Der altsprachliche Unterricht. Arbeitsheft 1955, 53–73 sowie in: Orbis. Freiburg 1960, 89–109. Darnach wird im folgenden zitiert.

[61] „Und Caesar war ein Krieger, wie unter den Feldherrn der Geschichte nur noch der große Alexander. Der Mann, der die Schönheit zu genießen verstand, der durch Geist und Witz alle Welt entzückte, hatte seinem Körper eine Leistungsfähigkeit abgerungen, die dem Können seiner Centurio-

Im Schlußteil dieser Studie ging Vogt dann auf den Zusammenhang zwischen Kriegführung und Neugestaltung des Staates ein: „Der caesarische Staat freilich erhielt – wie könnte es anders sein – die Züge des Mars, und das neue Herrschertum empfing seine Prägung vom Heer, . . . Der Imperatortitel, der Lorbeer, das purpurne Triumphalgewand kennzeichneten den Soldatenkaiser" (107). Caesar und sein politisches Handeln waren damit gleichsam „militarisiert" worden. Nicht der „Staatsmann" Caesar, wie ihn vor allem M. Gelzer gezeichnet hatte,[62] dominierte hier, sondern der selbst den persönlichen Nahkampf in der Schlacht nicht scheuende Feldherr.

Während sich der II. Weltkrieg seinem Höhepunkt näherte, erschien Vogts kleine Aufsatzsammlung ›Vom Reichsgedanken der Römer‹[63], die seine einschlägigen älteren Studien zusammenfaßte[64] und durch zwei, für seine damalige Sicht bezeichnende, neue Vorträge ergänzte. Deren erster aus dem Jahre 1940 behandelte das Thema ›Römischer Glaube und römisches Weltreich‹[65]. Vogt räumte darin zu Beginn ein, daß er selbst die Bedeutung der römischen Religion für jede moderne Beurteilung der römischen Politik zuvor nur unzureichend erkannt hatte,[66] und er konstatierte für die

nen kaum nachstand. Er war waffenkundig, ein trefflicher Reiter, durchschwamm die Flüsse und setzte sich an manchem schweren Tag an die Spitze einer marschierenden Kolonne, allen ein Vorbild soldatischer Kraft. Selbst in der Schlacht war er oft genug bei der Truppe in der Zone der Gefahr und des Todes" (104).

[62] M. Gelzer, Caesar, der Politiker und Staatsmann. Stuttgart 1921.

[63] Leipzig 1942.

[64] So die Arbeiten ›Orbis Romanus‹, ›Divide et impera‹ und ›Raumauffassung und Raumordnung in der römischen Politik‹.

[65] A. O., 118–169.

[66] A. O., 119f. Anm. 1 „Auch in meiner eigenen Darstellung (Römische Republik 1932, 20, 50f., 153f., 330ff.) ist die religiöse Grundlage der römischen Politik unzureichend charakterisiert. Nach weiterer Beschäftigung mit dieser Frage (besonders „Ciceros Glaube an Rom" 1935, 72ff.) fühle ich mich mit den zum Teil in kritischer Auseinandersetzung mit mir gegebenen Ausführungen von F. Altheim, Von den Ursachen der Größe Roms, Neue Rundschau 1937, 236ff. (= Italien und Rom I, 208ff.) im wesentlichen einig." Vogts Auseinandersetzung mit Fr. Altheim schlug sich auch in seinen Rezensionen Gnomon 11, 1935, 300ff.; 12, 1936, 513ff. nieder und trug wesentlich zur Klärung seiner eigenen Position bei.

Antike ganz allgemein: „Denn für alle politischen Schöpfungen dieses historischen Raums, seien es Staaten in Ägypten oder in Griechenland, bei den Römern oder den Kelten, gilt bei aller Verschiedenheit der Rassen die Norm, daß sie ihr Leben mit den Göttern führen“ (120).

Vogt suchte deshalb zunächst das Charakteristische des Götterbegriffes und der Glaubenshaltung der Römer aufzuzeigen: „Der Römer begreift das Göttliche als wunderbare Kraft, die alles Geschehen durchwirkt ... In jedem einzelnen Bereich dieser Welt werden die aufeinanderfolgenden Akte göttlicher Wirkung spürbar. ... Diese religiöse Erfassung und Erschließung der Welt kommt nie zu Ende, denn auch für den Römer gilt das Wort, daß alles voll ist von Göttern“ (122). Den entscheidenden Akzent legte Vogt dann jedoch auf die denkbar enge Verklammerung von Religion und Staat: „Es gibt keine Politik in der antiken Welt, in der die Verehrung des Göttlichen in so umfassender Weise verstaatlicht war. ... Diese Verbindung von politischer und religiöser Leitung des Staates haben die Römer selbst als höchste Weisheit ihrer Ahnen gefeiert“ (124f.).

Für die Bildung des römischen Weltreichs zentrale Vorstellungen wie bellum iustum oder fides populi Romani wurden so in zweifellos idealisierter Form religiös begründet, im „Aufbau einer geordneten Staatenwelt ... eine sittliche Leistung“ (132) gesehen. Vergleiche des römischen Sendungsgedankens mit der religiösen Begründung englischer Ideologie oder dem „Sendungsglauben“ des japanischen Volkes schlugen die Brücke zur Gegenwart, während der Schlußteil des Beitrages dann die Entwicklungen zur Zeit der späten Römischen Republik und in der Kaiserzeit skizzierte.

Dieselbe Grundlinie begegnet dann auch wieder in Vogts Vortrag ›Der Reichsgedanke der römischen Kaiserzeit‹[67], der den Band eröffnete. Diese Gedanken des Jahres 1942 dokumentieren, in welch völlig idealistischer Weise Vogt damals das Römische Reich wie das „Reich“ seiner Gegenwart sah, das er mit jenem bewußt

[67] A. O., 5–34. – „Seine sicherste geistige Stütze bildete wohl immer seine religiöse Verbindung mit dem Absoluten, die Rückführung der Herrschaft auf den göttlichen Willen in der den Römern eigentümlichen Vorstellung, daß Sieg und Macht und Völkerregiment göttlichen Ursprungs gewiß und göttlicher Begnadung voll seien“ (24).

verknüpfen wollte: „Zu dem gemeinsamen Gut der Antike und des Abendlandes gehört, trotz aller Verschiedenheit der politischen Sondergebilde, eben auch der Begriff des Reichs, und zwar in der Bestimmung, die auch für uns wieder gültig ist. Wir betrachten als wesenhaft für das Reich das Dasein einer weitausgreifenden politischen Macht, die in einem großen Raum für viele Völker die Fragen der Herrschaft und des Dienstes dauerhaft regelt. In diesem Ordnungsgefüge muß ein geistiges Band wirksam sein, ein einheitliches Ziel sichtbar werden. Über die Regelung des materiellen Getriebes hinaus müssen die Glieder vom Ganzen her die Geborgenheit ihres Lebens gewinnen und den Sinn ihrer Opfer empfangen. So erweist sich das Reich als Einheit von Macht und Geist in einem weltweiten Raum" (5f.).

In einem kurzen historischen Überblick über die Entstehung und Entwicklung des Römisches Reiches erschien nach Vogt „die römische Kriegsführung als Verteidigung des eigenen Besitzstandes und als Abwehr fremden Unrechts, die römische Machtübung als Dienst an einem Ordnungsziel, das aus der Verantwortung überlegenen Führertums heraus gesteckt wurde" (8). Für die Kaiserzeit aber galt nach ihm: „Die Untertanen in den Provinzen waren in dieser Reichsordnung gewiß nicht gleichberechtigte Teilhaber am Ganzen, sie waren aber auch nicht mehr reine Ausbeutungsobjekte für die Sendboten der Stadt Rom, sie waren Schutzbefohlene, die in treue Obhut genommen werden mußten" (11). So positiv dies alles klang, Vogt mußte doch zugeben, daß „das Imperium Romanum in der Heranziehung selbständiger Reichsglieder" versagte (19). Das „geistige Band der Einheit" aber war nach Vogt „die Menschheitsidee der stoischen Philosophie" (20). „Dieser philosophische Universalismus hat dem römischen Reichsgedanken eine erstaunliche geistige Weite gegeben, er hat immer tieferen Einfluß gewonnen, je mächtiger die vereinheitlichende Wirkung der römischen Herrschaft hervortrat" (21f.). Über allen späteren Veränderungen in der religiösen Fundierung dieses Imperiums verwirklichte es nach Vogt doch stets die „Idee der verantwortungsbewußten Herrschaft" (32).

Vogts prekärste Initiative im nationalsozialistischen Deutschland wurde das 1943 publizierte, von ihm herausgegebene „Gemeinschaftswerk" mit dem lapidaren Titel ›Rom und Karthago‹[68]. Nach-

[68] Leipzig 1943.

dem im Jahre zuvor Helmut Berve, der „Leiter des Kriegseinsatzes der Altertumswissenschaft" (7), das zweibändige Werk über ›Das neue Bild der Antike‹ ediert hatte,[69] wollte Vogt offensichtlich nicht zurückstehen und ein wohl noch größeres Wagnis eingehen. Er begründete die Fragestellung so: „Dieses Ringen zwischen Rom und Karthago ist im Gang der Politik und im Wandel der Kriegführung früher wiederholt dargestellt worden. Für die gegenwärtige Forschung tritt angesichts dieses weltgeschichtlichen Dramas eine bisher wenig beachtete Frage in den Vordergrund: ist dieser folgenschwere Konflikt durch das Blutserbe der Völker bestimmt gewesen, durch die Tatsache also, daß dem wesentlich nordisch geprägten Rom die Welt Karthagos gegenüberstand, deren Fremdheit sich aus der rassischen Struktur des Puniertums ergibt? Und wie hat sich dieser Faktor des Rassengegensatzes ausgewirkt im Staatsaufbau und in der Wirtschaft, in der Diplomatie und Kriegführung, in Religion und Kunst und geschichtlichem Bewußtsein? Man hört gelegentlich darüber sehr rasch gewonnene Urteile" (7).

Vogt wies sogleich auf die Schwierigkeiten hin, die dem Unternehmen entgegenstanden, darauf insbesondere, daß die „historische Berichterstattung" die Kategorie der Rasse nicht verwandte. Er konfrontierte damit die Usancen jener Jahre und schloß seine Einleitung so ab: „Der moderne Forscher dagegen versucht, einzelne Züge dieser Volkscharaktere mit dieser oder jener Komponente in der rassischen Struktur der Völker in Verbindung zu bringen. Er legt sich z. B. die Frage vor, ob die oft genannte punische Treulosigkeit dem armenoiden, dem wüstenländischen oder dem hamitischen Rassenelement im punischen Volkstum zugesprochen werden kann. Der Boden dieses wissenschaftlichen Neulandes ist noch unsicher, er erfordert Wagnis und Zurückhaltung zugleich. Uns kam es darauf an, nicht Vermutungen zu häufen, sondern das Beweisbare aufzuzeigen. Sicher wird es später einmal gelingen, den Bereich des Beweisbaren auszudehnen. Wenn unsere Fragestellung und unser Lösungsversuch dazu beitragen könnten, die Bearbeitung rassengeschichtlicher Probleme grundsätzlich zu klären und zu fördern, so wäre dies ein besonders willkommenes Ergebnis unserer Bemühung" (8).

Vogts eigener Beitrag ›Das Puniertum und die Dynastie des Sep-

[69] Leipzig 1942.

timius Severus‹ (346–366) spiegelt allerdings mehr Wagnis als Zurückhaltung. Nach einer Skizze der Romanisierung Nordafrikas wie der Kontinuität des Puniertums, nicht zuletzt im religiösen Bereich, wurde Septimius Severus konsequent als „Mischling" verstanden: „Allem nach handelt es sich bei Septimius Severus um die Verbindung des eingewanderten Phoenikertums mit dem hamitischen Element Nordafrikas, eine Verbindung, die gerade in diesem Falle nicht zu einem harmonischen Ergebnis geführt hat. Denn an den bedeutendsten Bildnissen, wie dem Bronzekopf der Sammlung Somzée, dem Kopf im Louvre aus Gabii und dem Bildnis in München, zeigt sich in dem Ausdruck des innerlich Leidenden und zugleich finster Bedrohlichen die Zwiespältigkeit des Mischlings" (356).[70] Die Herrschaft dieser Dynastie war nun für Vogt nichts anderes als eine „Revolution" in Staat und Gesellschaft, eine Revolution, deren „gewalttätige Sachlichkeit" (358) wiederum aus ihrer semitischen Provenienz abgeleitet wurde. Vogt schloß: „Die Entartung des Römertums hatte ihren tiefsten Punkt erreicht" (366).

Obwohl die Autoren dieses Gemeinschaftswerkes ihre Studien „in einer mehrtägigen Arbeitsbesprechung" (7) aufeinander abzustimmen suchten, mußte das Gesamtresultat die parteiamtlichen Erwartungen völlig enttäuschen.[71] In nur sehr wenigen Beiträgen wurde die Rassenlehre beflissen angewandt, in einer größeren Zahl von Studien herrschte demonstrative Zurückhaltung, M. Gelzer wagte sogar die provozierende Feststellung, daß für die Kriegsaus-

[70] Siehe auch die kurz darauf folgenden Formulierungen: „Der Mischling Septimius Severus hat nach dem Zeugnis der Zeitgenossen und der Späteren eine Reihe dieser Charakterzüge in sich vereinigt, er war treulos bis zum Eidbruch, sparsam und habgierig, ein unerbittlicher Hasser und grausamer Rächer, ein harter Despot, der den Terror bevorzugte. Ein so wesenhaft punisch bestimmter Mensch blieb von der römischen Art und Überlieferung durch eine letzte, nicht überbrückbare Kluft getrennt, auch wenn er gelernt hatte, Provinzen zu regieren und Legionen zu befehligen, auch wenn er die Sicherung des Reiches als letztes Ziel verfolgte. So dürfen wir auch die Rücksichtslosigkeit, mit der Septimius Severus die revolutionäre Neugestaltung von Kaisertum und Reich vollstreckte, mit seinem durch Blutserbe bestimmten Abstand vom Wesen und Sinn der res publica in Verbindung bringen" (357f.).

[71] Siehe K. Christ, Römische Geschichte und deutsche Geschichtswissenschaft. München 1982, 206.

brüche in den Punischen Kriegen „die Rasse der beiden Gegner ... nicht die geringste Rolle" spielte (201). Vogts Experiment eines Kompromisses zwischen Rassenlehre und streng wissenschaftlicher Forschung war völlig gescheitert.

Der Rückblick auf Joseph Vogts Publikationen in der nationalsozialistischen Ära ergibt so ein für ihn charakteristisches, sehr uneinheitliches Bild.[72] Neben einzelnen Fachveröffentlichungen, die – wie ›Ciceros Glaube an Rom‹ oder, am imponierendsten, ›Kaiser Julian und das Judentum‹ – ein streng wissenschaftliches Ethos bewahrten, stehen gerade im Vermittlungsbereich Arbeiten, in denen zentrale Elemente der Rassenlehre und der nationalsozialistischen Ideologie aufgegriffen und trotz gewisser Bedenken auch auf den Sektor der Geschichte des Altertums angewandt wurden.

Der idealistische Althistoriker, der vor 1933 vorbildliche Werte der Römischen Republik und vor allem die Traditionen und Leistungen der römischen Staatskunst in nationalem Interesse zur Bewältigung der Krise seiner Gegenwart mobilisieren wollte, konnte offensichtlich nicht erkennen, welche fatalen verbrecherischen Konsequenzen das nationalsozialistische System aus der Rassenlehre zog. Im Festhalten an einer idealistischen Reichskonzeption und in seinem Glauben an die ethischen Bindungen der Macht wurde er eines der vielen Opfer der nationalsozialistischen Propaganda. Er diente einer Sache, deren Unmenschlichkeit sich der Humanist alten Schlags überhaupt nicht vorstellen konnte.

Wenn Vogts jüdischer Freund Victor Ehrenberg aus einer gewissen Distanz über Vogts Haltung in den Jahren der nationalsozialistischen Herrschaft schrieb: „Vogt war nicht unbeeinflußt von den Kräften, die damals Deutschland beherrschten. Aber er war Katholik und Humanist, und er war ein aufrichtiger Mensch; das half ihm, seine wissenschaftliche Haltung zu bewahren"[73], so dokumentiert dieses Wort der Versöhnung die alles andere als selbstverständliche Beurteilung eines Opfers jener Jahre. Vogt selbst hat es stets abgelehnt, seine Anpassung und seine Aktivitäten nachträglich zu erklären.

[72] Vergleiche auch unten S. 124.

[73] V. Ehrenberg, Joseph Vogt, in: Beilage zu Aufstieg und Niedergang der Römischen Welt. Hrsg. von H. Temporini, I, 1. Berlin 1970, 8.

IV

In der Mitte der dreißiger Jahre gingen Vogts Interessen und Forschungen in denkbar verschiedene Richtungen. Während er sein Bild der Römischen Republik und der römischen Geschichtsschreibung vertiefte, wurden auch die Studien über zentrale Vorstellungen des römischen Imperiums und Imperialismus fortgesetzt, neben der Aufnahme von Elementen der Rassenlehre und der Gedankenwelt des Nationalsozialismus erstmals die Sklavenfrage berührt. Doch gleichzeitig mit der Klärung religionsgeschichtlicher Fragen waren auch Konstantin der Große und die Spätantike in sein Blickfeld getreten. Schon in seiner Breslauer Zeit hatte er im Sommersemester 1937 ein Seminar über „Kaiser Constantin und das Christentum" angekündigt,[74] eine Lehrveranstaltung, die erstmals ein neues Arbeitsfeld markierte.

Streifte dann zwei Jahre später die ›Julian‹-Monographie Konstantins Religionspolitik, so eine Besprechung von 1940[75] bereits dessen religiöse Entwicklung. Der eigentliche Eintritt in die Konstantin-Forschung erfolgte dann jedoch erst mit der Studie ›Die Bedeutung des Jahres 312 für die Religionspolitik Konstantins des Großen‹ von 1942. Durch den völlig kontroversen modernen Forschungsstand, insbesondere durch die Thesen von H. Grégoire, herausgefordert, hatte Vogt dort noch einmal alle verfügbaren Quellen zur „Bekehrung" Konstantins in jenem Jahre überprüft. Die Bilanz der Arbeit war mit der Präzisierung einer Auffassung identisch, an der Vogt zeit seines Lebens festhielt und die deshalb hier vollständig wiedergegeben sei:

„Die Nachprüfung unserer schriftlichen und bildlichen Überlieferung hat uns im Gegensatz zu einer mit großem Geräusch verkündeten modernen These in der Auffassung bestärkt, daß wir im Jahre 312 den Wendepunkt in der religiösen Haltung Konstantins zu sehen haben. Nicht als ob der Kaiser von da an der christlichen Kirche zugehört oder dem Heidentum den Kampf angesagt hätte; wohl aber in dem Sinn, daß in seinem persönlichen Erleben damals die Entscheidung für das Christentum gefallen ist. Wir haben beob-

[74] Siehe H. Bellen, a. O. (Anm. 3), 89.

[75] Besprechung J. A. Straub, Vom Herrscherbild in der Spätantike. Stuttgart 1939 in: Deutsche Literaturzeitung 61, 1940, 769–772.

achtet, daß von diesem einen Punkt die Wellen ausgehen und immer größere Kreise ziehen. Als die Zeit des letzten Kampfes mit Licinius herangekommen war, gingen die Wogen der christlichen Politik Konstantins schon so hoch, daß dem Gegner auf der Suche nach einer moralischen Form der Abwehr nichts übrig blieb, als sich auf sein Heidentum zu besinnen.

Die erste Hinwendung Konstantins zum Christentum war offenkundig nichts anderes als die Anrufung eines Schlachtenhelfers, so wie viele römische Imperatoren vor ihm in der höchsten Not ihren rettenden Gott gesucht und gefunden hatten. Mit der ersten Erfahrung der Gunst des Christengottes verband sich dann die Überzeugung, daß von seiner Verehrung das Heil des Reichs abhänge. Dieser Glaube des Soldaten und des Staatsmanns ist in dem Verhältnis Konstantins zum Christentum das Ursprüngliche und bleibt durch alle Verwicklungen hindurch das Dauernde und das Echte.

Dazu kam dann die folgenschwere, von der Umgebung des Kaisers stark geförderte Erkenntnis, daß die christliche Religion ein philosophisches Bekenntnis, eine für alle Menschen geltende Gottesanschauung und somit die geistige Einheit des Reiches darstelle. Daß schließlich ein mit so regem Machtinstinkt ausgerüsteter Mensch wie Konstantin die politische Bedeutung der kirchlichen Organisation sah und ergriff, darf nicht wundernehmen. Über seine Mitherrscher, von denen einige gleichfalls die Zugkraft des religiösen Motivs in den Kämpfen dieses Zeitalters erkannten und auszunützen suchten, erhebt er sich durch die große Konzeption seines Lebens, daß die Einheit des Reichs und die Universalität des Christentums einander zugeordnet seien. In dieser Erkenntnis liegt seine epochemachende Tat begründet, in ihr ruht auch der Keim neuer Verhängnisse für das Reich und für das Christentum.“ [76]

Noch während des II. Weltkriegs folgten dann weitere Spezialuntersuchungen zum konstantinischen Themenkreis, ein Forschungsbericht [77] sowie eine Studie über ›Die Frage des christlichen

[76] Zeitschrift für Kirchengeschichte 61, 1942, 171–190. Wiederabdruck in: K. Kraft (Hrsg.), Konstantin der Große. Darmstadt 1974, 247–272. Die zitierte Stelle S. 271 f.

[77] Streitfragen um Konstantin den Großen, Römische Mitteilungen 58, 1943, 190–203.

Einflusses auf die Gesetzgebung Konstantins des Großen‹[78], 1949 schließlich die Monographie ›Constantin der Große und sein Jahrhundert‹, Vogts erste größere Darstellung dieser Epoche für einen weiteren Leserkreis, eine Darstellung, die bald weit verbreitet werden sollte.[79] Das Werk zeichnete sich durch die umfassende Kenntnis der Quellen, auch der archäologischen[80], nicht weniger aus als durch die souveräne Synthese der modernen Forschungen. Obwohl sich Vogt offensichtlich um ein ausgewogenes Urteil bemühte, fehlten die eindeutigen persönlichen Akzente nicht. Im Gegensatz zu Burckhardts so prägnanter, doch gelegentlich auch schroffer und bewußt provozierender Ausdrucksweise folgte Vogt in stilistischer Hinsicht eher Ranke. Doch trotz dieser mehr zurückhaltenden Form war der Gesamteindruck, den das Buch hinterließ, stark und nachhaltig.

Die Schwerpunkte der Monographie lagen ganz eindeutig auf dem Gebiet der Religionsgeschichte. Im Unterschied zu Gibbon und Burckhardt betonte er dabei gerade die Eigenart und die Sonderstellung des Christentums, im Falle Konstantins dann wiederum bewußt und konsequent die Tiefe und die Wahrhaftigkeit der religiösen Überzeugungen dieses Herrschers. Von diesen Prämissen ausgehend, griff Vogt bis in das 2. Jahrhundert zurück, um sein weitgespanntes Gesamtbild der Regierung Konstantins sowie der konstantinischen Epoche breit und systematisch zu fundieren. Wohl erstmals fanden dabei bei Vogt auch die gesellschaftlichen und wirtschaftlichen Zusammenhänge eine angemessene Berücksichtigung.

Schon im ersten Teil des Werks, der die Krise der antiken Welt im 3. Jahrhundert n. Chr. behandelte, sind indessen Vogts Prioritäten unverkennbar. Bei der Behandlung der Soldatenkaiser hielt er es für

[78] Die Frage des christlichen Einflusses auf die Gesetzgebung Konstantins des Großen, in: Festschrift für Leopold Wenger. Münchener Beiträge zur Papyrusforschung und antiken Rechtsgeschichte 35, 1945, 118–148.

[79] München 1949. ²1960 (darnach wird hier zitiert). = Constantino el Grande y su siglo. Buenos Aires 1956.

[80] Siehe zum Beispiel Vogts Beschreibung des Kopfes der Kolossalstatue im Hof des Konservatorenpalastes: „Die aufgesperrten Augen in der ruhigen Landschaft des Gesichtes lassen die Erhabenheit und zugleich die Allgegenwart der Majestät erscheinen, sie schaffen die Idee eines aus unendlicher Ferne die Welt regierenden Geistes“ (232).

deren „militärischen Absolutismus charakteristisch, daß die faktische Herkunft aus dem Soldatenstand durch den Glauben an seine Gotterwähltheit ergänzt wurde“ (31). Auffallend ist Vogts Distanz zur *communis opinio* der Forschung dann bei seiner Bewertung der „Wandlung in Gesellschaft und Wirtschaft“. Wohl nicht unbeeinflußt von den Erfahrungen der eigenen Zeit teilte er die sehr optimistischen Auffassungen von Gibbon und Rostovtzeff hinsichtlich der Mentalität und Leistung des Bürgertums im 2. Jahrhundert n. Chr. nicht. Er konstatierte im Gegenteil: „Die unheilvolle Verbindung von Standesdünkel und Bequemlichkeit, von Besitzgier und Verschwendungssucht wurde zum Verderben des vielgepriesenen Bürgertums der Antoninenzeit“ (48).

Wie in den letzten Arbeiten über den römischen Reichsgedanken unterstrich Vogt auch hier die enge Verbindung zwischen „Weltherrschaft und Glaube“ und stellte dem dann seine Erörterung der Stellung und Entwicklung des Christentums in der antiken Welt entgegen. Vogts differenziertes Bild der religionsgeschichtlichen Entwicklung des 3. Jahrhunderts n. Chr. kommt dabei den glänzenden und klassischen Partien von Burckhardts frühem Meisterwerk nahe,[81] obwohl bei ihm nicht wie bei Burckhardt die Konvergenz der Faktoren, sondern gerade der „Gegensatz (sc. des Christentums) gegen die orientalischen Religionen, gegen die antike Philosophie und gegen den römischen Staat“ (71) in den Vordergrund gerückt ist.[82]

Vogt unterstrich einerseits: „... das Christentum ergriff die Menschen, nicht weil es mehr versprach, sondern weil es mehr forderte, weil es jeden persönlich vor die Entscheidung stellte und sicher durch die Nöte der gegenwärtigen Welt zu führen verstand“ (88). Doch andererseits betonte er die umfassenden sozialen Auswirkungen der neuen Religion, die Attraktivität ihrer Soziallehre wie ihrer sozialen Praxis, den Halt, den die Praxis der Diakonie ge-

[81] Zu Burckhardts Werk und zur Forschungsgeschichte siehe K. Christ, Nachwort und Bibliographische Hinweise, in: J. Burckhardt, Die Zeit Constantins des Großen. München 1982, 355–401.

[82] Vergleiche auch a. O., 75: „Der Glaube an die göttliche Offenbarung widersprach dem philosophischen Denken und religiösen Glauben der Griechen und Römer, das Evangelium von der Erlösung in der Fülle der Zeit hatte in den östlichen Sekten nicht seinesgleichen, die neue Lebenshaltung hob die Selbstherrlichkeit des Staates auf.“

rade den Armen und Schwachen, Witwen und Waisen, Sklaven und Flüchtlingen inmitten jener chaotischen Jahrzehnte und des völligen Versagens der gesellschaftlichen wie der staatlichen Sozialleistungen bot.

In der Grundstruktur seiner Monographie setzte Vogt „Die Restauration Diocletians" polar der „Revolution Constantins des Großen" entgegen. Er hatte damit eine Disposition gewählt, die sich in religionsgeschichtlicher Hinsicht gewiß rechtfertigen, insgesamt gesehen jedoch keineswegs in vollem Umfang begründen ließ. Er hat im übrigen dieses grundsätzliche Problem selbst gesehen: „In der Religionsfrage zeigt sich Constantin von seinem Vorgänger Diocletian durch eine tiefe Kluft getrennt, in der Ausgestaltung von Kaisertum und Reich dagegen sehen wir beide eng miteinander verbunden und den allgemeinen Tendenzen des Jahrhunderts verhaftet" (218).

Trotz dieser bewußten Polarisierung hat Vogt die Leistung Diocletians keineswegs verkannt oder geschmälert. Er respektierte durchaus die „Mischung von rationaler Berechnung und echter Gläubigkeit" (105), die er für Diocletian charakteristisch hielt, rühmte ihn als „der idealistische Weltverbesserer" und zählte ihn zu den „großen Censoren des römischen Volkes" (121). Die weitaus größere Sympathie galt dagegen von Anfang an Konstantin.

Nach einem kritischen Überblick über Quellen und Legenden zeichnete Vogt hier die religiöse Entwicklung ebenso ausführlich nach wie den Weg zur Universalherrschaft. Die „Wende" des Jahres 312 n. Chr. wurde noch einmal allseitig beleuchtet und umfassend gewürdigt, auch Konstantins Einschaltung in den Donatistenstreit sorgfältig analysiert. Klar arbeitete Vogt vor allem die Konsequenzen von Konstantins entscheidendem Sieg über Licinius im Jahre 324 n. Chr. heraus: „Für die Zeitgenossen . . . lag die Entscheidung von 324 weniger in der Einsetzung einer Dynastie nach dem Untergang des diocletianischen Systems; denn ob die Interessengegensätze und Machtkämpfe zwischen den Mitgliedern eines Kaiserkollegiums oder zwischen Vätern und Söhnen eines Hauses ausgetragen wurden, konnte gleichgültig sein. Epochemachend war es dagegen, daß die Wiederherstellung der Reichseinheit nun die Alleingeltung des christlichen Kurses der Religionspolitik bedeutete. Das universale Kaisertum stand nun der universalen Kirche gegenüber. Die Aussichten und Gefahren, die sich im Donatistenstreit abgezeichnet hatten, wuchsen ins Unermeßliche. Constantin stand vor der letzten Probe der Staatsmannschaft: ob es ihm gelingen würde, seine wilde Machtgier zu bändigen und seine Person der sittlichen Idee zu beugen, die im Eintritt des Christentums in die römische Welt beschlossen war" (189).

Systematischen Partien über die Universalmonarchie und die christliche Kirche, den Absolutismus und dessen Stützen, das Selbstverständnis und die Selbstdarstellung des christlichen Herrschers sowie einem Ausblick auf die konstantinische Epoche war dann der Schlußteil des Werkes gewidmet. In ihn wurde auch das Germanentum einbezogen, die weitere Entwicklung bis zu Theodosius dem Großen, dem „Freund der Goten und des Friedens", skizziert. Auch von dieser Seite her hat Vogt dann noch einmal Konstantins Bedeutung gewürdigt: „Darin also liegt die historische Stellung Constantins begründet, daß er durch seine Entscheidungen sowohl im Innern des Reichs als auch in seiner Umwelt die von unten aufsteigenden Mächte zum Zug gebracht und miteinander in Verbindung gesetzt hat, das Christentum und das Germanentum. Damit sind die Kräftegruppen, die sich durch ihren geistigen Ordnungsgedanken und ihre vitale Energie aus dem Zerfall der alten Welt heraushoben, zu schöpferischem Handeln gerufen worden. Es geschah so frühzeitig, daß die Elite der neu ins Leben tretenden Gesellschaft sich das geistige Erbe der griechisch-römischen Welt aneignen konnte. In Byzanz und im Abendland erstand in lebendigem Zusammenhang mit der Antike . . . eine neue Kultur. Diese Verbindung der Kulturen des antiken und des christlichen Europa ruht ganz wesentlich auf der Tat Constantins, des großen Brückenbauers der Weltgeschichte" (271).

Das Konstantinthema und die Probleme der Spätantike haben Vogt auch nach dem Erscheinen der Monographie nicht mehr losgelassen. Ob in der Form von dichten Artikeln für das ›Reallexikon für Antike und Christentum‹,[83] dem souveränen Bericht für den Internationalen Historikerkongreß in Rom,[84] einer Vielzahl von

[83] Christenverfolgung, historisch, in: RAC II, 1954, 1159–1208; Constantinus der Große, in: RAC III, 1957, 306–379 = Orbis. Freiburg 1960, 221–288.

[84] Die Constantinische Frage. Die Bekehrung Constantins, in: Relazioni del X Congresso internazionale di Scienze Storiche VI, Rom 1955, 733–779.

Spezialuntersuchungen und Vorträgen,[85] Vogt wurde nicht müde, der Forschung immer wieder neue Impulse zu geben. Noch der Achtzigjährige befaßte sich mit den Fragen um Helena.[86] Doch inzwischen war längst das Buch erschienen und in aller Welt verbreitet worden, das als seine reifste Leistung in diesem Felde gelten darf, die große Monographie ›Der Niedergang Roms – Metamorphose der antiken Kultur‹[87].

Auf R. Syme ging die Anregung zurück, innerhalb einer breit angelegten Kulturgeschichte den Zeitraum von 200 bis 500 n. Chr. zu übernehmen – Vogt verwirklichte sie in einer sehr persönlichen Lösung. Von Anfang an sah er diese Epoche konturiert durch die Dialektik von Dekadenz und Kontinuität, von Anfang an wollte er konsequent die Zusammenhänge zwischen „Politik und Geistesgeschichte" in den Mittelpunkt rücken. Wie bereits die Einführung des Werkes zeigt, nahm Vogt dafür nicht nur die Resultate der internationalen Forschung und die Fragestellungen der klassischen Ge-

[85] Erwähnt werden im folgenden lediglich die größeren Arbeiten: Kaiser Julian über seinen Oheim Constantin den Großen, Historia 4, 1955, 339–352 = Orbis. Freiburg 1960, 289–304; Das römische Weltreich im Zeitalter Konstantins des Großen. Wirklichkeit und Idee, Saeculum 9, 1958, 308–321 = Orbis. Freiburg 1960, 305–324; Heiden und Christen in der Familie Constantins des Großen, in: Eranion. Festschrift für H. Hommel. Tübingen 1961, 149–168; Imparator Konstantin ve Hristiyanlik. Istanbul 1961; Zur Religiosität der Christenverfolger im römischen Reich, Sitz.-Ber. Heidelberger AdW., Phil.-hist. Kl. 1962, 1; Ammianus Marcellinus als erzählender Geschichtsschreiber der Spätzeit. Abh. AdW. Mainz, Geistes- und Sozialwiss. Kl. 1963, 8; Die Bedeutung des Mönchtums und der Aszese für die Umwandlung der antiken Welt, Ettaler Mandl 44, 1965, 139–147; Kulturwelt und Barbaren. Zum Menschheitsbild der spätantiken Gesellschaft, Abh. AdW. Mainz, Geistes- und Sozialwiss. Kl. 1967, 1; Toleranz und Intoleranz im constantinischen Zeitalter: der Weg der lateinischen Apologetik, Saeculum 19, 1968, 344–361; Die kaiserliche Politik und die christliche Mission im 4. und 5. Jahrhundert, in: Kirchengeschichte als Missionsgeschichte. I. Hrsg. von H. Frohnes und U. W. Knorr. 1974, 166–188; Christenverfolgungen im antiken Rom, Antike Welt 1976, 4, 48–59.

[86] Helena Augusta, das Kreuz und die Juden. Fragen um die Mutter Constantins des Großen, Saeculum 27, 1976, 211–222 = Classical Folia 31, 1977, 135–151.

[87] Zürich 1965 = Il declino di Roma. Milano 1965 = The Decline of Rome. London 1967 = La decadencia di Roma. Madrid 1968.

schichtswerke zu dieser Epoche seit den Tagen Gibbons auf, sondern ebenso die geschichtsphilosophischen Impulse eines Spengler und vor allem Toynbee.

Vor diesem Hintergrund präzisierte Vogt die eigene Aufgabe und die persönliche Methode, die er als „dynamische Kulturgeschichte" bezeichnete: „Wenn wir als Aufgabe der Geschichte einer Kultur nicht die Beschreibung eines Zustands, sondern die Darstellung eines dynamischen Prozesses verstehen, werden wir unser Augenmerk darauf zu richten haben, wie die Menschen im Zeitraum von Septimius Severus bis Chlodwig durch ihre persönliche Entscheidung, durch ihr Handeln den Gang des kulturellen Geschehens bestimmt und erlitten haben. Wir werden zu prüfen haben, wie die Widerstände im Innern und von außen her – schöpferisches Weltverständnis und junge Volkskraft – den Bau der alten Gesellschaft erschüttert und die Grundlagen für eine neue Ordnung hervorgebracht haben. Es ist die Frage gestellt, ob wir aus der antiken Welt die Keime unserer westlichen Kultur hervorgehen sehen" (23).

Angesichts dieser Prioritäten trat die reine Ereignisgeschichte völlig zurück. Schon der erste Hauptteil des Buches, „Die Krise der antiken Welt im 3. Jahrhundert", zeigte die weiten Perspektiven und die universalhistorischen Dimensionen, die Vogt gewählt hatte. Die plastisch beschriebenen Strukturen von Staat, Gesellschaft und Wirtschaft des Imperium Romanum waren durchgehend mit den Artikulationen des geistigen Lebens verbunden, die Krisensymptome auf den verschiedensten Gebieten noch sehr viel deutlicher hervorgehoben als im ›Constantin‹. Vor allem aber umfaßte der Radius dieser Geschichtsschreibung nun auch in vollem Umfang die Veränderungen bei den Nachbarn des Reiches, die Abläufe der Völkerwanderung nicht weniger als die Formierung und die Expansion des Reiches der Sassaniden.

Im Hinblick auf jene Entwicklungen im Innern wie an den Grenzen des Imperiums griff Vogt zustimmend Toynbees Kategorien des inneren und des äußeren Proletariats auf und sah deshalb angesichts der vielfältigen Bedrohungen im neuen System Diocletians die Verfestigung der „Notstandsverfassung der antiken Welt". Schon hier gab er dann eine lebendige Beschreibung der Staatsarchitektur in den Residenzen der Tetrarchie sowie eine eindrucksvolle Schilderung des Phänomens, daß „der Gedankengehalt der Theokratie von der Architektur und der bildenden Kunst mit den Stilmitteln dieses Zeitalters verkündet" wird (164).

Der zweite Hauptteil beschrieb darnach „Die Monarchie, die christliche Kirche und die herrschende Gesellschaft im 4. Jahrhundert". Vogt sah dieses 4. Jahrhundert vor allem durch die Folgen der „constantinischen Zeitenwende", die Reaktion des Heidentums und den „Abschied vom heidnischen Rom" geprägt. Detailliert wurden hier die sachlichen Ergebnisse der Regierung Konstantins gewürdigt, wobei die Hauptgesichtspunkte weithin den Wertungen im ›Constantin‹ entsprachen. Sehr viel klarer kamen jetzt freilich die Auseinandersetzungen zwischen Arianismus und Orthodoxie zur Darstellung; auch die allgemeine Aporie, in welcher sich die christliche Kirche des 4. Jahrhunderts befand, wurde scharf erfaßt.[88] Liebevoll und eingehend schilderte Vogt die christlichen Gotteshäuser – „im Kirchenbau (gewann) der Gedanke der Herrschaft Christi sichtbare Gestalt" (213) –, die Feste und Opfer, Heiligen- und Reliquienverehrung, sehr viel eingehender als früher auch Entstehung und Bedeutung des Mönchtums.

Doch nicht weniger differenziert wurden dem die geistigen Leistungen des Heidentums in den Bereichen der Bildung und der Literatur entgegengesetzt, „der Kult der Vergangenheit als ein Reservat" (284) der heidnischen Aristokratie eingeschätzt. Weder bei der Nachzeichnung der restaurativen Bemühungen im Bildungssektor noch bei der Würdigung des Symmachuskreises oder der Analyse der Historiographie eines Ammianus Marcellinus ließ sich Vogt dabei von romantischen Gefühlen überwältigen. Bei allem Respekt vor einzelnen geistigen und künstlerischen Zeugnissen der altgläubigen Seite stand er doch innerlich ganz bei den christlichen Autoren, bei Augustin und Paulinus von Nola, dessen Korrespondenz mit Ausonius ihm als ein „Dokument für die innere Hinwendung der jungen Generation zum christlichen Glauben und zur christlichen Liebe" (335) erschien.

Wie stark Vogt von dessen Gedichten persönlich ergriffen war,

[88] „Es ist keine religiöse Gesellschaft auf der Grundlage der reinen Subjektivität des Frommseins denkbar, und es gibt keine christliche Kirche, die darauf verzichten könnte, das Bekenntnis zum menschgewordenen Gott auch dadurch zu verwirklichen, daß die Verwandlung der Welt als Aufgabe ergriffen wird" (240).

zeigt die Tatsache, daß er den Schluß des letzten Briefes des Paulinus an Ausonius als das Hohe Lied einer unvergänglichen Freundschaft übersetzte und aufnahm:

> Der Geist lebt fort, auch wenn die Glieder aufgelöst,
> Gefestigt in dem Himmelsstamm,
> Bewahrt die Sinne und des Herzens Zärtlichkeit
> als Lebensodem stets zurück.
> Und weder sterben noch vergessen kann der Geist,
> Der ewig lebt und treu gedenkt. (342)

Den dritten Hauptteil des Werkes, „Der römische Westen im 5. Jahrhundert und die jungen Völker", hat Vogt hier erstmals behandelt. Gestützt auf die Ergebnisse der führenden Autoritäten der internationalen Forschung gab er ein weitausgreifendes Bild der germanischen Völkerwanderung. Ravenna wurde demgegenüber als Stätte eines Hofes charakterisiert, „der in Zeremonien und Intrigen ein geisterhaft anmutendes Spiel trieb", und als Sitz eines Kaisertums, „das sich zur Anachorese, zum Gang in die Einsamkeit, entschlossen hat" (365). Vogts Untersuchung der einzelnen Stände der römischen Gesellschaft und der verschiedenen Wirtschaftszweige in Stadt und Land führte ihn zur Vorstellung eines „Klassenstaates" (382) und dazu, in der „Ausbildung geschlossener Stände, die sich nach Besitz, politischem Einfluß und rechtlicher Stellung scharf voneinander abhoben, . . . das wichtigste Ergebnis des Wandlungsprozesses" (394) zu sehen.

In seiner Beurteilung des westlichen Christentums hielt Vogt fest, daß ihm „eine vollständige moralische Erneuerung der Regierungen und der Volksmassen" (389) nicht gelang. Mehr noch: „Für den gesamten Bildungsstand der antiken Welt im 5. Jahrhundert . . . (war es nach Vogt) charakteristisch, daß es ein wissenschaftliches Forschen mit dem klaren Ziel, einen bestimmten Fortschritt zu erreichen, nicht mehr gab" (403). Andererseits sah er in Hieronymus und Augustin die geistigen Möglichkeiten des Christentums verwirklicht; in Augustins ›De civitate Dei‹ war für Vogt eine „universale Schau des Weltgeschehens" (419) gestaltet.

Von der Behandlung der Germanenmission ging Vogt dann zur Beschreibung der ersten germanischen Königreiche des römischen Westens über. Theoderich, Cassiodor und Boethius wurden besonders eingehend behandelt, schließlich auch die Entwicklungen im fränkischen Gallien und auf den Britischen Inseln gestreift. Persönliche Akzente lagen dabei auf Chlodwigs Übertritt zum katholischen Bekenntnis[89] sowie auf der irischen Mission.

Der vierte Hauptteil des Buches, „Kulturwandel im Spiegel der Kunst", der noch einmal zusammenfassend „den Wandel der künstlerischen Form" (543) erörterte, wurde dann zu einem der stärksten und eindrucksvollsten Elemente der gesamten Darstellung. Was Vogts Freund Fritz Taeger nur andeuten und skizzieren konnte,[90] war hier in allen Kunstgattungen systematisch verfolgt und bis ins einzelne beschrieben. Von der Kunst der Severerzeit bis zum Grabmal Theoderichs und den Anfängen einer speziellen christlichen Kunst spannte sich der weite Bogen der Interpretationen, der in methodischer Hinsicht auch Burckhardts Impulse weiterführte.

Vogts Buch schloß auf eine sehr persönliche Weise. Von der Betrachtung der Bilderwelt der christlichen Basiliken wurde der Leser zu den christlichen Tugenden der Besonnenheit und Demut geführt, jener neuen Sophrosyne, die Vogt für das Menschenbild der christlichen Antike wesentlich erschien. Verdichtet war diese im Epilog des Prudentius, den Vogt an das Ende des Werkes setzte:

> Mir verschafft in Vaters Haus
> Als altgewordenem Geschirr Verwendung
> Christus hin und wieder doch
> Und läßt mir sichern Platz in einer Ecke.
> Dienst als Irdenware nur
> Versehen wir am Königshof des Heiles.
> Aber auch die niedrigste
> Verrichtung Gott getan zu haben, hilft uns.
> Was auch immer sich ergibt,
> Mein Glück bleibt, daß ich Christus preisen durfte.
> (591)

[89] „Wenn es in Gallien über diese Völkerwanderung hinweg nicht nur eine Konstanz der Siedlung, sondern auch eine Konstanz der Kultur gegeben hat, so geht dies hauptsächlich auf diese religiöse Wendung zurück" (525).

[90] Vergleiche die bei K. Christ, Gedenkblatt für Fritz Taeger. Stuttgart 1963, 40ff. mitgeteilten Formulierungen.

V

Mit den Perspektiven und Problemen der Universalgeschichte war Joseph Vogt auf sehr verschiedenartige Weise in Berührung gekommen. Er hatte ihre Dimensionen schon in seinen Erstlingswerken gestreift, dann Eduard Meyer, den entschiedensten althistorischen Verfechter einer solchen Konzeption, persönlich erlebt, vor allem jedoch in Würzburg als Nachfolger von Julius Kaerst die für diesen charakteristische Sicht vergegenwärtigt. Er definierte Kaersts universalhistorische Methode dabei so: „Das Bestreben geht nicht nur auf die Erfassung einzelner Erscheinungen, sondern zugleich auf die Deutung aus dem universalen Zusammenhang, in den Ereignisse und Persönlichkeiten hineingestellt sind."[91] Zuversichtlich glaubte Vogt prognostizieren zu können: „Die universalhistorische Auffassung, die er in seiner Forschung bewährt hat, wird stärker zur Geltung kommen, als er es erlebt hat. Ist doch durch diese Auffassung die philosophische Durchdringung des geschichtlichen Stoffs gewährleistet, die nicht mehr abgelehnt und nicht mehr mißverstanden werden kann, und zugleich die Verbindung der griechisch-römischen Geschichte mit dem alten Orient und mit dem späteren Abendland hergestellt, eine Verbindung, die in der Einzelforschung jetzt intensiver als je aufgenommen ist."[92]

Die geistigen Traditionen, an die Kaerst angeknüpft hatte – Niebuhr, Ranke und der heute weithin unbekannte von Gutschmid –, waren Vogt durchaus bewußt und auch für ihn bestimmend. An von Gutschmid hat er zudem damals und auch noch später erinnert.[93] Allein die dreißiger Jahre brachten auch für Vogt andere Prioritäten. Stärkere Aktivitäten auf dem Felde der Universalgeschichte setzten erst wieder zu Beginn der fünfziger Jahre unseres Jahrhunderts ein, nachdem Vogt von dem Werk von Arnold Toynbee stark beeindruckt worden war. Er wurde alsbald zu einem der

[91] Universalgeschichte. Abhandlungen von Julius Kaerst. Mit Gedächtnisrede und Schriftenverzeichnis hrsg. von J. Vogt. Stuttgart 1930, XVf.

[92] A. O. (Anm. 91), XX.

[93] Zwischen Mommsen und Treitschke. Zum 100. Geburtstag des Historikers Freiherrn von Gutschmid. Deutsche Allgemeine Zeitung 2. 7. 1931; Forschung, Zunft und Politik. Neues über den Historiker Alfred von Gutschmid, Schwäbisches Tagblatt, Tübingen 26. 5. 1954.

wichtigsten Vermittler von Toynbees Geschichtslehre für den Bereich der Geschichte des Altertums, behandelte diese Thematik in seinem Seminar und hielt schon auf dem Marburger Historikertag von 1951 einen programmatischen Vortrag über ›Die antike Kultur in Toynbees Geschichtslehre‹ [94]. Obwohl er sich darin aus der Sicht des Spezialisten sehr kritisch mit Toynbees Kategorien und Wertungen auseinandersetzte, insbesondere soweit sie dessen Prototyp und Modell einer „Hellenischen Gesellschaft" betrafen, in die Rom und das Römische Imperium völlig integriert waren, warb er doch entschieden für die Sache der Universalgeschichte selbst.

Vogt konstatierte: „Toynbees Versuch, im vollen Bewußtsein des Unzureichenden unternommen, steht in der Reihe jener Flüge in die Sternenwelt, die dem Geschichtsdenken unseres Jahrhunderts aufgegeben sind. Spengler und Toynbee, Alfred Weber und Karl Jaspers – diese Pioniere werden ihre Nachfolger finden." Er versuchte, die Reserven der Spezialforscher vor einer solchen universalhistorischen und geschichtsphilosophischen „Kosmosschau" zu zerstreuen und schloß: „Unser Blick wird sich weiten, wenn wir an der Schau der Universalhistoriker teilnehmen, und diese werden sich an den Bauten, die wir in unseren parochialen Bezirken aufrichten, orientieren können. Ich meine, daß besonders die Historiker des Altertums, die in ihrem Bereich verschiedene Kulturen zu erforschen haben, zur universalen Betrachtung berufen sind. Nach der Entwicklung der letzten Jahrzehnte haben wir Anlaß genug, uns auf das Wort Eduard Meyers zu besinnen: „Alle Geschichte, die wirklich ihr Ziel erreichen will, muß ihrer Betrachtungsweise und Tendenz nach universalistisch sein" (360f.).

Schon ein Jahr später, 1952, begann Vogts Mitherausgebertätigkeit in dem neu begründeten Jahrbuch für Universalgeschichte ›Saeculum‹, an dem er bis zuletzt anregend, ratend und betreuend tätig war. Der Höhepunkt seiner Aktivitäten lag hier in der Vorbereitung und Mitherausgabe der Saeculum Weltgeschichte, Funktionen, die er besonders ernst nahm und auf die er sehr viel Zeit verwandte. In der Einleitung des von ihm betreuten II. Bandes kam er dabei nochmals auf die speziellen Zusammenhänge zwischen der Geschichte des Altertums und der Universalgeschichte zu spre-

[94] Die antike Kultur in Toynbees Geschichtslehre, Saeculum 2, 1951, 557–574 = Orbis. Freiburg 1960, 340–361. Danach wird hier zitiert.

chen: „Gerade die moderne Biologie hat die Sonderstellung, die der Mensch unter den Lebewesen einnimmt, nach allen Seiten geklärt und neu begründet. Das naturbedingte langsame Heranwachsen des jungen Menschen führt dazu, daß jedes neue Geschlecht sich mit dem Erbe der früheren Generationen auseinandersetzt. Das Hereinwachsen in die Tradition, ihre Fortsetzung oder Neugestaltung, gehört zum Menschen, Geschichtlichkeit ist ihm wesentlich. Bei dieser geschichtlichen Orientierung wird auch der Mensch der Gegenwart in den Leitbildern der griechisch-römischen Antike immer wieder starke Impulse zu seiner Selbstvollendung finden. Die antike Anschauung, daß der Mensch befähigt ist, mit seinem Geist die Welt zu erkennen, sie als Ganzheit zu begreifen, und daß diese Fähigkeit darin begründet ist, daß etwas Göttliches in ihm wohnt, bleibt auch für uns eine unverlierbare Einsicht und wird zu einer wesentlichen Hilfe bei der Aufgabe der Personwerdung, die jedem von uns gesetzt ist.

Ebenso fruchtbar erweist sich die Erkenntnis der alten Philosophen vom Menschen als einem politischen Lebewesen. Auch die moderne Anthropologie sieht in der sozialen Veranlagung einen Wesenszug des Menschen und hält daran fest, daß es ihm aufgetragen ist, die Triebe durch persönliche Entscheidung zu bändigen und sein Handeln an einem Reich der Werte zu orientieren, das von der Wissenschaft gestützt wird, seine letzte Begründung aber im Gewissen des Menschen hat. Allerdings kann es in der Gemeinschaftsordnung des modernen Menschen die Privilegien des antiken Stadtbürgers nicht mehr geben. Politische Mitbestimmung und Gleichheit der Chancen sind Grundrechte aller Menschen in der freiheitlichen Demokratie unserer Epoche geworden. Hier müssen wir die Antike bei ihrem höchsten Wort nehmen; was sie für den vollkommenen Bürger der Polis gefordert hat, dies gilt nun für den Menschen schlechthin: die Selbstvollendung durch Handeln im Staat der Gerechtigkeit.

Diese unsere Bestimmung führt uns dem Göttlichen zu, wie Platon sagt (Staat 507 E ff.): ‚Was Himmel und Erde, Götter und Menschen zusammenhält, ist Gemeinschaft und Freundschaft und Disziplin und Mäßigung und Gerechtigkeit, und eben deshalb nennt man das Ganze den Kosmos.‘ Die Welt als erkennbares Ordnungsgefüge, das Wirken des Menschen, sein sittliches Handeln als Annäherung an das Göttliche – diese Weisheit der Antike bleibt auch für uns gültig." [95] – Es ist wohl nicht zuviel behauptet, wenn man feststellt, daß in diesen Sätzen zugleich Joseph Vogts Selbstverständnis und seine Auffassung von der geschichtlichen Welt artikuliert wurden.

Vor allem in den fünfziger und sechziger Jahren wurde Vogt nicht müde, für die Sache der Universalgeschichte zu werben. Programmatischen Charakter besaß dabei wiederum der den „Tübinger Schülern ins Stammbuch" geschriebene Mainzer Vortrag ›Geschichte des Altertums und Universalgeschichte‹ [96]. Nach einer knappen Skizze der Entwicklung der Alten Geschichte in Deutschland wandte sich Vogt erneut gegen die Isolierung dieser Disziplin: „Die großen historischen Probleme, die zur Entscheidung drängen, erfordern ein weiteres Feld. Voran steht hier die Aufgabe, den Zusammenhang der Antike mit den ihr vorangehenden und ihr folgenden, mit den sie umschließenden und durchdringenden Kulturen des Orbis antiquus zu erforschen. Alle Triebkräfte, die auf die historische Erkenntnis einwirken, führen in diese Richtung. Es ist die Eigenart des antiken Geschichtsablaufs selbst, der auf Universalität angelegt ist und nur im Zusammenhang des Ganzen begriffen werden kann; es ist jene anhaltende archäologische Entdeckungsarbeit und Erweiterung unserer Quellen, die die Schranken zwischen der klassischen Antike und dem alten Orient ebenso zu Fall gebracht hat wie die Grenzen dieser Kulturvölker zu den Nomaden und Halbnomaden der Vorgeschichte; es ist schließlich das Verlangen unserer Generation nach einem historischen Kompaß, der entschiedene Wille, nach den politischen Katastrophen und den geistigen Zusammenbrüchen uns in einer die ganze Menschheit umfassenden geschichtlichen Welt neu zu orientieren. In dieser Situation erheben sich die Berührungen der antiken Kultur mit den benachbarten Kulturreichen als universalhistorische Probleme ersten Rangs" (21).

Von hier aus sollte eine direkte Linie zu dem „Kontakt-Prinzip" führen, das dann der Saeculum Weltgeschichte zugrunde gelegt wurde. Andere Linien mußten nach Vogts Vorstellungen zur vergleichenden Geschichte und zur Kulturanthropologie weisen,

[95] Saeculum Weltgeschichte. II. Freiburg 1966, 19f.

[96] Wiesbaden 1957. (Institut für Europäische Geschichte Mainz, Vorträge, Nr. 24.) Danach die Zitate – Abdruck in: Orbis. Freiburg 1960, 362–379.

damit zu Perspektiven, die von der Fachwissenschaft drei Jahrzehnte später wieder mit Nachdruck postuliert werden sollten.

Schon 1951 hatte Vogt eine Tübinger Dies-Vorlesung ›Moderne Deutungen der Weltgeschichte‹ gehalten, die dann zehn Jahre später unter dem Titel ›Wege zum historischen Universum. Von Ranke bis Toynbee‹ erschien.[97] In dem souveränen und informationsreichen Überblick zeichnete Vogt die universalen Dimensionen in den Werken der Geschichts- und Gesellschaftswissenschaften wie der Geschichtsphilosophie nach. In der langen Reihe der behandelten Autoren waren sehr persönliche Akzente gesetzt, Comte und Lamprecht, Rückert und Breysig auffallend positiv bewertet, eingehend Spengler und Toynbee besprochen, zuletzt erneut „Menschheitsgeschichte als Aufgabe“ formuliert.

Es ist bedauerlich, daß Vogt dies alles nicht weiterführen konnte. Es gelang ihm zwar, auf dem Duisburger Historikertag 1962 ein Kolloquium „Wege der Universalgeschichte“ zu organisieren[98] und auf dem Freiburger Historikertag von 1967 den Schwerpunkt „Möglichkeiten einer Weltgeschichte heute“[99] in imponierender Weise zu gestalten. Weitergehende Initiativen[100] scheiterten indessen. Vogt selbst wurde durch ein anderes Großprojekt in Anspruch genommen, ein Aufsatz „Universalgeschichte und Kirchengeschichte in unserer Zeit“[101] bereits zum Epilog seiner universalhistorischen Forschungen, die, aus dem Rückblick betrachtet, mit einer folgenschweren versäumten Chance der deutschen Geschichtswissenschaft identisch sind.

[97] Urban Bücher, 51. Stuttgart 1961 – Japanische Übersetzung: Tokio 1966.

[98] Saeculum 14, 1963, 41–59.

[99] Saeculum 19, 1968, 1f.

[100] Vergleiche Saeculum 14, 1963, 59: „Es ist zu hoffen, daß der Wissenschaftsrat, dem ich diesen praktischen Vorschlag (sc. der Ausbildung qualifizierter Historiker im Ausland) in Verbindung mit dem Plan eines Instituts für Universalgeschichte und vergleichende Kulturforschung unterbreitet habe, die Mitwirkung Deutschlands bei der Lösung dieser internationalen Aufgabe erreichen kann.“ – Bekanntlich hat diese Hoffnung getrogen.

[101] Theologische Quartalschrift 155, 1975, 175–186.

VI

Als Joseph Vogt im Jahre 1954 erstmals eine breitere Öffentlichkeit über jenes große, interdisziplinäre Forschungsvorhaben informierte, das er als Leiter der Kommission für Geschichte des Altertums der Akademie der Wissenschaften und der Literatur in Mainz initiiert hatte, ging er selbst von dem Spannungsverhältnis zwischen dem einsam forschenden Gelehrten und der Notwendigkeit „organisierter Gelehrtenarbeit“ in der Neuzeit aus, wobei Theodor Mommsen als exemplum für beides gewählt wurde.[102] Für die engeren Fachkollegen war es etwas überraschend, daß gerade Vogt ein solches Wagnis einging: Er galt nun einmal als typischer und durchaus erfolgreicher Einzelforscher. Sein erster Versuch, ein „Gemeinschaftswerk“ zu organisieren, hatte sich – gelinde gesagt – als sehr problematisch erwiesen. Vogt schien durch neue Themenkreise und Arbeitsschwerpunkte wie die konstantinische Epoche und die Universalgeschichte völlig in Beschlag genommen. Mit dem Bereich der antiken Sklaverei hatte er sich, wie schon erwähnt wurde, bisher lediglich beiläufig befaßt.[103]

Er selbst hat im Rückblick Voraussetzungen, Forschungsstand und Ziele der 1950 einsetzenden „Forschungen zur antiken Sklaverei“ wie folgt beschrieben: „Nachdem die antike Sklaverei in den demokratischen Ländern Europas und Amerikas immer noch nicht die gebührende Aufmerksamkeit gefunden hatte, kam alles darauf an, den gesamten Quellenbereich der Sklaverei bei Griechen und Römern zu erfassen und ohne jede Voreingenommenheit methodisch zu interpretieren. Auch wenn die Einrichtung der Sklaverei in der antiken Literatur nur selten als Rätsel angesprochen wird, so haben wir doch viele Nachrichten über den Hergang, wie die Schuldknechtschaft zur Unfreiheit führen konnte, wie Kriegsgefangene zu Sklaven wurden, wie Seeraub und Menschenhandel aufkamen, wie die fremden Völker, die sogenannten Barbaren, als naturgegebene Sklaven verstanden wurden.

Die Schriftsteller berichten darüber, wie der Haushalt in Stadt und Land Sklaven erforderte, und auch zahlreiche Inschriften und

[102] Die antike Sklaverei als Forschungsproblem, in: Akademie der Wissenschaften und der Literatur Mainz. Rundfunkvorträge 1954, 23.

[103] Siehe oben Anm. 50 und 51.

Papyri machen die Leistungen der Unfreien in der Landwirtschaft, im Handwerk und im Handel anschaulich. Im Theater der Griechen und Römer, in Tragödie und Komödie erscheinen die Sklaven in mannigfacher Verbundenheit mit den Freien; in Malerei und Plastik begegnen die Dienerfiguren und die exotischen Typen, die durch Kriegsgefangenschaft oder Menschenhandel in die zivilisierte Welt geraten sind. Redner und Dichter, Gesetzgeber und Rechtsgelehrte sprechen über die Arbeit der Sklaven, über Freilassung, Aufzucht von Sklavenkindern; ebenso hören wir über Sklavenflucht und Sklavenrebellion. Es gibt ein so reiches, so mannigfaltiges Quellenmaterial, daß es durchaus möglich ist, die Grundlagen dieser Institution, ihre Wirkungen und ihren historischen Standort zu erforschen." [104]

An anderer Stelle war die intendierte interdisziplinäre Zusammenarbeit der verschiedenen Spezialisten so skizziert worden: „Im Rahmen der verschiedenen Rechtsverhältnisse von Dienstbarkeit muß die Stellung des Sklaven in der Gesellschaft scharf umrissen werden, der Anteil der Sklaven am Produktionsprozeß muß für möglichst viele Wirtschaftszweige exakt festgestellt werden; die Mentalität der bürgerlichen Schichten, ihre Haltung gegenüber dem Arbeiter und gegenüber der Handarbeit, bedarf sorgfältiger Untersuchung. Alle Bereiche des griechisch-römischen Lebens können uns Auskunft geben über die Funktion der Sklaverei in der antiken Kultur; Philosophie, Dichtung und Religion nicht weniger als Staat und Gesellschaft. Historiker, Philologen und Archäologen können nur in Zusammenarbeit letzte Ergebnisse gewinnen. Die Rechtsgeschichte ist ebenso an dieser Forschung interessiert wie die Soziologie und die Anthropologie." [105]

Vogts Ausgangsbild der Sklaverei im klassischen Griechenland, mit dem er neben anderen Ansätzen sein Projekt begründete, war gewiß nicht unkritisch. In einem Bereich schien ihm der vorläufige Befund freilich eine positivere Wertung zu erlauben: „Wenn es in der klassischen Zeit der Griechen eine Sphäre gab, in der die menschliche Würde des Sklaven heilig galt, dann war es die Reli-

[104] Forschungen zur antiken Sklaverei, in: Sklaverei und Humanität. Ergänzungsheft zur 2. Auflage. Wiesbaden 1983 (Historia Einzelschriften, 44), 2f.

[105] A. O. (Anm. 102), 25.

gion. Es fehlte nicht an Götterdiensten und Kultgemeinschaften, zu denen die Sklaven zugelassen waren. Wo Menschensatzung die Klassen schied, konnte doch die Gottheit auch einen Sklaven ergreifen. Von der Prophetin Kassandra, der Kriegsgefangenen und Sklavin, sagt der Dichter: ‚Auch im Sklavenherzen bleibt die Gotteskraft.' Aus alten religiösen Überlieferungen ist es wohl herzuleiten, wenn der Berufsstand der Ärzte sich gegenüber den Sklaven nahezu die gleiche Verpflichtung auferlegte wie gegenüber den Freien.

Ein Kern, ein fast verborgener Kern war also doch vorhanden, aus dem sich nach der Verwandlung der hellenischen Welt durch das Reich des großen Alexander und durch die stoische Philosophie die Idee der Humanität entfalten konnte. Es war ein weiter Weg, bis einmal ein Herr der antiken Gesellschaft von seinem Negersklaven sagen konnte, seine Haut sei durch die Sonnenstrahlen dunkel, aber seine Seele blühe weiß. Diesen Weg durch die Jahrhunderte aufzuzeigen, ist das letzte, doch höchste Ziel unserer Forschung." [106]

Wie Vogts eigene Berichte im Jahrbuch der Mainzer Akademie der Wissenschaften und der Literatur seit 1950 erkennen lassen, gewann die Unternehmung nur langsam Gestalt. Doch Jahr für Jahr wuchs der Kreis der qualifizierten Mitarbeiter, und nach der Überwindung der Anfangsschwierigkeiten erschienen dann auch die ersten Publikationen dieser Unternehmung, in den Jahren 1953–1964 zunächst innerhalb der Abhandlungen der Geistes- und Sozialwissenschaftlichen Klasse der Akademie, seit 1967 dann in einer eigenen Reihe, den ›Forschungen zur antiken Sklaverei‹. Diese wurde 1967 bis 1977 von Joseph Vogt zusammen mit Hans Ulrich Instinsky [107] ediert, von 1978 bis 1986 von Vogt zusammen mit Heinz Bellen, Vogts Nachfolger im Vorsitz der Kommission für Geschichte des Altertums, seit 1986 wird die Reihe von Heinz Bellen allein verantwortlich betreut. Im Jahre 1988 waren bereits 21 größere Monographien in dieser Serie erschienen, zum Teil schon in zweiter Auflage. Insgesamt gesehen war dieses Projekt damit jedenfalls zur größten und erfolgreichsten interdisziplinären Unternehmung innerhalb der deutschen Altertumswissenschaft nach dem II. Weltkriege geworden.

[106] A. O. (Anm. 102), 28f.

[107] Siehe Vogts Nachruf: Akademie der Wissenschaften und der Literatur Mainz. Jahrbuch 1973, 77–79.

Vogts persönliche Leistung in diesem Bereich beschränkte sich nun nicht etwa auf Organisation und Moderation; er hat sich rund dreißig Jahre lang unermüdlich selbst in diesem Forschungsprozeß engagiert und dabei beachtliche Resultate erzielt. Einen ersten Schwerpunkt markiert dabei die für Vogts Sicht grundlegende Dialektik zwischen ›Sklaverei und Humanität im klassischen Griechentum‹[108]. (Es ist bezeichnend, daß Vogt diesen Titel dann später auch für die Sammlungen seiner einschlägigen Untersuchungen ausweitete.[109])

Schon Vogts erste Studie, zugleich die erste Publikation der Unternehmung überhaupt, zeigt die für das ganze Projekt bis heute charakteristische Priorität streng geisteswissenschaftlicher Methoden. Mit exakten philologischen Analysen der Sklavenbilder bei Aristophanes, den Sophisten und Euripides setzte Vogt ein, um auf dieser Grundlage das Sklavenbild der griechischen Klassik konkret zu vermitteln. Seine Schlußbilanz war dabei alles andere als einseitig, obwohl Vogt stets an seinem idealistischen Griechenbild festhielt: „Wenn wir so die Grenzen der Humanität des klassischen Griechentums zum Bewußtsein bringen, so tun wir es, ohne die Hellenen für ihre Handhabung und Beurteilung der Sklaverei herabzusetzen oder zu entschuldigen. Wer der Meinung ist, daß die Sklaverei etwas ganz Natürliches darstelle, mag die Griechen dafür bewundern, daß sie ihre Knechte im Ganzen so großzügig behandelt und überhaupt Zweifel an der Rechtmäßigkeit der Institution vorgebracht haben. Wer andere Hochkulturen zum Vergleich heranzieht, wer den mühseligen Weg der Abschaffung der Sklaverei in der durch Christentum und Aufklärung geprägten europäischen Zivilisation betrachtet, wird für die griechische Lösung Verständnis gewinnen. Wenn die Staaten der Gegenwart sich in der verheißungsvollen Erklärung der Menschenrechte zusammengefunden haben, so bleibt zu bedenken, daß in den Industrieländern heute jeder

[108] Erstpublikation: AdW. Mainz, Abh. der Geistes- und Sozialwiss. Kl. 1953, 4. Neubearbeitung in: Sklaverei und Humanität. Wiesbaden 1965 (Historia Einzelschriften, 8), 1–19.

[109] J. Vogt, Sklaverei und Humanität. Studien zur antiken Sklaverei und ihrer Erforschung. Wiesbaden 1965 (wie Anm. 108). 2., erweiterte Auflage. Wiesbaden 1972. – Ergänzungsheft zur 2. erweiterten Auflage. Wiesbaden 1983 (Historia Einzelschriften, 44) – Englische Edition: Ancient Slavery and the Ideal of Man. Übersetzt von Th. Wiedemann. Oxford 1974.

schaffende Mensch über Maschinen, und das heißt über 14–42 unsichtbare technische Sklaven verfügt.

Hier geht es nur darum, die Eigenart der Griechen unverfälscht zu erkennen. In der hellenischen Sklaverei wirkt jene Vitalität, die ein volles, starkes Leben auch auf Kosten anderer verlangt, und jene Geistigkeit, die die Macht nicht als wilde Kraftentladung, sondern als rationales Ordnungsvermögen verstand. Der elementare Lebensdrang und die Hingabe an die geistige Schau hatten beide die Sklaverei als Postulat. Im Vollgefühl des philosophischen Herrschens konnte selbst der Platonschüler Herakleides Pontikos sagen: ‚Genießen und Wohlleben ist Sache der Freien, denn dies erhebt und steigert die Seelen. Schuften dagegen ist Sache der Sklaven und kleinen Leute, daher verkümmern diese auch in ihrer Natur.' Diese hellenischen Grundkräfte haben der Armut des Landes, der Ungunst des Klimas, dem Widerstand einer feindlichen Welt das Wunderwerk der Polis und ihrer Kultur abgetrotzt. Zu den Opfern, die die Griechen auf diesem ihren Weg zu bringen hatten, gehört die Sklaverei und der mit ihr verbundene Verlust an Humanität.“ [110]

Der hier zum Ausdruck kommenden Grundlinie der Bewertung und dem sich hier abzeichnenden Forschungsinteresse ist Vogt auch später treu geblieben. Seine sehr persönliche Tübinger Rektoratsrede von 1958 über ›Wege zur Menschlichkeit in der antiken Sklaverei‹ [111] wollte an besonderen Gruppen aus dem Bereich der Sklaven, wie Ammen, Pädagogen, Ärzten, Ansätze zu einer „Menschlichkeit wider Willen“ dokumentieren; ein Aufsatz über „Sklaventreue“ [112] schlug den Bogen von den Beispielen der fides servorum in den römischen Bürgerkriegen und während der Proskriptionen zu den Sklavengleichnissen des Neuen Testamentes. An anderer Stelle wurde schließlich der sterbende Gladiator als „Vorbild menschlicher Vollendung“ [113] gefeiert.

Ein zweiter Schwerpunkt von Vogts eigenen Studien zur antiken

[110] A. O. (Anm. 108), 19.

[111] In: Reden bei der feierlichen Übergabe des Rektorates zu Beginn des Sommersemesters am 9. Mai 1958 (Universität Tübingen, 47). Tübingen 1958, 19–38 = Sklaverei und Humanität. Wiesbaden 1965, 69–82.

[112] Sklaverei und Humanität, 83–96.

[113] Der sterbende Sklave: Vorbild menschlicher Vollendung, in: Ergänzungsheft (siehe Anm. 109), 6–16 (zuerst in italienischer Übersetzung von U. Vogt in: Studi Romani 20, 1972, 317–328).

Sklaverei lag im wissenschaftsgeschichtlichen Bereich sowie in den Bestandsaufnahmen der modernen Forschungen. Schon zu seiner eigenen Information, erst recht zur Einordnung des Mainzer Projekts in größere Zusammenhänge erarbeitete er immer wieder Übersichten über die Beurteilung der antiken Sklaverei, sei es bei den Humanisten, sei es im 19. und 20. Jahrhundert.[114] Hand in Hand damit ging die Vorlage von Forschungsberichten und die Mitwirkung an den für das Unternehmen selbst wie für alle Mitforschenden grundlegenden Bibliographien.[115] Freilich ist diese wissenschaftsgeschichtliche Dimension insgesamt auch von anderer Seite her bisher nicht umfassend und ausführlich bewältigt worden.[116] Es zeigt sich vielmehr einmal mehr, an wie vielen Stellen Vogt Pionierarbeit zu leisten hatte.

Bei seinem dritten Schwerpunkt war dies freilich nicht der Fall. Mit Sklavenerhebungen und Sklavenkriegen, wie zum Beispiel dem Spartacusaufstand, hatte sich die Forschung in Ost wie in West seit langem beschäftigt. Allein Vogts methodischer Ansatz in der erstmals 1957 erschienenen Studie ›Struktur der antiken Sklavenkriege‹[117] war neu. In einer vergleichenden Analyse wurden dort die großen Sklavenaufstände der Jahrzehnte zwischen 140 und 70 v. Chr. näher untersucht, vor allem die Sizilischen Sklavenkriege, der Aristonikosaufstand und der Spartacusaufstand. Um „Ursachen und Anlässe, Massenerregungen und Staatsaktionen, Religiöse und nationale Motive, Kriegshandlungen und Räuberstücke“ ist es Vogt

[114] Die antike Sklaverei als Forschungsproblem von Humboldt bis heute, Gymnasium 69, 1962, 264–278. Neubearbeitung in: Sklaverei und Humanität. Wiesbaden 1965, 97–111; Die Humanisten und die Sklaverei, in: Sklaverei und Humanität. Wiesbaden 1965, 112–129.

[115] La schiavitù nella storiografia moderna, Quaderni Urbinati 18, 1974, 7–21; J. Vogt und H. Bellen (Hrsg.), Bibliographie zur antiken Sklaverei. Neu bearbeitet von E. Herrmann. 2 Teile. Bochum 1983. – Vergleiche auch H. Schulz-Falkenthal u. a., Sklaverei in der griechisch-römischen Antike. Eine Bibliographie wissenschaftlicher Literatur vom ausgehenden 15. Jahrhundert bis zur Mitte des 19. Jahrhunderts. Halle 1985.

[116] Dies gilt auch für M. I. Finley, Die Sklaverei in der Antike. München 1981.

[117] AdW. Mainz, Abh. Geistes- und Sozialwiss. Kl. 1957, 1 – Neubearbeitung in: Sklaverei und Humanität. Wiesbaden 1965, 20–60. Danach wird hier zitiert.

dabei vor allem gegangen, nicht zuletzt um das Problem des inneren Zusammenhangs dieser Erhebungen, um die Frage „Proletarische Weltbewegung?". Da er alle wesentlichen Aspekte der Sklavenkriege auf Grund erneuter Durchmusterung der antiken Quellen sehr stark differenzierend untersucht hatte, überraschte es Vogt „in höchstem Grade, wie leichthin ein Teil der modernen Forschung diese Bewegungen auf den einheitlichen Nenner eines antiken Sozialismus und Kommunismus hat bringen wollen" (53).[118] Auch später ließen diese Fragen Vogt nicht los; er hat sie für Aristonikos ebenso vertieft wie für Drimakos.[119]

Aus dem weiten Kreis der sonstigen Spezialuntersuchungen Vogts zu den Sklaventhemen[120] hebt sich seit dem Ende der sechziger Jahre eine kleine Gruppe von Arbeiten ab, die die Verbindung mit den Vorstellungen des frühen Christentums herstellt. Sie beginnt mit der Studie ›Ecce ancilla Domini‹[121], die vom Begriff der „Sklavin des Herrn" ausging und zu jenem des „Sklaven Gottes" überleitete. Die Reihe wurde fortgesetzt mit dem kleinen Aufsatz ›Crucifixus etiam pro nobis‹[122], der an den Zusammenhang zwischen dem üblichen Kreuzestod der Sklaven und dem Kreuzestod Christi erinnerte und ergänzt durch die Bemerkungen zum Forschungsstand über ›Die Sklaven und die unteren Schichten im frü-

[118] Vergleiche auch a. O., 54: „Die sowjetische Geschichtswissenschaft, die die sozialen Bewegungen der Antike in den Vordergrund ihrer Arbeiten gerückt hat, wird in exakter Befragung unserer Quellen der Eigenart der Sklavenaufstände weit mehr gerecht als die kombinationsfreudige Historie, die gelegentlich bei uns gedeiht."

[119] Pergamon und Aristonikos, Atti del terzo congresso internazionale di epigrafia greca e romana. Rom 1959, 45–54. Neubearbeitung in: Sklaverei und Humanität. Wiesbaden 1965, 61–68. Experiment des Drimakos: Sklavenhaltung und Räuberstand, Saeculum 24, 1973, 213–219 = Ergänzungsheft (siehe Anm. 109), 28–35.

[120] Hervorgehoben seien lediglich: Die Sklaverei im utopischen Denken der Griechen, Rivista Storica dell' Antichità 1, 1971, 19–32; Alphabet für Freie und Sklaven, Rheinisches Museum für Philologie 116, 1973, 129–142; Nachdruck in: Ergänzungsheft, 17–27; Nomenclator, Gymnasium 85, 1978, 327–338 = Ergänzungsheft, 36–45.

[121] Vigiliae Christianae 23, 1969, 241–263.

[122] Internationale Katholische Zeitschrift 2, 1973, 186–191 = Ergänzungsheft, 72–78.

hen Christentum‹[123]. Mit all dem hatte Vogt zugleich eine Brücke geschlagen zu jenen ethischen, moralischen und religiösen Problemen, die ihn mit zunehmendem Alter immer stärker beschäftigten.

Die eigenen Studien bildeten indessen nur einen kleinen Teil der Anstrengungen, die Vogt für das Projekt insgesamt unternahm. Für die Abhandlungen und die Monographien, in denen sich die Forschungen der Mitarbeiter niederschlugen, hat er oft genug nicht nur die Themen vorgeschlagen, sondern stets auch die Publikationen selbst mit großer Akribie betreut. Mit Genugtuung konnte er dabei auf den weiten Radius und auf die Vielfalt dieser Monographien blicken, in denen fast immer echte Erkenntnisfortschritte von bleibendem Wert erzielt wurden. Sie behandelten die Unfreiheit im Zeitalter der homerischen Epen[124] wie die Sklaverei im oikonomischen und politischen Schrifttum der Griechen in klassischer Zeit,[125] die Bergwerkssklaven von Laureion[126] wie die Massenversklavungen der Einwohner eroberter Städte in der hellenistisch-römischen Zeit,[127] die Religion der Sklaven in Griechenland und Rom[128] wie die Unfreien im antiken Kriegsdienst[129].

In durchaus verschiedenen Perspektiven wurden daneben Probleme der Terminologie und der Nomenklatur der Sklaven und der Sklavenerhebungen untersucht,[130] aber auch Studien zu den Skla-

[123] Gymnasium 87, 1980, 436–446 = Ergänzungsheft, 63–71. Siehe auch den Aufsatz: Der Vorwurf der sozialen Niedrigkeit des frühen Christentums, Gymnasium 82, 1975, 401–411 = Ergänzungsheft, 54–62.

[124] G. Wickert-Micknat, Unfreiheit im Zeitalter der homerischen Epen. 1983 (Forschungen zur antiken Sklaverei – künftig abgekürzt: Forschungen . . ., 16).

[125] H. Klees, Herren und Sklaven. 1975 (Forschungen, 6).

[126] S. Lauffer, Die Bergwerkssklaven von Laureion. ^{2}1979 (Forschungen, 11).

[127] H. Volkmann, Die Massenversklavungen der Einwohner eroberter Städte in der hellenistisch-römischen Zeit. Abh. AdW. Mainz 1961, 3.

[128] Fr. Bömer, Untersuchungen über die Religion der Sklaven in Griechenland und Rom. 4 Teile. Abh. AdW. Mainz 1957, 7; 2. Aufl. 1981 (Forschungen, 14); Abh. AdW. Mainz 1960, 1; 1961, 4; 1963, 10.

[129] K.-W. Welwei, Unfreie im antiken Kriegsdienst. 3 Teile. 1974; 1977; 1988 (Forschungen 5, 8, 21).

[130] Fr. Gschnitzer, Studien zur griechischen Terminologie der Sklaverei. 1. Abh. AdW. Mainz 1963, 13; 2. 1976 (Forschungen, 7); H. Chantraine, Freigelassene und Sklaven im Dienst der römischen Kaiser. Studien zu ihrer

venfiguren des Plautus und Terenz vorgelegt.[131] In anderen Arbeiten wurden die verschiedenen Tätigkeitsfelder und Funktionen der Sklaven in der griechisch-römischen Welt beleuchtet, sei es im Felde der Medizin[132], der Bildung[133], öffentlicher Dienste[134] oder der Sigillataproduktion[135]. Doch auch die Zusammenhänge zwischen Sklavenarbeit und technischem Fortchritt[136], das Phänomen der Sklavenflucht[137] und die Probleme um Sklavenverhör und Sklavenanzeige[138] wurden untersucht – um nur die größeren Studien zu nennen, die unter Vogts Leitung entstanden. Dazu kamen nun weitere Akademieabhandlungen und Dissertationen[139], die er betreut hatte, vor allem jedoch die von ihm mitherausgegebene Reihe der ›Übersetzungen ausländischer Arbeiten zur antiken Sklaverei‹, durch die insbesondere Forschungen sowjetrussischer Gelehrter im Westen zugänglich wurden.[140]

Nomenklatur. 1967 (Forschungen, 1); W. Hoben, Terminologische Studien zu den Sklavenerhebungen der römischen Republik. 1978 (Forschungen, 9).

[131] P. Spranger, Historische Untersuchungen zu den Sklavenfiguren des Plautus und Terenz. ^{2}1984 (Forschungen, 17).

[132] F. Kudlien, Die Sklaven in der griechischen Medizin der klassischen und hellenistischen Zeit. 1968 (Forschungen, 2); Ders., Die Stellung des Arztes in der römischen Gesellschaft. 1986 (Forschungen, 18).

[133] J. Christes, Sklaven und Freigelassene als Grammatiker und Philologen im antiken Rom. 1979 (Forschungen, 10).

[134] W. Eder, Servitus publica. Untersuchungen zur Entstehung, Entwicklung und Funktion der öffentlichen Sklaverei in Rom. 1981 (Forschungen, 13).

[135] G. Prachner, Die Sklaven und Freigelassenen im arretinischen Sigillatagewerbe. 1980 (Forschungen, 12).

[136] Fr. Kiechle, Sklavenarbeit und technischer Fortschritt im römischen Reich. 1969 (Forschungen, 3).

[137] H. Bellen, Studien zur Sklavenflucht im römischen Kaiserreich. 1971 (Forschungen, 4).

[138] L. Schumacher, Servus Index. 1983 (Forschungen, 15).

[139] W. Beringer, Studien zum Bild vom unfreien Menschen in der griechischen Literatur von den Anfängen bis zum Ende des klassischen Dramas. Maschschr. Diss. Tübingen 1956; R. Benz, Unfreie Menschen als Musiker und Schauspieler in der römischen Welt. Maschschr. Diss. Tübingen 1961; M. Zeller, Die Rolle der unfreien Bevölkerung Roms in den politischen Kämpfen der Bürgerkriege. Maschschr. Diss. Tübingen 1962.

[140] Unter Vogts Leitung erschienen die folgenden Bände:

Vogts jährliche Bilanzen[141] über den Fortgang der Unternehmung dokumentieren, daß nicht alle Arbeitsaufträge eingelöst oder in einer Vogt befriedigenden Weise ausgeführt worden sind. Einzelne Themen, an denen ihm persönlich viel lag, sind auch bis heute noch nicht realisiert worden. Doch verglichen mit anderen deutschen Unternehmungen im Bereich der Großforschung der Altertumswissenschaften schneiden die Forschungen zur antiken Sklaverei glänzend ab. Sie haben einen wahren Schub von neuen Impulsen zur Erhellung dieses weiten wissenschaftlichen Arbeitsfeldes ausgelöst.

Vogt hat nie geleugnet, daß diese Unternehmung von Anfang an mit marxistischen Studien zu konkurrieren hatte, aber es ging ihm um die Sache und nicht primär um Ideologie.[142] Echte wissenschaftliche Leistungen der marxistischen Forschung hat er durchaus anerkannt und deren Vermittlung ermöglicht. Allerdings hat er nie eine Theoriedebatte geführt; für Fragestellungen wie diejenige, ob die antike Gesellschaft als Sklavenhalter- oder Sklavereigesellschaft zu benennen sei, hatte er kein Verständnis. Man mag mit Moses Finley beklagen, daß soziologische Aspekte und wirtschaftsgeschichtliche Probleme bisher nur zum Teil berücksichtigt wurden und daß die genuin geisteswissenschaftlichen Methoden dominieren, die bleibenden Resultate dieser Initiative haben zu Recht die verdiente internationale Anerkennung gefunden.

VII

Selbst im letzten Lebensjahrzehnt Joseph Vogts rissen seine Bemühungen auf den alten Forschungsfeldern nicht ab. Noch immer

1. J. A. Lencman, Die Sklaverei im mykenischen und homerischen Griechenland. 1966;
2. E. M. Staerman, Die Blütezeit der Sklavenwirtschaft in der römischen Republik. 1969.
3. T. V. Blavatskaja – E. S. Golubcova – A. I. Pavlovskaja, Die Sklaverei in hellenistischen Staaten im 3.–1. Jh. v. Chr. 1972.

[141] Jahrbuch der Akademie der Wissenschaften und der Literatur Mainz. 1950 ff.

[142] Vergleiche unten S. 328 ff.

beschäftigte er sich mit den Fragen der Sklaverei[143], Einzelproblemen der Römischen Republik[144], ethischen Themen[145], Gestalten und Werken des frühen Christentums[146] wie der Spätantike[147]. Aus dem zuletzt genannten Bereich hebt sich dabei insbesondere Vogts ›Begegnung mit Synesios, dem Philosophen, Priester und Feldherrn‹[148] ab, jene Sammlung von Übersetzungen einzelner Synesios-Briefe, die noch der Neunzigjährige herausgeben konnte.

Diese Begegnung mit Synesios hat Vogt selbst sehr viel bedeutet; sie besaß geradezu eine existentielle Dimension. „In seinen späten Jahren mag der Historiker sich Erscheinungen und Gestalten zuwenden, die ihn tief innerlich ansprechen; da erregen ihn die Sklavenaufstände mehr als die Punischen Kriege, Synesios kommt ihm näher als Konstantin. Ein besonderer Reiz ist es auch, literarische Zeugnisse der Griechen und Römer in unser Deutsch zu übertragen. Übersetzen als ein Hinhören auf den andern, den wir verehren, als ein Wiedergeben seiner einzigartigen Aussage, als ein Versuch eine geistige Welt neu erstehen zu lassen . . . Ich kann es nicht wagen, Platon zu übersetzen, aber von dem Neuplatoniker Synesios habe ich mir die Briefe vorgenommen, für die es noch keine deutsche Übersetzung gibt“ (48).

Vogt begründete die Wahl gerade dieses Autors so: „Auch andere Autoren der griechischen und römischen Welt können uns An-

[143] Vergleiche die in das Ergänzungsheft zur 2. Auflage von Sklaverei und Humanität. Wiesbaden 1983 aufgenommenen Studien.

[144] Reichsbildung und Sprachgemeinschaft in der römischen Republik, Saeculum 26, 1975, 1–12; Kolonie, Kolonisation, Dekolonisation – Umriß einer Fragestellung, Saeculum 30, 1979, 240–250.

[145] Von der Ethik zur Ethologie, Gymnasium 82, 1975, 331–338; Geschichtswissenschaft und ethische Werte, in: K. Ulmer (Hrsg.), Die Verantwortung der Wissenschaft. Bonn 1975, 122–136; Euthanasia – antik und modern, Saeculum 33, 1982, 69–73.

[146] Der Apostel Paulus als römischer Bürger, Universitas 36, 1981, 145–152; Schöpfung und Erlösung: recapitulatio. Zur Geschichtstheologie des Irenäus von Lyon, Saeculum 35, 1984, 222–224.

[147] Die kaiserliche Politik und die christliche Mission im 4. und 5. Jahrhundert, in: Kirchengeschichte als Missionsgeschichte. I. Hrsg. von H. Frohnes und U. W. Knorr. 1974, 166–188; Der Lebensbericht des Paulinus von Pella, in: Studien zur antiken Sozialgeschichte. Festschrift für Fr. Vittinghoff. Köln 1980, 527–572.

[148] Darmstadt 1985. Danach wird unten zitiert.

regung geben zur Selbstprüfung. Bei Synesios aber werden wir vor die Wahl gestellt, sein Vorbild nachzuahmen oder ihn selbst abzuweisen. Seine Menschlichkeit ist so groß, daß sie jeden, der ihm begegnet, zur Entscheidung drängt" (1).

Gerade Vogts Spätwerk ist bezeichnend für die Passion, mit der er seine wissenschaftlichen Studien betrieb, für seinen unermüdlichen Fleiß und seine an Askese grenzende Selbstdisziplin.[149] Noch in hohem Greisenalter waren Tag und Teile der Nacht ausgefüllt durch Lektüre, Korrekturen und das Erstellen von nun freilich meist kürzeren Texten. Doch so erhielt er sich auch die bewundernswürdige geistige Präsenz und die Spannkraft, die ihm länger als vielen anderen geschenkt waren. Vogt war ein geradezu unersättlicher Rezipient der internationalen wissenschaftlichen und literarischen Produktion nicht nur der eigenen Disziplin, gewiß einer der eifrigsten Benutzer der Tübinger Universitätsbibliothek.

Doch zugleich war Vogt ein vorbildlicher Korrektor aller Manuskripte und Schriften, mit denen er sich zu befassen hatte, mochte es sich um Seminararbeiten, Dissertationen, Beiträge für die von ihm zu betreuenden Zeitschriften oder erst recht um die mannigfaltige Produktion der Mitarbeiter der Forschungen zur antiken Sklaverei handeln. Sein Einsatz und seine Akribie waren stets beeindruckend.

Nicht weniger imponierte Vogt als akademischer Lehrer. Seine Vorlesungen, die noch das Gesamtgebiet der Alten Geschichte vom Alten Orient bis zur Spätantike umfaßten, wirkten nicht zuletzt durch ihren hohen Informationswert. Sie ließen die intensive Vorbereitung ebenso erkennen wie die Bemühung um didaktische Effizienz, die selbständige Durchdringung des Stoffes wie die Identifikation mit der Sache. Mochten Vogt Pathos und rhetorischer Glanz anderer Vermittler fehlen, die Hörer schätzten die Gediegenheit des Inhalts nicht weniger als die gepflegte sprachliche Form. Unter den Tübinger Historikern und Altertumswissenschaftlern hatte Vogt lange Jahre das größte Auditorium.

Vogts Seminare und Übungen waren stets vorzüglich vorbereitet, anspruchsvoll, aber auch lebendig. Es ist kein Zufall, daß er deshalb immer wieder besonders qualifizierte Studenten in seinen Bann

[149] In den folgenden Abschnitten über Vogts Persönlichkeit stütze ich mich auf die in Anm. 3. genannten Beiträge und Nachrufe.

zog. Die fünf Habilitationen und die 39 Promotionen, die er betreute, sprechen für sich selbst.[150]

Vogts ungewöhnliche Ausstrahlung war dabei deswegen so erstaunlich, weil er persönlich stets zurückgenommen, temperiert und nicht selten stilisiert wirkte. Auch diejenigen, die ihm näherstanden, erhielten kaum je Einblick in die Gefühlswelt und in die persönlichen Überzeugungen des Menschen Joseph Vogt. Vitalität, Dynamik, Spontaneität und Offenheit fehlten ihm; er bemühte sich um ein peinlich korrektes, aufmerksames und sehr höfliches Verhalten gegenüber seinen Gesprächspartnern. Zudem war Vogt kein Kämpfer; er wurde nie laut, suchte stets den Ausgleich und den Kompromiß. Das Durchsetzungsvermögen erfolgreicher Verbandspräsidenten ging ihm ebenso ab wie das Managertum moderner Großordinarien oder die Selbstdarstellungskunst der Medienprofessoren. Vogt wirkte im Gegenteil schlicht und unauffällig; er war kein Mann des Apparats, sondern erledigte alle wesentlichen Schritte seiner Arbeiten auch persönlich.

So geschlossen Vogts Persönlichkeit auf den ersten Blick wirkte, sie wurde durch starke Gegensätze angetrieben. Dieser Gelehrte alten Stils, ein moderner Hieronymus im Gehäus, drängte gleichwohl nach bestimmendem Einfluß in akademischen wie fachlichen Gremien. Der so tief in seiner Heimat wie in seiner ganz konkreten Spezialforschung verwurzelte Mann bekannte sich gleichwohl zur Universalgeschichte weitester Dimensionen. Noch zuletzt suchte er die Rätsel menschlicher Evolution und Zukunft ebenso zu ergründen wie das Wirken Gottes in der Geschichte. Wie es Vogts Schüler Franz Georg Maier gültig formuliert hat, beruhten Vogts „Wirkung auf den engeren Schülerkreis und auf Generationen von Studenten genau so wie sein internationales Ansehen . . . zuerst und zuletzt darauf, daß er Gelehrter im besten Sinne dieses Wortes war – bis zum Lebensende bestimmt vom Drang zur Erkenntnis der Vergangenheit als Mittel zum Verständnis der Gegenwart“ [151].

[150] Ein Verzeichnis wurde Vogt als Privatdruck zu seinem 70. Geburtstag am 23. 6. 1965 überreicht.

[151] Neue Zürcher Zeitung 19./20. 7. 1986, Nr. 165, S. 33.

4

HELMUT BERVE
(1896–1979)

I

Der am 22. 1. 1896 in Breslau geborene Helmut Berve entstammte einem großbürgerlichen Elternhaus.[1] Sein Vater Emil Berve, dessen Andenken er später sein erstes Hauptwerk widmen sollte, war aus Westfalen nach Schlesien gekommen, hatte dort eine Reihe einflußreicher Stellungen im Bergbau bekleidet und schließlich eine Privatbank geleitet. In Breslau besuchte Helmut Berve das Elisabethgymnasium, meldete sich nach Ausbruch des I. Weltkrieges als Kriegsfreiwilliger, wurde indessen nach einer schweren Erkrankung 1916 aus der Armee entlassen. Er begann ein Studium der Geschichte und der Klassischen Philologie, der Archäologie und der Kunstgeschichte in Breslau, wo er zwischen 1917 und 1919 auch im Rahmen des zivilen Hilfsdienstes als Hilfslehrer am Friedrichs-Gymnasium tätig war.

Schon in Breslau begegnete Berve jenem Hochschullehrer, der auf ihn den größten Einfluß ausüben, ihn besonders fördern, zugleich aber auch zum konzeptionellen Widerspruch provozieren sollte, Walter Otto[2], der 1918 auf den Münchner Lehrstuhl berufen wurde. Berve folgte seinem Mentor dorthin erst einige Zeit später nach. Vorübergehend studierte er in Marburg und Freiburg, wo Ernst Fabricius starken Eindruck auf ihn machte. 1921 legte er in Karlsruhe ein philologisches Staatsexamen ab und wurde im gleichen Jahre in München promoviert. Es folgte ein weiteres Studiensemester

[1] Die Angaben zur Person fußen vor allem auf den Nachrufen von A. Heuß, Historische Zeitschrift 230, 1980, 779–787; Fr. Hampl, Gnomon 51, 1979, 413–415; H. Bellen, Jahrbuch 1979 der Akademie der Wissenschaften und der Literatur Mainz, 80–82; H. Bengtson, Jahrbuch der Bayerischen Akademie der Wissenschaften 1979, 251–256.

[2] Zu W. Otto siehe H. Bengtson, Kleine Schriften zur Alten Geschichte. München 1974, 599–618 und A. E. Breccia, Uomini e Libri. Pisa 1959, 265–291.

in Berlin, wo Berve in Eduard Meyer und Ulrich von Wilamowitz-Moellendorff noch die führenden Repräsentanten der Alten Geschichte und der Klassischen Philologie des wilhelminischen Deutschlands persönlich erlebte.

Wie in der Zeit nach dem I. Weltkrieg durchaus üblich, waren die Dissertation und die drei Jahre später vorgelegte Habilitationsschrift Teile eines größeren Forschungsvorhabens. Bei Berve ließ bereits die gedruckte Zusammenfassung der Dissertation[3] aufhorchen: Sie setzte mit dem Hinweis darauf ein, daß die Arbeit „einen Teil einer in Angriff genommenen Gesamtprosopographie des Alexanderreiches (bildet). In einem einleitenden Teil werden im allgemeinen die einzelnen Gruppen der Lehrer, Seher, Philosophen, Schriftsteller usw. in ihren Beziehungen zum Könige auf Grund des in dem nachfolgenden prosopographischen Teile verarbeiteten Materials behandelt, wobei zugleich versucht wird, in dem gegebenen Rahmen ein Bild des geistigen Lebens zu Alexanders Zeit, soweit es zum Könige in irgendeiner Beziehung steht, zu zeichnen" (1). Der Skizze dieser Zusammenhänge folgte die Inhaltsangabe der zweiten Hälfte der Arbeit, einer Partie „rein prosopographischer Art", die aus rund 150 Artikeln bestand, „in denen sämtliche antike Angaben über die betreffenden Männer sowie die einschlägige moderne Literatur nach Möglichkeit verarbeitet sind" (4).

Schon diese Ouvertüre von Berves wissenschaftlicher Produktion dokumentiert das ungewöhnliche Niveau einer durch viele Jahre mit denkbar größter Energie und Konsequenz vorbereiteten intellektuellen Leistung. Für eine Erstlingsarbeit konnte sich ein derart anspruchsvolles Thema kaum eignen, doch die Tatsache, daß Walter Otto seinem Schüler die Bewältigung zutraute, zeigt zugleich das besondere Vertrauen, das er in ihn setzte. Die Dissertation, die auch die Bereiche der Philosophie und der Kunst souverän miteinbezog, dokumentiert denn auch ganz außerordentliche Kenntnisse. Vor allem aber beschränkten sich diese primitiae nicht nur auf die Klärung rein prosopographischer Probleme, wie ihr Titel vermuten lassen könnte, sondern sie boten zugleich auch eine kritische Aus-

[3] Ludwig-Maximilians-Universität München. Philosophische Fakultät I. Sektion. Auszug aus der Dissertation: Prosopographie des Alexanderreiches (Lehrer, Seher, Philosophen, Schriftsteller, Künstler, Ärzte usw.) von Helmut Berve. Referent: Prof. Dr. Walter Otto. – 4 S.

wertung und Interpretation des in gediegener und zuverlässiger Weise geklärten Befundes. Sie verbanden mit anderen Worten eine exakte wissenschaftliche Grundlegung mit durchaus persönlichen, eindrucksvollen und fast stets überzeugenden Wertungen.

Erst recht galt dies für die dann 1926 erschienene, zweibändige Habilitationsschrift ›Das Alexanderreich auf prosopographischer Grundlage‹. Dieses insgesamt über achthundert Seiten im Handbuchformat umfassende Werk fußt auf den im zweiten Band vorgelegten, sorgfältig bearbeiteten Prosopographien der mehr als achthundert „Personen, welche mit Alexander nachweislich in Berührung gekommen sind“ (II, 1–410) sowie der über achtzig „Personen, welche nachweislich mit Unrecht in eine persönliche Beziehung zu Alexander gesetzt worden sind“ (II, 411–432), Prosopographien, die auch heute noch für jede vertiefte wissenschaftliche Beschäftigung mit der Epoche Alexanders des Großen fundamental bleiben.

Auf dieser Grundlage hatte Berve in systematischer Weise die drei Hauptteile des ersten Bandes behandelt, den königlichen Hof, das Heer und die Verwaltung des Alexanderreichs. Umfassend, durchaus pragmatisch, wie es dem Stil Walter Ottos entsprach, doch stets zugleich auch problembewußt und entschiedene persönliche Wertungen nicht unterdrückend, untersuchte er die Gegensätze im Hause Philipps II. wie das „Liebesleben“ Alexanders, den Alltag des Königs wie sein Verhalten auf den Märschen, im Kampf und während der Feste. Die Organisation des Hofes wurde ebenso erörtert wie die vielfältige Hofgesellschaft, die Bedeutung von Kultus und Religion wie die verschiedenen Kategorien des Heeres, der Flotte, des Intendanturwesens, der Reichsverwaltung, die Städtegründungen, Finanzwesen, Außenpolitik und diplomatischer Verkehr.

Umrahmt aber wurden diese strukturellen Elemente von einem hochgestimmten Vorwort und einem Abschnitt „Abendland und Morgenland“, die Berves Alexanderbild breit entfalteten. So hieß es im Vorwort: „Das Reich Alexanders ist nicht wie das Imperium Romanum der Kaiserzeit ein geographisch feststehender Begriff, mit dem als einer konstanten Größe zu rechnen wäre, es ist vielmehr seinem Wesen nach ein Werdendes und in jedem Augenblicke, selbst während der letzten Regierungsjahre, nicht nur in seiner Organisation, sondern ebenso in seiner Ausdehnung ein Unfertiges. Beinahe von Tag zu Tag wandelt sich sein Gesicht, denn unaufhörlich erwachsen an den verschiedenen Gliedern neue Aufgaben, die neue Ordnungen verlangen, und vor allem der König selbst wird und wächst unablässig mit seinem Werke. Das ist um so bedeutsamer, als er an sich der einzige feste Punkt in der verwirrenden Fülle von Menschen und Erscheinungen bleibt, in seiner Hand stets die Fäden der gesamten Hof-, Heeres- und Reichsorganisation zusammenhält und die belebenden, lichtbringenden Strahlen nach allen Seiten und in die weitesten Fernen von ihm ausgehen. Durch diese einzigartige Zentralisation ist es überhaupt nur möglich, daß eine prosopographische Behandlung der persönlichen Beziehungen der Zeitgenossen zum Könige mit einer Prosopographie des Alexanderreichs, d. h. der in diesem Reiche wirkenden Menschen zusammenfällt, so unbedingt decken sich hier Herrscher und Staat" (XI).

Im Überblick über die Entwicklung der Reichskonzeption Alexanders d. Gr. gegen Ende des ersten Bandes wurde dann in einer für Berves Sicht wie Stil typischen Weise konstatiert: „Die Neuaufrichtung der Achaimenidenherrschaft . . . war jetzt des Königs Ziel . . . Das hatte nichts mehr mit einer makedonisch-hellenischen Eroberung asiatischer Gebiete zu tun, es war ein asiatischer Gedanke an sich, der seinerseits sich auf den Eroberer legte . . . Dazu kam, daß Al. in der iranischen Bevölkerung eine Rasse fand, die anders als die Semiten Vorderasiens im letzten Grunde etwas Gemeinsames mit ihm und der durch ihn ursprünglich repräsentierten Kultur besaß, daß er namentlich in den Baktrern und Sogdianern einer Wehrkraft begegnete, wie er für seine kriegerischen Unternehmungen nicht besser sie wünschen konnte. Mit diesen fruchtbaren Kräften wollte er sich verbinden, und sie sollten zusammen mit Makedonen und Hellenen, denen sie gleichgestellt wurden, die Stützen seines asiatischen Reiches bilden" (I, 335).

Doch dabei blieb Alexander, nach Berve, nicht stehen: „Eine unerhörte, alle Rassen umspannende Universalität des Herrschaftsgedankens" stieg zuletzt in Alexander auf, „ein Weltreich im höchsten und letzten Sinne, das nicht lastend auf den einzelnen Völkern liegt, sondern ihnen die weite Möglichkeit zur Entfaltung ihrer Anlagen und Kräfte gewährt und die Einbeziehung in seinen Bann als einen Segen erscheinen läßt" (I, 338). Der Schlußabschnitt aber lautete: „Vom makedonischen Heerkönig zum Führer aller Hellenen, vom siegreichen Feldherrn zum Eroberer Asiens und Nachfolger der größten Achaimeniden war Al. gestiegen, jetzt sah sein Geist das Bild der Weltherrschaft und schon streckte sich seine Hand nach ihrer Gewinnung aus – der Tod trat dazwischen und schnitt sein Leben ab. Der Bau des Reiches zerfiel jäh wie er entstanden, der Geist seines Schöpfers ist aus der Welt nicht mehr geschwunden“ (I, 338).

Wie schon diese knappe Skizze zeigt, vereinigte Berves großes Frühwerk in sich scheinbar völlig disparate Elemente. Dessen Grundstock bilden eine mit höchster Akribie und Ausdauer bewältigte Quellenarbeit sowie die umfassende Auswertung der älteren und neueren Spezialliteratur in ganz erstaunlichem Umfang – mag auch häufig genug unter den personengeschichtlichen Artikeln wie über den systematischen Abschnitten die Bemerkung begegnen: „Literatur: Nicht vorhanden“. Dazu treten die besonnenen Analysen aller wesentlichen Strukturen des Alexanderreiches selbst – ohne daß das Werk dabei im rein Antiquarischen oder Statistischen steckenbliebe. Vielmehr wird es, und das ist sein entscheidendes Merkmal, von einer seltenen geistigen Energie durchdrungen, durch nicht wenige persönliche Fragestellungen akzentuiert, vor allem aber durch die unverkennbare Passion des Verfassers für seinen Gegenstand.

Naturgemäß kam Berve auf die Alexanderthematik noch wiederholt zurück, sogleich in einer knappen Skizze der Entwicklung Alexanders d. Gr. für einen breiteren Leserkreis,[4] ein Jahrzehnt später dann in einer Untersuchung über die „Verschmelzungspolitik“ Alexanders d. Gr.,[5] während des II. Weltkrieges und darnach schließlich in Studien über ›Alexander der Große als Entdecker‹[6]. Aus dem Rückblick erscheint es nicht unwichtig, daß die Kategorie

[4] Alexander. Versuch einer Skizze seiner Entwicklung, Die Antike 3, 1927, 128–145. Abdruck in: Gestaltende Kräfte der Antike. München ^{2}1966, 312–332.

[5] Klio 31, 1938, 135–168. – „Verschmelzungspolitik“ definierte Berve dort folgendermaßen: „Verschmelzungspolitik ... ist die Anerkennung einer fremden Bevölkerung als gleichwertiges Element und der daraus entspringende Wille, aus rechtlich gleich zu stellenden Volksgruppen durch blutmäßige Verbindung eine unauflösliche Einheit zu schaffen.” A. O., 136.

[6] Nach verschiedenen Kurzfassungen des Jahres 1942 zuerst in: Gestaltende Kräfte der Antike. München 1949, 88–108 = München ^{2}1966, 333–353.

der Rasse schon im ›Alexanderreich‹ benutzt wurde,[7] dort in einer damals durchaus üblichen und keineswegs besonders auffallenden Weise. Als Berve 1938 Walter Otto seine Untersuchung über die Verschmelzungspolitik Alexanders d. Gr. zum 60. Geburtstag widmete, hatte diese Kategorie, wie unten gezeigt wird, für Berve eine weitaus stärkere Bedeutung erlangt. Noch immer blieb für ihn „der Gedanke der Verschmelzung der beiden rasseverwandten Herrenvölker (sc. der Makedonen und Perser) und seine kühne Umsetzung in die Wirklichkeit eine der Großtaten des Genius Alexander“[8].

II

Berves ›Alexanderreich‹ fand sofort eine ungewöhnlich positive Aufnahme und Anerkennung.[9] Schon im Frühjahr 1927 wurde der Einunddreißigjährige auf den angesehenen Lehrstuhl für Alte Geschichte der Universität Leipzig berufen und ihm damit eine Wirkungsstätte eröffnet, die er bis 1943 glanzvoll ausfüllte. Diese Leipziger Jahre wurden zum Höhepunkt von Berves akademischer Tätigkeit und von einer Resonanz begleitet, die weit über die engeren Grenzen der Disziplin hinausreichte. Voraussetzung dafür waren zunächst ein entschiedenes, unermüdliches Engagement in Vorlesungen, die den Gesamtbereich der Alten Geschichte umspannten, sowie in anspruchsvollen Seminaren und Übungen, die sich als sehr erfolgreich erwiesen.

Berves Schüler Alfred Heuß schrieb später im Rückblick auf diese Jahre: „. . . die Aufrichtigkeit sich selbst und der durch die Zeit gestellten Aufgabe gegenüber war zu spüren. Auf ihr beruhte (u. a.) die Anziehungskraft, die er auf junge Menschen ausübte, überraschenderweise schon während der ersten Leipziger Jahre, die ihm fünf (spätere) Habilitanden zuführten. B. verstand sich auf scharfe Interpretation und ließ nichts durchgehen, er schrieb aber niemandem seinen Weg vor und verlangte, daß jeder ihn selbst fände. Es gab nur ein Gesetz, das der unbedingten Absage an die

[7] Besonders I, 335, 338. Die Stellen sind oben zitiert.

[8] A. O., 168.

[9] U. Wilcken, Deutsche Literaturzeitung 48, 1927, 359ff.; F. Oertel, Neue Jahrbücher für Antike und deutsche Bildung 1928, 385ff.

bloße Routine. Das war absolute Liberalität, wie in einer Akademie, wo es weder ein iurare in verba magistri noch in diesem initiierenden Sinne einen magister gibt (konventionelle Dissertationen waren deshalb hiervon weit abgesetzt)."[10]

Es ist deshalb auch kein Zufall, daß sich von den erwähnten fünf späteren Habilitanden Berves aus der Leipziger Zeit, Hans Schaefer, Wilhelm Hoffmann, Franz Hampl, Alfred Heuß und Hans Rudolph, lediglich Schaefer und Hampl ihren Arbeitsschwerpunkt in Berves Domäne der Griechischen Geschichte wählten. Und es ist ebensowenig ein Zufall, daß sie in der Regel Berves politische und hochschulpolitische Überzeugungen nicht teilten. Wie Heuß zudem mitteilte, war „die sog. ‚Berveschule' ohne jeden menschlichen Kontakt untereinander"; „er (sc. Berve) widmete sich viel mehr fachfremden Studenten"[11]. Eine Ausnahme bildete lediglich Franz Hampl, Berves famulus, den er auch in sein Haus aufgenommen hatte.

Die zweite Voraussetzung von Berves rasch wachsender Autorität bildete eine wissenschaftliche Produktion, die sich nicht in den traditionellen Spezialproblemen des Faches verlor, sondern ganz bewußt die Wirkung auf breitere Kreise erstrebte. Mit der Leipziger Antrittsvorlesung ›Ionien und die griechische Geschichte‹[12] und dem schon ein Jahr später, auf der 3. Fachtagung der klassischen Altertumswissenschaft in Weimar, gehaltenen Vortrag über ›Sparta‹[13] gab Berve zu erkennen, daß es ihm um eine neue, zeitgemäße Gesamtauffassung der Griechischen Geschichte ging, die er dann in einer zweibändigen Darstellung innerhalb der ›Geschichte der führenden Völker‹ des Verlages Herder auch verwirklichen konnte (I. 1931; II. 1933).

Schon die Antrittsvorlesung ließ die geistige Energie erkennen, mit der Berve die verschiedenartigen Kräfte der griechischen Welt

[10] A. Heuß, Historische Zeitschrift 230, 1980, 782.

[11] Zitiert nach I. Weiler, Franz Hampl, in: R. Bichler (Hrsg.), 100 Jahre Alte Geschichte in Innsbruck. Innsbruck 1985, 62.

[12] Erstpublikation: Neue Jahrbücher für Wissenschaft und Jugendbildung 1927. Abdruck in: Gestaltende Kräfte der Antike. München ^{2}1966, 42–57.

[13] Erstpublikation: Historische Vierteljahrsschrift N. F. 25, 1931, 1–22. Abdruck in: K. Christ (Hrsg.), Sparta. Darmstadt 1986 (Wege der Forschung, 622), 195–216.

insgesamt neu zu erfassen und zu bestimmen suchte. Exemplarisch wollte er dabei „das Streben unserer Zeit (berücksichtigen), am historischen Geschehen nicht Gegenwartselemente, sondern das Eigenartige, einmal unter bestimmten Bedingungen Gewesene aufzuspüren, gerade seine Fremdartigkeit als Wert zu empfinden“ [14]. Berve begnügte sich hier nicht mit einem historischen Überblick über die Geschichte des kleinasiatischen Griechentums und auch nicht mit einer bloßen Beschreibung der charakteristischen Phänomene. Er suchte vielmehr in das Wesen des ionischen Griechentums einzudringen: „Es liegt über diesem ionischen Wesen eine sonnige Freiheit, sinnenfroh und farbentrunken. Ihm haben die Götter den leichten, durch ihre Begnadung erleuchteten Geist und unwiderstehliche Anmut verliehen, wie sie durch keine Mühe errungen wird, zugleich aber den ruhelosen Drang, die frei und unablässig quellenden Kräfte auszuströmen in die lockende Welt. Für die politische Entwicklung bedeuteten diese Anlagen, von deren künstlerischer Entfaltung die Menschheit zehrt, Unfähigkeit zur energisch bewußten Staatsgestaltung, Abneigung gegen jede zusammenfassende Kraft, ein Abenteurertum auf kurze Sicht, Drang in die Weite, auch unter Preisgabe des Volkstums, und die Gefahr des Zerfließens“ (45).

Mochte Berve noch so sehr die „Weltweite“ und „Weltfreude des ionischen Geistes“ (49), die „Selbstverschwendung“ (56) des ionischen Griechentums rühmen, er konstatierte auch die Tatsache: „Der Staat als solcher, an dessen Gestaltung man im Mutterlande die besten Kräfte und alle Leidenschaften setzt, bleibt in Ionien immer etwas Sekundäres“ (47). Es ist sodann für Berves damalige Perspektiven bezeichnend, daß er am Ende dieser Antrittsvorlesung die Brücke zwischen dem „Weltgriechentum, wie es im ionischen Wesen von jeher lag“, und Alexander dem Großen schlug: „Er beendet das Doppelspiel von Stadtgriechentum und Weltgriechentum, das eines ihrer (sc. der griechischen Geschichte) Grundmotive ist, indem er dem Weltgriechentum den dauernden Sieg bringt. Diesem, dem Ionertum, gehören die kommenden Jahrhunderte bis zum Ausgang der Antike, es vergeht nicht so schnell, wie Staaten vergehen. Und blicken wir auf Byzanz, auf Venedig, auf jenen Zau-

[14] Gestaltende Kräfte der Antike. München ^{2}1966, 43. Danach wird im folgenden zitiert.

ber, der heute noch das Wort Levante umspielt: – es ist der unzerstörbare Geist Ioniens, der fortwirkt nicht minder als das Zeitlose am perikleischen Athen. Wer ihn fühlt und würdigt im Ablauf der griechischen Geschichte, nur dem erschließt sich ihre herrliche Fülle und ihr ewiger Sinn“ (57).

Den Gegenpol zu dieser teilweise pathetischen Verklärung des ionischen „Weltgriechentums“ bildete Berves Skizze einer „Gesamtvorstellung der spartanischen Geschichte“ [15] in dem Weimarer Vortrag. Für sein Vorgehen sah Berve dabei nur den alten Weg, „von den kümmerlichen, verstreuten Zeugnissen über Ereignisse der innen- oder außenpolitischen lakedämonischen Geschichte vorthukydideischer Zeit auszugehen, sie historisch zu deuten und zwischen ihnen die verbindenden Linien nach Möglichkeit zu ziehen“ (2). Berve ließ dabei von Anfang an keinen Zweifel daran aufkommen, daß er selbst in Sparta den „positivsten aller Hellenenstaaten“ (3) sah. Schon in der vieldiskutierten Großen Rhetra, die er hier in das frühe 8. Jahrhundert v. Chr. und damit an den Beginn der spartanischen Geschichte setzte, erblickte Berve „zwei ihrer vornehmsten Motive, die enge Bindung einmal an den delphischen Gott, der mindestens formal der Gesetzgebende ist, zum anderen einen ungewöhnlich kraftvollen Willen zur klaren staatlichen Gestalt“ (3). In der „staatsbildenden Kraft“ sah er – ganz im Gegensatz zum ionischen Wesen – stets „etwas eigentümlich Spartanisches“; „im späteren Namen Homoioi (die Gleichen) aber eine revolutionäre Betonung der eben keineswegs selbstverständlichen Gleichheit“ (5).

In der Epoche nach dem zweiten Messenischen Kriege erblickte Berve dann die Blütezeit eines idealisiert gezeichneten Spartas: „Wie stets in der Geschichte hat auch hier die den traditionellen Mächten abgerungene Anteilnahme des gesamten, bewußt gewordenen Volkes am Staate aus dem Volk, wenn man so sagen darf, eine Nation gemacht und dadurch die eigentümlichen Kräfte des Stammes erst zu großer politischer Wirkung geführt. Was vorher Brauch und Not, wird nun Gesetz und Tugend, die angeborene staatliche wie kriegerische Energie erkennt sich als Sinn des Lebens und ordnet mit einer wirklich einzigartigen Konsequenz das gesamte Leben diesem Sinne unter“ (10).

Vor allem das „bewußt organisierte Gemeinschaftsleben“ war

[15] Vergleiche Anm. 13, 1. Die Zitate folgen der Erstpublikation.

nach Berve der prägnanteste Ausdruck des „jugendstarke(n) Sparta". „Wohl hat auch in anderen Hellenenstaaten das emanzipierte Volkstum nach eigener neuer Gestaltung gedrängt, aber nirgends ist Stand, Vermögen, Individuum so rücksichtslos überwunden worden wie in Lakedaemon." Nach Berve „war es nicht nur kriegerischer Geist, sondern bewußter Wille zur staatlichen Gemeinschaft, der zusammenführte und das Lagerdasein zur Lebensform erhob" (11).

Unter Hinweis auf die thukydideischen Archidamosreden sah Berve Sparta dann zur Zeit der Pentekontaetie als „ein würdiger Antipode des perikleischen Athen" (18). Gleichwohl konstatierte er schon jetzt Zeichen der Krise und des Niedergangs: „Es liegt im Wesen menschlicher Dinge, daß der Augenblick der Erreichung eines konsequent verfolgten Zieles diejenigen Elemente zutage treten läßt, die während des siegreichen Laufes überwuchert und mißachtet wurden, deren Dasein aber den Erfolg schon lange vor seiner Gewinnung untergrub . . . Die grandiose Konzentration der Bürger im Staat für den Staat, die nur bei einer wenig zahlreichen Herrenschicht durchzuführen war, deren Erweiterung Tradition, Prinzip und Eigennutz verbot, erwies sich hier als ebenso lebensfeindlich wie in der allmählichen Aufsaugung aller freien menschlichen Kräfte durch den Kosmos. Und je weiter dieser durch die Knabenliebe begünstigte Prozeß der Zusammenschrumpfung vorschritt, um so widernatürlicher wurde die Bevölkerungslage in Lakonien einmal hinsichtlich der großen Zahl der minderberechtigten Perioeken, die man um 460 zur Auffüllung der hinschmelzenden spartiatischen Formationen heranziehen mußte, in erhöhtem Maße aber der jetzt nur um so schärfer unterdrückten Helotenmasse gegenüber" (19).

In Spartas Zusammengehen mit Persien gegen Ende des Peloponnesischen Krieges sah Berve dann auch das „Symptom einer katastrophalen Überspannung des inneren Prinzips. Man verrannte sich dermaßen blind in die eigene staatliche Form um ihrer selbst willen, daß schon jetzt aus dem Staat fast eine kriegerische Sekte wurde" (20). Nach dem Ausblick auf die Katastrophen des 4. Jahrhunderts v. Chr. schloß Berve auch diese Ausführungen hochgestimmt ab: „Vor dem Vorwurf der Geistlosigkeit, den unpolitischer und unhistorischer Sinn leicht erhebt, sollte Sparta schon durch die Wirkung geschützt sein, die sein Kosmos, der im griechischen Sinne sicher ein Kunstwerk war, auf die hellenische Philosophie ausgeübt hat. Gewiß umschweben die spartanische Geschichte nicht Geist, Musen und freie Anmut, die selbst Athens politische Abgründe noch verklären, aber auch derer, die bei Thermopylae sanken, tönet ewig das Lied“ (22).

Berves eigenwilliger Spartavortrag steht im Schnittpunkt zweier Entwicklungslinien seines Werks, die sich erst aus der Distanz aufzeigen lassen. Einmal werden hier die Umrisse seiner Bemühung um ein neues Gesamtbild Spartas erkennbar, die dann zur monographischen Darstellung führten und geradezu zur Obsession durch diesen Gegenstand.[16] Dabei ist nicht zu übersehen, daß die positiven Akzente in den späteren Gestaltungen eher noch weiter verstärkt wurden. Zum andern aber wird nach den beiden Vorträgen über Ionien und Sparta deutlich, daß Berve vor allem ein neues Gesamtbild der Griechischen Geschichte vorschwebte, in welchem die verschiedenartigsten Kräfte und Gestaltungen ein zeitgemäßes Relief erhalten sollten.

III

Dieses Vorhaben hat Berve dann in jener zweibändigen ›Griechischen Geschichte‹ ausgeführt, die seinen Namen weithin bekannt machte und die während der drei Jahrzehnte zwischen 1930 und 1960 eine denkbar starke Beachtung fand.[17] In seinem Vorwort zur ersten Auflage des Werks nannte es Berve sein Ziel, „die Geschichte der Griechen in ihrer Individualität darzustellen, die besonderen Bedingungen und Schicksale, unter denen sie sich vollzog, das

[16] Sparta. Leipzig 1937. ^{2}1944. Erneut in: Gestaltende Kräfte der Antike. München ^{2}1966, 58–207.

[17] ^{1}I. 1931. ^{1}II. 1933; ^{2}I. 1951. ^{2}II. 1952. Taschenbuchausgabe in drei Bänden 1959–1960. – Im 1950 abgefaßten Vorwort zur zweiten Auflage des Werks wies Berve darauf hin, daß er zwar neue Forschungsergebnisse berücksichtigen wolle, doch trotzig fuhr er fort: „Die Grundhaltung gegenüber der griechischen Geschichte ist jedoch die gleiche geblieben, ebenso der Tenor der Darstellung, die sich, soweit irgend möglich, an den Wortlaut der ersten Auflage hält.“ – Zum Verhältnis der Auflagen siehe A. Momigliano, Terzo Contributo alla storia degli studi classici e del mondo antico. Rom 1966, 705 ff. – Angesichts der Feststellungen Berves wird im folgenden in der Regel nach der zweiten Auflage zitiert.

Einzigartige ihres organischen Verlaufes, das Eigentümliche der sie bewegenden Kräfte, ihre originalen Leistungen und Bildungen zu erfassen. Indem nach Möglichkeit die historischen Erscheinungen von Entstellungen befreit werden, die modernes Denken meist unbewußt und in noch unerschütterter Selbstsicherheit an ihnen vorgenommen hat, indem statt dessen danach gestrebt wird, sie ungetrübt in ihrer herben Eigenart zu sehen und nur aus ihrer Welt zu deuten, soll die Geschichte der Hellenen reiner erstehen und stärker ihre bildende Kraft entfalten können." Als ein Spezifikum seiner Darstellung nannte Berve dann „die Einbeziehung der gesamten griechischen Kultur in den Kreis der Betrachtung", dies freilich nicht in der unverbundenen Abhandlung der einzelnen Sparten, „sondern derart, daß man die kulturellen Äußerungen in ihrer Gesamtheit faßt und an ihnen die seelische Grundhaltung aufzuzeigen sucht, welche den Menschen einer Zeit eigen war und all ihr Denken und Tun beherrschte".

Die Darstellung selbst setzte mit einer imponierenden Einleitung über „Land und See der Griechen" ein. Hier ganz in der Tradition von E. Curtius stehend,[18] in der Form aber sehr viel geraffter und konzentrierter, suchte Berve einen Eindruck der geographischen Voraussetzungen der Griechischen Geschichte zu vermitteln. Die „Gebirgsmassen", die den Raum aufgliedern, beschrieb er zum Beispiel so: „Die Großartigkeit dieses wirren Reliefs gigantischer Bergzüge bestimmt zum guten Teil das landschaftliche Bild. Schneebedeckt leuchten die höchsten Gipfel weithin, in eigenwilligen Umrissen und mitleidloser Kahlheit steigt jedes Massiv auf, eindrucksvoll durch große Linien selbst bei geringer Höhe; seine öden Halden stoßen in der Tiefe oft unvermittelt an die Gefilde der Täler oder die glitzernde Meeresflut. Gleiches gilt von den Inseln mit ihrem harten Nebeneinander von Meer, Felsen und Fruchtgärten, indes die kleinasiatische Küste sich weiträumiger und milder gibt" (I, 2).

Auch die klimatischen Gegebenheiten des Landes wurden anschaulich dargestellt: „Der Hochsommer ist die Zeit des Todes in der Natur. Das Land liegt verdorrt, seit Ende April ist in Attika oder in der

[18] Vergleiche K. Christ, Ernst Curtius und Jacob Burckhardt, in: K. Christ – A. Momigliano (Hrsg.), Die Antike im 19. Jahrhundert in Italien und Deutschland. Bologna 1988, 221–248.

Argolis oft kein Regen mehr gefallen; von durchsichtiger Klarheit wird die Luft, nur Staubwolken wirbeln gelegentlich über die ausgetrockneten Gefilde. Kaum daß ein Gewitter Abkühlung oder rasch verfliegende Feuchtigkeit bringt – höchstens im Westen und in den Gebirgen kommt das vor –, sonst brütet die Erde leblos im Sonnenbrande dahin. In diesen Monaten zeigt Griechenland ein starres, durch keine versöhnende Vegetation, durch kein belebendes Spiel von Sonne und Wolken, von Licht und Schatten gemildertes Antlitz. Doppelt kahl erscheinen dann die felsigen Berge, doppelt scharf ihr Zusammenstoßen mit dem blendenden Meer. Nur die immergrünen Pflanzen halten stand, die Olive dauert und der Wein gedeiht in der Hitze zu üppigen Reben" (I, 3).

Aus diesen Reflexionen über die Landesnatur ergab sich für Berve die Eigenart des griechischen Lebens: „Im allgemeinen erzwingt die Natur nahe menschliche Gemeinschaft. Und indem der Grieche ihr sich hingibt, sie als sein Lebenselement empfindet wie Speise und Luft, indem Sonne und Wind, Regen und Hitze ihm und allen den Tag gestalten, bleibt er naturhaft seinem Lande und dem Wesen dieses Landes verbunden. Es spiegelt sich in ihm mit seiner Klarheit und herben Schönheit, mit seinen individuellen Formungen, seinen harten und doch ausgewogenen Gegensätzen, mit der ganzen wunderbaren Vielfalt seiner leuchtenden Erscheinungen wider. Wem riesige Dimensionen als solche Wesentliches bedeuten, dem muß die hellenische Welt unbedeutend erscheinen; das gilt nicht nur für ihre Landschaft, sondern auch für ihre Geschichte. Wer aber mehr nach Tiefe als nach Weite verlangt, wer in Begrenztheit und Spannung stärkste Lebenskräfte spürt, zu dem spricht wie die griechische Kultur auch die griechische Landschaft. Er wird in ihr eine kontrastreiche Natur gewahren, welche auf kleinstem Raum die Extreme zusammendrängt und zusammenklingen läßt" (I, 5 f.).

Die Gesamtformation der ›Griechischen Geschichte‹ hatte Berve nach einfachen und klaren Prinzipien geordnet. Für ihn war die Epoche des klassischen Griechentums bis in die Zeit des Perikles, und damit der eigentliche Höhepunkt der Griechischen Geschichte, identisch mit der Bindung und Unterordnung des einzelnen unter die Interessen des Staates. In dieser Bindung an die Bürgergemeinschaft der Polis sah er zugleich eine Bindung an das heilige Gesetz des Nomos, an die sanktionierten alten Sitten und an den traditionellen Glauben. Im System der Poleis wie im Alltag der Gesellschaft aber dominierte nach Berve, ähnlich wie bei Curtius und Burckhardt, das agonale Prinzip.[19]

Die nachperikleischen Phasen der Griechischen Geschichte prägte nach ihm dagegen in erster Linie die Emanzipation des Individuums auf allen Feldern des Wirkens und der Existenz. In Politik wie in Philosophie und Kultur wurden nun die großen Einzelpersönlichkeiten vorherrschend, und sie alle, die Tyrannen, Philosophen und Künstler der verschiedensten Sparten, warfen die alten Bindungen ab, setzten sich selbst absolut, während das Griechentum gleichzeitig aus den bisherigen engen Wirkungsradien ausbrach und zur Weltwirkung gelangte. Am Schnittpunkt der beiden großen historischen Formationen aber stand, nach Berve, Sokrates.

Neben dieser nicht nur chronologischen, sondern zugleich auch wertenden Aufgliederung des Gesamtprozesses der Griechischen Geschichte herrschte bei Berve eine nicht weniger konsequent durchgeführte innere Differenzierung, die er folgendermaßen begründete: „Wer die Eigenart der griechischen Geschichte begreifen will, muß sich dieser Mannigfaltigkeit stets bewußt bleiben. Sie gestattet fast in keinem Zeitraum von den Griechen als politischer Einheit zu sprechen. Zum mindesten ist jeweils die Verschiedenheit der Stammesgruppen im Auge zu halten, so problematisch auch deren Homogenität ist, so sehr das Bewußtsein ihrer Eigenart erst durch gewisse Erscheinungen und Ereignisse der Folgezeit geweckt wurde. Es stehen im wesentlichen drei große Faktoren nebeneinander: Nordwestgriechen, Dorier und Frühgriechen, unter den letzteren aber fast allein die Ioner, da mit Ausnahme der geschichtlich erst spät hervortretenden Arkader das achaiische und aiolische Volkstum im Mutterland von den Einwanderern, in Kleinasien großenteils von den Ionern oder, wie auf den südlichen Inseln, von den Doriern überschichtet war, so daß es sich fast nur noch in der blutsmäßigen und kulturellen Durchdringung der Herrenschicht geltend machen konnte“ (I, 48 f.).

Mit dieser Strukturierung hatte Berve im Prinzip die Kategorien griechischer „Stämme“ wiederaufgenommen und modifiziert, die im 19. Jahrhundert vor allem von K. O. Müller ins Bewußtsein

[19] Siehe dazu auch Berves spezielle Äußerung: Vom agonalen Geist der Griechen, in: Gestaltende Kräfte der Antike. München ^{2}1966, 1–20.

geführt worden waren,[20] Kategorien, die inzwischen freilich äußerst umstritten sind.[21] Berve wandte sie nicht nur konsequent als Gliederungsprinzip seiner Darstellung an, sondern er ergänzte sie auch noch durch die jeweils separat behandelte, sachlich zweifellos begründete Einheit der „Westgriechen". Eine ähnliche Differenzierung lag dann auch seiner Aufgliederung des hellenistischen Staatensystems im zweiten Band der Darstellung zugrunde.

Der erste Abschnitt des Werks, der „Die Zeit vor der Dorischen Wanderung" behandelte, ist heute durch die Ergebnisse zahlreicher archäologischer Grabungen und Neufunde am stärksten überholt worden. Im Unterschied zu früheren Auffassungen[22] befand Berve in der zweiten Auflage seiner Darstellung, daß für die Rekonstruktion der griechischen Frühzeit „die Rassenkategorien als solche vielfach problematisch sind" (I, 12). Er wandte sie deshalb nur noch selten an.[23] Schärferes persönliches Profil gewann sein Bild dann erst bei der Schilderung des minoischen Kreta, dessen „erste Glanzzeit" er ca. 2000–1700 v. Chr. ansetzte. Knossos wurde so beschrieben: „Auffallend zwanglos wirkt die Gesamtanlage, die beliebig über den Platz zu schalten scheint, der Außenwelt in weiten Fenstern offensteht und sich der schönen Landschaft anschmiegt, ja geradezu hingibt. Keine Verteidigungsmauer umschließt das vom Meer etwas

[20] K. O. Müller, Geschichte hellenischer Stämme und Städte. II. Die Dorier. Breslau ²1844. – Zu K. O. Müller siehe E. Curtius, Zum Gedächtnis an Karl Otfried Müller, in: Altertum und Gegenwart. II. Berlin ²1886, 247–260; O. und E. Kern, Karl Otfried Müller. Lebensbild in Briefen an seine Eltern mit dem Tagebuch seiner italienisch-griechischen Reise. Berlin 1908; K. O. Müller, Briefe aus einem Gelehrtenleben. 1797–1840. 2 Bde. Hrsg. von S. Reiter. Berlin 1950; A. Momigliano, Premesse per una discussione su K. O. Müller, Annali della Scuola Normale Superiore di Pisa ser. 3, XIX, 1984, 895–909; Ders., I Prolegomena di K. O. Müller ed il significato del ‚Mito', in: Tra storia e storicismo. Pisa 1985, 193–210 sowie die Beiträge von K. Nickau und H. Döhl in: C. J. Classen (Hrsg.), Die Klassische Altertumswissenschaft an der Georg-August-Universität Göttingen. Göttingen 1988.

[21] Siehe E. Will, Doriens et Ioniens: essai sur la valeur ethnique appliqué à l'étude d'histoire et de civilisation grecque. Paris 1956; D. Roussel, Tribu et cité. Etudes sur les groupes sociaux dans les cités grecques aux époques archaique et classique. Paris 1976.

[22] Vergleiche Anm. 54.

[23] Zum Beispiel ²I, 28.

abgelegene Schloß, kein zielbewußter Wille bestimmt seine Gestalt; in seliger Unbekümmertheit, wie sie nur das glückliche Klima und die Sicherheit des seeumspülten Eilands gewährt, scheint man das leichte Dasein und in ihm sich selbst zu genießen. Von farbenfroher Buntheit schimmert hier das Leben, umweht von einer frühlingshaften Zartheit, die am reizvollsten aus den Erzeugnissen des Kunstgewerbes spricht" (I, 21).

Berve war von dem „seltenen Zauber edler Naturhaftigkeit" (21) dieser Zivilisation fasziniert, von dem „Genußleben der Fürsten und des Adels" (21) sowie von der „gesteigerten Bewußtheit und Zielstrebigkeit der Menschen" während der „zweiten Glanzzeit" (etwa 1650–1400 v. Chr.), in der er eine Entwicklung von einer „beherrschten Sinnenfreude" zu „raffinierte(r) Genuß- und Gefallsucht" sah: „Dieses malerische Schwelgen im farbigen Glanz des Lebens, dieses selbstgenügende Spielen im blühenden Garten der Phantasie ist echter Ausdruck des der früheren Bindung entratenden minoischen Wesens; darum bleibt es auch nicht auf die Wandmalerei beschränkt, sondern spricht sich ähnlich in der Keramik, in der Reliefkunst, ja selbst in der Architektur aus. An den Tongefäßen genießt sich auf leuchtendem Firnis in Pflanzen und Seegetier, in kultischen Symbolen und phantastischen Ornamenten die nunmehr ungehemmte Freude am schönen Schein der Welt. Noch in der konventionellen Verflachung und Manieriertheit, der die Kunst des überprächtigen Palaststils im 15. Jahrhundert verfällt, klingt das berauschende Lied von der farbigen Fülle und üppigen Vielfalt des Daseins fort" (23).

Doch so emphatisch diese Impressionen teilweise sind, „mit dem femininen Charakter der minoischen Kultur, ihrer Hingegebenheit an das vegetative Leben" konnte sich Berve nicht identifizieren. Schroff setzte er deren Eigenart die für ihn entscheidenden Prioritäten entgegen: „Besondere kriegerische Tüchtigkeit wird man den weibisch gekleideten, an einem verweichlichenden Dasein sich erfreuenden minoischen Männern trotz ihrer Neigung zu Jagd und keckem Spiel oder Wettkampf ebensowenig zutrauen wie harten Willen zu fester staatlicher Formung." Die Zivilisation des minoischen Kreta blieb so für Berve trotz aller Einfühlungsversuche in erster Linie ein Gegenbild zu seinen persönlichen Idealen.[24]

[24] Daß einzelne Äußerungen Berves seit der Entzifferung der Linear B-

In ganz anderer Weise war er dagegen von den Denkmälern des mykenischen Griechentums gepackt, deren „tektonischen Geist" er bewunderte: „Aus der ungeheueren Gewalt der vom damaligen Kriegswesen in solcher Dicke nicht geforderten Mauern, aus den machtvollen Pfeilern und riesigen Schwellen der Burgaufgänge, aus dem stolzen Löwentor von Mykenai, wo das minoische Motiv der von zwei sitzenden Tieren heraldisch flankierten Säule ins Gigantische gesteigert ist, spricht ebenso wie aus den grandiosen Kuppelgräbern ein Geist, den alle Herrlichkeit minoischer Anlagen nicht besitzt, der Geist der Monumentalität. Er kann sich auch im sonstigen Wirken der Burgherren nicht verleugnet haben" (32).

Der folgende Teil des ersten Bandes ist der „Entstehung des Griechentums" gewidmet; er setzt mit der Erörterung der Dorischen Wanderung ein und gipfelt in der Apotheose „dorischer Art", die Berve von jener der Nordwestgriechen absetzte: „Nicht nur, daß die andersartige geographische Situation andere Wirkungen zeitigt und der Besitz der mykenischen wie der minoischen Kernlande die Gestaltung des Daseins beeinflußt, der Geist der Einwanderer ist von Natur ein anderer als der ihrer Stammesvettern. Sie sind aus knorrigerem Holz, ihre Kraft wirkt weniger eruptiv, dafür zäher und viel gehaltener. Ja man wird, ohne den späteren, historisch gewordenen Begriff des Doriertums leichthin auf die Frühzeit zu übertragen, sagen dürfen, daß den Angehörigen dieses Stammes ein Drang innewohnt, dem persönlichen wie dem gemeinsamen Leben Bindungen aufzulegen, es durch Bindungen zu formen . . . Wenn aber in der Gestaltung des Lebens nach Menschenmaß sich ein Grundzug hellenischen Wesens bekundet, so durften die Dorier, die sich nicht ohne Recht dem Blute nach für die reinsten Griechen hielten, wohl den Anspruch erheben, es auch dem Geiste nach zu sein" (75).

Im dritten Hauptteil des ersten Bandes behandelte Berve dann die archaische Zeit. Hier standen die Kolonisation, „die Schöpfung des griechischen Staates" und die Entwicklungen des 6. Jahrhunderts v. Chr. im Mittelpunkt seiner Interessen. Insbesondere galt dies für

Texte einen paradoxen Charakter erhielten, sei nur am Rande vermerkt. So zum Beispiel der Satz: „immerhin fällt es schwer, bei der freien, undisziplinierten Art des kretischen Wesens an eine straffe Beamtenorganisation und durchgreifende Staatsgewalt zu denken" (26).

die Eigenart des griechischen Staates, die Berve in ihrer ganzen Vielfalt aufzeigen wollte. Dabei ist es, wie in den folgenden Partien, unumgänglich, sein Werk ausführlicher direkt zu zitieren. Denn wie schon Berves erste Rezensenten sahen, können abstrakte Inhaltsangaben seiner ungewöhnlichen Einheit von Aussage und Beschreibung, Wertung und Form nicht gerecht werden, lediglich geschlossene Zitate einen angemessenen Eindruck der Darstellung vermitteln.

So lautet die zentrale Stelle zum griechischen Staat: „Es ist eine tiefe Eigenart des Griechentums, die seine Geschichte aus aller Historie heraushebt und zu einem beispielhaften Vorgang macht, daß es in unbeirrbarer Folgerichtigkeit seinen eigenen organischen Gesetzen folgt und aus sich heraus, von fremden Einwirkungen kaum berührt, die fundamentalen Formen abendländischen Gemeinschaftslebens erzeugt. So war aus menschlichen Anlagen und geographischen Gegebenheiten die erste Lösung aus Bodenenge und Traditionsbanden erfolgt und hatte neue persönliche Energien geweckt. So führte nun die natürliche Fortentwicklung durch mannigfache Wirrnisse mit innerer Notwendigkeit zur Bildung des hellenischen Staates. Ein Staat freilich, so fern den etatistischen Vorstellungen der Neuzeit, daß man zögert, für ihn überhaupt das Wort ‚Staat' zu gebrauchen, nicht so sehr, weil er stets nur ein kleines Gemeinwesen umfaßt und seinem Wesen nach nicht zu einem territorialen Flächenstaat werden kann, als weil er niemals gegenüber seinen Bürgern eine starre Größe darstellt, sondern gemäß seinem Ursprung Gesellschaft bleibt mit allen Möglichkeiten und Beschränkungen, die einem gesellschaftlichen Organismus eignen" (134f.).

Der vierte Teil des ersten Bandes schildert dann die Zeit der Perserkriege, der fünfte die Epoche der Pentekontaetie und mündet schließlich in einem idealisierten Bild des perikleischen Athens: „Der gemeinsame Wille zum Staat läßt die Unterschiede der Geburt und des Besitzes zurücktreten, Stadt und Land, Handwerk und Grundeigentum scheinen so weit als möglich ausgewogen" (313). Doch Berve greift weiter aus und sucht alle Bereiche und Aspekte des athenischen Lebens zu einem harmonischen Gesamtbild zu verbinden: „In dieser einzigen Stadt finden sich auf der Mittagshöhe, die das griechische Leben für kurze Zeit erreicht, die tiefen Gegensätze hellenischen Wesens; seine agonalen Spannungen klingen zusammen in einer beglückenden Harmonie. Ionisches Menschentum und dorische Ordnung vermählen sich im Staat, der das Gesetz in die Brust des einzelnen legt, in der Tragödie mit ihrem Gefüge von ionischem Sprechvers und dorischem Chorlied, in den Akropolisbauten, deren dorischen Stil mannigfache ionische Formen durchdringen, wie sie denn zwischen ernster Würde und anmutiger Freiheit die goldene Mitte halten, . . . Und ebenso stehen geheiligte Tradition und Behauptung der überkommenen Art auf der einen, vorwärtsdrängende Kräfte und geistige Offenheit für alles Neue auf der anderen Seite im Gleichgewicht . . ." (320).

„Freiheit und Zucht, Wille und Gesetz, Sinnen und Handeln, Schönheit und Kraft klingen in der vollendeten Polis zusammen. Weil am Parthenon Tragen und Lasten, das schwingende Eigenleben der Einzelglieder und die strenge Ordnung des Ganzen, Wohllaut und Mächtigkeit zu einer selbstverständlichen Einheit geworden sind, darum scheint und ist er ein steinernes Symbol des Perikleischen Athen. Daß die Hellenen zu solcher Harmonie gelangten, daß sie es vermochten, jene tiefe Einheit des Lebens, nach welcher der nordische Mensch mit tragischer Sehnsucht verlangt, sich zu eigen zu machen und in natürlicher Schönheit darzuzustellen, macht sie für uns wie kein anderes zu einem führenden Volk" (321).

Der zweite Band von Berves ›Griechischer Geschichte‹ behandelt die Zeit von Perikles bis zur politischen Auflösung. Schon auf den ersten Seiten schlug Berve dabei das Generalthema dieser Epoche an: „Alles Fortwirken des Hellenentums, alle Zivilisation der abendländischen Menschheit beruht auf diesem großen, von keinem anderen Volk der Welt vollzogenen Prozeß der Selbstobjektivierung, der allerdings das Schwinden der bisher gültigen enghellenischen Werte, politisch also die innere Auflösung des griechischen Stadtstaates, zur Voraussetzung hat, ja erst durch seine Überwindung verwirklicht werden konnte. So tritt gegenüber der ersten Hälfte der griechischen Geschichte mit ihrer Abgeschlossenheit und der beispielhaften Bedeutung ihrer Lebensformen nun in steigendem Maße die welthistorische Auswirkung der hellenischen Leistungen und Schicksale hervor. Die Geschichte der Griechen weitet sich, von der unverbrauchten Kraft bislang im Hintergrund stehender Stämme getragen, zur Weltgeschichte aus und stirbt in diesem Triumph" (II, 1 f.).

Der Peloponnesische Krieg führt zum „Ende des klassischen Hellas“; Sokrates verkörpert nach Berve, wie schon erwähnt wurde, die Spannungen der großen historischen Zäsur: „Nicht bloß als Opfer menschlicher Kurzsichtigkeit und Bosheit ist Sokrates gefallen, gab man ihm doch sogar nach dem Todesurteil Gelegenheit zur Flucht. Nein, am unversöhnlichen Gegensatz zweier in ihm gleich starker und gleich lebendiger Mächte, der Polis, deren Gesetze und Urteile er trotz allem meinte achten zu müssen, auf der einen, der autonomen, jede Konzession verbietenden Sittlichkeit auf der anderen Seite, ist Sokrates gestorben, überzeugt, daß dies ein notwendiges Schicksal sei. Die Situation in Athen um die Jahrhundertwende mit ihrem Gegenüber zweier geistiger Welten hat hier infolge der heroischen Charakterstärke des einzigartigen Mannes eine der tiefsten Tragödien gezeitigt“ (67).

Der Entwicklung des vierten Jahrhunderts v. Chr. stellte Berve dann die folgende Bewertung voran: „Mit dem Königsfrieden, in dem Sparta unter dem Schein der Erfüllung des Autonomiegedankens endgültig dem Geist seiner Vergangenheit entsagt, ist der große hellenische Krieg als Prinzipienkampf abgeschlossen: der Staat als Macht hat auch am Eurotas über den Staat als Form gesiegt. Die Versuche der Lysandrosgegner, den Kosmos in seiner alten Autarkie wiederherzustellen, sind an dem inneren Widerspruch jeder romantischen Reaktion gescheitert. Unwiderstehlich ist Lakedaimon von den neuen Zeitkräften ergriffen worden, die allenthalben den politischen Herrschaftswillen entfesseln und zugleich die privatwirtschaftlichen Energien zu ausgreifender Betätigung drängen. Denn diese sind es, die, von der gelockerten Polis gleichsam freigegeben, sich immer reicher entfalten und durch ihr Anwachsen eine weitere Zersetzung des Staates befördern, bis er zum bloßen Mittel in ihren Händen zu werden droht. Vervollkommnung von Verkehr und Handel, von Gewerbe und Technik erscheint teils als Ursache, teils als Folge dieses für die Geschichte des vierten Jahrhunderts bedeutungsvollen Prozesses“ (83).

Eindrucksvoll arbeitete Berve den komplexen Prozeß der Individualisierung heraus: „Weil er (sc. der Staat) aber im Praktischen ebenso versagte, wie er geistig einer immer größeren Zahl seiner Angehörigen als Lebensform nicht mehr genügte, verfiel er auf beiden Gebieten den Kräften des Individuums, das die alten Ideale der Autarkie und Autonomie jetzt für sich selbst in Anspruch nahm und die entleerten Ordnungen der Polis in seinem Sinne und zu seinem Nutzen rational zu gestalten suchte. Ob ein tyrannischer Einzelmensch die Macht an sich reißt, ein staatlicher Feldherr zum eigenmächtigen Condottieren wird oder das Heil der Gemeinwesen am Vorhandensein eines außerordentlichen Mannes hängt, ob privatwirtschaftliche Interessen, doktrinäre Romantik oder die fiebrige Leidenschaft einer stimmungsbewegten Menge den Ausschlag geben, es sind stets die persönlichen Triebe und Anliegen, die nach freier Betätigung verlangen und mit diesem Verlangen das Schicksal der Gegenwart wie der Zukunft bestimmen.

Der individuelle Mensch mit seinen Eigenrechten und seiner Problematik, den die Sophistik entdeckte, Euripides als erster dichterisch schaute und verstand, hat in den destruktiven Kämpfen der letzten Jahrzehnte sich selbst gefunden. Er ist nicht mehr in erster Linie Staatsbürger wie jeder andere auch, sondern Mann eines bestimmten Berufes und in diesem wieder von betonter Eigenart. Diese Differenzierung gibt dem öffentlichen Leben eine bisher unbekannte Mannigfaltigkeit und Bewegtheit . . . mehr noch als im Auftreten großer Künstlerindividualitäten offenbart sich in der subjektiven Beseelung der Werke und ihrer mehr persönlichen als lokal oder zeitlich bestimmten Eigenart der Geist dieser vom Einzelmenschen und seinem lebendigen Ich bestimmten Zeit“ (124f.).

Verklärt wurde im Rahmen dieser starken Strömungen dann vor allem der politische Widerstand Athens gegen Makedonien, jene „auf die innere Erneuerung der Politik ausgehende Reaktion, die mit ernstem Pathos nach Wiederbelebung des Gemeinsinns, der Bürgertugenden, der alten Opferwilligkeit verlangte. Sowenig diese reflektierende Bewegung nun auch den Marathongeist in die veränderten Menschen hineinzuzaubern vermochte, so sehr sie den Zulauf, den sie in der Folgezeit erhielt, mehr jugendlich blinder Begeisterung als tiefem Patriotismus und klarer Einsicht verdankte, es verklärt sie doch eine Glorie, und dem scheinbar nutzlosen Opfer, das sie brachte, hat wenigstens der Lohn ewigen Ruhms nicht gefehlt. Ihr ist es zu danken, daß auch das Ende der griechischen Freiheit den großen und beispielhaften Zug alles Hellenischen trägt. Nicht kläglich ist des Perikles strahlende, veilchenbekränzte Stadt dahingesunken, mannhaft kämpfend hat sie ihr Leben verloren. Das gibt auch der Persönlichkeit des Demosthenes, so bedenklich sie in ihrem nervösen Fanatismus und manchen moralischen Schwächen sich darstellen mag, den Glanz des Vorkämpfers einer großen Sache und seinen prachtvoll schäumenden Reden hohen Klang für alle Zeit" (148).

In der Alexanderpartie, welche „Die Begründung des Hellenismus" einleitet, wird erneut die alte Faszination sichtbar: „Sein Gesicht war das des unerklärbaren Genius" (169). – „Mit seiner unvergleichlichen Persönlichkeit, dem unerhörten Aufstieg und jähen Abbruch seiner Lebensbahn wirkte er nicht bloß wie große Männer vor ihm als einer von mehreren die Zeit bestimmenden Faktoren; er selbst war zum Gesetz der Geschichte für Hellas und die vorderasiatischen Länder geworden. Dem schaffenden Genius schien die Welt anheimgegeben und in ihr das Griechentum, dessen politische Ordnungen überschattet wurden von seiner völkerbezwingenden Macht" (216f.).

Aus dem Banne des toten Königs aber trat dann „eine erstaunlich große Zahl gewaltiger Tatmenschen ans Licht. Sie ließen ihre urwüchsige makedonische Kraft und Herrschaftsgier in unaufhörlichen Kriegen aneinander aus, Kämpfen, in denen sie selbst todesmutig stritten und fielen, als ginge es um ritterliche Agone. Den Kampfpreis aber bildeten Städte, Länder und Völker, deren Leben und Gedeihen am Ausgang des wilden Spieles der Recken hing" (218). Die Ausbildung der hellenistischen Welt war so für Berve identisch mit „einem politischen Kräftespiel von unerhörter Größe", mit dem „dynamischen Wirbel einer gärenden, zukunftsträchtigen Zeit" (237).

Das 3. Jahrhundert v. Chr. beschrieb Berve denn auch folgendermaßen: „Es ist ein ungemein reiches und bewegtes Bild, welches das griechische Leben dieser Zeit dem Auge des Betrachters bietet, denn der Differenzierungsprozeß des vorausgehenden Jahrhunderts hat seinen Fortgang genommen, so daß – ganz abgesehen von den lokalen Verschiedenheiten – Mannigfaltigkeit, Buntheit und innere Gegensätzlichkeit des Daseins gewachsen, seine Spannungen vermehrt, seine inneren Widersprüche gesteigert worden sind. An die Stelle der statischen Sicherheit früherer Zeiten ist eine ruhelose Dynamik getreten, die das Leben zwischen den Extremen hin- und herwogen läßt: Einzelmensch und formlose Masse, intime Zurückgezogenheit und ausladender Tatendrang, Weltlust und Weltflucht, Prunk und Selbstbescheidung, furchtbare Brutalität und philanthropische Bildung stehen unvermittelt nebeneinander. Schöpfungen, die nach Art der klassischen als schlechthin repräsentativ gelten könnten, sind von einer solchen Epoche nicht zu erwarten; die Kunstwerke werden bestenfalls eine charakteristische Seite des in seiner Vielfalt nicht zu gestaltenden Zeitgeistes hervorkehren" (258).

Die Schilderung der politischen Auflösung des Griechentums im 2. und 1. Jahrhundert v. Chr. ließ Berve dann in einem mächtigen Finale ausklingen: „Im Dienst fremder Völker und Kräfte, die es zu Bewußtsein, zu Entwicklung und Gestaltung ihres eigenen Wesens und durch die Verbindlichkeit seiner menschlichen Werte zu Trägern einer Weltzivilisation erzog, wirkte das griechische Volk weit über seinen politischen Untergang hinaus. Mit dieser einzigartigen Bildungstat starb es dahin, getreu dem Gesetz, nach dem es angetreten.

Es gibt noch eine zweite griechische Geschichte, das ist die Geschichte des griechischen Geistes, wie er die abendländische Welt durchdrungen, wie er Völker, Staaten und Religionen, wie er den europäischen Menschen gebildet hat. Sie zieht durch die Jahrtausende hin und ist noch nicht am Ende, wird nicht am Ende sein, solange es eine abendländische Menschheit gibt. Wir denken in den Kategorien, wir messen an den Gestalten, wir leben unter den Daseinsgesetzen der Griechen; der organische Verlauf ihrer Geschichte ist der Rhythmus unserer historischen Existenz. Das ist ihre Erbschaft und unser Schicksal. Doch daß wir die großen Lebensfragen von ihnen beispielhaft durchgekämpft sehen, daß sie unserm hilflosen Chaos den Sinn für Wirklichkeit und den Willen zum Idealen, die Ordnung des klaren Geistes und die Schönheit der reinen Form entgegenhalten, daß wir von ihnen lernen können, uns Mensch zu fühlen und Mensch zu sein, das macht sie im höchsten Sinne zu einem führenden Volk" (374).

Die ausgewählten Mosaiksteine der längeren Zitate aus Berves Darstellung dürften deren Eigenart und Eigenwilligkeit konkret vor Augen geführt haben. Mißt man das Werk an Berves eigenen Ansprüchen, so löste es offensichtlich das Vorhaben nicht ein, die historischen Erscheinungen „nur aus ihrer Welt zu deuten". Auch diese ›Griechische Geschichte‹ enthielt vielmehr das, was Berve gerade vermeiden wollte, „Entstellungen", „die modernes Denken meist unbewußt und in noch unerschütterter Selbstsicherheit an ihnen vorgenommen hat", wie er in seinem programmatischen Vorwort zur ersten Auflage schrieb. Unter starken Gegenwartsimpulsen war hier vielmehr erneut eine idealisierende Verfremdung präsentiert, deren Einseitigkeit und Zeitgebundenheit aus der Distanz wohl klarer zu erkennen ist als zum Zeitpunkt der ersten Niederschrift des Textes, am Ende der zwanziger und zu Beginn der dreißiger Jahre.

Seit der Leipziger Antrittsrede ist Berves Fixierung auf den Staat im Rahmen der Griechischen Geschichte evident. Die Priorität des Staates, die Unterordnung des einzelnen unter den Staat, der dominierende „Wille zur staatlichen Gemeinschaft", damit die Relativierung und Zurücksetzung der Interessen von Individuum, Besitz oder Stand, waren – neben seiner Obsession durch Sparta – seine Idealvorstellungen, an deren Verwirklichung alle historischen Einheiten der klassischen griechischen Welt gemessen wurden. In diesen grundsätzlichen Überzeugungen und Wertungen Berves liegt auch der entscheidende politische Kern des Werkes, nicht im gelegentlichen Gebrauch des Rasse-Begriffs. Denn von diesem Kanon der Bewertung gesellschaftlichen und staatlichen Lebens führte, wie Berve persönlich in exemplarischer Weise belegen sollte, ein gerader Weg zur Identifikation mit dem nationalsozialistischen System.[25]

Sosehr Berves Werk Überzeugungen, Hoffnungen und Idealen des deutschen Bürgertums der Weimarer Republik entsprechen mochte, auch jenem geistigen Pathos und Zeitstil, wie sie am extremsten im Georgekreis sichtbar wurden – in der Fachkritik fand die Darstellung keine einhellig positive Aufnahme. Zwar rühmte J. Kromayer die „Darstellungskunst" des „noch jungen Gelehrten . . ., der mit lebhaften Sinnen zu empfinden und mit Enthusiasmus, vielleicht manchmal etwas überschwenglichem, die Feder zu führen versteht"[26] und pries J. Hasebroek die „künstlerische Gestaltung der Geschichte, wie sie hier gegeben wird"[27]. Doch weit schwerer wogen die prinzipiellen Bedenken und Einwände.

Zu den „Schattenseiten" von Berves Geschichtsschreibung zählte Hasebroek „die Art, worin und wie Berve die Individualität und

[25] A. Momigliano, Terzo Contributo alla storia degli studi classici e del mondo antico. Rom 1966, 707f.

[26] Historische Zeitschrift 145, 1932, 364.

[27] Gnomon 8, 1932, 349.

das Eigentümliche der bewegenden Kräfte der einzelnen ethnischen und lokalen Gestaltungen zu sehen sich bemüht. Diese Art, die ‚seelische Grundhaltung' zu erfassen – unverkennbar im Banne stehend einer heute besonders stark und zwar gerade in allen geschichtlichen Wissenschaften in den Vordergrund tretenden Tendenz, über deren außerordentliche Fruchtbarkeit kein Zweifel mehr bestehen kann – scheint mir nicht nur überspannt, sondern auch der stets mit ihr verbundenen Gefahr, zuviel sehen und hineinlegen zu wollen, zuviel rein gefühlsmäßig zu abstrahieren, in dem Maße erlegen, daß das Gewonnene einer unbefangenen Betrachtung des allein noch, auch unter Zuhilfenahme geistesgeschichtlicher Argumentationen, Erfaßbaren nur zu oft nicht standhält." [28]

Nicht zufällig richtete sich die konkrete Kritik insbesondere gegen Berves Konzeption der Ausbildung des Staates in Athen und Sparta. Hier ging selbst Kromayer, der Berves Werk im übrigen in die Nähe von Curtius und Wilamowitz,[29] aber auch von Mommsen und Treitschke[30] rückte, entschieden auf Distanz: „Es soll natürlich nicht in Abrede gestellt werden, daß es so edle Tendenzen, wie die erwähnten es sind, im damaligen Griechenland gegeben hat: nämlich bei einzelnen der Edelsten und Besten. Daß aber ganze Stände aus Gerechtigkeitsgefühl auf ihre Vorteile verzichtet hätten, das zu glauben fällt uns zu schwer angesichts der elenden Lage des attischen Kleinbauerntums vor Solon und besonders der mit empörendster Brutalität behandelten spartanischen Heloten. Wenn es in Attika nicht zur Revolution, sondern zu einem Kompromiß gekommen ist, so wird nüchternere Betrachtung das nicht ethischen Erwägungen, sondern einem ungefähren Gleichgewicht der Kräfte, die das Äußerste zu meiden riet, und der klugen Vermittlung des Solon zuschreiben müssen, und wenn in Sparta die Ungleichheiten im Herrenstande beseitigt wurden, der zwingenden Notwendigkeit, diesen Herrenstand innerlich so stark zu machen, daß er durch den Druck der mehr als sechsmal stärkeren Sklavenschicht nicht in die Luft gesprengt werden konnte. Dieser Staat ist nicht die ‚absoluteste Form hellenischer Staatsbildung' und nicht der ‚griechischeste' in der griechischen Staatenwelt (S. 263), sondern mit seiner Knech-

[28] A. O., 340.
[29] Historische Zeitschrift 145, 1932, 367.
[30] Historische Zeitschrift 150, 1934, 20.

tung aller Individualität des Einzelmenschen eine weit von der Richtlinie des Griechentums abbiegende Abnormität."[31] Ganz ähnlich klingt Hasebroeks Zurückweisung der „outrierten, fast manierierten Form"[32] von Berves Charakterisierung des Doriertums und seine Polemik gegen dessen ahistorische Konstruktion der Entstehung des griechischen Staates: „Ein stärkeres Hinweggleiten über alle im Realen liegenden historischen Probleme des großen gesellschaftlichen Wandlungsprozesses zugunsten blutleerer idealisierender Theoreme scheint mir nicht möglich."[33]

[31] Historische Zeitschrift 145, 1932, 365f.

[32] Gnomon 8, 1932, 343.

[33] A. O., 347. – Hasebroek konkretisierte sein Verdikt so: „Der ganze Klassenkampf verschwindet bei B., der doch in der gesamthellenischen Welt allein zum neuen Staat führte und den auch die griechische Tradition selbst (auch Solon spricht doch denkbar laut von ihm) allein als Ursprungsphase des neuen Staates angesehen hat und zwar in der Weise, daß sie durchaus richtig die schweren Schuldgesetze und die Knechtung der freien Bauern als Grund für die Erhebung des Demos nennt. Und gerade hier wäre es geboten gewesen, gleichsam an einem Kardinalpunkt das spezifisch Hellenische der ganzen Entwicklung zu betonen, die Tatsache, daß nicht wie in der mittelalterlichen Stadtrepublik die Demokratisierung eine gewerbepolitische ist, sondern daß der hellenische Klassenkampf, entsprechend der eigenartigen Struktur der von ihm getragenen Gesellschaft und Wirtschaft, im fundamentalen Gegensatz zur abendländischen Welt von Anfang an der Kampf des Adels gegen die Bauern als Schuldner und depossedierte Schuldknechte ist. Nur aus diesem Kampf geht überall die Zensustimokratie hervor, die Aufnahme des in die Phalanx . . . jetzt neben dem Adel eingereihten Bauerntums in politische Rechte entsprechend geleisteten militärischen Pfllichten, d. h. entsprechend dem Besitz, denn alle Wehrpflicht ruht auf der Selbstequipierung des Einzelnen. B. spricht lediglich vom ‚rationalen Maßstab einer zahlenmäßig normierten Höhe des Besitzes' (138), der jetzt statt vornehmer Geburt den Zutritt zu den Würden regelt, von der ‚Formung nach Menschenmaß' (216) und vom ‚Gleichheitsstreben des besitzlosen Demos' (236). Wer möchte glauben, daß die Beseitigung der Hörigkeit, Kodifizierung des Rechts, Neuverteilung des Bodens lediglich aus einem ‚tiefen, aufbauenden Willen zur Gemeinschaft, ruhend auf einem letzten hellenischen Verlangen nach Gleichheit aller' (149) resultierten." A. O., 347f.

IV

Neben den Vorbereitungen der ›Griechischen Geschichte‹ und einer Vielzahl weiterer Aktivitäten, die später zu besprechen sind, brachten Berves Leipziger Jahre eine erstaunlich komplexe wissenschaftliche Produktion. In rascher Folge erschienen damals seine Arbeiten über ›Sertorius‹ (1929) und ›Sulla‹ (1931), ›Kaiser Augustus‹ (1934), ›Zum Monumentum Ancyranum‹ (1936), ›Fürstliche Herren zur Zeit der Perserkriege‹ (1936), ›Miltiades‹ (1937), ›Sparta‹ (1937), ›Thukydides‹ (1938), ›Perikles‹ (1940), ›Imperium Romanum‹ (1943). Diese vielgestaltige griechisch-römische Reihe wird von einem Generalthema beherrscht, das immer wieder durchbrach: Es ging Berve vor allem um die Erfassung und um das Verständnis jener aristokratischen Persönlichkeiten oder der sich aus der Aristokratie lösenden Staatsmänner, die in Krisenzeiten die jeweilige Politik bestimmten und neue Ordnungen ihrer Staaten vorantrieben oder festigten.

Dieses Thema war bereits, wie schon ausgeführt wurde, ein entschiedener, freilich auch umstrittener, persönlicher Akzent der ›Griechischen Geschichte‹, und von diesen herausragenden aristokratischen Erscheinungen führte dann später auch ein direkter Weg zu den Tyrannen in Berves Alterswerk. In der für einen breiteren Leserkreis geschriebenen Arbeit ›Fürstliche Herren zur Zeit der Perserkriege‹[34] griff Berve seine leitenden Ideen noch einmal mit hohem Pathos auf. Im Anschluß an eine Skizze der griechischen Adelsgesellschaft, wie sie Pindar, Bakchylides und Simonides feierten, formulierte er die eigene Konzeption: „Kein bloßes Wunschbild war diese lichte Sphäre, das sich Dichter in Abwendung von einer nüchternen, schwierigen Gegenwart schufen, sondern es leuchten dort wirklich die großen Werte des griechischen Menschen, ehe das Gestirn der Polis seinen Aufstieg begann. Wie dem Sterben geweihtes Leben vor dem Ende noch einmal seine ganze Süße kosten läßt, so strahlt die sinkende Adelswelt in ihren letzten Repräsentanten, den herrscherlichen Einzelmenschen, einen Glanz aus, der blendender kaum je ausgestrahlt war. Und doch bereiten eben diese Männer, die Stolz und Sitte des Adels so prachtvoll zur

[34] Die Antike 12, 1936, 1–28. Geringfügig veränderter Abdruck in: Gestaltende Kräfte der Antike. München ^{2}1966, 232–267.

Schau tragen, dem Adel als Stand, als Gesellschaft, als Staat das Ende. Sie sind es, die den niederen Volksschichten und mit ihnen einem andersartigen Geist und Glauben Eintritt in den geschlossenen Kreis gewähren, den der griechische Staat seiner Natur nach darstellt. Es sollen gewiß die volksbiologischen, geistigen, wirtschaftlichen Faktoren, die das Ende der Adelszeit bedingten, nicht gering geschätzt werden, . . . aber im adligen Einzelmenschen erst, der die Bindungen seines Standes abwirft und mit Kräften, die aus dem Boden seines Standes kommen, diesen selbst bekämpft, gewinnen die dumpf drängenden Mächte des Demos Form und Aktivität. Er, der Einzelmensch, verhilft den aufstrebenden nichtadligen Volksteilen zum Siege, den sie ohne seine Führung nicht erringen könnten."[35]

In solchem Rahmen untersuchte Berve die „dynastischen Herren" der Zeit der Perserkriege und deren Verhältnis zum sich festigenden Staat, Kleisthenes, Miltiades, Themistokles, Kimon in Athen, Kleomenes, Demaratos, Pausanias in Sparta. Sein Ergebnis lautete: „Entfesselt bricht aus ihnen (sc. den ‚fürstlichen Männern') eine ungeheure Gewalt des Egoismus, der Brutalität und Herrschsucht, großartiger Tatkraft und erschreckender Vermessenheit aus, jener wilden Urkräfte des Griechentums, die sich zum Gegengewicht die strenge und feste Form erzeugten. Sie wächst diesen gesetzlosen Menschen, zum mindesten in Athen und Sparta, entgegen im Gesetz einer geschlossenen und unerbittlichen staatlichen Gemeinschaft, das sie fesselt oder vernichtet. So entsteht im politischen Bereich die Welt des klassischen Griechentums. Und sie selber, die fürstlichen Herren, sind es gewesen, die dieser neuen Welt den Weg bereitet haben. Denn erst durch ihre Führung gewann der Demos Stoßkraft, unter ihrem Befehl schlug Hellas den Perser zurück, was es ohne sie schwerlich vermocht hätte. Sie schufen Athen die Seeherrschaft, errangen Sparta den Ruhm der Unbesiegbarkeit und stärkten noch in ihrem Untergang durch den Fluch, den sie auf sich luden, Kraft und Bewußtsein des neuen Staates. Das ist die Tragik ihrer Erscheinung, die gleiche Tragik, die uns in mythischem Gewand an den Gestalten des Aischylos begegnet, der als Zeitgenosse das Schicksal aller dieser Männer erlebte. Wie die Titanen vom Blitz des Hüters der Weltordnung Zeus in den

[35] A. O., 8.

Tartaros geschleudert werden, so zerschellt die gesetzlose Kraft der fürstlichen Herren an der gottgewollten Ordnung des Staates, dem neuen Nomos der Hellenen."[36]

In denkbar engem Zusammenhang mit den ›Fürstlichen Herren‹ steht Berves ›Miltiades‹-Studie aus dem Jahre 1937.[37] Auch in dieser quellenkritischen Arbeit distanzierte sich Berve bewußt von der vorherrschenden verfassungsgeschichtlichen Betrachtungsweise, gab Herodot den Vorzug vor Aristoteles, so daß seine wohlfundierte Untersuchung des Wirkens des älteren und des jüngeren Miltiades, der attischen Kolonisation am Hellespont, der Maßnahmen des Miltiades auf der Chersones wie der Politik des Miltiades in Athen zur Zeit des Perserkrieges auf weiten Strecken primär zu einer scharfsinnigen Herodot-Interpretation geriet.

Im Rahmen einer damals neu gegründeten Reihe ›Auf dem Wege zum nationalpolitischen Gymnasium. Beiträge zur nationalsozialistischen Ausrichtung des altsprachlichen Unterrichts‹ entrichtete Berve ein Jahr später Thukydides ebenso seinen Tribut wie den nationalsozialistischen Bildungszielen, die er weitgehend bejahte und mit denen er sich identifizierte. Seine Analyse galt Thukydides als Forscher wie als Künstler und als politischer Denker. Mochte es dabei an kritischen Bemerkungen nicht fehlen, so wußte Berve doch zu rühmen, daß sich bei Thukydides „ein Überzeugtsein von der natürlichen Gesetzmäßigkeit des historischen Geschehens (findet), das oft in frappanter Weise an Gedanken erinnert, wie sie Adolf Hitlers Werk Mein Kampf durchziehen."[38]

War Perikles schon in der ›Griechischen Geschichte‹ idealisiert worden, so erst recht in der Leipziger Rektoratsrede des Jahres 1940.[39] Berve sah in ihm „den zeitlich letzten dieser adligen Führer" Athens, einen Demagogen, der „dreißig Jahre lang bis zu seinem

[36] A. O., 28.

[37] Miltiades. Studien zur Geschichte des Mannes und seiner Zeit. Berlin 1937 (Hermes. Einzelschriften, 2). – Die Gegenposition bezog H. Bengtson, Einzelpersönlichkeit und athenischer Staat zur Zeit des Peisistratos und des Miltiades. Sitzungs-Berichte der Bayer. Akademie der Wissenschaften, Phil.-hist. Kl. 1939, 1.

[38] Thukydides. Frankfurt am Main 1938, 49.

[39] Im folgenden zitiert nach: Gestaltende Kräfte der Antike. München ^{2}1966 268–289. – Zu den Retuschen B. Näf, Von Perikles zu Hitler? Bern 1986, 163.

Tode" von einem klaren Staatsgedanken erfüllt war: „Dieser Gedanke aber war, das Volk der Athener in allen seinen Schichten politisch zu aktivieren und zu einer wahren staatlichen Lebensgemeinschaft zusammenzuschweißen. Was in anderen hellenischen Gemeinwesen auf den engen Kreis der Besitzenden beschränkt blieb, das sollte in Athen von der ganzen Breite des Volkes getragen werden" (270f.). Der „neue, unerhörte Geldbedarf" zur Finanzierung des perikleischen Konzepts aber konnte nur auf eine einzige Weise gedeckt werden: „durch Machtentfaltung sich gewaltsam von außen die Mittel zur Verwirklichung des politischen Lebens des ganzen Volkes zu verschaffen". Nach Berve läßt die Konsequenz, mit der „die materielle Basis für die rechte Erfüllung des demokratischen Staatsgedankens" gelegt wurde, „keinen Zweifel daran, daß ein starker, zielbewußter Wille am Werke war, der kein anderer gewesen sein kann als der des neuen Führers der städtischen Menge, des Perikles" (272).

Die athenische Machtpolitik jener Jahrzehnte wird von Berve bewundernd geschildert; zugleich ist er fasziniert „von der schier unbegreiflichen geistigen Fruchtbarkeit dieser Generation. Und es bestätigt sich wieder einmal die Erfahrung, daß es weniger die Zeiten spannungsloser Ruhe als die Epochen allgemeiner Bewegung sind, in denen die höchsten Leistungen von einzelnen hervorgebracht werden" (274). Eindrucksvoll zeichnete Berve die Entwicklung des Perikles „zum Politiker großen Stils" nach, rühmte dessen „dämonische Macht der Menschenführung" (276), die „rhetorische Virtuosität" ebenso wie „das hohe Ethos eines großen, schicksalumfangenen Menschen" oder „die bezwingende Gewalt der überlegenen Persönlichkeit" (279).

Vom Ausbau der Akropolis führte der Weg zu einer wahrhaften Apotheose des Politikers Perikles: „Er, der mit Pheidias und den anderen Meistern in vertrautem Umgang stand, war aufs tiefste mit den Werken verwachsen, in denen sich das Wesen Athens, seines, von ihm selbst zur Vollendung geführten Athens, in seinem ganzen inneren Reichtum darstellte. Hier rühren wir an das letzte Geheimnis des Menschen und Staatsmannes Perikles. Er trägt Athen in sich, verkörpert es in seiner Person mit einer Vollkommenheit, daß der Mann und sein Volk ineinander aufzugehen scheinen und man nicht mehr zu sagen vermag, wieweit von diesem, wieweit von ihm die wesentlichen Impulse ausgehen" (284).

Doch sosehr Berve die perikleische Zeit Athens rühmte als „jene unvergleichliche Epoche, von deren erhebendem Anblick das Abendland nicht loskommt und niemals loskommen wird" (289), weitaus folgenschwerer sollte im nationalsozialistischen Deutschland seine Idealisierung Spartas werden, die sein erstmals 1937 erschienenes, 1944 noch einmal nachgedrucktes ›Sparta‹-Buch in weiteste Kreise trug.[40] Auch hier ging Berve von den Zusammenhängen zwischen der Gestalt der Landschaft und der Formung des Lebens aus. In seiner Beschreibung des Eurotastals hieß es: „Zwar waren damals, wie überhaupt in der Antike, die Gärten noch nicht mit Orangenbäumen bepflanzt, aber die beglückende Üppigkeit der Vegetation im Tal und die öde Kahlheit des aufstrebenden Gebirges boten gewiß keinen geringeren Kontrast als heute. Es ist nicht Zufall, daß just in dieser Landschaft der großen Gegensätze von milder Schönheit und übermenschlicher Härte eine Lebensordnung von Unerbittlichkeit gegenüber dem weichen Genuß und einem steilen Willen zur Erhebung menschlichen Seins in eine höhere Sphäre verwirklicht worden ist" (13).

Die von Berve schon früher emphatisch gestaltete Bewunderung Spartas wurde jetzt noch weiter getrieben und erfüllte bereits das Einleitungskapitel über die Einwanderung der Lakedämonier, das so abgeschlossen wurde: „Zu einer blutmäßigen Vermischung der Einwanderer mit der ansässigen Bevölkerung ist es dagegen weder in der ersten Zeit, als die Gegensätze der Herkunft und die Tatsache der gewaltsamen Unterwerfung von beiden Teilen unmittelbar empfunden wurden, noch später, als aus dem Verhältnis von Siegern und Besiegten sich dasjenige von Herr und Knecht ergab, gekommen, dazu war der Geist der Dorier zu aristokratisch exklusiv, ihr Instinkt zu rein und stark. So sind die Unterworfenen, mochten sie auch den dorischen Dialekt ihrer Bezwinger annehmen und sich insofern nicht mehr von ihnen unterscheiden, doch niemals zu Doriern geworden. Zwei Schichten hat es in Lakonien bis zum Zusammenbruch des Staates der Lakedämonier gegeben: die dorische Stammeseinheit und, von ihr unwiderruflich getrennt, die Unterworfenen, die Heloten. Die absolute Härte, mit der diese Zweiheit aufrechterhalten wurde, hat den Lakedämoniern und besonders

[40] Leipzig 1937. ^{2}1944. – Wiederabdruck in: Gestaltende Kräfte der Antike. München ^{2}1966, 58–207.

ihrem Adel eine schlechthin einzigartige Reinheit der Stammesart, Einheitlichkeit der Gesinnung und damit höchste Geschlossenheit nach außen bewahrt. Hier, wenn irgendwo, konnte daher der Geist der nordischen Einwanderer, der in so vielen Zügen sich germanischem Wesen verwandt zeigt, die ideale Form des Lebens verwirklichen, die in ihm von Natur angelegt war. Nicht in stiller Abgeschiedenheit ist das geschehen, so entschieden der Kranz der Gebirge das lakonische Land umschloß, sondern in der Welt der harten Realitäten. Denn kein Idyll ist Sparta gewesen, sondern ein Stück wahrer, leibhaftiger Geschichte des Volkes der Hellenen" (16f.).

In der spartanischen Lebensordnung, dem „Kosmos", der von den Messenischen Kriegen bis in das 4. Jahrhundert v. Chr. bestand, sah Berve in erster Linie „die Selbstformung des Adels" (35). Die neue Gestaltung des Gemeinschaftslebens zählte er „zu den ganz großen, ewig beispielhaften Schöpfungen des Hellenentums . . . Sie lehrt zugleich, daß es nicht bloß Kriegsnot, sondern ein sittlicher, aus den letzten Tiefen des dorischen Wesens quellender Wille war, der, aufgerufen durch die äußere Gefahr des Augenblicks, eine dauernde Form schuf" (36f.).

Diktiert aber wurde diese Form durch das Selbstverständnis des dorischen Adels, das Berve folgendermaßen bestimmte: „Denn wie in der Tempelform, die nicht ohne Grund die dorische heißt, das Gesetz des Ganzen den einzelnen Baugliedern ihr Lebensrecht gibt, so empfindet der dorische Adel in Sparta, anders als der individualistischer gestimmte Jonier, den einzelnen jetzt durch die Ordnung des Ganzen gerechtfertigt, nur als Glied des Ganzen wertvoll . . . Einem Orden gleich, dem der geformte spartanische Adel weit eher ähnelt als einem modernen Staat, strebt die Gemeinschaft der edlen Männer danach, ihr Gesetz zu verwirklichen, das göttliche Fügung aufgerichtet hat, und dieses Gesetz verlangt Kriegertum auch ohne Kriege, Enthaltsamkeit auch ohne Zwang der Verhältnisse, Gleichheit trotz der tatsächlichen Ungleichheit der einzelnen, ihrer Herkunft und ihres Besitzes" (38f.).

Kritik an der Inhumanität des spartanischen Systems findet sich bei Berve nicht. Zur „Großartigkeit dieser Schöpfung" gehört für ihn auch, daß jener Neugeborene, der als „unbrauchbar" beurteilt wird, in einer Schlucht des Taygetos ausgesetzt wurde (39). Dem Kosmos dient die Päderastie wie alle Institutionen des Erziehungswesens. In allem dominiert ein „Wille zur Enthaltsamkeit, wie wir ihn ähnlich in den Ritterorden des Mittelalters finden, ein Wille, der die adlige Selbstzucht zur selbstlosen Hingabe an eine asketische, doch eben darum dem Dasein der Masse weit überlegene Lebensordnung gesteigert hat. Bändigung der Triebe und ihre Einfügung in die nur eine Zielrichtung frei lassende Gemeinschaftsform schafft hier wie dort einen Typus des Herrenmenschen, der in demselben Maße sein Ansehen steigert, in dem er die Bedürfnisse und Wünsche natürlicher Menschlichkeit unter sich läßt" (44f.).

Auf Grund solcher Einstellungen und Überzeugungen deutete Berve dann auch den Untergang des Leonidas und seiner Schar bei den Thermopylen folgendermaßen: „Denn nicht darin, daß sie gleich den Thespiern den väterlichen Boden verteidigend fielen oder in Verzweiflung über das sichere Schicksal der Heimat lieber den Tod suchten als Versklavung und Zerstörung schauten, lag ihr Heldentum, sondern darin, daß sie, fern von der Heimat, an einer Stelle, wohin der Befehl sie gestellt hatte, aushielten aus keinem anderen Grunde, als weil es so Befehl war . . . . Genützt war freilich mit dem Opfer weder Mittelgriechenland noch den Lakedämoniern selbst, deren Adelstruppe fast ein Zwanzigstel ihres Bestandes verlor, aber der mißversteht spartanische Kriegsführung und verkennt die Kräfte, welche letzten Endes Hellas über den Perser haben siegen lassen, der hier nach äußerem Nutzen fragen oder gar nach ihm werten wollte. Wie die Größe, so lag auch die Wirkung der Tat gerade in ihrer Nutzlosigkeit" (78f.). Nach solchen Sätzen dürfte einsichtig werden, warum Berves Spartabild zum Lesekanon der Adolf-Hitler-Schulen gehörte und warum diese Monographie noch in der Endphase des II. Weltkrieges nachgedruckt wurde.

In seinen Leipziger Jahren hat sich Berve nicht nur in der Lehre intensiv mit der Römischen Geschichte beschäftigt,[41] sondern auch mehrere Einzelstudien publiziert, die für sein Geschichtsbild insgesamt sehr aufschlußreich sind, zudem bisher noch nie im Zusammenhang behandelt wurden. Es ist dabei kein Zufall, daß sich alle diese Arbeiten mit der Epoche der späten Römischen Republik und der Konsolidierung des Imperium Romanum befassen, wobei einerseits die Persönlichkeiten Sullas, Sertorius' und Augustus' im Mit-

[41] A. Heuß, Nekrolog Helmut Berve, Historische Zeitschrift 230, 1980, 786.

telpunkt von Berves Interessen standen, andererseits die Probleme der neuen Strukturierung des Römischen Reiches unter dem Principat. Die von Berve gewählten Perspektiven und die von ihm getroffenen Wertungen sind dabei nur dann verständlich, wenn man die annähernd gleichzeitig gesetzten Akzente aus dem Bereich der Griechischen Geschichte mitberücksichtigt. Selbstverständlich handelt es sich dabei nicht einfach um eine banale Parallelisierung, aber die wenigstens partielle Identität der Fragestellungen und Probleme ist unverkennbar: Auch in der späten Republik konzentrierte sich Berve auf die Phänomene der Individualisierung, den Zerfall einer alten staatlichen Ordnung, die Auflösung der Aristokratie, den Aufstieg der großen Einzelnen, die Zusammenhänge zwischen der Mobilisierung geistiger Kräfte und der Begründung einer neuen staatlichen Form.

Sein Bild der römischen Aristokratie des 1. Jahrhunderts v. Chr. war dabei ausgesprochen nüchtern und kritisch: „schrankenlos bricht die bisher gezügelte Vitalität dieser von Natur harten und besitzhungrigen Adelskaste in unersättlicher Habsucht und Machtgier hervor, selten nur durch eine gewisse Selbstformung gemildert, meist mit raubtierartiger Wildheit und ohne Bändigung von außen oder von innen. In den Kreis dieser entfesselten, aber noch sehr wurzelfesten Römer gehört Sulla; er ist ihr größter Repräsentant. Mit ihnen teilt er die echt römische realistische Sinnlichkeit, die sich in der Freude an drastischen Schaustellungen, in Neigung zu genießerischer Muße und nicht zuletzt in Ausschweifungen äußert; gleich ihnen zeigt er eine angeborene Härte und Unerbittlichkeit, die zu kalter Grausamkeit entartet; wie sie steht er noch im Banne einer mehr rituellen als innerlichen Religiosität, die nur in dem gleichsam privaten Verhältnis zu einer besonderen Gottheit erkennen läßt, daß auch sie von den individualistischen Tendenzen der Zeit berührt wurde.“ [42]

Berves Sulla-Bild war sehr zwiespältig. Die „Sinnlichkeit seiner vitalen Natur“ (376) schien ihm zu imponieren; das Selbstverständnis des ‚Epaphroditos‘ hat er verständnisvoll erfaßt. Aber da Sulla „die fortschreitende Hellenisierung von Angehörigen der herr-

[42] Sulla, in: Gestaltende Kräfte der Antike. München ²1966, 375–395, hier: 382 (Erstpublikation in: Neue Jahrbücher für Wissenschaft und Jugendbildung 1931).

schenden römischen Schicht" nicht akzeptierte, blieb er „unmenschlich in jedem Sinn" (384). „Der Mann, der es unternahm, dem Staat seine Ordnung wiederzugeben, und der sich mit dem Auftrag, ‚Gesetze abzufassen und die Res publica herzustellen', das Amt des Diktators übertragen ließ, war selbst gesetzlos und von einer Willkür, die weder durch verbindliche Traditionen noch durch humane Selbstformung gebändigt wurde" (394). Nach ihm handelte es sich hier um „die geschichtlich einzigartige Erscheinung eines skrupellosen Machthabers, der doch für seine Person keine dauernde Macht erstrebte, eines Reaktionärs, der doch dem künftigen Staatsbau Werksteine zubereitete, eines entarteten und doch auch wieder so wurzelfesten Römers" (395).

Entstand Berves Sulla-Porträt als Gegenbild zur Darstellung Theodor Mommsens, so provozierte ihn bei seiner Sertorius-Studie[43] offensichtlich die sehr positive und idealisierende Sicht der *communis opinio*, die seit den rühmenden Urteilen Niebuhrs wie Mommsens dominierte und zuletzt noch von A. Schulten[44] innerhalb weitester Perspektiven erneuert worden war. Gingen dabei die Vorgänger in der Regel von Plutarchs Angaben aus, der seinerseits wiederum auf Sallust fußte, so hielt sich Berve an jenen Überlieferungsstrang, der bei Appian vorliegt. Sertorius galt ihm deshalb lediglich als „glänzender Condottiere"; im übrigen war er für Berve ein Hochverräter, der seine eigenen Interessen absolut setzte, somit alles andere als der große Initiator eines iberisch-römischen Reiches.

Die intensive und umfassende quellenmäßige Fundierung von Berves Studien zur römischen Geschichte belegt am eindrucksvollsten die Untersuchung ›Zum Monumentum Ancyranum‹[45], in der er gegen Mommens Interpretation des 34. Kapitels der ›Res Gestae Divi Augusti‹ ein neues Verständnis jener für die Genese und die Selbstdarstellung des augusteischen Principats wichtigen Stelle durchzusetzen suchte. Nicht weniger anspruchsvoll war das sehr persönliche Gesamtbild ›Kaiser Augustus‹, das er 1934 als Insel-Bändchen für einen weiteren Leserkreis publizierte.[46] Berve holte

[43] Sertorius, Hermes 64, 1929, 199–227.

[44] A. Schulten, Sertorius. Leipzig 1926.

[45] Hermes 71, 1936, 241–253. Nachdruck in: W. Schmitthenner (Hrsg.), Augustus. Darmstadt 1969, 100–117.

[46] Nachdruck in: Gestaltende Kräfte der Antike. München ^{2}1966, 396–447. Danach wird hier zitiert.

dort weit aus, um die Krise der späten Republik und die „Auflösung des herrschenden Standes" zu vergegenwärtigen: „Nicht von ihm, der bloß noch verstand, mit verbissener Zähigkeit seine überkommene Stellung zu verteidigen, nur von den aufstrebenden Zeitkräften konnte Hilfe und Besserung kommen. Diese Zeitkräfte aber lagen im Einzelmenschen . . ." (401).

Ganz in der Tradition Wielands[47] betonte Berve zunächst den tiefen Kontrast zwischen dem jungen Octavian und dem späteren Augustus: „Staunend, fast schaudernd gewahrt man die unbeirrbare Zielsicherheit, die überlegene Ruhe und eisige Willenshärte des Jünglings, doch vergebens sucht man nach einem menschlich warmen, sittlich erhebenden oder auch nur jugendlich hinreißenden Zug." Nach weiteren kritischen Äußerungen fährt Berve fort: „Die erhabene Gestalt des späteren Kaisers läßt vergessen und wollte vergessen lassen, welches Bild einst der Jüngling den Zeitgenossen bot. Aber hatte der Politiker Augustus Grund, der nachgeborene Historiker hat keinen Grund, jene brutale Jugendzeit zu verleugnen. Denn die Geschichte lehrt, daß nicht Schönheit und Tugend, nicht Menschlichkeit und lichter Idealismus, ja nicht einmal der heldische Geist, so herrlich er den einzelnen und ein Volk verklären kann, die erfolgverheißenden Züge im Wesen eines werdenden Staatsmannes sind, sondern dies, daß er von Anfang an sich in den wildesten Stürmen zu behaupten und mit entgegenstehenden Kräften fertig zu werden weiß" (405f.).

Als kennzeichnend für die Persönlichkeit des jungen Octavian sah Berve daneben „die ruhige, weder von starren Dogmen noch von schäumenden Gefühlen beeinträchtigte Tatkraft, das mehr stumm Vordringende als glanzvoll Siegende seiner Politik, die unpathetische Nüchternheit endlich und der starke Realismus seiner Natur" (408). So konventionell diese Züge geschildert wurden, so singulär und zudem widerspruchsvoll war Berves Konstruktion eines „Neurömertums", dessen politische Bedeutung der „wahre Staatsmann" Octavian erkannt haben sollte (409) – obwohl man dann wenige Seiten später lesen kann, daß „der neurömische Gedanke, in dessen Namen der Kampf des lateinischen Westens gegen den hellenistisch-orientalischen Osten geführt werden sollte, . . . bisher noch zu wenig Wurzel gefaßt (hatte), als

[47] I. Stahlmann, Imperator Caesar Augustus. Darmstadt 1988, 22f.

daß er beseelend und wahrhaft zusammenschließend hätte wirken können" (414).

Berves Konstruktion setzte „die republikanisch Gesinnten" und die „hellenisierten" Römer weithin gleich. Es ist sicher richtig, daß sich die Auswirkungen des hellenistischen Bildungsprozesses auf „nicht allzu viele" Personen erstreckten. Wenig überzeugend aber sind die Konsequenzen, die Berve daraus zog, und die Verbindungen, die er herstellte: „Die anfangs von den Römern, die ihr zuneigten, mehr philosophisch als praktisch genommene Lehre der Stoa oder verwandter Schulen mit ihrer Forderung nach freiwilliger Einordnung des einzelnen in die vernunftgemäße Weltordnung, ihrem Pflichtbegriff und der entschlossenen Absage an Willkürherrschaft und unbeschränkte Monarchie war eine fruchtbare Verbindung mit den Resten altrömischer Gesinnung und dem durch Cäsars Diktatur entflammten republikanischen Abwehrwillen eingegangen. Aus Gegenwartskräften aufsteigend und doch geschwellt von Traditionen aus Väter Zeit, in deren Bild allein sich römischem Empfinden Ideale verbindlich darbieten konnten, stellte dieses Neurömertum eine bedeutsame geistige Bewegung dar, mit der der wahre Staatsmann rechnen mußte. Octavian erwies sich zum ersten Male als ein Staatsmann großen Stiles durch die Art, wie er mit ihm rechnete" (409).

Es ist verständlich, daß ein primär im Banne des Griechentums stehender Historiker die Bedeutung eines römischen Humanismus für die Politik Octavians aufzuzeigen suchte. Doch hier war Berve zu weit gegangen. Seine intellektuelle Hypothese konnte weder den tiefen italischen Kräften und Interessen in allen Bevölkerungsschichten gerecht werden, die Octavian in der Auseinandersetzung mit Antonius für sich zu mobilisieren verstand, noch den Ideologemen, die er für diesen Kampf konsequent einhämmern ließ. Berves „Neurömertum"-Konstruktion hat sich deshalb auch nicht durchgesetzt. Er selbst freilich sah auch noch die Idee des Imperium Romanum von diesem „Neurömertum" her bestimmt: „Hellenistisches Weltherrschaftstreben, wie es Alexander, aber auch Cäsars ruhelosen Geist beseelt hatte, wollte mit der eigenen herrscherlichen Macht den vermeintlichen Rahmen der Welt ausfüllen und verlor sich darum ins Grenzenlose; die römische Idee, die aus dem von Augustus gestalteten Reiche aufstieg, bestimmte umgekehrt die Welt nach den Grenzen des Imperiums und negierte sozusagen alles, was jenseits dieses Kreises lag. Es ist dies einer der stolzesten Gedanken, welche das Neurömertum hervorgebracht hat, ein Gedanke zugleich, der in besonderem Maße für die innere Kraft dieser Bewegung zeugt" (433).

Diesem „Imperium Romanum" galt der am 29. Oktober 1942 bei der Gründungsfeier der Deutsch-Italienischen Gesellschaft Leipzig gehaltene Vortrag,[48] ein Vortrag, der im Banne jenes Zieles stand, „das der Geist des Faschismus und die Tatkraft des Duce vor dem Volke Italiens aufgerichtet hat: der Begründung eines machtvollen italienischen Imperiums" (3). Berve skizzierte hier jene Kräfte und Werte, denen die Römische Republik die Herrschaft über den Mittelmeerraum verdankte, sodann die Entstehung, die Struktur und die Leitidee des Imperium Romanum, zuletzt auch noch die Ursachen von dessen Zerfall. Neben den geographischen Voraussetzungen des Imperiums, die Berve auch an anderer Stelle würdigte,[49] maß er – völlig konform mit nationalsozialistischen Kriterien – biologischen Faktoren zentrale Bedeutung bei. In „dem urgesunden Volkstum nicht nur der Römer und Latiner, sondern der gesamten indogermanischen Stämme Italiens" (4) sah er eine wesentliche Grundlage für die Erfüllung der welthistorischen Aufgabe des römischen Volkes, nicht weniger in der angeblich unbewußten „Erkenntnis der Tatsache, daß die Behauptung jeder Führerstellung eine biologische Überlegenheit des Führerstaates erfordert" (6). Umgekehrt war „ohne die völkische Substanz eines blutmäßig reinen Italikertums . . . das Imperium Romanum weder nach innen noch nach außen zu halten" (21).

Bei der Erläuterung der Triebkräfte der römischen Expansion folgte Berve Mommsen, nachdem er zuvor den bäuerlichen Grundzug wie die Borniertheit der römischen Politik dargestellt hatte. Aber Berve insistierte auch auf dem „Herrschaftsinstinkt" des

[48] Schriftenreihe der Deutsch-Italienischen Gesellschaft Leipzig, 1. Leipzig 1943. (Danach wird hier zitiert.) – Modifizierter Abdruck in: Gestaltende Kräfte der Antike. München ²1966, 448–466.

[49] Rom und das Mittelmeer (1944), Nachdruck in: Gestaltende Kräfte der Antike. München ²1966, 354–374. Dort (S. 373) wird übrigens auch Ulrich von Hassell als „feiner Beobachter welthistorischer Vorgänge" zitiert. – Von früheren Beiträgen Berves zur römischen Geschichte sind seine RE-Artikel liberalitas (XIII, 82–93 und locupletes (XIII, 949–957) aus dem Jahre 1926 und lustrum (XIII, 2040–2059) von 1927 hervorzuheben.

römischen Volkes, „der mit untrüglichem Blick alle Möglichkeiten wahrnahm, die sich für künftige Herrschaft aus den im Augenblick als notwendig erachteten Sicherungsmaßnahmen ergaben" (9). Von einer „planmäßigen Reichsbildung" konnte jedenfalls nach Berve selbst nach dem Ende des 2. Punischen Krieges nicht die Rede sein. Er konstatierte: „Noch wird man sich der geheimen Kräfte des eigenen politischen Genius nicht bewußt. Vielmehr ist die Herstellung und Erhaltung allgemeiner Ohnmacht im weiten Umkreis Italiens der bauernschlaue Gedanke, der die leitenden Männer Roms in der Zeit zwischen 200 und 150 beherrscht" (10).

Auch hier wurden dann die komplexen Rückwirkungen des immer weiteren Ausgreifens in die hellenistische Welt in der bereits bekannten Weise geschildert, insbesondere die „Entfesselung des bis dahin staatlich, religiös und sittlich-gesellschaftlich gebundenen Individuums" betont: „Mit seinem kritischen Denken und aufklärerischen Zweifeln zernagt der zu geistiger Selbstbewußtheit erwachende Einzelmensch den altehrwürdigen Glauben der Vorfahren" (12). Und auch hier wurde demgegenüber der steigende Einfluß der Ethik der griechischen Philosophie auf das Denken römischer Politiker unterstrichen. Nach Berve lehrte diese, „über Art und Aufgabe römischer Herrschaft anders (zu) denken als ihre urwüchsigen, nur auf Selbstbehauptung bedachten Vorfahren. Die staatsphilosophischen Gedanken Platons selbst und seiner Nachfolger, die Weltordnungslehre der Stoiker, ja der Geist spätgriechischen, kosmopolitischen Denkens überhaupt, lassen Herrschaft als Verpflichtung begreifen, so daß sich nun in manchen der führenden Männer des Senatsadels ein bisher unbekanntes Gefühl der Verantwortlichkeit gegenüber den untertänigen Ländern und Völkern regt. Der sehr mit Unrecht gering geachtete Pompejus hat als erster – im Gegensatz etwa zu Sulla – großartige Beispiele solcher Verantwortlichkeit gegeben, indem er gegen die Seeräuber im ganzen Mittelmeer zum Wohl aller Anwohner eine Art Reichsexekution durchführte und sich in Asien als Schützer des griechischen Elementes gegen die erstarkenden Mächte des Orients erwies, während der römischen Politik vor ihm der Gedanke einer abendländischen Solidarität gänzlich gemangelt hatte" (13).

„Die welthistorische Bedeutung Caesars" lag dann nach Berve darin, daß er als erster „daran ging, eine Reichsorganisation mit monarchischer Spitze zu schaffen". Doch erst Augustus hat „mit behutsamem, doch unbeirrbarem Wirken die großartige, Jahrhunderte durchdauernde Ordnung der Mittelmeerwelt begründet, die wir eigentlich meinen, wenn wir ‚Imperium Romanum', ‚römisches Reich', sagen". Für die Entfaltung dieser Ordnung unterstrich Berve erneut die Bedeutung der griechischen Impulse. Seine entscheidenden Sätze lauten: „So begann seit der Zeitwende ein einheitlicher Geist die buntscheckige Masse der untertänigen Völker zu umgreifen, der Geist des unter griechischem Einfluß seiner besten Kräfte bewußt gewordenen Römertums. Zum ersten Male bewährte sich an einem großen, rassenverwandten Volke die bildende Kraft des hellenischen Geistes, der, statt zu entnationalisieren, das nationale Gefühl erst zu voller Entfaltung brachte, so daß der Römer die welthistorische Sendung seines Volkes begriff und demgemäß handelte" (15f.). Gerade im Osten des Imperiums nahm – nach Berve – „die kaiserliche Verwaltung mit abendländischer Verantwortung sich jetzt gegenüber der steigenden orientalischen Flut bewußt des hellenischen Elements an" (17).

So zog Berve das Fazit: „Es hat also die römische Ordnung der Kaiserzeit dank ihrer überlegenen Sachlichkeit, ihrer vereinheitlichenden und schützenden Kraft, die allenthalben eine zivilisatorische Blüte von seltenem, noch in den Ruinen bewundernswertem Reichtum gedeihen ließ, bei den einst unterworfenen, nun aber zur Gleichberechtigung erhobenen Völkern mehr als ein bloß politisches Reichsgefühl erzeugt. Sie hat ihnen für Jahrhunderte das Bewußtsein eingepflanzt, daß die Ordnung des römischen Imperiums die Ordnung der gesitteten Menschheit sei" (19). Allein in der Entwicklung dieses Imperiums, nicht zuletzt in dessen Toleranz, ja in der Gleichgültigkeit gegenüber fremden Religionen erblickte Berve auch das „wahrhaft tragische Schauspiel, daß Rom, seitdem es an die Stelle seiner primitiven und harten, aber völkisch starken Herrschaft der republikanischen Zeit ein verantwortungsbewußtes, die Völker förderndes Reichsregiment gesetzt hat, selbst ausgehöhlt wird. Indem Italien in jeder Weise absank, die Provinzen aber im Zeichen des römischen Weltfriedens gediehen und wuchsen, wurde das Imperium mehr und mehr zu einem Körper ohne Herz. Das Gesetz des semitischen Kaisers Caracalla vom Jahre 212, die sogenannte Constitutio Antoniniana, die allen freien Reichsbewohnern das römische Bürgerrecht gab, bedeutete für das Imperium Romanum daher Vollendung und Auflösung zugleich" (21).

V

Die mit wissenschaftlichem Anspruch vorgelegten Arbeiten Helmut Berves, erst recht diejenigen, die sich an ein breiteres Publikum wandten, sind geradezu exemplarisch für die immer engere Annäherung eines ehrgeizigen und hochrangigen[50] Althistorikers der damals noch jüngeren Generation an die nationalsozialistische Ideologie. Im Falle Berves wird diese Entwicklung daneben aber auch in jenen Beiträgen deutlich, die er während seiner Leipziger Jahre zu den Problemen der Theorie, der Methode und der Funktion der Alten Geschichte veröffentlichte. Diesen Publikationen kommt in unserem Zusammenhang deswegen eine außerordentliche Bedeutung zu, weil Berve erstens in großen und einflußreichen Rezensionen hervorragender Geschichtswerke jener Jahre seine eigene, sehr persönliche Konzeption der Griechischen Geschichte zu klären suchte, zweitens, weil er damals in einer aufsehenerregenden Kontroverse mit seinem Lehrer Walter Otto die Alte Geschichte neu abgrenzen wollte und drittens, weil er in einer ganzen Reihe von Äußerungen mit programmatischem Tenor auf die grundsätzlichen Fragen der Stellung und des neuen, „zeitgemäßen" Verständnisses der Antike im nationalsozialistischen Staat einging. In der letzten Gruppe wird dabei besonders deutlich, daß Berve nicht nur von apologetischen Impulsen geleitet war, sondern sich immer eindeutiger als autoritärer Sprecher der Alten Geschichte im nationalsozialistischen Reich verstand.

Von erheblicher wissenschaftsgeschichtlicher Bedeutung sollte bereits Berves Rezension der ›Griechischen Geschichte‹ von K. J. Beloch werden.[51] In ihr spielte die konkrete Einzelkritik eine völlig untergeordnete Rolle, Berve ging es vielmehr durchgehend in erster Linie um die Erörterung allgemeiner Fragen, um das Aufzeigen von „Verschiedenheit" oder „Gemeinsamkeit" der Anschauungen (469).

[50] Die geistige Bedeutung von H. Berve und dessen Leipziger Schule ist auch von seinem wohl schärfsten Kritiker A. Momigliano nicht verkannt worden. Vergleiche dessen Chiarimento, Athenaeum 43, 1965, 441–443. – Sie wurde im übrigen auch durch die frühe Aufnahme in die Sächsische Akademie der Wissenschaften, die Auszeichnung mit dem griechischen „Erlöser-Orden" sowie durch die Verleihung der Ehrendoktorwürde der Universität Athen dokumentiert.

[51] Gnomon 4, 1928, 469–479.

Belochs ›Griechische Geschichte‹ wurde so für Berve zur Folie, vor der er seine eigene historiographische Konzeption entwickelte. Er anerkannte zunächst durchaus den hohen Rang des Belochschen Geschichtswerkes, das auch für ihn „zu den bedeutendsten Arbeiten auf dem Gebiete der alten Geschichte" zählte: „Es ist getragen von einer unerhörten wissenschaftlichen Energie, von einer Leidenschaft geradezu des Feststellens der Tatsachen, die in Methode und Art der Polemik vielfach an Fanatismus streift. Doch alle Exzesse und Geschmacklosigkeiten, an denen es nicht fehlt, treten hinter der grandiosen Leistung zurück, dieser intensiven, scharfsinnigen Durcharbeitung und neuen, ganz selbständigen Wertung des gesamten für die griechische Geschichte vorliegenden Materials. Auf solcher Grundlage ist eine bewußt komponierte und von einheitlichem Geist erfüllte Darstellung aufgebaut, die den Anspruch erheben kann, Geschichtsschreibung in höherem Sinne zu sein" (469). Im Hinblick auf das „Eruieren tatsächlicher Vorgänge oder Zustände" wurde Belochs „ungewöhnlicher konstruktiver Begabung" (470) Tribut gezollt, seine Methode als „naturwissenschaftliche" (471 f.) bewertet.

Doch unmittelbar daran anschließend erklärte Berve Belochs Setzungen für unbefriedigend und erhob gegen ihn den Vorwurf, daß ihm „der Sinn für das Einzigartige, Momentane und Zeitgebundene der Erscheinungen" fehle. „Epochen bestimmter Färbung und begrenzter Möglichkeiten gibt es für ihn nicht, im Grunde sind sich alle Menschen gleich, preisgegeben einer mehr oder weniger ‚eigentümlichen Fügung' und beherrscht in ihrem Ablauf oder in ihrem Handeln vom kalten Zwange einer allgemeingültigen Kausalität" (471 f.). Berve sprach von einer „zeitlosen Tatsachensphäre", in welcher gleichwohl „den Menschen des 4. Jh. moderne Nationalitätsideen" (472 f.) aufgezwungen wurden. Weiter bemängelte er das Fehlen der „Lokaltöne", beanstandete die „Nivellierungstendenz" (476), das Fehlen eines Organs für geistige Atmosphäre und ähnliches mehr.

Vor solchem Hintergrund fixierte er dann die Aufgabe „energischer Forschungsarbeit" in Gegenwart und Zukunft: „Sie wird, wenn sie den Standpunkt im Gegenstande selbst, nicht in der zeitlosen Sphäre einer naturwissenschaftlichen Kausalität nimmt, geschichtliche Zusammenhänge aufdecken und zugleich zahlreiche Fakten berichtigen können, die durch B.'s Konstruktionen verschoben sind. Und indem sie zugleich die einmalige Eigenart der wirkenden persönlichen und überpersönlichen Mächte an ihren markanten Äußerungen darzutun sich bemüht, wird sie wieder Farben in die moderne Gleichförmigkeit bringen, welche das bunte Leben jener reichen Zeit unter B.'s ausgleichender Hand angenommen hat" (474).

In einer ganz ähnlichen, grundsätzlichen Weise distanzierte sich Berve einige Jahre später auch vom zweiten Bande der ›Histoire Grecque‹ von Gustave Glotz, der das 5. Jahrhundert v. Chr. zum Gegenstand hatte, von einem Bande, welcher für Berve einerseits zu einer Monographie Athens, andererseits zum exemplum der französischen Geschichtsschreibung überhaupt geworden war.[52] Den Gegensatz zur deutschen Historiographie beschrieb er folgendermaßen: „Während wir gerade in neuester Zeit die politische Geschichte als die Geschichte schlechthin empfinden und als Historiker danach streben, ihre Dynamik, das Wechselspiel von freiem Willen und Zeitkräften, von Schicksal und Verantwortung mit einer Energie aufzuzeigen, die alles Beschauliche, jedes Ausruhen beim Sein der geschichtlichen Zustände als unerlaubten Aufenthalt empfindet, weil die brennende Frage nach dem Werden und Vergehen der Erscheinungen ewig weiter treibt, wird von G. mit einer Ruhe, um nicht zu sagen Behaglichkeit, ausführlich berichtet, was sich ereignet hat, was einst an Lebensformen, an Menschenwerken vorhanden war, und selbst historisch geringfügige Erscheinungen erfahren eine liebevolle Betrachtung, deren Wärme sie aufleben läßt" (179f.). Für Berve war dies alles „eben eine Monographie, keine ‚Griechische Geschichte'" (180).

Noch weitreichender waren die Betrachtungen, die Berve in seiner Rezension der Bände IV bis VII der ›Cambridge Ancient History‹ vortrug;[53] vor allem sollten sie folgenschwerer werden. Denn Berve warf hier die Frage auf, „welchen Sinn, welche geistige Berechtigung ... eigentlich eine ‚Universalgeschichte' noch hat" (66). Seine Antwort lautete: „Universalität erscheint nun weder als eine Scheuer für den gesamten Stoff, noch als ein über die Dinge hinweg errichtetes Gedankengerüst, sondern dynamisch, als einer der Grundfaktoren historischer Betrachtung, nahe verwandt dem Prinzip der Auswahl, ohne das Geschichte unmöglich ist, wirksam

[52] Gnomon 12, 1936, 177–195.
[53] Gnomon 7, 1931, 65–74.

ähnlich wie die Entwicklungsidee oder der Schicksalsgedanke. Unter ihrem Aspekt hat sich geschichtliche Erkenntnis, die ja das einzelne als Teil des ganzen Lebensstromes ergreifen will, zu vollziehen. Objekt bleibt oder wird von neuem das historische Geschehnis selbst, das allein durch Auswahl zu fassen und in seinen Werten, die weniger in der Breite als in der Tiefe liegen, zu erschließen ist. Gewiß wird jede Forschung und Darstellung großen Stiles sich nicht auf Einzelfakten beschränken, vielmehr Epochen oder die gesamte Geschichte eines Volkes sich zum Gegenstande wählen, aber es ist Monographie, nicht ‚Weltgeschichte', was jetzt als Ziel vor Augen steht. Die Scheinuniversalität der Cambridge Ancient History kann mit gutem Gewissen aufgegeben werden, und zwar nicht nur die äußerliche Zusammenstellung der Völker und ihrer Geschichte, auch die gleichmäßige, aber innerlich fast beziehungslose Behandlung der verschiedenen Gebiete des kulturellen Lebens" (67).

Vier Jahre später zog Berve dann in einer Besprechung des von seinem Lehrer Walter Otto herausgegebenen Handbuchs ›Kulturgeschichte des Alten Orients‹[54] die Konsequenzen aus dieser Auffassung. Einleitend konstatierte er dort, daß „der Zug der gegenwärtigen Geschichtsauffassung im Unterschied zu der von Ranke inspirierten universalistischen Haltung überhaupt nach Erfassung der einzelnen Völker in ihrer historischen Individualität (gehe), nicht also nach einer Weltgeschichte des Altertums, wie sie Eduard Meyer anstrebte, sondern nach der Geschichte der Völker des Altertums. Inzwischen dürfte es kaum mehr einem Zweifel unterliegen, daß diese Richtung, in deren Blickfeld Volk, Stamm und Rasse, die Werte also, die heute mehr als je im Vordergrund stehen, erst ihre ganze Bedeutung offenbaren, sich für die Zukunft immer eindeutiger durchsetzen wird. Die Universalgeschichte muß zurücktreten, sie hat den Hintergrund abzugeben, die Folie, für die wertbetonte Nationalgeschichte. Um es mit Namen des 19. Jahrh. zu sagen: Treitschke, nicht Ranke ist die Losung der Zeit, und das nicht nur für die deutsche Geschichte! Ohne entschiedene Wertung des Stoffes, – nicht einer subjektiven, sondern einer volksverbundenen und volksverbindlichen – wird auch in der Altertumswissenschaft künftig nicht mehr zu arbeiten sein" (219f.).

[54] Zur Kulturgeschichte des Alten Orients, Archiv für Kulturgeschichte 25, 1935, 216–230.

Gegen Ende seiner Ausführungen insistierte Berve noch einmal darauf, „daß ohne eine bestimmte, allgemein verbindliche Wertung nicht mehr produktiv gearbeitet werden kann. Das ist nicht bloß eine unabweisliche Folgerung aus unserer kulturellen oder politischen Gegenwartssituation, die einer wertfreien Wissenschaft das Lebensrecht abspricht, sondern eine innere Notwendigkeit der Wissenschaft selbst, die zurückzufinden beginnt zu der natürlichen Einsicht, die Treitschke in die schönen Worte gefaßt hat, daß der Mensch nur erkennen kann, was er liebt. Lieben aber kann er nur das Verwandte, und unausweichbar stellt sich nun für eine ganze Anzahl von Disziplinen, die bisher auf Grund einer andersartigen, ‚objektiven' Haltung gepflegt wurden, die Frage: Ist hier Erkenntnis im tieferen Sinne möglich? Solange es nur um die positivistische Feststellung von Tatsachen ging, chronologischer oder philologischer Art, tauchte dieses Problem noch nicht auf, konnte noch gar nicht auftauchen; aber wer möchte sich heute mit der Zielsetzung des Positivismus begnügen, wer wollte und könnte darauf verzichten, den historischen Gegenstand in seiner Eigenart zu erkennen, wo es doch eben die Eigenart des Gegenstandes ist, um derentwillen er diese und nicht jene Wissenschaft betreibt?

Mir scheint, daß hier auch der Punkt ist, wo der Rassengedanke, dessen Wert und Sinn die Gegenwart uns wieder bewußt gemacht hat, für die historische Wissenschaft wirklich tiefere Bedeutung gewinnt; er verbindet sich nämlich mit dem Problem des geschichtlichen Verstehens überhaupt." Berve stellte die Behauptung auf, „daß das Verstehen der Eigenart eines Volkes wesentlich anderer Rasse tatsächlich auf die größten Schwierigkeiten stößt, ja, daß es zu einem guten Teile unmöglich ist. Wir vermögen uns nicht in das Denken und Fühlen karthagischer Molochdiener zu versetzen und selbst an dem stark von griechischer Kultur berührten Hannibal bleibt uns der Kern fremd und fern; niemals, sogar in seinen herrlichsten Taten nicht, rückt er uns so nahe, wie Alexander, Scipio oder Caesar es immer sind. Ähnliches dürfte von den semitischen Völkern Vorderasiens gelten einschließlich der Juden, obwohl Teile des Alten Testamentes heute einen unablösbaren Bestandteil unserer christlichen Vorstellungswelt bilden. Dort, wo die Wissenschaft beim bisher erreichten Stande der Forschung noch in der positivistischen Sacharbeit steckt, die mehr nach Scharfsinn als nach dem irrationalen Moment der Einfühlung verlangt, wird diese Krisis bisher kaum bemerkbar; dort aber, wo – wie in der Ägyptologie – die Schwelle der tieferen Problemstellung beschritten ist, geht es jetzt um ernste Entscheidungen" (227f.).

Berve ging noch einen Schritt weiter: „Zieht man mit nüchternem Sinn die Folgerung aus den hier entwickelten Gedanken, so ist das Ergebnis dies: Die Wissenschaft vom Alten Orient, soweit sie fremdrassige, uns wesensfremde und darum in ihrer tiefen Eigenart nicht zu begreifende Völker betrifft, ist in dem Augenblick, da die Problemsetzung über das rational Feststellbare hinausgeht, zur Resignation verdammt. Sie versagt damit vor der neuen Wertforderung und verliert infolgedessen ihr Lebensrecht. Denn die Wertforderung ist für die historischen Wissenschaften, mindestens im Bereich des deutschen Geistes, eine unausweichliche Tatsache geworden; sie war es schon, bevor der politische Umbruch kam, der gewissermaßen nur noch die Legitimierung einer Wendung brachte, die unwiderstehlich sich vollzog" (229f.).

Für die Zukunft glaubte Berve, daß „die altorientalische Wissenschaft in Deutschland sich von selbst auf die Völker konzentrieren (werde), die uns rassenmäßig wie geistig verwandt und erfaßbar sind; Assyriologie aber und Ägyptologie werden in den Hintergrund treten. Wohl wird es immer Menschen geben, die an dem materiellen Reichtum, dem mythischen Alter, der Sonderbarkeit und der technischen Vollkommenheit der ehrwürdigen Kulturen Mesopotamiens und Ägyptens Interesse nehmen, wohl wird man sich um die Völker kümmern müssen, mit denen die arischen Stämme sich auseinanderzusetzen hatten, auch der universalhistorische Sinn wird niemals ganz verschwinden und ebensowenig der beinahe sportliche Wettkampf internationaler Forschung auf diesem neutralen, weil lebensunwichtigen Gebiet, – und das möge den Staat veranlassen, diese Wissenschaften in gewissen Grenzen weiter zu pflegen –, aber die Stellung im Geistesleben, die ihnen das Zeitalter der offiziell wertfreien Wissenschaft gab, werden sie nicht mehr erlangen" (230).

Berves Rezension löste sogleich eine jahrelang anhaltende Debatte aus, in der W. F. Albright, der Präsident der American Oriental Society,[55] ebenso scharf gegen Berve polemisierte wie dessen Lehrer

[55] How well can we know the Ancient Near East, Journal of the American Oriental Society 56, 1936, 121–144.

Walter Otto, der mit großem Nachdruck die universalhistorische Tradition eines Eduard Meyer verteidigte.[56] Besonders peinlich mutet heute schließlich die Art und Weise an, in der Berve in der Fortsetzung seiner Linie die „jüdisch-apologetische Tendenz“[57] einer Publikation seines alten wissenschaftlichen Kontrahenten innerhalb der Sparta-Forschung, Victor Ehrenberg, anzuprangern suchte: „Es ist erfreulich, daß hier an einer Stelle frei ausgesprochen wird, was als stille Tendenz das gesamte Buch durchzieht und manchem allzu harmlosen Benutzer vielleicht verborgen bleiben könnte, die Forderung, auch den artfremden Orient und im besonderen Juda als eine wesentliche Komponente der europäischen Welt und ihrer Geschichte anzuerkennen. Klarer kann die entscheidende Bedeutung des Rassemoments für die Bildung einer Geschichtsauffassung kaum zutage treten, als es durch diesen, gegen die Betonung der Rassenverschiedenheit sich wendenden Aufsatz wider Willen geschieht“ (651).

Offensichtlich hielt es Helmut Berve nach 1933 nicht nur für seine Pflicht, „zeitgemäße“ Interpretationen der Geschichte des Altertums in Monographien, Fachorganen und Rezensionen vorzulegen, sondern zugleich auch in Publikationen, die sich an einen weiteren Leserkreis richteten, seine Konzeptionen zu vertreten. Schon sein kurzer Beitrag in dem Führer-Organ der Hitlerjugend von 1934 dokumentierte seine völlige Identifikation mit dem nationalsozialistischen System,[58] fachspezifisch wichtiger wurde sein Aufsatz aus demselben Jahre über ›Antike und nationalsozialistischer Staat‹[59]. In dieser Arbeit, in der sich Berve wiederholt auf Hitlers ›Mein Kampf‹ berief (258, 269), grenzte er den Bildungswert des klassischen Altertums ebenso entschieden von der „journalistischen Gefälligkeit“ eines Theodor Birt ab (260) wie von der ‚Altertumsromantik bedenklicher Art‘ (262) des Georgekreises

[56] Eduard Meyers Geschichte des Altertums, Historische Zeitschrift 161, 1940, 309–324. W. Otto hatte schon zuvor repliziert: Deutsche Literaturzeitung 1937, 1119 und 1161.

[57] Rezension von V. Ehrenberg, Ost und West. Brünn 1935, in: Philologische Wochenschrift 12. 6. 1937, 650–655. Das Zitat 655.

[58] Die Erfüllung des Reiches, Wille und Macht 2, 1934, H. 5/6, 4–9. Dazu V. Losemann, Programme deutscher Althistoriker in der „Machtergreifungsphase“, Quaderni di storia 11, 1980, 48f.

[59] Vergangenheit und Gegenwart 24, 1934, 257–272.

oder vom Dritten Humanismus Werner Jaegers, den er „zu gedanklich, zu wenig vital“ fand (264). Die Wissenschaft vom klassischen Altertum hatte nach Berve vielmehr „eine unmittelbare lebendige Antike“ zu zeigen, „eine Antike, die anders ist als wir, fremd und doch nahe, weil sie unsern Geistes und Blutes ist, aber ein Gegenüber, wie es ein Lehrmeister sein soll“ (265).

In dem mit erheblichem Pathos formulierten Aufsatz fehlen inmitten einer bildungspolitisch wirren und kaum überschaubaren Situation auch die apologetischen Töne nicht. Berve war davon überzeugt, daß gerade „gemeinsame Lebensfragen“ jenes Augenblicks „alle diejenigen, welche ernsthaft um sie ringen, auf die Antike führen, trotz dem Geschrei der Gegner, die meist gar nicht wissen, was sie blindwütig bekämpfen, und die Antike wird sich als notwendig erweisen, weil sie eben Antwort gibt, wie kein Stück Geschichte sonst“ (266). Das „Ideal des politischen Menschen“, der Rassegedanke,[60] Sport, die Kunst der Antike, die Erziehung zu Gesetz und Zucht waren seine wichtigsten Argumente, dies sein entscheidendes Resultat: „Echte humanistische Bildung erzieht nicht zum Individualisten, zum geistigen Privatmann, sondern zum politischen Menschen – denn der antike Mensch war ein politischer Mensch – und überhaupt zu Einordnung in Form und Gesetz. Sie erzieht, wenn sie recht betrieben wird, zu den Tugenden, die der nationalsozialistische Staat braucht“ (270).

In einer ganz ähnlichen Tonart komponierte Berve zwei Jahre später seinen Beitrag ›Was ist von der griechischen Geschichte lebendig?‹[61]. Er ging dabei von der Prämisse aus, daß „uns die griechische Geschichte heute lebendiger als die Geschichte Roms (sei), . . . denn wir fühlen uns rassisch und geistig den Hellenen näher verbunden“ (720). Die Fragen, mit denen Berve an die griechische Geschichte herantreten wollte, waren „die großen Fragen, die das deutsche Volk bewegen: Rasse, Volkstum, Staat, Idee und Macht, Behauptung in der Welt“ (720). Im Mittelpunkt standen da-

[60] Berve schreckte dabei auch vor mutigen Ausfällen nicht zurück: „Die ganze Schwierigkeit des Rasseproblems wird an den Zuständen des klassischen Altertums deutlich – denn so einfach, daß alles Positive indogermanisch oder gar, wie man vielfach sehr unbekümmert sagt, nordisch sei, während alles andere etwa der Mittelmeerrasse angehöre, liegen die Dinge wahrlich nicht.“ A. O., 268.

[61] Süddeutsche Monatshefte 33, 1936, 720–727.

bei Sparta und Athen als zwei Typen des griechischen Staates, jenes Staates, der „nicht ein Herrschaftsmittel, eine Organisation oder gar eine bloß abstrakte Größe, sondern die lebendige Gestaltung einer durch Blut und Geschichte erzeugten Gemeinschaft war" (723).

Im spartanischen Staat sah Berve keine „Zwangsanstalt, sondern die politische Gestalt eines großen, nach einem idealen Ziel ausgerichteten Gemeinschaftswillens". Das „Kriegerdasein" des Spartiaten trug nach ihm seine Werte in sich selbst, „denn nichts kann so beglücken, so erheben, so sehr das Vollgefühl edler Mannheit gewähren wie der restlose Einsatz im gemeinsamen Ringen um die höchstmögliche Erfüllung einer geheiligten Lebensordnung ... Ja, indem der Einzelne strebt, es allen voran zu tun in körperlicher Bewährung, Bereitschaft und Todesmut, steigert er sein persönliches Sein, seine Individualität; es sind stolze Herrenmenschen, die im Dienst und gerade durch den Dienst erwachsen, wie denn der einzelne Spartiat, wo er auftrat, für die anderen Griechen stets der geborene Führer war." Sparta blieb denn auch für Berve „eine der größten Taten des griechischen Genius" (724).

Dennoch konnte Berve auch Athen in ähnlichem Pathos idealisieren: „Voller, wärmer, geistiger spüren wir die Polis Athen als die harte und einseitige spartanische Ordnung; das Leben wird zusammengefaßt, ohne daß es vergewaltigt würde oder sich etwa individualistisch erweiche. Denn die Geschichte des 5. Jahrhunderts ... zeigt durchgehend einen wahrhaft erschütternden Einsatz der athenischen Bürgerschaft an bestem Blut. Nicht ein Geschlecht goldner Friedenszeit, sondern ein Geschlecht, das Ungezählte seiner Besten hingeopfert hatte und sich selbst der Polis zu opfern stündlich bereit war, hat den Parthenon geschaffen. Darum ist er so herrlich" (725).

Gegen Ende seiner Ausführungen griff Berve immer höher. In den Perserkriegen sah er der griechischen Geschichte „ruhmreichstes Stück. Nicht so sehr wegen der rasch vorübergehenden Einigung einer Anzahl von Staaten, die der Feind erzwang, sondern weil hier zum ersten Male und in ewig bewunderswerter Weise abendländisches Menschentum im Bewußtsein seiner Art und ihrer höheren Werte gegen die Welt Asiens sich zum Kampfe stellte. Und weil dieser Kampf dank dem überlegenen sittlichen Willen sieghaft bestanden wurde zum Heile Europas."

Die Epoche Alexanders und des Hellenismus aber zeigte dann „die Tragik des Sichverschwendens in die Welt". Nach Berve „endet die griechische Geschichte mit einer großen, stets lebendigen Lehre, wie alle ihre wesentlichen Erscheinungen lebendige Lehren sind. Denn stets spüren wir in dem verwandten Volke Gefühle und Wünsche, die uns bewegen, Gefahren, die uns umwittern, Ziele, die uns winken, und schauen durch das zeitbedingte, einmalige Geschehen hindurch das, was der Grieche selbst in seiner Geschichte verwirklichen wollte, die ewige Idee" (727).

Die Vermittlung antiker Stoffe und Probleme im Schulunterricht sah Berve schon früh als ein Aufgabenfeld an, das die aktive Mitwirkung der Fachwissenschaft erforderte. So beteiligte er sich auch als Herausgeber einer 1938 neu gegründeten Zeitschrift, die sich gerade diesen Problemen stellen wollte, der ›Neue(n) Jahrbücher für Antike und deutsche Bildung‹. „Eine Wissenschaft, der nicht alles gleich wichtig dünkt, sondern die weiß, was für den deutschen Menschen von heute wesentlich und vordringlich ist, und die selbst in diesem Sinne ihre Fragen stellt und die Probleme sieht, soll dem Lehrer wie jedem um ein neues historisches Weltbild ringenden Volksgenossen in unseren Blättern helfend an die Seite treten . . .", hieß es dort programmatisch. Aber es wurde auch eingeräumt, „daß die Wissenschaft durch solche enge Fühlungnahme mit den Kräften, welche im Schulunterricht die Werte der Antike zu vermitteln haben, selbst die fruchtbarsten Anregungen für ihre Fragestellungen empfängt" (2). Es war naheliegend, daß der erste Beitrag der Neugründung aus der Feder Helmut Berves stammte: ›Staat und Staatsgesinnung der Griechen‹, ursprünglich ein „Vortrag im Rahmen des NSD.-Dozentenbundes zu Leipzig", der inhaltlich auf höherem Niveau den Aufsatz in den ›Süddeutschen Monatsheften‹ variierte.[62]

Als „Kriegsbeauftragter der deutschen Altertumswissenschaft" erreichte Berve während des II. Weltkrieges den Höhepunkt seines Einflusses im nationalsozialistischen Staat. In dieser Funktion gab er dann auch ein zweibändiges Sammelwerk ›Das neue Bild der Antike‹ heraus, das, insgesamt gesehen, einen merkwürdig disparaten Eindruck bietet. Denn auf hohes Niveau der einzelnen Beiträge bedacht, hatte Berve – neben „fortschrittlichen" Kollegen – auch Ge-

[62] Neue Jahrbücher für Antike und deutsche Bildung 1, 1938, 3–15.

lehrte zur Mitarbeit aufgefordert, die zwar internationales Ansehen genossen, in ihren wissenschaftlichen Studien aber zu keinen Kompromissen mit der nationalsozialistischen Ideologie bereit waren. Der Herausgeber mußte indessen die Gemeinsamkeiten betonen und erneut die Relevanz der Antike für die Gegenwart akzentuieren. Noch einmal hat Berve deshalb hier seine Überzeugungen zusammengefaßt und dies in dem für die Alte Geschichte wohl wichtigsten programmatischen Text der NS-Ära überhaupt, dessen Kernpartie deshalb hier ausführlich zitiert sei: „Die Keime und Ansätze zu dem, was vor unseren Augen als ein neues Bild der Antike aufzusteigen beginnt, liegen in vielen Fällen vor dem revolutionären Geschehen der letzten Jahre. Freilich, erst der Durchbruch der nationalsozialistischen Gesinnung im deutschen Volke hat aus den einzelnen Anläufen und Vorstößen eine breite Front werden lassen, die nunmehr bei aller Verschiedenheit der Forscher und ihrer Arbeitsgebiete die Front der deutschen Altertumswissenschaft ist. Vor uns liegt im Morgenschimmer ein weites Feld. Als seien sie uns neu geschenkt, erfassen wir in einer Zeit, da alles von den Vätern Ererbte als Besitz erworben werden muß, mit Inbrunst die Werte des klassischen Altertums, die sich sieghaft in Sturm und Wandel behaupten oder gar erst jetzt recht zu offenbaren scheinen. Ursprünglicher, als ein Stück der eigenen leiblichen und geistigen Existenz, empfinden wir die aus der Antike in die Gegenwart fortwirkenden Kräfte. In aufregende Nähe rücken unter dem übermächtigen Erlebnis weltbewegender Politik der politische Instinkt der Römer, der Staatsgedanke der Hellenen, das historische Schicksal beider Völker. Der ungemeine Auftrieb, den Sport, Leibeskultur und überhaupt leiblicher Sinn mit der Verwirklichung nationalsozialistischer Grundgedanken erfahren, schafft ein natürlich enges Verhältnis nicht nur zu Sport und bildender Kunst der Alten, sondern allgemein zu dem sinnlichen Denken und Fühlen, das ihr Leben trägt und ihre Werke erfüllt. Wie sich härtester Realismus und reinster Idealismus im griechischen Menschen treffen konnten, vermögen wir heute zu ahnen angesichts einer von beiden Kräften bewegten, in beiden Beziehungen gleich großen Gegenwart. Die Diesseitigkeit antiken Menschentums aber kann im Zeichen betonter Diesseitigkeit der nationalsozialistischen Weltanschauung aufrichtiger nacherlebt werden, als es im Banne bewußter Jenseitsgläubigkeit möglich war. Was jedoch alle diese neuen Aspekte umspannt und gleichsam den

Horizont abgibt, vor dem sich nunmehr das klassische Altertum darstellt: der wach gewordene Rasseninstinkt unseres Volkes läßt die beiden Völker der Antike, jedes in seiner Weise, als unseres Blutes und unserer Art empfinden; er schließt sie in den Kreis seiner Wesensverwandtschaft ein. Besseren Rechtes denn früher dürfen wir daher von ihnen als unsren geistigen Ahnen sprechen. Und wenn in vergangener Zeit die Altertumswissenschaft gelegentlich mit gleicher Neigung sich den Völkern jedweder Rasse und Art zuwandte, so erhalten nun Hellas und Rom wieder den bevorzugten Platz, der ihnen gebührt. Die rassische Selbstbesinnung hat sie uns neu erschlossen und tiefer zu eigen gegeben." [63]

VI

Ob in primär fachspezifischen Forschungen, in historiographischen Arbeiten, programmatischen Äußerungen verschiedenster Art oder ob in Bekundungen vor einem weiteren Hörer- und Leserkreis: Berves Entwicklung war von einer seltenen Konsequenz. Sein sehr persönlicher Versuch einer erneuten, gegenwartsbezogenen Vitalisierung der Geschichte des Altertums entsprach zunächst, im Vorfeld der nationalsozialistischen Machtergreifung, weithin verbreiteten Überzeugungen des Bürgertums und der konservativen Kreise innerhalb der Weimarer Republik.[64] Nicht zuletzt deshalb fanden seine Schriften starke Beachtung. Doch dieser Weg führte Berve weiter und führte schließlich zur aktiven Identifikation mit dem nationalsozialistischen System. Daß gerade er, ein angesehener Fachmann von hohem wissenschaftlichem Niveau und ein sehr erfolgreicher Hochschullehrer, die Grundsätze der Rassenlehre in seiner Diszipin durchzusetzen versuchte und zum Beispiel Sparta in extremer Weise idealisierte, sollte sich als verhängnisvoll erweisen.

[63] Das neue Bild der Antike. Hrsg. von H. Berve. I. Hellas. Leipzig 1942, 6f.

[64] Aus der umfangreichen Spezialliteratur sei lediglich verwiesen auf K. D. Bracher, Die deutsche Diktatur. Köln ^{5}1976; G. G. Iggers, Deutsche Geschichtswissenschaft. München ^{2}1971; B. Faulenbach, Ideologie des deutschen Weges. München 1980; K. Christ, Römische Geschichte und deutsche Geschichtswissenschaft. München 1982, 117ff.

Von Berves Apologeten[65] darf nicht vergessen werden, daß Berves Geschichtsbild und Berves Wertungen mit den Boden dafür bereitet haben, daß die Machtpolitik und die inhumanen Maßnahmen des nationalsozialistischen Staates möglich wurden. Er selbst ist freilich letzten Endes für die nationalsozialistischen Machthaber nur ein von ihnen zunächst gerne in Dienst genommener, dann konsequent mißbrauchter, idealistischer Historiker gewesen. Sein Versuch, durch Zugeständnisse Substanz und Niveau seiner eigenen wissenschaftlichen Disziplin zu bewahren, ist völlig gescheitert. Aus den Verstrickungen eines geistigen Netzes, an dem er selbst mitgeflochten hatte, konnte er sich nicht mehr befreien.

Es war für Berve charakteristisch, daß er sich nicht mit Lehr- und Forschungsfunktionen begnügte, sondern in seinem Fach wie in seiner Hochschule darüber hinaus in jeder für ihn erreichbaren Weise entscheidenden Einfluß gewinnen wollte. So wurde er in Leipzig schon ein halbes Jahr nach seinem Eintritt in die NSDAP zum Gesamtdekan der Philosophischen Fakultät ernannt,[66] im Sommer desselben Jahres auch in den Ausschuß des Verbandes deutscher Historiker gewählt.[67] Er wollte ausdrücklich „als Parteigenosse"[68] in der Redaktion der ›Historischen Zeitschrift‹ wirken, avancierte 1937 bis 1939 zum Prorektor, 1940 bis 1943 zum Rektor der Universität Leipzig. Daß er gerade in den beiden zuletzt genannten Ämtern den unveränderten Bestand und das hohe Niveau der Leipziger Hochschule in zum Teil anhaltenden und harten Auseinandersetzungen mit Parteistellen zu wahren suchte, ist ebenso unbestritten[69] wie seine gelegentlichen, freilich ergebnislosen Sondierungen, um auf Grund der NS-Rassengesetze diskriminierten Kollegen zu helfen.[70] Es ist gewiß mit Berves Verdienst, wenn an der Leipziger Universität lange Zeit ein relativ liberales Klima herrschte und das Kriterium wissenschaftlicher Qualität, wann immer möglich, durchgesetzt wurde.

[65] A. Heuß, Historische Zeitschrift 230, 1980, 784f.

[66] Die Belege für seine Aktivitäten hat V. Losemann, Nationalsozialismus und Antike. Hamburg 1977, 206f., Anm. 11 zusammengestellt.

[67] H. Heiber, Walter Frank und sein Reichsinstitut für Geschichte des neuen Deutschlands. München 1966, 170.

[68] H. Heiber, a. O., 287.

[69] A. Heuß, Historische Zeitschrift 230, 1980, 785.

[70] W. Schmitthenner, Biographische Vorbemerkung, in: H. Strasburger, Studien zur Alten Geschichte. I. Hildesheim 1982, XXIX.

Die bezeichnende Diskrepanz zwischen Berves Selbstverständnis und Aktivität einerseits und seiner Beurteilung durch Parteidienststellen, die sich kompetent fühlten, weltanschauliche wie fachliche Gutachten über ihn abzugeben, andererseits wurde vor allem deutlich, als im Jahre 1943 seine Berufung nach München erörtert wurde.[71] Immerhin ist Berve trotz aller parteiinternen Querelen zum Nachfolger des 1941 verstorbenen Walter Otto ernannt worden. Für Berve begann die neue Aufgabe mit dem Verlust der eigenen Bibliothek, die während des schwierigen Umzugs in einem Luftangriff vernichtet worden war. Gleichwohl nahm er alsbald seine Lehrtätigkeit auf, wurde 1943 zum korrespondierenden, 1944 zum ordentlichen Mitglied der Bayerischen Akademie der Wissenschaften gewählt und festigte dank seines vollen Einsatzes auch in München seine Stellung. Daß er dann im Dezember 1945 als ehemaliger Hochschul-Rektor aus seinem Lehramt entlassen wurde, traf ihn vor allem deswegen so tief, weil er sich offensichtlich persönlich in erster Linie für ein Opfer, keineswegs für einen Aktivisten und Verantwortlichen des nationalsozialistischen Systems hielt. Berve hat nie eingesehen, warum ein führender Repräsentant der Althistorie im nationalsozialistischen Deutschland, der sich selbst in diese Funktion gedrängt hatte, für die Erneuerung der deutschen Universität und Wissenschaft zur Belastung wurde, und den zeitweiligen Verlust jeder Wirkungsmöglichkeit und jedes Einflusses im akademischen Rahmen kaum verwunden.

Schritt für Schritt baute sich der damals Fünfzigjährige eine neue wissenschaftliche Existenz auf. Im Wintersemester 1949/50 konnte er in München, wo sein früherer Lehrstuhl inzwischen anderweitig besetzt worden war, seine Lehrtätigkeit wiederaufnehmen,[72] kurze Zeit später dazuhin an der Philosophisch-Theologischen Hochschule in Regensburg einen weiteren Lehrauftrag für Alte Geschichte erhalten. Bald war Berve auch wieder mit neuen Publikationen präsent. Schon 1949 erschien seine Aufsatzsammlung ›Gestaltende Kräfte der Antike‹[73], gleichzeitig wurde die zweite

[71] Die Einzelheiten bei V. Losemann, Nationalsozialismus und Antike. Hamburg 1977, 80f.

[72] Zum Folgenden A. Heuß, a. O., 785 und H. Bellen, Jahrbuch 1979 der Akademie der Wissenschaften und der Literatur Mainz, 80–82.

[73] Sie enthielt die Beiträge: Das delphische Orakel; Fürstliche Herren zur Zeit der Perserkriege; Perikles; Alexander der Große als Entdecker;

Auflage der ›Griechischen Geschichte‹ vorbereitet. Ende 1949 wurde Berve zum korrespondierenden Mitglied der Akademie der Wissenschaften und der Literatur in Mainz ernannt, 1954 folgte dann die Berufung auf den Lehrstuhl für Alte Geschichte der Universität Erlangen, wo er noch einmal bis zu seiner Emeritierung im Jahre 1962 eine sehr erfolgreiche Lehrtätigkeit entfalten konnte.[74] Zwischen 1960 und 1967 amtierte Berve dann auch noch als Vorsitzender der Kommission für Alte Geschichte und Epigraphik; der ehemalige „Kriegsbeauftragte" war damit in provozierender Kontinuität zum offiziellen Repräsentanten der Althistorie in der Bundesrepublik Deutschland geworden.

In einer ganzen Reihe von Akademieabhandlungen der fünfziger Jahre[75] sowie in einem programmatischen Vortrag über die ›Wesenszüge der griechischen Tyrannis‹[76] kündigte sich Berves letzter großer Forschungsschwerpunkt an, der schließlich in dem zweibändigen Werk ›Die Tyrannis bei den Griechen‹ (München 1967) seinen bleibenden Niederschlag finden sollte. Die Wahl dieses Themas konnte nicht überraschen. Die Gegenwartserfahrungen mit totalitären Staaten und modernen ‚Tyrannen' verliehen der Fragestellung eine beträchtliche Aktualität, vor allem aber war Berve stets der Historiker des griechischen „Herrentums" gewesen, sei es der herausragenden frühen Aristokraten, sei es der „fürstlichen" Einzelpersönlichkeiten, sei es der spartanischen Herrenschicht. Die Dialektik zwischen den großen Einzelnen und der griechischen Polis hatte ihn stets besonders interessiert.

Als Berve seine erste Wesensbestimmung des Phänomens gab, lag so bereits eine längere Beschäftigung mit allen einschlägigen Fragen hinter ihm, der Vortrag zeigt die ihn bei dem Gesamtunternehmen

Rom und das Mittelmeer; Sulla; Imperium Romanum; Der Europabegriff in der Antike.

[74] Zu den bekannteren Schülern dieser Erlanger Jahre zählen E. Buchner, der spätere Präsident des Deutschen Archäologischen Instituts, P. R. Franke (Saarbrücken), Fr. Kiechle (Bochum).

[75] Die Herrschaft des Agathokles. SB. Bayer. AdW., Phil.-hist. Kl. 1952, 5; Dion. Abh. Akademie der Wissenschaften und der Literatur Mainz 1956, 10; König Hieron II. Abh. Bayer. AdW., Phil.-hist. Kl. N. F. 47, 1959.

[76] Historische Zeitschrift 177, 1954, 1–20. (Nachdruck in: Gestaltende Kräfte der Antike. München ^{2}1966, 208–231. Danach wird hier zitiert.)

leitenden Ideen ebenso auf wie seinen Erkenntnisrahmen. Berve ging von dem griechischen Begriff der Tyrannis aus, wonach „der Tyrann durch die Verletzung der geltenden Normen charakterisiert" war (209). Von Anfang an wurde die Tyrannis auf die Polis bezogen und wurden, im Einklang mit der *communis opinio* der deutschen Forschung, zwei Perioden der Tyrannis unterschieden, jene „der älteren Tyrannis vom 7. bis in den Anfang des 5. Jahrhunderts und (diejenige) der jüngeren Tyrannis im 4. und 3. Jahrhundert". An diesen Epochen zeigte sich für Berve, daß „die Tyrannis den großen Übergangszeiten angehört, daß sie ein Symptom tiefgreifender Krisen ist, derjenigen nämlich, die sich bei Auflösung des Gefüges der archaischen Adelswelt einstellte, und jener, welche durch die innere Zersetzung der Polis hervorgerufen wurde" (211).

In beiden Fällen sah Berve die bisher allgemeinverbindlichen sittlichen, geistigen und religiösen Werte und Überzeugungen in Frage gestellt, in beiden einen ausgeprägten Rationalismus dominieren, in beiden aber auch tiefgreifende wirtschaftliche und soziale Veränderungen bezeugt. Stand die ältere Tyrannis „im Zeichen des Aufkommens des Geldes, der Entfaltung von Gewerbe, Handel, Verkehr und städtischem Leben sowie des Verlangens der unterdrückten Bauern nach Aufhebung der Schuldknechtschaft und Neuaufteilung des Landes", so wurde die jüngere Tyrannis „durch das Wachsen kapitalistischer Tendenzen und die dadurch bewirkte Verschärfung der Besitzungleichheit in Stadt und Land" (212) geprägt. Für den Typus der Tyrannis insgesamt, den Berve hier exakt zu definieren suchte, sah er in beiden Fällen „die Vergewaltigung eines sich selbst seine staatlichen Lebensformen setzenden autonomen Gemeinwesens durch einen einzelnen machtgierigen Menschen" (213) als entscheidend an.

Den Gegensatz zwischen Polis und Tyrann zeigte Berve in systematischer Weise, wobei er freilich im Hinblick auf Bauten, technische Anlagen, Handel und Gewerbe einräumte, daß der Tyrann „manches zu Nutzen der Polis wirken konnte und auch tatsächlich gewirkt hat" (227). Im Anschluß an J. Monnerot[77] insistierte Berve auf den fundamentalen Gegensätzen zwischen antiken und modernen „Tyrannen". Grundlegend war für ihn, „daß der hellenische Tyrann nicht als Träger einer sozialen, politischen, nationalen oder

[77] Sociologie du Communisme. Paris [8]1948, 365 ff.

quasireligiösen Idee erscheint, daß er vielmehr, wenn man so sagen darf, bloß Individuum ist. Während im modernen Tyrannen als dem Exponenten einer Massenbewegung sich die Masse wiedererkennt, so daß sie sich selbst zu gehorchen meint, wenn sie ihm gehorcht, zeigt sich der antike Tyrann als eine durch Herkunft und Geistesart von der Masse abgehobene eigenständige Persönlichkeit, die selbst die Partei, durch die sie zur Macht gekommen, später verleugnet. Seine Herrschaft ist weder die einer Ideologie noch die der Sinnesart einer bestimmten Bevölkerungsschicht; sie beschränkt sich auf Behauptung und Ausbau der eigenen Machtstellung." Und sie war nach Berve „nicht totalitär" (230f.).

Die Resultate der umfangreichen Spezialstudien legte Berve dann in der bereits erwähnten zweibändigen Monographie von 1967 vor. Deren erster Band bot eine zunächst chronologisch strukturierte, systematische Darstellung, wobei die ältere Tyrannis, diejenige des 5. Jahrhunderts, die jüngere Tyrannis und die Tyrannis in hellenistischer Zeit unterschieden wurden. Innerhalb dieser Hauptteile waren Kapitel eingelegt, welche das Tyrannenbild der jeweiligen Epoche kritisch analysierten, Kapitel, die zu den wertvollsten Partien des Werkes überhaupt zählen. Im übrigen wählte Berve für die verschiedenen Epochen eine geographische Anordnung, „wodurch sinnvolle Zusammenhänge ermöglicht werden und den verschiedenartigen Ausprägungen der Tyrannis in den zentralen, östlichen und westlichen Siedlungsgebieten der Griechen besser Rechnung getragen werden kann. Dargeboten wird nach Möglichkeit alles, was über Tyrannen und Tyrannis bei den Hellenen überliefert ist oder mit Vorsicht erschlossen werden kann. Dabei sind jedoch die von Tyrannen geführten militärischen Operationen, soweit sie nicht für den betreffenden Gewalthaber als solchen charakteristisch sind, nur summarisch, ohne Eingehen auf strategische Einzelheiten, behandelt. Die Absicht des Autors, das Material zur griechischen Tyrannis möglichst vollständig darzubieten, bringt es andererseits mit sich, daß auch Tyrannen Erwähnung finden, von denen nur der Name oder ein Einzelzug bekannt ist, und daß selbst geringe Spuren von Maßnahmen zur Verhütung einer Tyrannis oder zur Bestrafung gestürzter Tyrannen und ihrer Helfer berücksichtigt werden. Gleichwohl ist versucht worden, nicht bloß eindrucksvolle Tyrannenpersönlichkeiten zu schildern, sondern durchgehend sowohl von den zahllosen Gestalten und Vorgängen wie von der geistigen Auseinandersetzung mit der Tyrannis eine Darstellung zu geben, die auch den nichtfachwissenschaftlichen Leser anzusprechen vermag" (XI).

Das systematisch angelegte Werk zeigt schon auf den ersten Blick, daß es völlig selbständig aus erster Hand gearbeitet wurde. Der zweite Band bietet denn auch in seinen Anmerkungen einen äußerst wertvollen kritischen Apparat mit souveränen Übersichten über die Quellen und die modernen Spezialuntersuchungen. Bei Kontroversen wird die Literatur im allgemeinen ohne Polemik besprochen; als besonders nützlich erweisen sich die Stammbäume der wichtigeren Tyrannenhäuser und -sippen. Daß das Werk insgesamt eine konsequente Rückkehr zur prosopographischen Methode des ›Alexanderreichs‹ darstellt, ist ebenso evident wie die Tatsache, daß es, ungeachtet aller kleineren und größeren Erkenntnisfortschritte in den Detailfragen, gegenüber der lange zurückliegenden Behandlung der Materie durch H. G. Plass[78] von Anfang an niemals jene weitreichenden Resultate erbringen konnte wie Berves großes Jugendwerk. Er war sich selbst bewußt, „daß seinem Buch der Vorwurf eines rückständigen Positivismus gemacht werden könnte". Berve beschied sich jedoch damit, „auf seine Weise der Wissenschaft den Dienst geleistet zu haben, dessen sie, was die Erforschung der Tyrannis bei den Griechen betrifft, heute bedarf" (XII).

Den Nichtfachmann mögen vor allem die präzisen Schilderungen der wichtigsten und bekanntesten Tyrannengestalten, der Kypseliden, des Peisistratos, Polykrates, der zahlreichen sizilischen Tyrannen, oder auch die kurzen chronologischen und regionalen Zusammenfassungen beeindruckt haben, für den Spezialisten wird Berves Spätwerk stets in erster Linie ein Handbuch bleiben, eines jener gediegenen Arbeitsinstrumente, die für die Disziplin unentbehrlich sind.[79]

Eine weitaus größere Resonanz als mit der ›Tyrannis‹ fand Berve innerhalb des zusammen mit G. Gruben und M. Hirmer publizierten großen Bildbandes ›Griechische Tempel und Heiligtümer‹

[78] H. G. Plass, Die Tyrannis in ihren beiden Perioden bei den alten Griechen. Leipzig ^{2}1859.

[79] Zur fachwissenschaftlichen Einschätzung siehe A. Andrewes, Journal of Hellenic Studies 88, 1968, 217f.

(München 1961), in dem er einleitend „Geschichte und Kulte der griechischen Tempel und Heiligtümer“ beschrieb. Seine Einleitung galt dabei „einer der wundervollsten Erscheinungen im Geistesleben der Menschheit, der griechischen Religion“. Berve konstatierte zunächst: „... für den Hellenen war alles voll von Göttern, wie schon Thales, der älteste der Philosophen, bezeugt, und überall dort, wo man eine Gottheit als wirkend empfand, ihrer Gunst bedurfte oder ihren Zorn zu fürchten hatte, wurde der Platz ihr und ihrer Verehrung geweiht. Auf ragenden Bergeshöhen oder auf einem Kap über dem sturmgepeitschten Meer, im geheimnisvollen Waldesdickicht, in Schluchten und Höhlen, in der weihevollen Stille eines Haines und inmitten einer sonnenheißen, fruchtbaren Flur war die Gegenwart eines göttlichen oder halbgöttlichen Wesens zu spüren. Aus alten Gräbern wirkten in grauer Vorzeit bestattete Heroen Gutes oder Schlimmes, der Schutz der Burgen und Städte, das Treiben auf Markt und Straßen, die Beratungen der Behörden und die Beschlüsse der Volksversammlungen konnten der Nähe schirmender und lenkender Götter nicht entbehren. Ihnen mußte eine Stätte bereitet werden.“

Dabei wies Berve darauf hin, daß der griechische Tempel „die Wohnstätte des im Kultbild anwesenden Gottes (war), nicht ein Versammlungsraum der Gläubigen zu gemeinsamen liturgischen Begehungen, im allgemeinen auch keine Opferstätte“ (7). Er beschrieb die Eigenart der Kulthandlungen, die Formen der Opfer sowie die mit den religiösen Festen schon früh verbundenen Wettkämpfe verschiedenster Art, und er unterstrich: „Gewiß fand in diesen Begehungen der den Griechen eigene und von ihnen auf allen Lebensgebieten bekundete agonale Geist seine Befriedigung, aber daß die Agone eine der höchsten Formen der Gottesverehrung wurden, konnte doch nur geschehen, weil man keine herrlichere Gabe für die Unsterblichen kannte, als wenn Menschen ihnen die Vollkommenheit ihres Leibes und die größtmöglichen Leistungen des Körpers oder des Geistes weihten“ (8).

In glänzenden Vignetten zeichnete Berve dann die Vielfalt der großen Tempel und der heiligen Stätten der griechischen Welt nach, die panhellenischen Heiligtümer in Olympia, Delphi, auf dem Isthmos und von Nemea, die Landschaftsheiligtümer von Eleusis und Dodona, das argivische Heraion und jenes von Samos, die Heiligtümer des Apollon in Delos und Didyma wie jene des Asklepios in Epidauros, Kos und Pergamon sowie die lokalen Heiligtümer von Bassai, Aigina und Sunion. Dem folgten Beispiele städtischer Heiligtümer, die Burgheiligtümer von Athen, Akragas, Rhodos, Pergamon, Syrakus und Selinunt, die zahlreichen Heiligtümer im Bereich der griechischen Städte selbst und schließlich eine Erörterung der einst so eng mit dem Kult verbundenen Theater.

Wenn immer möglich, wurde von Berve die Verbindung zum jeweiligen Mythos hergestellt, die Geschichte und die Entwicklung der einzelnen Stätten und ihrer Bauten unter sorgfältiger Auswertung der literarischen wie der archäologischen Überlieferung skizziert, der Verlauf der Feste und Kultakte, der Prozessionen wie der Agone eindrucksvoll beschrieben und so versucht, dem Leser ein angemessenes Verständnis für die Eigenart griechischer Religiosität zu vermitteln. Zwei für Berves Sicht und Interpretation bezeichnende Stellen zeigen, wie stark noch immer das Pathos seiner Idealisierung nachhallte.

Von der Akropolis Athens rühmte Berve insbesondere den Parthenon und das Festtor der Propyläen: „In diesen beiden Bauten hat Athen auf dem Scheitelpunkt seines geschichtlichen Lebens dem, was es der Idee nach sein wollte und für eine kurze Zeitspanne auch war, das steinerne Denkmal gesetzt. Die starken, fruchtbaren Gegensätze, welche das attische Volk seit Generationen bewegten, klingen zusammen in natürlicher Harmonie. Kraft und Ernst des mutterländischen Griechen, dem die dorische Formgebung entsprach, ist mit ionischer Anmut und Leichtigkeit verbunden, das einzelne Bauglied, das in sich selbst ruht, fügt sich mit Selbstverständlichkeit in den einheitlichen Organismus des Ganzen, wie der attische Bürger bei aller individuellen Eigenart sich als Glied seiner Polis einordnet, ohne die er nicht wäre. Ja, in der Ausgewogenheit von Lasten und Tragen, von praktischem Zweck und idealem Sinn finden letzte menschliche Spannungen ihre beglückende Lösung. Und alles dies geschieht im Zeichen der Gottheit, der zu Ehren zahllose Athener für geringen Lohn mit Sklaven mühselige Arbeit geleistet, große Künstler ihr Bestes gegeben, Steinmetze ihre staunenswerte Fähigkeit auch an Werkstücke gewandt haben, die kein menschlicher Blick, sondern nur das Auge der Götter sieht“ (64 ff.).

Einen ähnlichen Versuch, einen Großbau in weitesten Perspektiven zu sehen, stellt Berves Beschreibung des Zeustempels von Akragas dar, den der Tyrann Theron nach dem Siege über die Karthager bei Himera im Jahre 480 v. Chr. errichten ließ: „Geist und Religiosität des sizilischen Griechentums ist in diesem gewaltigen, niemals vollendeten Bau, von dem die Fundamente und riesige Architekturteile nur noch eine schwache Vorstellung geben, überwältigend zum Ausdruck gekommen. Und zwar in zweifacher Hinsicht: Es bekundete sich hier ein Kolonistenvölkern nicht selten eigener Wille zum Maßlosen und Kolossalen, wie wir ihn bei Griechen der vorhellenistischen Zeit fast nur an der kleinasiatischen Küste finden, also auch in einem Kolonialgebiet und auch in Nachbarschaft der orientalischen Welt . . . Ein Zweites ist das Geheimnisvolle, das wie in Selinus den Charakter des Heiligtums bestimmt. Die Gottheit wohnt auch hier in einem wohl allein den Priestern zugänglichen Adyton am Ende des schmalen Mittelschiffs der Cella und es fehlt sogar die den Tempel umgebende offene Säulenhalle. Statt dessen sind die gewaltigen Wände durch Halbsäulen von einem Umfang gegliedert, daß in jeder der Hohlkehlen ein Mensch Platz finden kann. So mußte der gesamte, über hundert Meter lange und zwanzig Meter breite Bau, dessen hölzernes Dach aus den Mauern vorspringende, riesige Halbfiguren (Telamones) tragen sollten, in seiner wuchtigen Geschlossenheit eher furchterregend als einladend oder beglückend wirken" (85).

Andere Aktivitäten Berves folgten. So nahm auch er ›Zur Themistokles-Inschrift von Troizen‹[80] Stellung, stimmte einer wesentlich erweiterten Sammlung seiner kleinen Schriften zu,[81] setzte seine Besprechungstätigkeit bis zuletzt fort und hielt auch eine Festrede in der Bayerischen Akademie der Wissenschaften.[82] Ihr und der damals von E. Buchner geleiteten Kommission für Alte Geschichte und Epigraphik schenkte er, solange es ging, seine spezielle Aufmerksamkeit,[83] dies auch dann noch, als schon längst Hechendorf am Pilsensee in Oberbayern zu seinem Alterssitz geworden war. Dort ist er am 6. April 1979 verstorben.

[80] Sitzungsberichte der Bayer. AdW., Phil.-hist. Kl. 1961, 5.

[81] Gestaltende Kräfte der Antike. München ^{2}1966.

[82] Friedensordnungen in der griechischen Geschichte. München 1967. – Zu Berves Tätigkeit in der Bayerischen Akademie siehe H. Bengtson, Jahrbuch der Bayerischen Akademie der Wissenschaften 1979, 251–256.

[83] Dazu Fr. Hampl, Gnomon 51, 1979, 415. – Zu Berves Wirken in der Kommission für Alte Geschichte und Epigraphik siehe E. Buchner, 25 Jahre Kommission für Alte Geschichte und Epigraphik, Chiron 6, 1976, VIIf.

VII

Aus dem Rückblick wirken Berves Persönlichkeit und seine wissenschaftliche Aktivität zwiespältig. Die Leistungen des Gelehrten und des Dozenten, die Bedeutung seiner beiden Hauptwerke wie die Qualität seiner Lehrveranstaltungen, auch seine ungewöhnlichen organisatorischen Fähigkeiten werden wohl allgemein anerkannt. Anerkannt sind auch seine Passion für die Sache der Alten Geschichte, seine Kompetenz und seine Autorität, sein Pflichtbewußtsein und seine Willensstärke.

Berves Persönlichkeit gerecht zu werden, fällt aus der Distanz dagegen schwer, da selbst das Urteil von Berves Schülern und von Personen, die ihm nahestanden, über den Menschen Helmut Berve ungewöhnlich differiert. Während einerseits Berves Kontaktfreudigkeit, zumindest in früheren Jahren, betont wird – und für einen vertrauten Kreis mochte dies auch zutreffen –, heißt es andererseits wohl mit größerem Recht: „Er wirkte verhalten, beinahe spröde und schützte sich nach außen ab.“ [84] Fernerstehenden erschien er jedenfalls zunächst autoritär und stets angespannt, als ein „Mann aus Eisen“, wie ihn ein ausländischer Kollege einmal bezeichnete. Alfred Heuß konstatierte demgegenüber, daß Berve „ein innerlich bescheidener Mensch (war), was wahrscheinlich nicht alle, die mit ihm zu tun hatten, merkten“ [85].

Berves Autorität wurde Respekt entgegengebracht, menschliche Sympathie genoß er dagegen wohl nur selten. Schon früh gingen qualifizierte Schüler und Kollegen auf Distanz zu ihm, auch, aber nicht nur, aus politischen Gründen. Der Mann, der so häufig eine *nota censoria* erteilte und der sich oft gerade durch Widerspruch profilierte, reagierte auf Kritik allergisch, wurde anderen Auffassungen nicht immer gerecht und starr, wenn er auf Vorbehalte gegen seine Person, seine Stellung und seine Überzeugungen stieß. Dann konnte er nur selten vergessen; seine Kontroversen mit V. Ehrenberg über Probleme der spartanischen Geschichte eskalierten bis zur grundsätzlichen Feindschaft.

Für nicht wenige Kollegen und die jüngeren Althistoriker der Zeit nach dem II. Weltkriege wurde Berve zur Symbolfigur und zur

[84] A. Heuß, Historische Zeitschrift 230, 1980, 784.
[85] A. Heuß, a. O., 782.

Personifikation der Kontinuitätsproblematik nach 1945. Berve selbst schien weder ein Unrechtsbewußtsein zu besitzen noch ein Sensorium für die Wirkung und Funktion seiner Texte und Reden im „Dritten Reich". Mochte man es respektieren, daß Berve auch jetzt noch in möglichst weitem Umfang zu seinen Äußerungen während der nationalsozialistischen Ära stand, selbstbewußt und geradezu provozierend bei den Wiederabdrucken seiner Schriften möglichst wenig änderte, so sah man doch fassungslos, wie der führende Repräsentant der Disziplin im NS-Regime erneut an die Spitze seines Faches drängte und erneut zu denkbar großem Einfluß gelangte. Für Angehörige der jüngeren Generationen blieb es unverständlich, daß dieser hochintelligente Gelehrte, der jahrelang als hoher Repräsentant des nationalsozialistischen Staates in Leipzig amtierte, die Inhumanität jenes Systems nicht sehen konnte oder nicht sehen wollte. Über dieses Dilemma halfen weder die Anerkennung eines außerordentlichen wissenschaftlichen Werkes noch jene einer echten wissenschaftlichen Passion hinweg.

5

RONALD SYME
(1903–1989)

I

Ronald Syme wurde am 11. März 1903 als ältester Sohn von David und Florence Syme in Eltham, auf der nördlichen Insel Neuseelands, geboren.[1] Über Elternhaus, Jugend und Bildungsgang in Neuseeland ist nur wenig bekannt. Am Victoria University College in Wellington begann Syme 1921 seine klassischen Studien, wobei zunächst Latein und Alte Geschichte im Mittelpunkt standen, während mit dem Studium des Griechischen erst 1922 begonnen wurde. Weite Gebiete der antiken Welt und der modernen wissenschaftlichen Spezialdisziplinen hatte sich Syme offensichtlich als Autodidakt zu erschließen, dies indessen so erfolgreich, daß er schon im Jahre 1923 in Auckland als Lecturer fungieren konnte.

Die Qualität dieser an den akademischen Institutionen Neuseelands erworbenen klassischen Bildung und die Passion des jüngeren Angehörigen einer „kolonialen Elite" hatten sich zu bewähren, als Syme 1925 in Oxford in das Oriel College aufgenommen wurde und sich in den folgenden Jahren der Reihe nach den anspruchsvollsten Wettbewerben in den Alten Sprachen stellte. Seine Erfolge waren stupend: „Im Jahre 1926 gewann er den Chancellor's Prize for Latin Prose (indem er eine Partie aus Macaulay in ciceronianische Prosa übersetzte) und den Gaisford Prize for Greek Prose (für die Übertragung eines Abschnittes aus Thomas Morus' Utopia in die Prosa Platons); im Jahre 1927 folgte der Gaisford Prize für Griechische Dichtung (wobei eine Passage aus Morris' Sigurd the Volsung in homerische Hexameter zu übersetzen war)."[2] Damit hatte Syme in Oxford eine kaum zu erschütternde Reputation begründet. 1929

[1] Die biographischen Angaben dieses Abschnittes und zahlreiche weitere Hinweise des Kapitels fußen auf dem ausgezeichneten Review Article von F. Millar, Style abides, Journal of Roman Studies 71, 1981, 144–152.

[2] F. Millar, a. O., 145.

wurde er zum Fellow und Tutor in Ancient History am Trinity College ernannt und erhielt so die materielle Basis für seine weiteren wissenschaftlichen Forschungen. Dem College selbst sollte er bis zum Jahre 1949 angehören.

Wie stark der Einfluß der damals in Oxford lehrenden Althistoriker und Epigraphiker auf Symes weitere intellektuelle Entwicklung tatsächlich war, ist nur schwer abzuschätzen. Sein Schüler F. Millar erwähnt in diesem Zusammenhang die Namen von Marcus Niebuhr Tod, H. M. Last, J. G. C. Anderson, M. Holroyd und H. M. D. Parker;[3] indessen ist keiner dieser Gelehrten für Syme so einflußreich geworden, daß von einem ausgeprägten Lehrer-Schüler-Verhältnis im traditionellen Sinne gesprochen werden könnte. Syme ging vielmehr auch weiterhin seine eigenen Wege. Er griff insbesondere jene wissenschaftlichen Arbeitsweisen personengeschichtlicher Forschung auf, die als Folge der großen deutschen Standardwerke des ›Corpus Inscriptionum Latinarum‹, der ›Realencyclopädie der classischen Altertumswissenschaft‹, der ›Prosopographia Imperii Romani‹, zuletzt in Friedrich Münzers Werk ›Römische Adelsparteien und Adelsfamilien‹ (Stuttgart 1920) entwickelt worden waren.

Daneben interessierte Syme vor allem die deutsche Limesforschung, insbesondere die Aktivitäten der Römisch-Germanischen Kommission. Er selbst sagte später einmal: „Schon früh kam ich nach Freiburg, um deutsch zu lernen und habe viele Fachgenossen kennengelernt, unter den allerbesten Ernst Fabricius.“[4]

Im übrigen blieb Syme stets ein unermüdlicher Reisender, wie Hadrian, mit dem er sich so intensiv beschäftigte,[5] und wie Rostovtzeff, von dem ihn so vieles trennte.[6] Dabei faszinierten ihn die Landschaften nicht weniger als die Menschen. Eindeutig wollte

[3] A. O., 145. – Bezeichnend ist Symes Dank an H. Last im Vorwort von ›The Roman Revolution‹. Oxford 1939, IX: "I gladly take this opportunity to acknowledge the constant encouragement and the generous help that I have received from Mr. Last, the Camden Professor of Ancient History in the University of Oxford – the more so, precisely, because there is so much in the present volume that will make him raise his eyebrows."

[4] Orden Pour le Mérite für Wissenschaften und Künste. Reden und Gedenkworte. 12, 1974/5, 190.

[5] Siehe unten Anm. 63.

[6] R. Syme, Tacitus, I. Oxford 1958, 445, Anm. 1.

er sich die ihm unbekannten Teile des Imperiums vergegenwärtigen, die Alpenländer wie den Donauraum, Spanien wie die Regionen Italiens, aber auch Kleinasien und den Nahen Osten. Diese Reisen erfolgten in der Regel ohne den Komfort des modernen Touristen; sie schlugen sich in nicht wenigen Anekdoten nieder. Tatsache ist, daß Syme immer wieder ein Onomastikon als Studienobjekt mit sich führte, um auf langweiligen Strecken damit zu arbeiten. Mit großem Gepäck hat man ihn dagegen nie gesehen.

Im Jahre 1928 begann die lange Reihe der Einzelstudien und Beiträge wie der Rezensionen zu erscheinen, die sich schon vor Ausbruch des II. Weltkrieges in großen europäischen Sammelwerken und Fachorganen niederschlug. Diese Arbeiten dokumentieren eine überraschende Weite der Interessen. Sie umfaßten Probleme der Geschichte des 1. Jahrhunderts v. Chr. wie des 1. und 2. Jahrhunderts n. Chr., spezielle militärgeschichtliche Fragen – wie etwa jene der Dislokation der römischen Legionen an Rhein und Donau [7] – oder den Bereich der Grenz- und Außenpolitik, einzelne Feldzüge [8] oder die Entwicklungen der Administration [9] wie der Provinzialgeschichte [10]. Ein ausgeprägter Schwerpunkt zeichnete sich bei Augustus ab; weitere lagen in der Epoche Caesars, [11] unter den Flaviern und Trajan, Akzente, die auch später noch Symes Gesamtwerk bestimmen sollten.

[7] Der Erstling: Rhine and Danube legions under Domitian, Journal of Roman Studies 18, 1928, 41–55. Vergleiche auch: Some notes on the legions under Augustus, Journal of Roman Studies 23, 1933, 14–33.

[8] The Spanish War of Augustus (26–25 B. C.), American Journal of Philology 55, 1934, 293–317.

[9] The Imperial finances under Domitian, Nerva and Trajan, Journal of Roman Studies 20, 1930, 55–70 = Roman Papers. I. Oxford 1979, 1–17.

[10] Galatia and Pamphylia under Augustus: the governorships of Piso, Quirinius and Silvanus, Klio 27, 1934, 122–148; Pamphylia from Augustus to Vespasian, Klio 30, 1937, 227–231; Observations on the province of Cilicia, in: Anatolian studies presented to W. H. Buckler. Manchester 1939, 299–332. = Roman Papers. I. Oxford 1979, 120–148.

[11] The allegiance of Labienus, Journal of Roman Studies 28, 1938, 113–125 = Roman Papers. I. Oxford 1979, 62–75. Besonders wichtig als Vorstufe von ›The Roman Revolution‹: Caesar, the Senate and Italy, Papers of the British School at Rome 14, 1938, 1–31 = Roman Papers. I. Oxford 1979, 88–119.

Auffallend ist daneben der weite geographische Radius dieser Studien. Rhein- und Donaugrenze, Gallien und Germanien fanden zwar eine besonders starke Aufmerksamkeit, nicht weniger indessen Spanien, die südslavischen Gebiete [12] und schon früh auch Kleinasien [13]. Unübersehbar war in all diesen Ansätzen das Interesse an den Karrieren und Leistungen einzelner Statthalter, Senatoren oder anderer Angehöriger der Führungsschicht, ein Interesse, das sich zum Teil schon in den Titeln der Studien niederschlug. [14] Personen faszinierten Syme immer stärker als Institutionen, doch wollte er nicht nur die Laufbahnen und Handlungen einzelner Individuen, sondern die Schicksale, die Querverbindungen, die Provenienz, die regionalen Gemeinsamkeiten, [15] die politischen Gruppierungen innerhalb der Führungsschichten klären. Von den alten Familien der republikanischen Oligarchie ließ sich Syme dabei nicht weniger beeindrucken als von den Leistungen der Aufsteiger aus den verschiedenen Provinzen des Imperiums.

Unter diesen frühen Arbeiten machten Symes umfangreiche Beiträge über die Entwicklung an der Nordgrenze des Imperiums unter Augustus [16] und dem julisch-claudischen Haus [17] im X. sowie über die Flavischen Kriege und die flavische Grenzpolitik [18] im XI. Band der Cambridge Ancient History besonders großen Eindruck. Gerade der augusteische Abschnitt belegte dabei Symes spezifische intellektuelle Qualitäten, war es ihm doch gelungen, die Meisterung seiner Aufgabe im Handbuchstil mit sehr persönlichen

[12] Augustus and the South Slav lands, Revue internationale des études balkaniques 3, 1937, 33–46 = Danubian Papers. Bukarest 1971, 13–25. Dort auch die weiteren einschlägigen Spezialstudien.

[13] Siehe Anm. 10.

[14] M. Vinicius (cos. 19 B. C.), Classical Quarterly 27, 1933, 142–148; Lentulus and the origin of Moesia, Journal of Roman Studies 24, 1934, 113–137; Who was Decidius Saxa?, Journal of Roman Studies 27, 1937, 127–137.

[15] Ein frühes Beispiel dieser Gruppe: Roman senators from Dalmatia, in: Serta Hoffilleriana. Zagreb 1940, 225–232.

[16] The northern frontiers under Augustus, in: The Cambridge Ancient History. X. Cambridge 1934, 340–381.

[17] The northern frontiers from Tiberius to Nero, a. O., 781–790; 803–807.

[18] Flavian wars and frontiers, a. O. XI. 1936, 131–187.

Wertungen und Perspektiven zu verbinden.[19] Was Symes Ansatz vor allem auszeichnete, war der Versuch, die Entwicklung der augusteischen Grenzpolitik in Europa als Ganzes zu sehen, die Wechselbeziehungen zwischen Grenzen und Kommunikationsbahnen zu berücksichtigen und insbesondere die Schlüsselstellung Illyriens innerhalb der augusteischen Grenzpolitik herauszuarbeiten.

Syme ging davon aus, daß Augustus' Hauptziel die Konsolidierung einer sicheren und verteidigungsgünstigen Reichsgrenze sein mußte. Priorität besaß dabei für ihn nicht die Länge der Grenz-, sondern jene der Kommunikationslinien.[20] Erst als eine Folge dieser Prämissen mußte nach Syme die Okkupation Germaniens und damit das Vorschieben der Grenze vom Rhein zur Elbe erwogen werden. Offensichtlich hatte der neuseeländische Angehörige des British Empire der Zeit vor dem II. Weltkrieg ein schärferes Bewußtsein für die Bedeutung der Kommunikationslinien für jede Reichsstruktur als andere Althistoriker. Wohl deshalb stellten sie für ihn das entscheidende Element dar, und wohl deshalb stand der Raum Illyriens im Mittelpunkt seines Denkens: „Es war Illyricum, welches das Imperium zusammenhielt und den Osten mit dem Westen verband, gleichgültig, ob die Grenze der Elbe oder dem Rhein folgte" (X, 354).

Doch darüber hinaus zeichnete sich innerhalb dieser Perspektiven eine Fülle neuer Akzente und Wertungen ab: Der Auffassung, daß schon allein die Sicherheit Galliens die Eroberung Germaniens und Böhmens erfordert hätte, wurde entschieden widersprochen, die Bedeutung der Lollius-Niederlage, die Syme in das Jahr 17 v. Chr. legte, relativiert. Im Gegensatz zu Mommsens Zäsur im Jahre 16 v. Chr. wurde für Syme das Jahr 13 v. Chr. zum Beginn einer neuen Phase der augusteischen Grenzpolitik. Kaum je zuvor

[19] Zur wissenschaftsgeschichtlichen Einordnung seiner Auffassungen siehe K. Christ, Zur augusteischen Germanienpolitik, Chiron 7, 1977, 157 f. (= Ders., Römische Geschichte und Wissenschaftsgeschichte. I. Darmstadt 1982, 191 f.).

[20] "What was required was a shortening not so much of frontiers as of communications, for it is not the mere length of a frontier that matters – it is the danger of its being attacked and the ease with which it can be reinforced. By their lines of communication both armies and empires stand or fall: the quicker the routes available between points of danger the fewer troops are required." The Cambridge Ancient History. X. Cambridge 1934, 352.

war schließlich die Bedeutung der Logistik für den germanischen Kriegsschauplatz so eindrucksvoll ins Bewußtsein gerufen und das Ausmaß des vor der Varusschlacht in Germanien tatsächlich Erreichten so kritisch gesehen worden wie hier. Doch ungeachtet einer solch realistischen Einschätzung der Resultate augusteischer Politik und Kriegführung wies Syme mit Nachdruck darauf hin, daß Augustus die Kohärenz des Imperiums wirkungsvoll sicherte – und dies auch ohne die Okkupation Germaniens und ohne das Erreichen der Elbgrenze.

II

Wenige Tage nach dem Ausbruch des II. Weltkrieges, am 7. September 1939, erschien Ronald Symes ›The Roman Revolution‹, ein Buch, das auch nach einem halben Jahrhundert seinen hohen Rang als klassische Monographie der Alten Geschichte und als Meisterwerk der englischen Literatur behauptet hat. Historische Analyse und Darstellung zugleich, gehört es in eine Reihe mit Theodor Mommsens ›Römischer Geschichte‹; auch hier wurden Thema und Autor geradezu zu Synonymen. Das in seiner Art geradezu einmalige Buch, das nach dem II. Weltkrieg in alle wichtigeren Sprachen übersetzt wurde[21] und im Rahmen der Oxford Paperbacks wie durch Taschenbucheditionen die denkbar weiteste Verbreitung fand, hat seinen Verfasser in aller Welt bekannt gemacht. Ein solcher Erfolg ließ sich freilich auch nicht mehr wiederholen.

Im Vorwort des Werks erläutert Syme in entschiedener, teilweise geradezu autoritärer Weise Inhalt und Konzeption der Monographie: „Gegenstand dieses Buches ist die Umwandlung von Staat und Gesellschaft in Rom zwischen 60 v. Chr. und 14 n. Chr. Es ist um eine zentrale Erzählung komponiert, die den Aufstieg des Augustus zur Macht und die Organisation seiner Herrschaft schildert, dabei die Jahre zwischen 44 und 23 v. Chr. umfaßt (Kapitel VII–XXIII). Die Epoche wurde Zeuge einer gewaltsamen Übertragung von Macht und Besitz; und der Principat des Augustus sollte als die

[21] Eine deutsche Übersetzung von F. W. Eschweiler und H. G. Degen: Die Römische Revolution. Stuttgart 1957 wurde ohne Vorwort, Anmerkungen, Bibliographie, Anhang und Register veröffentlicht. Sie ist längst ebenso vergriffen wie eine darauf fußende Taschenbuch-Ausgabe.

Konsolidierung des revolutionären Prozesses betrachtet werden. Die Betonung ist dabei freilich nicht auf die Persönlichkeit und die Handlungen des Augustus gelegt, sondern auf seine Anhänger und Parteigänger. Die Zusammensetzung der Oligarchie der Regierung ergibt sich deshalb als das beherrschende Thema der politischen Geschichte, als das Verbindungsglied zwischen der Republik und dem Kaiserreich: sie ist etwas Reales und Faßbares, was immer der Name oder die Theorie der Verfassung sein mögen" (VII).

Der Leser wird so schon im ersten Abschnitt des Buches auf dessen eigentümliche Disposition, dessen Perspektiven und Schwerpunkte hingewiesen. Als eigentlichen Hauptteil weist es tatsächlich eine präzise narrative Basis auf, in der mit einer ganz ungewöhnlichen Energie der Vergegenwärtigung, in großartiger und mitreißender Dynamik die Ereignisse zwischen Caesars Ermordung und der Krise des augusteischen Systems im Jahre 23 v. Chr. geschildert sind. Doch um diesen, auf den ersten Blick eher konventionellen Kern hat Syme andere Partien gelegt, die seine Prioritäten eindeutig erkennen lassen: Auf das Einleitungskapitel „Augustus und die Geschichte" folgt ein Überblick über die Stellung der römischen Oligarchie. Originellen Analysen der „Partei" Caesars und einer Studie über „Caesars neue Senatoren" entsprechen im Schlußteil Untersuchungen über die „Partei" des Augustus, die Wirkung der Protektion, über Regierung und Kabinett sowie über das Schicksal der Nobiles.

Einen weiteren markanten Schwerpunkt bilden Darlegungen über die politischen Schlagworte, das „nationale Programm" und „die Organisierung der öffentlichen Meinung", damit eine Thematik, die sich bereits aus jenen literarischen Quellen ergab, die Syme als Grundlage seines Werkes wählte: „Bei der Erzählung der zentralen Epoche der Geschichte Roms konnte ich mich dem Einfluß der Historiker Sallust, Pollio und Tacitus nicht entziehen, die alle von republikanischer Gesinnung waren. Daher rührt die bewußt kritische Einstellung gegenüber Augustus . . ." (VII).

Der von Syme für sein Werk gewählte Stil entzieht sich weithin jeder adäquaten Übersetzung; die Kraft seiner Sprache kann wohl nur das englische Original des Textes vermitteln, wie der folgende programmatische Abschnitt aus dem Vorwort zeigen mag: "Liberty or stable government: that was the question confronting the Romans themselves, and I have tried to answer it precisely in their fashion . . . – The design has imposed a pessimistic and truculent tone, to the almost complete exclusion of the gentler emotions and the domestic virtues. Dýnamis and Týche are the presiding divinities. The style is likewise direct and even abrupt, avoiding metaphors and abstractions. It is surely time for some reaction from the ‚traditional' and conventional view of the period. Much that has recently been written about Augustus is simply panegyric, whether ingenuous or edifying. Yet it is not necessary to praise political success or to idealize the men who win wealth and honours through civil war" (VIII).

Einer machtvollen Ouvertüre gleich stimmt Syme den Leser in der Einleitung „Augustus und die Geschichte" auf seine Leitmotive und die Themen des Werkes ein. Er konfrontiert ihn damit von Anfang an mit seiner Beurteilung der Institution des Principats wie der Person des Augustus: „Die Herrschaft des Augustus brachte Rom, Italien und den Provinzen mannigfachen Segen. Doch war die neue Ordnung, oder novus status, das Ergebnis von Betrug und Blutvergießen und beruhte darauf, daß ein revolutionärer Führer die Macht ergriffen und Vermögen und Besitz neu verteilt hatte. Der glückliche Ausgang des Prinzipats mag die Schrecken der römischen Revolution rechtfertigen oder wenigstens beschönigen. Daraus ergibt sich aber die Gefahr, die Person und die Taten des Augustus zu nachsichtig einzuschätzen. . . .

Die Zeitgenossen ließen sich nicht täuschen. Die zweckdienliche Wiederbelebung republikanischer Einrichtungen, die Annahme eines blendenden Titels, der Wechsel in der Umschreibung der Autorität, all das ändert nichts an der Herkunft und den Tatsachen der Macht des Augustus. Auch verhüllte Herrschaft ist wirksam. Augustus bediente sich in der Politik aller Tonlagen und Nuancen mit der sicheren Hand des Meisters. Mochte der Buchstabe des Gesetzes die Vorrechte des Ersten Bürgers begrenzen. Was tat es? Der Prinzeps überragte alle kraft seines Ansehens und seiner Autorität, die gewaltig waren und keine Erklärung zuließen. Auctoritas ist das bezeichnende Wort dafür – aber seine Feinde nannten es potentia, und sie hatten recht" (8f.).[22]

Aus der bewußten Abkehr von den traditionellen Biographien

[22] Von hier an wurden die deutschen Übersetzungen aus ›The Roman Revolution‹ dem in Anm. 21 genannten Werk entnommen.

der führenden Politiker ergab sich Symes neue Sicht der Entwicklung: „Die Herrschaft des Augustus war die Herrschaft einer Partei, und in gewisser Hinsicht war sein Prinzipat ein Syndikat; der eine Begriff setzt den anderen im Grunde voraus. Die Laufbahn des revolutionären Führers erscheint phantastisch und unwirklich, wenn man sie schildert, ohne anzudeuten, wie die von ihm geführte Partei sich zusammensetzte, wie seine bedeutendsten Parteigänger geartet waren, was sie taten und welchen Einfluß sie hatten. Was auch immer die Form und der Name einer Regierung sein mag, Monarchie, Republik oder Demokratie, zu allen Zeiten lauert eine Oligarchie hinter der Fassade; und die römische Geschichte, die republikanische wie die kaiserliche, ist die Geschichte einer herrschenden Klasse. Den Marschällen, Diplomaten und Finanziers der Revolution begegnet man in der Republik des Augustus wieder als Werkzeugen und Hoheitsträgern der Macht – denselben Männern, nur in anderem Kleide. Sie bilden die Regierung des Neuen Staates. – Es wird darum nützlich und zweckdienlich sein, nicht allein den Ursprung und das Wachstum der caesarianischen Partei, sondern auch das wechselhafte Geschick der ganzen herrschenden Klasse über einen langen Zeitraum von Jahren hinweg zu untersuchen, in dem Bemühen, diesen hartnäckigen Wirrwarr der Ereignisse zu einer zusammenhängenden Schilderung zu ordnen“ (13f.).

Dabei zögerte Syme auch nicht, schon hier die Bilanz seiner Untersuchungen auszusprechen: „In der Revolution wurde die Macht der alten regierenden Klasse gebrochen und ihre Zusammensetzung umgestaltet. Italien und die nichtpolitischen Gesellschaftsklassen triumphierten über Rom und die römische Aristokratie. Aber der alte Rahmen, die alten Begriffe blieben erhalten: eine Monarchie regiert durch eine Oligarchie“ (15).

Der römischen Oligarchie galt deshalb das nächste Einleitungskapitel – so wie Syme überhaupt im Grunde der Historiker der römischen Oligarchie geworden ist und dies immer blieb.[23] Wie realistisch er die Macht der Nobiles einschätzte, zeigt der folgende Abschnitt: „Obgleich durch List oder unter dem Mantel der Konvention verborgen, können sich doch die arcana imperii der nobilitas

[23] Siehe dazu G. Alföldy, Sir Ronald Syme, „Die römische Revolution“ und die deutsche Althistorie, Sitz.-Ber. Heidelberger AdW., Phil.-hist. Kl. 1983, 1, 17.

nicht der Aufdeckung entziehen. Drei Waffen besaßen und führten die nobiles: Familie, Geld und politische Verbindung (amicitia oder factio, wie man sie verschiedentlich nannte). Die weitreichenden und wohlbekannten Verästelungen des römischen Adelsclans bedeuteten für den aufsteigenden Politiker eine außerordentlich wirksame Hilfe. Die nobiles waren Fürsten, ihre Töchter Prinzessinnen. Eine Erbin mit guten verwandtschaftlichen Beziehungen zu heiraten, wurde ein Akt der Politik, ein Bündnis von Mächten, bedeutender als ein hohes Staatsamt und bindender als jeder auf Eid oder gemeinsamen Vorteil begründete Pakt. Die Frauen waren jedoch nicht nur bloße Werkzeuge männlicher Politik. Weit davon entfernt: Die Töchter aus den großen Häusern verfügten in ihrem eigenen Namen über politischen Einfluß und übten eine Macht aus, die weiter reichte als die manch eines Senators. Das bemerkenswerteste Beispiel einer solchen beherrschenden Macht hinter den Phrasen und der Fassade der verfassungsmäßigen Regierung gab Servilia, Catos Halbschwester, Brutus' Mutter – und Cäsars Geliebte" (19).

Wesentlich weiter griffen Symes Untersuchungen der „Parteien" Caesars und des Augustus aus. So heißt es etwa in dem Kapitel über „Caesars neue Senatoren": „Es ist klar genug, daß Cäsars neue Senatoren, ungefähr vierhundert an der Zahl, Anhänger aus allen Teilen Italiens umfaßten. Wie auch die von Sulla proskribierten Familien lieferten ihm die Gegenden, wo der Einfluß des Marius stark war, viele Parteigänger. Der Soldat C. Carrinas ist wahrscheinlich ein Umbrier oder Etrusker gewesen. Pansa kam aus Perusia, war aber bereits Senator. Im Sabinerland, einer Gegend mit entschlossenen Demokraten, lebte das Andenken an Sertorius in den Cäsarianern Vatinius und Sallustius weiter. Ohne Zweifel folgten ihnen Ritter, die Cäsar befördert hatte. Die blühende Gegend der Campania konnte in Orten wie Puteoli, Cales und Nuceria Verbindungen mit Cäsar und den Anhängern des Marius aufweisen. Die Granii aus Puteoli waren als Anhänger des Marius bekannt: Unter Cäsars Senatoren findet sich ein gewisser Granius Petro. Der ehemalige Zenturio Fango kam aus der Kolonie Acerrae.

Einige von Cäsars Parteigängern in den Provinzstädten waren schon vor dem Ausbruch des Bürgerkriegs im Senat, obwohl man bei ihnen keine früheren Bindungen oder Dienste in seiner Armee feststellen kann. Mangels gegenteiliger Berichte darf man annehmen, daß andere ihm ihren Rang verdankten, zum Beispiel drei der

Prätoren des Jahres 44 v. Chr., undeutliche Gestalten, Träger unbekannter Namen, die ersten und wahrscheinlich letzten Senatoren ihrer jeweiligen Familien" (96).

Für die personengeschichtliche Methode, die Syme in seinem Werk auf diese oder ähnliche Weise anwandte, um die Veränderungen in der Führungsschicht konkret zu erfassen, hat er die Verbindungen zu Fr. Münzer, E. Groag und A. Stein nicht verborgen – und doch war seine „Geschichte mit der überhaupt erreichbaren Höchstzahl der Namen"[24] in einer Schärfe problematisiert, die man bei den großen Vorgängern vergebens sucht. Auch auf die Nähe zu A. von Premersteins ›Vom Werden und Wesen des Prinzipats‹ (1937), dem posthum veröffentlichten Hauptwerk eines Gelehrten,[25] dem er persönlich seine Reverenz bezeugt hatte, wies Syme selbst hin – und doch hat er zum erstenmal Caesars und Augustus' Klientel in ihrem ganzen Umfang aufgezeigt und beim Namen genannt.

Symes ›Römische Revolution‹ wurde im Banne und weithin auch im Stile des Tacitus geschrieben. Tacitus erscheint bereits in den ersten Worten des Werks als „der größte römische Geschichtsschreiber" (7). Ganz im taciteischen Sinne hat Syme deshalb auch den Gegensatz zwischen Ideologie und Verfassungswirklichkeit während der Bürgerkriege und im Principat aufgezeigt und das Bewußtsein für die Bedeutung der politischen Schlagworte geschärft, wohl nie eindrucksvoller als in seiner weitausholenden Analyse der Anwendung des Freiheits-Begriffs: „Die politische Heuchelei in einem Lande wird natürlicherweise und immer am stärksten auf der Seite der angestammten Interessen sichtbar. In Zeiten des Friedens und des Wohlstandes verfügt sie über ein großes Maß an Zustimmung oder gar an Glauben. Eine Revolution aber zerreißt den Schleier. Doch die Revolution verhinderte oder vernichtete die Anwendung politischer Betrügereien in Rom nicht. Im Gegenteil, das Vokabular wurde aufgefrischt und moderneren und tödlichen Praktiken angepaßt. Wie gewöhnlich in Bürgerkriegen und Klassenkämpfen,

[24] A. Rüstow, Die Römische Revolution und Kaiser Augustus, Revue de la Faculté des Sciences Économiques de l'Université d'Istanbul 5, 1944, 226.

[25] Über ihn zuletzt K. Christ, Anton Ritter von Premerstein (1869–1935), in: Ders., Römische Geschichte und Wissenschaftsgeschichte. 3, Darmstadt 1983, 115–127.

wurde das Verhältnis zwischen Worten und Tatsachen umgekehrt. Die Parteibezeichnungen traten ganz in den Vordergrund und am Ende waren Erfolg oder Mißerfolg das einzige Kriterium für Weisheit und Patriotismus. Im Dienste einer Partei wurden unablässig die schönsten Ausreden und edelsten Grundsätze bemüht. Diese Kunstfertigkeit war so alt wie die Politik, ihre Vertreter brauchten keine Lehrmeister. Die Propaganda hatte einen dreifachen Zweck: Gewaltmaßnahmen den Anschein der Gesetzlichkeit zu geben, der Gegenpartei Anhänger abspenstig zu machen und neutrale oder unpolitische Elemente in die Flucht zu schlagen.

An erster Stelle rangieren Freiheit und geordnete Regierung. Ohne sich zu diesen Idealen zu bekennen, kann sich keine Partei sicher fühlen oder zuversichtlich sein, welche Täuschungsmanöver und Gewaltakte sie auch immer vorhaben mag. In Rom verehrte jedermann die libertas, man glaubte darin eine ungefähre Entsprechung zum Geist und der Praxis der republikanischen Regierung zu erblicken. Was aber der republikanischen Verfassung genau entsprach, war keine Frage der gesetzlichen Definition, sondern parteiischer Ausdeutungen. Libertas ist ein vager und negativer Begriff – Freiheit von der Herrschaft eines Tyrannen oder einer Partei. Daraus folgt, daß libertas wie regnum oder dominatio ein willkommener Ausdruck für politischen Betrug ist. Von Individuen oder Klassen, die sich der Macht und des Reichtums erfreuten, wurde die libertas am häufigsten zur Verteidigung der bestehenden Ordnung beschworen. Die libertas des römischen Aristokraten bedeutete die Herrschaft einer Klasse und die Verewigung von Vorrechten" (162).

Der Einfluß des Tacitus ist indessen nicht nur in Symes Beleuchtung der Widersprüche zwischen politischen Begriffen und politischer Phraseologie einerseits, der politischen Realität andererseits faßbar. Er geht viel weiter, ist selbst in Wertungen und allgemeine Reflexionen sowie in den Darstellungsstil eingegangen. Symes Bericht über die Proskriptionen der Triumvirn ist zum Beispiel ganz taciteisch; er nimmt Elemente der berühmten Einleitung des ersten Buches der „Historien" auf: „Unter Herrschaft des Terrors wurde die römische Gesellschaft Zeuge des Triumphes der dunkeln Leidenschaften von Grausamkeit und Rache, der gemeinen Laster von Begehrlichkeit und Verräterei. Die Gesetze und die Verfassung Roms waren vernichtet worden. Mit ihnen gingen Ehre und Sicherheit, Familie und Freundschaft unter. Aber es gab trotz allem

Grauen noch Lichtblicke. Die Geschichte hielt die Erinnerung an glänzende Beispiele von Mut oder trotzigem Widerstand, von treuen Gattinnen und getreuen Sklaven wach. Die Schilderungen merkwürdig wechselnder Schicksalsfälle und wunderbarer Errettungen schmückten die vielen literarischen Werke, die diese beispiellos ereignisreiche Zeit hervorgebracht hat" (200).[26]

Wie viele große Geschichtswerke, so erhielt auch Symes ›Römische Revolution‹ die bestimmenden Akzente nicht nur durch eine konkrete forschungsgeschichtliche Situation, sondern auch durch die Reaktion des Autors auf Vorgänge und Entwicklungen der zeitgenössischen Politik. Die Hinweise auf die Entfaltung der prosopographischen Studien für den Bereich der römischen Oligarchie, auf die Ablehnung rein rechts- und verfassungsgeschichtlicher Erklärungsmodelle,[27] die Erforschung der sozialen Grundlagen des Principats in der Tradition eines A. von Premerstein,[28] die Blüte der Begriffsgeschichte,[29] Symes singuläre Tacitusrezeption und vieles

[26] Schon A. Rüstow (Anm. 24), 251 hat „die höchst geistvolle Kunst und Kraft" bewundert, „mit der hier Fremdes geradezu transplantiert ist" und sah darin „auch eine geistige und stilistische Kongenialität von Symes eigenständiger, höchst lebendiger und scharf profilierender Schreibweise mit jenen bedeutenden Historikern" (sc. mit Sallust und Tacitus). Im Unterschied zu Rüstow wird man freilich festhalten müssen, daß nicht jede Übernahme gekennzeichnet ist. Die so ungewöhnlich intensive Aneignung der Formulierungen, Bilder, Gedanken und Wertungen des Tacitus dürfte Syme in vielen Fällen auch zum unbewußten Aufgreifen taciteischer Äußerungen geführt haben.

[27] Siehe die Rezension von H. Siber, Das Führeramt des Augustus. Leipzig 1940, Journal of Roman Studies 36, 1946, 149–158 = Roman Papers. I. Oxford 1979, 181–196.

[28] In seiner anregenden Einführung in eine italienische Übersetzung von R. Symes ›The Roman Revolution‹ (Turin 1962, IX–XV = Terzo Contributo alla storia degli studi classici e del mondo antico. Roma 1966, 729–737) hat A. Momigliano den Einfluß der Methode von L. Bernstein Namier auf Symes Werk stark betont: «Syme ha ‚namierizatto' la costituzione di Augusto.» (730) Doch zu Recht wies Momigliano auch darauf hin, daß Syme persönlich niemals einen Zusammenhang mit Namier einräumte, so daß dieser höchstens indirekt bestehen kann. Siehe indessen die Erwähnung Namiers S. 247.

[29] F. Millar, a. O., 145 wies insbesondere auf Symes Wertschätzung von R. Heinze, Vom Geist des Römertums. Leipzig 1938 hin.

andere mehr reichen nicht aus, um die Eigenart dieses Werks zu erklären. Nicht weniger wichtig ist die angemessene Berücksichtigung von Symes Antwort auf die zeitgenössischen Vorgänge und Erfahrungen.

In seinen entscheidenden Wertungen wurde Syme zwar einerseits durch das traditionelle idealisierte Augustusbild provoziert, andererseits aber auch durch die Machtergreifungen der Parteien Mussolinis und Hitlers, durch den spanischen Bürgerkrieg, ferner „– nach eigener Aussage – durch die Verfassung der Sowjetunion, die Stalin im Jahre 1936 erließ und die ihn als Schein und Trug an die ‚Verfassung' des augusteischen Prinzipates erinnerte"[30].

Wer bei Syme im Jahre 1939 die herausgehobenen Kapitelüberschriften über den „March on Rome",[31] über den „Dux", "The National Programme", „The Organization of Opinion" las, dem waren die Parallelen zu zeitgenössischen Phänomenen evident, evident auch der in der Gesamtkonzeption der ›Römischen Revolution‹ vorliegende Protest gegen die propagandistischen Manipulationen des „Augustusjubiläums" vom Jahre 1937. Diese Feiern zum 2000. Geburtstag des Augustus am 23. September 1937 waren nach Alexander Rüstow „ein Jubiläum, dessen weltgeschichtlicher Bedeutung es nichts anhaben konnte, daß es an Ort und Stelle von einem froschhaft aufgeblasenen, inzwischen kläglich geplatzten Gernegroß zu Reklamezwecken mißbraucht wurde"[32].

Ronald Symes ›Römische Revolution‹ ist ein klassisches Beispiel für die Diskrepanz zwischen der allgemeinen Anerkennung eines großen Geschichtswerkes in breitesten Leserkreisen und der Reaktion der Fachkritik. Zwar wurde die Bedeutung des Werkes auch von ihr nicht verkannt. So wies zum Beispiel A. Momigliano in der in methodischer Hinsicht wichtigsten,[33] schon wenige Wochen nach dem Erscheinen des Buches abgefaßten Rezension nachdrücklich auf dessen Vorzüge hin: „die ungeheure Fülle des ohne Pedanterie dargebotenen Materials; die ganz persönliche Methode, Einzel-

[30] G. Alföldy (Anm. 23), 21.

[31] Siehe die in Anm. 28 genannte Einleitung von A. Momigliano.

[32] A. Rüstow, a. O. (Anm. 24), 228.

[33] Journal of Roman Studies 30, 1940, 75–80 = Secondo Contributo. Rom 1960, 407–416. – Deutsche Übersetzung in: W. Schmitthenner (Hrsg.), Augustus. Darmstadt 1969, 140–152. Vergleiche auch unten S. 289f.

heiten genau an dem Punkt zu verknüpfen, wo eine allgemeine Schlußfolgerung möglich ist; die Freude an der Beschreibung von Menschen und Situationen; und vor allem die schwungvolle Kraft, aus einem abgedroschenen Thema ein neues lebensvolles Bild herauszuarbeiten und dabei eine Wertbewußtheit zu verraten, die tiefer gründet als einfache Lebensbejahung." [34]

Doch wesentlich schwerer wogen die Vorbehalte, Bedenken und Korrekturen. Zieht man eine Bilanz der kritischen Stimmen, so setzten Rezensenten und spätere Analytiker schon bei der Bewertung der Quellen an. Die Position, die Syme Asinius Pollios Geschichtswerk beigemessen hatte, wurde in Frage gestellt,[35] die ungenügende Berücksichtigung der Atticus-Vita des Cornelius Nepos sowie des Werkes des Velleius Paterculus bemängelt,[36] schließlich darauf hingewiesen, daß spätere Funde – wie die Tabula Hebana[37] – Symes Auffassungen widerlegten. Momigliano zum Beispiel erschien ferner die Rolle der Klientelkönige verkannt, die finanzielle Bedeutung der Klientel vernachlässigt, der Einsatz der Untersuchungen im Jahre 60 v. Chr. zu kurzatmig, die Bereiche Italien, Provinzen und Heer nicht gebührend berücksichtigt. Noch sehr viel weiter gingen seine und anderer Vorbehalte gegen Symes prosopographische Methode.[38] Schließlich war zu erwarten, daß auch Symes Augustusbild auf Widerspruch stieß. H. E. Stier konnte sich etwa „des Eindrucks nicht erwehren, als wäre hier wieder einmal antike Geschichte in anachronistischer moderner Verfälschung zu deren Schaden verkannt dargeboten, also ein Schritt zu Mommens ‚Römischer Geschichte' zurück getan worden" [39].

Innerhalb der deutschen Althistorie wurde die Diskussion um die ›Römische Revolution‹ nach dem II. Weltkrieg indessen vor

[34] Augustus. Darmstadt 1969, 140.

[35] B. Haller, C. Asinius Pollio als Politiker und zeitkritischer Historiker. Diss. Münster 1967.

[36] F. Millar, a. O. (Anm. 1), 147.

[37] A. Momigliano, Terzo Contributo. Rom 1966, 734.

[38] Siehe unten S. 289f. und in Augustus. Darmstadt 1969, 143: „Die geistigen Interessen der behandelten Persönlichkeiten finden viel weniger Beachtung als ihre Heiraten." Vergleiche auch H. E. Stier, Augustusfriede und römische Klassik, in: Aufstieg und Niedergang der Römischen Welt. II,2. Berlin 1975, 10.

[39] H. E. Stier, a. O., 9.

allen von A. Heuß in einer besonders temperamentvollen und engagierten Weise entfacht und genährt. Heuß pries zwar „das allmählich schon berühmt gewordene Buch von Ronald Syme", stellte indessen fest, daß dieses Werk „entgegen dem Titel, vor allem eine Geschichte des Augustus" ist und daß es „den Begriff der Revolution mehr stillschweigend voraus(setzt), als daß es ihn zur expliciten Darstellung brächte"[40]. Wohl mit dadurch provoziert, kam Heuß wiederholt auf die Frage der Anwendbarkeit des modernen Revolutionsbegriffes zurück.[41] Er hat indessen nicht nur die theoretische Seite des Problems analysiert, sondern auch wiederholt den historischen Prozeß selbst in glänzender Weise dargestellt.[42] Heuß' Beiträge lösten ihrerseits wieder lebhafte Erörterungen aus.[43] Diese Diskussion führte gewiß zu einer schärferen Beleuchtung einzelner Aspekte und Faktoren der späten Römischen Republik, sie lief jedoch auch Gefahr, in letzten Endes unfruchtbare semasiologische und dogmatische Bahnen zu geraten.

Dies zeigte sich auch in internationalem Rahmen, als der große Neapler Romanist Antonio Guarino vierzig Jahre nach dem Erscheinen von Symes ›Roman Revolution‹ Gelehrte aus verschiedenen Ländern wie aus verschiedenen Disziplinen zu Beiträgen über die Wirkung und die Bedeutung der Monographie in den jeweiligen Perspektiven aufforderte. Angesichts der Schwerpunkte von Symes Werk mußte es als Paradoxie erscheinen, daß in einer erstaunlich großen Zahl der veröffentlichten Bilanzen und Essays[44] die Problematik des Revolutionsbegriffes und die Fragen seiner Anwendung

[40] A. Heuß, Der Untergang der Römischen Republik und das Problem der Revolution, Historische Zeitschrift 182, 1956, 26. – Vergleiche zu diesem Abschnitt auch K. Christ, Crisi della Repubblica e ‹Rivoluzione Romana›, Labeo 26, 1980, 82–90.

[41] Neben dem in Anm. 40 genannten Aufsatz auch in: Das Revolutionsproblem im Spiegel der antiken Geschichte, Historische Zeitschrift 216, 1973, 1–72.

[42] Römische Geschichte. Braunschweig 1960, 124–263; Propyläen-Weltgeschichte. 4. Berlin 1963, 175–316.

[43] Siehe den Forschungsbericht von K. Christ, Neue Forschungen zur Geschichte der späten Römischen Republik und den Anfängen des Principats, Gymnasium 94, 1987, 307–340.

[44] La Rivoluzione Romana. Inchiesta tra gli Antichisti. Napoli 1982 (Biblioteca di Labeo, VI).

auf die römische Geschichte im Mittelpunkt standen. Hatte Syme einst keine Skrupel gekannt, die Begriffe „Revolution“ und „Partei“ ohne ausführliche theoretische Begründungen einzusetzen, so überwogen inzwischen doch wohl die Vorbehalte gegen diese Praxis. F. De Martino etwa sah in der von Syme behandelten Entwicklung gerade keine Revolution, sondern «una rivoluzione mancata»[45].

Syme wurde von dem allem scheinbar nicht berührt. Abgesehen von der Korrektur einiger kleinerer Versehen in der zweiten Auflage, erschien die Monographie Nachdruck um Nachdruck unverändert. Eine retractatio gab Syme nicht, statt dessen setzte er seine Einzelstudien in diesem Zeitraum fort, die dann schließlich im Jahre 1986 in seinem Spätwerk ›The Augustan Aristocracy‹ gipfeln sollten, dem eindeutigsten Beweis jener Prioritäten, die er selbst gesetzt hatte. Ein anderer Epilog zur ›Roman Revolution‹ wurde dagegen schon im Jahre 1950 unter dem Titel ›A Roman Post-Mortem‹ vorgelegt,[46] freilich kaum beachtet.

Syme griff dabei die Frage auf, wie die Römer einst den Untergang der Republik beurteilten. Er überprüfte dazu die Stellungnahmen der antiken Literatur von Sallust bis zu Tacitus, nicht zuletzt aber auch diejenigen der augusteischen Dichtung. Es wurde in Erinnerung gerufen, daß zum Beispiel für Sallust Sulla der Beginn allen Übels war, der Anfang jener Entwicklung, die durch Verbrechen, Luxus, Mittelmäßigkeit und Inkompetenz der römischen Aristokratie gekennzeichnet wurde. Demgegenüber ergab die Analyse der augusteischen Literatur, daß weder Cato noch Cicero oder Brutus zu Sündenböcken gestempelt wurden, sondern in erster Linie Caesar, in zweiter Antonius. Doch wies Syme auch darauf hin, daß zum Beispiel bei Vergil und Horaz in traditioneller römischer Manier der Brudermord des Romulus, die Abwendung von den Göttern oder doch die Abwendung von den alten Werten und Lebensnormen für den Untergang der Republik verantwortlich gemacht wurden.

Auf die sozialen und wirtschaftlichen Voraussetzungen der Katastrophe ging Syme nur beiläufig ein. Entschieden wies er Sallusts Anklage der römischen Aristokratie insgesamt zurück: „Es wäre

45 A. O., 30.

46 Todd Memorial Lecture, 3 = Roman Papers I. Oxford 1979, 205–217.

angemessener gewesen, die Führungsschicht als Ganzes zu entlasten und die Schärfe der Censur gegen die käufliche plebs, räuberische Geschäftsleute, die Intrigen der Bankiers, die politische Apathie der Mittelschichten in den Städten Italiens – und die exorbitanten Ambitionen der Generale zu richten. Irrelevant ist dagegen die Anklage oder Entschuldigung der Aristokratie als einer Klasse."[47]

Im übrigen wies Syme selbst auf die Schwierigkeiten hin, die sich einer Erörterung der Ursachen des Untergangs der Römischen Republik in augusteischer Zeit entgegenstellten: „Auch Schweigen selbst wirkt enthüllend. Wichtige Wahrheiten sind oftmals unangenehme Wahrheiten, die verhüllt und verborgen werden müssen, aus Furcht, Komplizentum oder Bequemlichkeit."[48] Er mahnte deshalb auch zur Vorsicht gegenüber den Aussagen der offiziellen Dokumente wie jener der Dichtung. Vermutlich wird man hier sogar noch einen Schritt weiter gehen müssen: Die Annahme, daß die Ursachen des Untergangs der Römischen Republik unter Augustus offen diskutiert werden konnten, ist ebenso falsch wie jene, daß es im Deutschland Hitlers möglich war, die Ursachen des Untergangs der Weimarer Republik adäquat darzustellen.

III

Für die Jahre nach dem Ausbruch des II. Weltkrieges sind vorläufig lediglich Symes lakonische biographische Angaben bekannt: Danach diente er 1940–41 als Presseattaché im Rang eines 1. Sekretärs an der Gesandtschaft in Belgrad, 1941–42 an der Botschaft in Ankara, 1942–45 war Syme Professor für Klassische Philologie an der Universität in Istanbul. Über seine konkrete Tätigkeit in jenen Jahren, die Zeit seiner praktischen politischen Erfahrung, könnte nur spekuliert werden; da alle Voraussetzungen fehlen, läßt sich auch die Bedeutung dieser Zäsur für Symes späteres Werk nicht abschätzen.[49] In seiner wissenschaftlichen Bibliographie klafft jedenfalls zwischen 1940 und 1949 eine breite Lücke. Erst danach,

47 A. O., 7.
48 A. O., 4.
49 F. Millar, a. O. (Anm. 1), 148.

zwischen 1949 und 1970, folgte die Phase eines kontinuierlichen universitären Wirkens, nachdem Syme als Nachfolger von H. Last zum Camden Professor of Ancient History in Oxford ernannt worden war.

Es ist für Syme bezeichnend, daß die Wiederaufnahme seiner Studien nach dem Ende des II. Weltkrieges mit der Konzentration auf die Probleme des Tacitus im weitesten Sinne verbunden war, bezeichnend auch, daß schon die erste Arbeit in diesem Sektor gerade den Personennamen in den ersten sechs Büchern der Annalen galt.[50] Der Tacitus-Komplex, der Syme sein Leben lang beschäftigen sollte, war dabei weit gespannt. Er umfaßte nicht nur Spezialprobleme um Person und Werk des Historikers selbst, Einzelfragen des von Tacitus dargestellten Geschehens oder der von ihm erwähnten Personen,[51] sondern ebenso solche von Tacitus' letzter Lebenszeit, der Epoche Trajans und Hadrians.

Inschriften und Literatur, besonders Prosopographie und Historiographie, beschäftigten Syme stets gleichzeitig. Neben Tacitus galt sein Interesse schon früh auch Sallust[52], dann Livius und dessen Verhältnis zu Augustus[53]. Grundsätzliche Fragen der römischen Geschichtsschreibung griff Symes Beitrag ›The senator as historian‹ auf, wohl eine seiner eindrucksvollsten Studien in diesem Bereich überhaupt, die plastisch die spezifische Form senatorischer Ge-

[50] Personal names in Annals I–VI, Journal of Roman Studies 39, 1949, 6–18 = Ten Studies in Tacitus. Oxford 1970, 58–78.

[51] Siehe die Sammlung der älteren Studien in: Ten Studies in Tacitus. Oxford 1970 und danach: The March of Mucianus, Antichthon 11, 1977, 78–92 = Roman Papers. III. Oxford 1984, 998–1013; How Tacitus Wrote Annals I–III. In: Historiographia Antiqua. 1977, 231–263 = Roman Papers. III. Oxford 1984, 1014–1042; Princesses and Others in Tacitus, Greece and Rome 28, 1981, 40–52 = Roman Papers. III. Oxford 1984, 1364–1375; Tacitus: Some Sources of his Information, Journal of Roman Studies 72, 1982, 68–82 = Roman Papers. IV. Oxford 1988, 199–222; The Year 33 in Tacitus and Dio, Athenaeum 61, 1983, 3–23 = Roman Papers. IV. Oxford 1988, 223–244.

[52] A fragment of Sallust?, Eranos 55, 1957, 171–174 = Roman Papers. I. Oxford 1979, 336–338; Sallust. Berkeley 1964 = Deutsche Übersetzung Darmstadt 1975.

[53] Livy and Augustus, Harvard Studies in Classical Philology 64, 1959, 27–87 = Roman Papers. I. Oxford 1979, 400–454.

schichtsschreibung vergegenwärtigte.[54] Zeitweilig griffen Symes Interessen von dieser römischen Basis aus weit zurück und weit voraus: In der traditionellen ›Lecture on a master mind‹ der British Academy von 1960 behandelte er Thukydides[55], andernorts ›Roman historians and Renaissance politics‹[56], doch auch ›Three English historians: Gibbon, Macaulay, Toynbee‹[57] und ›How Gibbon came to History‹[58].

So breit die Perspektiven von Symes Beschäftigung mit der Römischen Geschichte waren, auch er setzte sich in den verschiedensten Zusammenhängen immer wieder mit den Persönlichkeiten und Leistungen der römischen Principes auseinander. Dabei bewahrte er sich eine bemerkenswerte Unabhängigkeit. Seine Beurteilung des Augustus blieb stets kritisch. In einer Heidelberger Gastvorlesung von 1952, in der er die Entwicklung der Nomenklatur des Augustus analysierte, gelangte er bezeichnenderweise zu folgendem Resultat: "In short, Caesar Augustus, the ruler of Rome, exalts himself above all rivals or forerunners in the choice of names as of titles. By contrast, Caesar the Dictator is modest and sober, Marcus Antonius the Triumvir an arrant traditionalist, without even the advertisement of a cognomen. Yet Caesar Augustus, in nomenclature as in

[54] Histoire et historiens dans l'antiquité. Vandœuvres 1958, 185–212 = Ten Studies in Tacitus. Oxford 1970, 1–10. Bezeichnend für diesen Beitrag, in dessen Mittelpunkt Tacitus steht, ist die generelle Charakterisierung der senatorischen Geschichtsschreibung: "In the beginning, history was written by senators (first a Fabius, and Cato was the first to use the Latin language); it remained for a long time the monopoly of the governing order; and it kept the firm imprint of its origins ever after. The senator came to his task in mature years, with a proper knowledge of men and government, a sharp and merciless insight. Taking up the pen, he fought again the old battles of Forum and Curia. Exacerbated by failure or not mollified by worldly success, he asserted a personal claime to glory and survival; and, if he wrote in retirement from affairs, it was not always with tranquillity of mind." a. O., 1f.

[55] Lecture on a master mind, 1960. The British Academy 1962 (1963).

[56] Roman historians and Renaissance politics, in: Society in the Renaissance. Washington 1960, 3–12 = Roman Papers. I. Oxford 1979, 470–476.

[57] Three English historians: Gibbon, Macaulay, Toynbee, Emory University Quarterly 18, 1962, 129–140.

[58] In: Gibbon et Rome à la lumière de l'historiographie moderne. 1977, 47–56 = Roman Papers. III. Oxford 1984, 969–976.

his dealings with the res publica, exhibits ostensible obedience to the rules, and thereby discloses his essential enormity. The thing is monstrous. He even has tria nomina, precisely 'Imperator Caesar Augustus'."[59] Ausgewogener und ruhiger wirkt Symes Augustusbild dagegen wohl in der späteren Studie über die Krise des Jahres 2 v. Chr.,[60], sympathisch ist ihm der erste Princeps kaum je geworden.

Viel Verständnis brachte Syme dagegen der Persönlichkeit wie den Problemen des Tiberius entgegen,[61] ebenso denjenigen Domitians[62]. Er hatte Respekt vor dem großen Imperator Trajan, doch seine wirklichen Sympathien gehörten Hadrian, dem „Intellektuellen" und „Philhellenen", dem er bis zuletzt auffallend viele Einzelstudien widmete.[63] In Symes Beitrag zu dem Internationalen Kolloquium ›Les Empereurs Romains d'Espagne‹ von 1964 hieß es zu diesem Herrscher: "Hadrian might be defined as an 'intellectual', with all that the term connotes of good or bad, serious or frivolous. The intellectual falls into a recognisable category, all too familiar in the cultivated societies of the modern world. He is curious and conceited, instable and petulant; against birth and class, authority and tradition. He dabbles in the arts, he admires the beauties of nature. A cosmopolitan by his tastes, he is devoted to foreign travel; he detests nationalism, militarism and the cult of power; and he will defend 'les droits de l'homme' or the cause of universal peace."[64] – Weitaus weniger haben Syme dagegen die römischen Kaiser des

[59] Roman Papers. I. Oxford 1979, 374.

[60] The Crisis of 2 B. C., Sitzungsberichte der Bayer. AdW., Phil.-hist. Kl. 1974, 7, 3–34 = Roman Papers. III. Oxford 1984, 912–936.

[61] History of Biography: The Case of Tiberius Caesar, Historia 23, 1974, 481–496 = Roman Papers. III. Oxford 1984, 937–952.

[62] Domitian: The last Years, Chiron 13, 1983, 121–146 = Roman Papers. IV. Oxford 1988, 252–277.

[63] Hadrian and Italica, Journal of Roman Studies 54, 1964, 142–149 = Roman Papers. II. Oxford 1979, 617–628; Hadrian and the Vassal Princes, Athenaeum 59, 1981, 273–283 = Roman Papers. III. Oxford 1984, 1436–1446; Hadrian and the Senate, Athenaeum 62, 1984, 31–60 = Roman Papers. IV. Oxford 1988, 295–324; Hadrian as Philhellene. Neglected Aspects, Bonner Historia-Augusta-Colloquium 1982/3. 1985, 341–362 = Roman Papers. V. Oxford 1988, 546–562.

[64] Les Empereurs Romains d'Espagne. Paris 1965, 244.

3. und 4. Jahrhunderts n. Chr. interessiert, auf die er im Rahmen seiner späteren ›Historia-Augusta‹-Studien einzugehen hatte.[65]

Im Mittelpunkt von Symes wissenschaftlicher Arbeit blieben jahrzehntelang die prosopographischen Forschungen. In diesen ging es zunächst um das Eruieren aller verfügbaren Daten und Informationen für die behandelten Angehörigen der römischen Führungsschicht, in erster Linie der profilierten Mitglieder der römischen Oligarchie, insbesondere der Senatoren, Statthalter, militärischen Befehlshaber, aber auch bemerkenswerter sozialer Aufsteiger,[66] Juristen und Literaten. Aber es ging Syme stets auch darum, die Herkunft dieser Personen zu klären, ihren Werdegang exakt zu ermitteln, vor allem ihre Ämterlaufbahn, den cursus honorum, nicht zuletzt ihre sozialen und politischen Verbindungen. Er war nie auf den isolierten Einzelnen fixiert, sondern suchte immer das ganze soziale Netz freizulegen, in dem eine Person stand, das Beziehungsgeflecht, das sie trug, schützte, aber auch verpflichtete.

Die Ansätze dieser Perspektiven waren gewiß konventionell. Was Syme von den ‚reinen' Prosopographen unterschied, war die Tatsache, daß er zwar wie sie über Akribie, Kombinationsgabe und gelegentlich geradezu ingeniöse Urteilskraft verfügte, darüber hinaus aber auch über eine ungewöhnliche Erfassung von Charakteren und Situationen, nicht zuletzt über die Kunst, das an sich so trockene, alles andere als faszinierende Quellenmaterial geistig zu durchdringen und es in seinem sehr persönlichen Stil zu gestalten. Auf diese Weise entstanden glänzende Porträts und Miniaturen, wurden bloße Namen zu plastischen Persönlichkeiten, in einigen Fällen völlig in Vergessenheit geratene Personen gleichsam wiederentdeckt und wiederbelebt.[67]

Zu den eindrucksvollsten Profilierungen dieser Art zählen Symes Arbeiten über ›Marcus Lepidus, capax imperii‹[68], ›The Jurist Nera-

[65] Danubian and Balkan Emperors, Historia 22, 1973, 310–316 = Roman Papers. III. Oxford 1984, 892–898.

[66] Latomus 17, 1958, 73–80 = Roman Papers. I. Oxford 1979, 393–399.

[67] The Enigmatic Sospes, Journal of Roman Studies 67, 1977, 38–49 = Roman Papers. III. Oxford 1984, 1043–1061. Siehe dort S. 1055: "L. Caesennius P. f. Sospes is thus rescued and installed as the younger son of L. Caesennius Paetus."

[68] Marcus Lepidus, capax imperii, Journal of Roman Studies 45, 1955, 22–33 = Ten Studies in Tacitus. Oxford 1970, 30–49.

tius Priscus‹[69], ›Who was Vedius Pollio?‹[70], ›Domitius Corbulo‹[71], ›Antonius Saturninus‹[72], ›Ummidius Quadratus, capax imperii‹[73], ›An Eccentric Patrician‹[74], ›Antistius Rusticus, a Consular from Corduba‹[75], ›The Career of Valerius Propinquus‹[76], ›Avidius Cassius: His Rank, Age and Quality‹[77] und ›Praesens the Friend of Hadrian‹[78] – um wenigstens einige Beispiele zu nennen. Dazu treten so besonders komplizierte Identifikationen wie diejenigen in den Studien ›Piso Frugi and Crassus Frugi‹[79], ›The wrong Marcius Turbo‹[80], ›Vibius Rufus and Vibius Rufinus‹[81], ›P. Calvisius Ruso, One Person or Two?‹[82].

Ausgangspunkt von Symes prosopographischen Studien waren und blieben bis zuletzt immer wieder einzelne Inschriften, die von der früheren Forschung vernachlässigt oder nicht richtig ergänzt und eingeordnet worden waren. Gerade in dieser Gruppe finden sich Meisterstücke epigraphischer Rekonstruktion und historischer

[69] Hermes 85, 1957, 480–493 = Roman Papers. I. Oxford 1979, 339–352.

[70] Journal of Roman Studies 51, 1961, 23–30 = Roman Papers. II. Oxford 1979, 518–529.

[71] Journal of Roman Studies 60, 1970, 27–39 = Roman Papers. II. Oxford 1979, 805–824.

[72] Journal of Roman Studies 68, 1978, 12–21 = Roman Papers. III. Oxford 1984, 1070–1084.

[73] Harvard Studies in Classical Philology 82, 1979, 287–310 = Roman Papers. III. Oxford 1984, 1158–1178.

[74] Chiron 10, 1980, 427–448 = Roman Papers. III. Oxford 1984, 1316–1336.

[75] Historia 33, 1983, 359–374 = Roman Papers. III. Oxford 1984, 278–294.

[76] Roman Papers. V. Oxford 1988, 579–607.

[77] Roman Papers. V. Oxford 1988, 689–701.

[78] In: Arctos. Suppl. II. 1985, 273–291 = Roman Papers. V. Oxford 1988, 563–578.

[79] Journal of Roman Studies 50, 1960, 12–30 = Roman Papers. II. Oxford 1979, 496–509.

[80] Journal of Roman Studies 52, 1962, 87–96 = Roman Papers. II. Oxford 1979, 541–556.

[81] Zeitschrift für Papyrologie und Epigraphik 43, 1981, 365–376 = Roman Papers. III. Oxford 1984, 1423–1435.

[82] Zeitschrift für Papyrologie und Epigraphik 56, 1984, 173–192 = Roman Papers. IV. Oxford 1988, 397–416.

Kritik.[83] Eine andere Kette von Arbeiten ergab sich aus der akribischen Überprüfung moderner Handbücher, Sammelwerke und spezieller Monographien. Auch in diesen Studien, für die Titel wie ›Missing Senators‹[84] oder ›Missing Persons‹[85] repräsentativ sind, wurden ein oft stupendes prosopographisches Material angehäuft, oft verblüffende Kombinationen und Schlüsse gezogen, zugleich aber auch immer wieder vergessene Resultate und Positionen der älteren Forschung in Erinnerung gerufen.[86]

Selbst bei Dutzenden von Nachträgen war Symes Kritik dabei nie lediglich besserwisserisch, sondern stets konstruktiv und verständnisvoll: "The study of persons carries with it many hazards, even when it operates by selection. An attempt to establish any kind of complete catalogue incurs the added risk of omissions. For the Roman Empire, the material is vast and forbidding: an editor can hardly fail to miss some names and facts, even within restricted categories, whatever his sagacity and industry. Though the Republic is at first sight more manageable, its closing epoch begins to anticipate the Empire by the plethora of names and heterogeneity of sources."[87]

Nur selten war Symes Verdikt so entschieden wie bei der Bewertung eines Bandes der Realencyclopädie, wo es hieß: "Modesty and accuracy would have been enough. Without those virtues, anything can happen to an encyclopedia. Orthography is not a strong point of this volume. Neither is nomenclature."[88] Gerade aus solcher

[83] So zum Beispiel die Behandlung der Inschrift von Cabo Torres in: A Governor of Tarraconensis, Epigraphische Studien 8, 1969, 125–133 = Roman Papers. II. Oxford 1979, 732–741; The Titulus Tiburtinus, in: Akten des VI. Internationalen Kongresses für Griechische und Lateinische Epigraphik. München 1972. (1973), 585–601 = Roman Papers. III. Oxford 1984, 869–884; The Testamentum Dasumii: Some Novelties, Chiron 15, 1985, 41–63 = Roman Papers. V. Oxford 1988, 521–545.

[84] Historia 4, 1955, 52–71 = Roman Papers. I. Oxford 1979, 271–291.

[85] Historia 5, 1956, 204–212 = Roman Papers. I. Oxford 1979, 315–324; Historia 8, 1959, 207–212 = Roman Papers. I. Oxford 1979, 455–460; Historia 11, 1962, 146–155 = Roman Papers. II. Oxford 1979, 530–540.

[86] Senators, Tribes, and Towns, Historia 13, 1964, 105–125 = Roman Papers. II. Oxford 1979, 582–604.

[87] Missing Senators, Historia 4, 1955, 52.

[88] Missing Persons, Historia 5, 1956, 204.

Kritik ergab sich für Syme aber auch die Bedeutung und Tragweite dieser Studien: "So many names, so many scattered facts, such is the stuff of imperial history. It is easy to fall into error, as anybody can know, as nobody will refuse to confess. But, if the facts are properly set forth, they often arrange themselves in significant relationships. Not a mere catalogue of persons and families, but the development of a system of government and the process of change in the upper stratum of society."[89]

So wichtig für Syme die Beschäftigung mit der Identifizierung und Profilierung einzelner Personen der römischen Führungsschicht war, noch sehr viel größer blieb von Anfang an seine Faszination durch die grundlegenden Namenlisten aller Art, seien es die Verzeichnisse (Fasti) der Konsuln, seien es jene der Statthalter der verschiedenen Provinzen oder diejenigen wichtiger Magistraturen und Ämter, wie zum Beispiel der Stadt- oder der Prätorianerpräfekten.[90] Hand in Hand damit ging seine ungewöhnliche Vorliebe für die Stammbäume der großen Familien der römischen oder provinzialen Aristokratie, an denen er oft mit wahrer Besessenheit arbeitete.[91]

[89] Missing Persons III, Roman Papers. II. Oxford 1979, 539.

[90] Proconsuls d'Afrique sous Antonin le Pieux, Revue des Études Anciennes 41, 1959, 310–319 = Roman Papers. I. Oxford 1979, 461–469; Les proconsuls d'Afrique sous Hadrien, Revue des Études Anciennes 67, 1965, 342–352 = Roman Papers. II. Oxford 1979, 629–637; Legates of Cilicia under Trajan, Historia 18, 1969, 352–366 = Roman Papers. II. Oxford 1979, 774–789; Guard Prefects of Trajan and Hadrian, Journal of Roman Studies 70, 1980, 64–80 = Roman Papers. III. Oxford 1984, 1276–1302; Hadrianic Proconsuls of Africa, Zeitschrift für Papyrologie und Epigraphik 37, 1980, 1–18 = Roman Papers. III. Oxford 1984, 1303–1315; The Early Tiberian Consuls, Historia 30, 1981, 189–202 = Roman Papers. III. Oxford 1984, 1350–1363; Governors Dying in Syria, Zeitschrift für Papyrologie und Epigraphik 41, 1981, 125–144 = Roman Papers. III. Oxford 1984, 1376–1392; Hadrianic Governors of Syria, in: Romanitas-Christianitas. 1980, 230–243 = Roman Papers. IV. Oxford 1988, 50–61; The Proconsuls of Asia under Antoninus Pius, Zeitschrift für Papyrologie und Epigraphik 51, 1983, 271–290 = Roman Papers. IV. Oxford 1988, 325–346; Problems about Proconsuls of Asia, Zeitschrift für Papyrologie und Epigraphik 53, 1983, 191–208 = Roman Papers. IV. Oxford 1988, 347–365; Prefects of the City, Vespasian to Trajan, Roman Papers. V. Oxford 1988, 608–621.

[91] The descendants of Plautia = Ceionii and Vettuleni, Roman Papers. I.

All dies wäre nicht möglich gewesen ohne die umfangreichen, weit aufgeschlüsselten Indices und Anhänge seiner Werke. Dabei unterstellte Syme wohl etwas optimistisch, daß auch die Leser der Monographien seine speziellen Vorlieben teilten. Schon im Vorwort zu ›The Roman Revolution‹ hieß es zu deren Index: "If used in conjunction with the list of consuls and the seven genealogic tables it will sometimes reveal facts or connexions not explicitly mentioned in the text" (VIII f.). Hier war Symes Methode unmittelbar zu greifen.

Bei solchen Studien an Fasti und Stemmata ging es Syme nicht nur um die möglichst lückenlose Wiedergewinnung der Verzeichnisse der Amtsträger oder um die vollständige Rekonstruktion der so imponierenden, breit aufgefächerten Stammbäume, welche die Entwicklung und die Schicksale bedeutender Familien oft über viele Generationen hinweg verfolgen ließen, sondern in erster Linie um den Versuch, auf dieser Grundlage die bewußten oder auch unbewußten Kriterien der Personalpolitik der Principes, die Aufstiegs- und Wirkungsmöglichkeiten von Angehörigen der Führungsschichten nichtrömischer oder außeritalischer Provenienz – aber auch deren Gefährdung im imperialen Dienst oder im Zentrum der Macht zu erfassen.

Zwei Beispiele mögen die Rahmen skizzieren, in die Syme seine diffizilen Einzelstudien des Beziehungsgeflechts herausragender Familien einordnete. In der Untersuchung ›Antonine Relatives: Ceionii and Vettuleni‹ wurden die familiären Verbindungen des L. Aelius Caesar und L. Verus freigelegt, das Haus der Antonine dabei so eingeordnet: "Spanish with Trajan and Hadrian, the dynasty of the Antonines comes out as Narbonensian with Antoninus Pius, and the strains are blended in Marcus Aurelius. So far the rulers. They emerge as the product of an intricate nexus of family alliances, some reaching a long way back. Italian components belong to the amalgam, most important the Ceionii ..."[92]

Oxford 1979, 331; The descendants of Piso Frugi, the Censor and their interrelation with the Licinii Crassi, Roman Papers. II. Oxford 1979, 503; The Sentii Saturnini, Roman Papers. II. Oxford 1979, 608; The Calvisii Rusones, Roman Papers. IV. Oxford 1988, 417; The Ahenobarbi, Roman Papers. IV. Oxford 1988, 420; The Dasumii, Roman Papers. V. Oxford 1988, 544; Domitius Tullus, Roman Papers. V. Oxford 1988, 545.

[92] Athenaeum 35, 1957, 306 = Roman Papers. I. Oxford 1979, 325.

Die familiären Zusammenhänge des Juristen Neratius Priscus wurden dagegen folgendermaßen beschrieben: "Families in their rise and duration are a theme that cannot fail to charm and detain. The Neratii, indigenous at Saepinum in the heart of Samnium, show a local magistrate in the last age of the Republic. Then a gap, and, when next heard of, the Neratii acquire the consulate under the rule of the Flavian emperors; and the name persists in the senatorial order, though lineage and relationships are obscure, to a late epoch".[93]

Die Erforschung von Familien und ganzen Geschlechtern erzwang die Klärung der Namen, ihrer Veränderungen und ihrer Geschichte im weitesten Umfang und unter den vielfältigsten Aspekten,[94] gleichzeitig jedoch auch die Berücksichtigung der Frauen der römischen Führungsschicht. Mit Nachdruck profilierte Syme so zum Beispiel in einer imponierenden Weise die praktisch vergessene Gestalt der Plautia, der Mutter des L. Aelius Caesar: "Plautia exemplifies a common phenomenon in the history of imperial Rome: a fragment of knowledge rescued from the waters of oblivion, but a figure of consequence in the social and political history of the time."[95] Mit ähnlichem Scharfsinn ging er auch den Problemen um die Söhne der führenden römischen Politiker nach,[96] nicht zuletzt der Frage ›No Son for Caesar?‹[97].

[93] The Jurist Neratius Priscus, Hermes 85, 1957, 480 = Roman Papers. I. Oxford 1979, 339.

[94] 'Donatus' and the Like, Historia 27, 1978, 588–603 = Roman Papers. III. Oxford 1984, 1105–1119; Three Ambivii, The Classical Quarterly 36, 1986, 271–276 = Roman Papers. V. Oxford 1988, 622–629; Names and Identities in Quintilian, Acta Classica 28, 1985, 39–46 = Roman Papers. V. Oxford 1988, 630–638; The Paternity of Polyonymous Consuls, Zeitschrift für Papyrologie und Epigraphik 61, 1985, 191–198 = Roman Papers. V. Oxford 1988, 639–647.

[95] Antonine Relatives: Ceionii and Vettuleni, Roman Papers. I. Oxford 1979, 327.

[96] The Sons of Crassus, Latomus 39, 1980, 403–408 = Roman Papers. III. Oxford 1984, 1220–1225; The Sons of Piso the Pontifex, American Journal of Philology 101, 1980, 333–341 = Roman Papers. III. Oxford 1984, 1226–1232.

[97] Historia 29, 1980, 422–437 = Roman Papers. III. Oxford 1984, 1236–1250.

Symes Untersuchungen der Provenienz der Mitglieder der römischen Oligarchie und der Angehörigen der imperialen Führungsschicht nötigten ihn, neben einer konsequenten Namenforschung auch die Probleme der Tribuszugehörigkeit in den Städten und Provinzen eingehender zu erörtern. Die Ermittlung der lokalen und regionalen Führungsschichten insgesamt aber war nicht möglich ohne die präzise Erfassung der Eigenart wie der Funktion der verschiedenen Städte, insbesondere im Norden Italiens[98] und im Westen des Imperiums.[99] Von hier aus war es nur ein kleiner Schritt zur Fixierung des Umfangs, der Zusammensetzung wie der Eigenart bestimmter provinzialer Aristokratien[100] sowie zur Erfassung der Haupttendenzen der Veränderungen in der römischen Führungsschicht insgesamt,[101] die Syme vor allem in seinen zahlreichen Vorträgen aufgezeigt hat.

Die Grundlage all dieser, in ihren Radien letzten Endes sehr weit-

[98] Eight Consuls from Patavium, Papers of the British School at Rome 51, 1983, 102–124 = Roman Papers. IV. Oxford 1988, 371–396; Transpadana Italia, Athenaeum 63, 1985, 28–36 = Roman Papers. V. Oxford 1988, 431–439.

[99] Rival Cities, Notably Tarraco and Barcino, Ktèma 6, 1981, 271–285 = Roman Papers. IV. Oxford 1988, 74–93. – Siehe aber auch: Trigranocerta. A Problem Misconceived, in: Armies and Frontiers in Roman and Byzantine Anatolia. 1983, 61–70 = Roman Papers. IV. Oxford 1988, 245–251.

[100] La richesse des aristocraties de Bétique et de Narbonnaise, Ktèma 1977, 373–380 = Roman Papers. III. Oxford 1984, 977–985. Nach einem Hinweis auf die materiellen Grundlagen der neurömischen Führungsschicht schließt der Beitrag provozierend: «Si vous voulez, vous pouvez me taxer de marxisme – mais je suis arrivé à ces conclusions sans m'intéresser jamais à ce maître dont le nom est devenu vénérable, en ce temps, auprès de l'élite intellectuelle»; Helvetian Aristocrats, Museum Helveticum 34, 1977, 129–140 = Roman Papers. III. Oxford 1984, 986–997; Spaniards at Tivoli, Ancient Society 13/14, 1982–3, 241–263 = Roman Papers. IV. Oxford 1988, 94–114.

[101] The Greeks under Roman Rule, Proceedings of the Massachusetts Historical Society 72, 1963, 3–20 = Roman Papers. II. Oxford 1979, 566–581; Greeks Invading the Roman Government. The Seventh Stephen J. Brademas, Sr. Lecture. Brookline, Mass. 1982 = Roman Papers. IV. Oxford 1988, 1–20; Rome and the Nations, Diogenes 124, 1983, 33–46 = Roman Papers. IV. Oxford 1988, 62–73; Antonine Government and Governing Class, Roman Papers. V. Oxford 1988, 668–688.

reichenden Spezialuntersuchungen bildeten, wie schon erwähnt wurde, insbesondere die Kombination epigraphischer und literarisch überlieferter Daten und Personen, somit Prosopographie im präzisen Sinne des Begriffs. So komplex die Gewinnung neuer Erkenntnisse mit dieser Methode der Grundlagenforschung war, über deren Grenzen hat sich Syme nie Illusionen gemacht. Trotzig hielt er indessen der Kritik entgegen: "The science (or rather the art) of prosopography has been much in fashion in the recent age, being adduced to reinforce historical studies in the most diverse of periods. Some deprecate. For various reasons. Among them (one surmises), distaste for erudition on a narrow front, to the neglect of broad aspects and the 'higher things'. Which may cheerfully be conceded. One uses what one has, and there is work to be done. If there be place for censure, it is better visited upon the ignorant and the incompetent."[102]

Über diesen Untersuchungen wurde Syme jedoch gerade nicht zum reinen Namenforscher, zum engen Epigraphiker oder zum ausschließlichen Spezialisten der Prosopographie. Sein Interesse an lateinischer Literatur und Dichtung war stets ebenso stark; die Faszination insbesondere durch Tacitus riß auch nach dem Erscheinen des diesem Autor gewidmeten Hauptwerkes nicht ab.[103] Daneben griff Syme immer wieder auf den jüngeren Plinius zurück, dessen Briefwechsel für ihn "a document of unique value" blieb. "It illuminates class and rank and behaviour – and a whole region of Northern Italy."[104] Sein spezielles Interesse galt dabei nicht nur den altbekannten Problemen, den Fragen der Chronologie[105] oder den großen Namen unter Plinius' Korrespondenten[106], sondern ebenso dem weiten Beziehungsgeflecht, das hier in einer exemplarischen

[102] People in Pliny, Journal of Roman Studies 58, 1968, 145 = Roman Papers. II. Oxford 1979, 711.

[103] Vergleiche Anm. 51.

[104] Roman Papers. II. Oxford 1979, 694. – Siehe auch: Pliny's Less Successful Friends, Historia 9, 1960, 362–379 = Roman Papers. II. Oxford 1979, 477–495; Correspondents of Pliny, Historia 34, 1985, 324–359 = Roman Papers. V. Oxford 1988, 440–477; The Dating of Pliny's Latest Letters, The Classical Quarterly 35, 1985, 176–185 = Roman Papers. V. Oxford 1988, 478–489.

[105] Siehe Anm. 104.

[106] Siehe Anm. 104.

Weise sichtbar wurde: "But advantage can accrue from examining the retarded, the diffident, the failures. To study them will illustrate not only the vicissitudines in the life of an individual but also (and more important) the senatorial cursus honorum in its diverse types or manifestations."[107] Neben Tacitus und dem jüngeren Plinius wurde zeitweilig auch Juvenal näher untersucht, dabei dessen Herkunft aus Africa postuliert[108], doch ebenso Velleius Paterculus[109], Sueton und andere Biographen[110].

Fragen der Grenz- und Außenpolitik wie der Provinzialgeschichte hatten Syme von Anfang an beschäftigt. Auch sie blieben seit seinem Frühwerk ein Schwerpunkt seiner Arbeiten, den er in zahlreichen personengeschichtlichen und historiographischen Studien besonders berücksichtigt hatte.[111] Wie sich dabei oft die verschiedensten Ansätze und Perspektiven überschnitten, dokumentiert zum Beispiel die frühe Studie über ›Tacfarinas, the Musulamii, and Thubursicu‹[112], in der eine Analyse des Tacfarinas-Aufstandes mit der Klärung der Lokalisierung von Thubursicum (= Khamissa) und prosopographischen Elementen verbunden wurde.

Denkbar tiefe Nachwirkungen zeitigten daneben die einschlägigen Beiträge für die Cambridge Ancient History im Bereiche Spaniens[113], der gallisch-germanischen Gebiete wie des Alpenraums und anderer Gebirgslandschaften[114], vor allem aber auch des Do-

[107] Roman Papers. II. Oxford 1979, 477.

[108] The patria of Juvenal, Classical Philology 74, 1979, 1–15 = Roman Papers. III. Oxford 1984, 1120–1134; Juvenal, Pliny, Tacitus, American Journal of Philology 100, 1979, 250–278 = Roman Papers. III. Oxford 1984, 1135–1157.

[109] Mendacity in Velleius, American Journal of Philology 99, 1978, 45–63 = Roman Papers. III. Oxford 1984, 1090–1104.

[110] Biographers of the Caesars, Museum Helveticum 37, 1980, 104–128 = Roman Papers. III. Oxford 1984, 1251–1275; The Travels of Suetonius Tranquillus, Hermes 109, 1981, 105–117 = Roman Papers. III. Oxford 1984, 1337–1349.

[111] Siehe Anm. 10, 1214, 90.

[112] In: Studies in Roman Economic and Social History in Honor of A. Ch. Johnson. 1951, 113–130 = Roman Papers. I. Oxford 1979, 218–230.

[113] The Conquest of North-West Spain, in: Legio VII Gemina. 1970, 83–107 = Roman Papers. II. Oxford 1979, 825–854.

[114] The Subjugation of Mountain Zones, Roman Papers. V. Oxford 1988, 648–660.

nauraums, das heißt in jenen Studien, die Syme dann in der Spezialsammlung der ›Danubian Papers‹ (Bukarest 1971) zusammenfassen konnte.

Zu all dem kamen Seitenblicke auf Recht[115] und Religion[116], die Auswirkungen historischer Entwicklungen, wie des Revolutionszeitalters und des Principats, auf Sprache und Literatur[117], Reden über ›Rome and the Nations‹[118] oder ›Liberty in Classical Antiquity‹[119], endlich jene glänzende, im Laufe der Jahrzehnte an nicht wenigen Hochschulen gehaltene Vorlesung über ›Caesar: Drama, Legend, History‹[120], mit der Syme den fünften Band seiner so vielfältigen ›Roman Papers‹ abschloß.

IV

Ronald Syme hat sich viele Jahre lang besonders intensiv mit Tacitus beschäftigt. Im Vorwort der 1970 erschienenen ›Ten Studies in Tacitus‹ wies er darauf hin, daß die dort zusammengefaßten Vorträge und Untersuchungen aus einem Zeitraum von 15 Jahren stammen und daß sein 1958 erschienenes zweibändiges Werk ›Tacitus‹

[115] In seinem Beitrag Lawyers in Government: the Case of Ulpian, Proceedings of the American Philosophical Society 116, 1972, 406–409 = Roman Papers. III. Oxford 1984, 863–868 ging Syme dabei auch auf die allgemeinen Zusammenhänge zwischen Recht und Religion ein: "In the definition and verdict of Ulpian, a jurist deserves the appellation of a priest. A close and explicit parallel between the two professions is not far to seek. Roman law was a kind of theology, equipped with dogmas and heresies, rituals and casuistry. Rigorous study of texts and the achieving of the perfect formulation call for discipline and a subtle mind; and the pedantic obsession with words may be a symptom of the desire to prevail and dominate. Hence arrogance and intense emulation. Superior sanctity is often a cover for precise ambitions; and Ulpian may have had a genius for craft and intrigue." a. O., 868.

[116] Problems about Janus, American Journal of Philology 100, 1979, 188–212 = Roman Papers. III. Oxford 1984, 1179–1197.

[117] History and Language at Rome, Diogenes 85, 1974, 1–11 = Roman Papers. III. Oxford 1984, 953–961.

[118] Siehe Anm. 101.

[119] Memoirs of the American Philosophical Society 118, 1977, 8–15 = Roman Papers. III. Oxford 1984, 962–968.

[120] Roman Papers. V. Oxford 1988, 702–707.

neun Jahre in Anspruch genommen hatte.[121] Dabei war Tacitus' Schatten, wie schon erwähnt, bereits auf die ›Römische Revolution‹ gefallen. Es dürfte deshalb zutreffen, wenn Momigliano über diese Zusammenhänge schrieb: „Jahrelang ist Syme mit Tacitus in otio et in negotio durch die Welt gezogen. Er hat ihn auswendig gelernt und jedes Wort historisch und stilistisch abgewogen. Seit Justus Lipsius ist niemand mit Tacitus besser vertraut gewesen als Syme. Es ist ihm nun gelungen, in seinem neuen Buch seine Bewunderung für den Historiker zu objektivieren." Momigliano ging sogar so weit, geradezu von einer „Verschmelzung der Züge von Tacitus und Syme"[122] zu sprechen.

Die über 850 Seiten umfassenden beiden Bände des ›Tacitus‹ stellen Symes bedeutsamste wissenschaftliche Leistung dar, obwohl dieses reife Meisterwerk niemals jene ungewöhnliche Verbreitung und Beachtung finden konnte wie die ›Römische Revolution‹. Dazu war es mit einem Wort zu „gelehrt" – und es hat diese gelehrte Basis, das außerordentlich diffizile wissenschaftliche Fundament, auch gar nicht verborgen. In den nicht weniger als 95 Appendices (625–807) waren Symes Spezialuntersuchungen über das Jahr 97 n. Chr., Konsuln und Statthalter, Senatoren und Redner, die ›Historien‹, die Quellen der ›Annalen‹, Stil- und Wortprobleme, den Inhalt der ›Annalen‹, den Zeitpunkt der Abfassung der Werke, die Römer aus den Provinzen und schließlich über Tacitus' Herkunft und Freunde ausgebreitet – für Spezialisten gewiß ein eindrucksvolles *testimonium scientiae*, für den allgemeinen Leser jedoch eher eine Ansammlung von oft genug scheinbar lediglich antiquarischen Details und von Hürden.

In methodischer Hinsicht hatte Syme im ›Tacitus‹ die prosopographischen Forschungen mit der Analyse klassischer Geschichtswerke unter neuen Fragestellungen verknüpft. Hatten systematisch betriebene prosopographische Untersuchungen in der ›Römischen Revolution‹ dazu gedient, die „Parteien" um Caesar und Augustus zu erfassen, so waren sie im ›Tacitus‹ ein heuristisches Instrument, um sowohl dem Inhalt der taciteischen Geschichtswerke als auch

[121] Oxford 1970, I.

[122] Gnomon 33, 1961, 55 ff. = Terzo Contributo alle storia degli studi classici e del mondo antico. Roma 1966, 739–744. Die zitierten Stellen dort S. 740, 739.

dem Autor selbst ein schärferes Profil zu geben. Gleichzeitig hatten Symes Sensibilisierung für die Inhalte und die Bedeutung von Sprache und Stil einerseits, für die „Doppelbödigkeit" vieler offizieller Verlautbarungen und Texte, aber auch für die Dialektik der Zeiten andererseits beträchtlich zugenommen.

Die Originalität von Symes Perspektiven geht bereits aus der Anlage seines großen Werkes hervor. Die Monographie wird durch eine eindringliche Analyse der politischen Lage nach der Ermordung Domitians, während der Regierung Nervas und der Adoption Trajans eröffnet. Es folgen parallel durchgeführte Untersuchungen der Laufbahnen und der geistigen Entwicklung des Tacitus und des jüngeren Plinius. Dabei wird vor allem Tacitus' Abwendung von der Rhetorik und seine Hinwendung zur Historiographie näher besprochen. Nach einer sehr ausgewogenen Analyse der ›Historien‹ bildet das Kapitel über Trajan und Hadrian gleichsam die zweite zeitgeschichtliche Achse für Symes Verständnis von Tacitus' historiographischem Werk.

Die gesamte zweite Hälfte des ersten Bandes von Symes ›Tacitus‹ ist dann der Untersuchung der ›Annalen‹ gewidmet. Quellenprobleme, Stilfragen und literarische Technik des Autors sind hier ebenso berücksichtigt wie die Eigenart des „skeptischen Historikers" oder die politische Realität des Principats. Bezeichnende Schwerpunkte bilden indessen die Abschnitte über „Tacitus und Tiberius", „Kaiser und Provinzen" sowie „Tacitus und Gallien".

Die drei Hauptteile des zweiten Bandes sind dagegen den Problemen um die Abfassung der ›Annalen‹ sowie um das Verhältnis des Tacitus zu Hadrian und den Griechen, der Persönlichkeit, den Wertungen und den Überzeugungen des Autors und schließlich den „neuen Römern" gewidmet. Es ist für Symes Prioritäten bezeichnend, daß das letzte Kapitel des ganzen Werkes dann der Frage nach der Herkunft des Cornelius Tacitus gilt. Dabei ging es Syme weniger um die Feststellung des Geburtsortes – er plädierte für Vaison in der Provence – als vielmehr um Tacitus' Einordnung in eine klar umrissene soziale Gruppe.

Später hat Syme diese so definiert: "Tacitus speaks for the new imperial aristocracy of the western provinces, for Trajan and Hadrian as for Agricola – and for himself. The avowal ist proud and unobtrusive. Cornelius Tacitus is not a descendant of the patrician Cornelii, but a novus homo, like his predecessors in the line of the senatorial historians (Cato, Sallust, Pollio); and further, not an Italian (it can be conjected) but deriving from some town of Narbonensis."[123]

Syme nahm gerade diesen Punkt außerordentlich wichtig. Er goß seine Ironie über jene Historiker aus, die in Tacitus einen „Stockrömer"[124] gesehen hatten, verwahrte sich aber auch gegen die Verwischung der Unterschiede zwischen Gallien und der Narbonensis.[125] In Auseinandersetzung mit älteren Wertungen Wilhelm Webers[126] ging er das ganze Problem schließlich in den weitesten Dimensionen an, passioniert und apodiktisch zugleich, denn hier war für Syme persönlich eine neuralgische und zugleich existentielle Stelle berührt. Daß er dabei freilich letzten Endes die Bedeutung der Herkunft einer Persönlichkeit relativieren mußte, stand auf einem anderen Blatt:

"The supreme examples of the new Roman from the western provinces are the Emperor Trajan and the rulers of the Antonine dynasty. In the estimate of their personality as men and emperors, zealous speculation has run riot with the supposed influences of race and blood, of soil and landscape – Umbro-Illyrian in the Italian ascendance of Trajan, the Gaditane mother of Hadrian, the Narbonensian climate for Antoninus Pius, the fable of a Sabine descent from Numa Pompilius in the genealogy of Marcus Aurelius. It is all vanity. The things that matter are education and national spirit, wealth and energy and rank" (618).

Der fundamentale innere Zusammenhang zwischen der ›Römischen Revolution‹ und ›Tacitus‹ tritt immer wieder zutage. So heißt es schon im Vorwort des ›Tacitus‹: "Oligarchy is the supreme, central, and enduring theme in Roman history" (V). Hatte die ›Römische Revolution‹ den Aufstieg der Führungsschicht aus den Städten Italiens in den Kreis der imperialen Aristokratie geschildert, so das Werk über ›Tacitus‹ denjenigen der entsprechenden Gruppen aus den westlichen Provinzen. Für Syme war Tacitus so in erster Linie

[123] Ten Studies in Tacitus. Oxford 1970, 140.

[124] E. Kornemann, Tacitus. Wiesbaden 1947, 17 – Vergleiche die Zusammenstellung älterer Ansichten in Tacitus. II. Oxford 1958, 797f.

[125] Ten Studies, 145.

[126] The Cambridge Ancient History. XI. 1936, 325; Rom, Herrschertum und Reich im zweiten Jahrhundert. Stuttgart 1937, 228, 284.

Exponent, doch zugleich auch Zeuge und Quelle dieses sozialen Prozesses, der ihn ganz in seinen Bann zog. Er wies zudem selbst darauf hin, daß einzelne Partien des Tacituswerkes in denkbar engem Zusammenhang mit einem damals vorbereiteten, jedoch nie erschienenen Buch ›The Provincial at Rome‹ standen (V).

Bezeichnenderweise sah Syme deshalb schon in Tacitus' ›Agricola‹ nicht nur eine Gedenkschrift für den verstorbenen Schwiegervater, auch nicht nur eine Attacke gegen Domitian oder die politischen Extremisten, sondern zugleich ein Dokument politischer Literatur, ein Manifest für Trajan und die neue imperiale Aristokratie (125). Mehr noch: Syme war der Überzeugung: "The Agricola expounds the moral and political ideals of the new aristocracy, not systematically formulated but emerging gradually in the portrayal of an individual and in the stages of a senator's career" (26).

Erfrischend und zugleich realistisch wurde von Syme die notwendige Diskontinuität der Wertungen und Normen vor Augen geführt. Einerseits unterstrich er, wie stark die Römer generell ihrer Tradition verhaftet blieben: "if a person, quality, or thing could be styled 'antiquus' or 'priscus', all was well". Doch andererseits wurden auch die Konsequenzen der 'diversitas temporum' oder der 'mutatio temporum' nicht verkannt: "The day of the great men and the splendid virtues was over. To succeed, or even to survive, modesty was requisite, and discretion; while 'quies', previously the mark of the Roman knight, became honourable in a senator. 'Libertas' itself, the dearest virtue of the noble, had to recede and surrender to 'obsequium'" (27).[127]

Wenn Syme im Hinblick auf Tacitus' Suffektkonsulat unter Nerva in der Krise des Jahres 97 n. Chr. die Auffassung vertrat, daß ein Jahr unter Nerva für einen angehenden Historiker eine bessere Schule war als fünfzehn Jahre unter Domitian (131), so markierte er damit die für sein Werk und für sein Verständnis des Tacitus charakteristische Akzentverschiebung, gerade gegenüber der deutschen Forschung. Hatte diese, vor allem unter dem Einfluß von Fr. Klingner[128], in Tacitus' „Domitianerlebnis" den entscheidenden Impuls

[127] Siehe zu diesem Bereich speziell K. Christ, Germanendarstellung und Zeitverständnis bei Tacitus, Historia 14, 1965, 62–73 = Römische Geschichte und Wissenschaftsgeschichte. II. Darmstadt 1983, 140–151.

[128] Tacitus, Die Antike 8, 1932, 151–169.

der politischen Erfahrungen des Tacitus erblickt, so wurde dieser von Syme auf die Zeitspanne zwischen Nerva und Hadrian verschoben. Immer wieder zeigte er Parallelen und Zusammenhänge auf, sei es zwischen den Vorgängen des Jahres 97 n. Chr. und jenen des Jahres 69 n. Chr., sei es zwischen den Anfängen Hadrians und jenen des Tiberius. Wie Tacitus (109) so distanzierte sich auch Syme gerne von konventionellen Ansichten. Gegenüber einer ‚Entwicklung' der politischen Überzeugungen des Tacitus blieb er nicht weniger reserviert als gegenüber dem Postulat einer moralischen Verhärtung seines Autors. Die ›Annalen‹ schienen ihm im Gegenteil zu belegen, daß Tacitus' moralisches Urteil toleranter und humaner wurde.[129]

Der Reichtum der Einzelbeobachtungen, die Vielzahl spezieller Resultate und neuer Kombinationen, die Ergebnisse der sprachstatistischen Untersuchungen und der präzisen Stilanalysen, die vielerlei Aspekte der Quellenkritik und die konkreten Einblicke in gesellschaftliche Verbindungen, nicht zuletzt die oft suggestiven Interpretationen des taciteischen Textes wie der historischen Ereignisse oder der politischen Realität lassen sich in einer knappen Zusammenfassung nicht vergegenwärtigen. Es ist gewiß richtig, daß „die zwei Bände ein Schatzhaus aristokratischer Gelehrsamkeit über den frühen Prinzipat"[130] darstellen und daß Symes ›Tacitus‹ als "a treasure-house of methods and approaches, which still remains not fully exploited"[131] bezeichnet werden kann. Dennoch verhinderte die intensive Analyse thematisch denkbar verschiedenartiger Texte jene innere Kohärenz des Werkes, die einst die ›Römische Revolution‹ ausgezeichnet hatte.

Nahezu gleichzeitig mit Symes ›Tacitus‹ erschien das kleine Bändchen ›Colonial Élites. Rome, Spain, and the Americas‹ (London 1958), das die im Januar 1958 an der MacMaster University in Ontario gehaltenen Whidden Lectures enthielt. In ihm zeigte sich der Autor von einer ganz neuen Seite, indem er die Auswirkungen des Römischen Reiches in Spanien, des Spanischen Weltreichs in Mittel- und Südamerika und des Britischen Imperiums in den amerikanischen Kolonien wie in Westindien vergleichend beschrieb. Im

[129] Ten Studies, 135, 137.
[130] A. Momigliano, Gnomon 33, 1961, 55 = Terzo Contributo, 739.
[131] F. Millar, Journal of Roman Studies 71, 1981, 149.

Mittelpunkt der Analyse jener drei Imperien, die sich durch ihre Dimensionen wie durch ihre Dauer auszeichneten, standen dabei die jeweiligen kolonialen Führungsschichten, "the oligarchy of government" (3) – somit nicht Strukturen und Prinzipien, sondern zunächst einmal jene Menschen, welche die Last der Administration auf sich nahmen.

Syme prüfte zunächst die Motive, welche die Träger der Kolonisationsprozesse zur Auswanderung geführt hatten, wobei sein Interesse wiederum in erster Linie den Impulsen und Zielen der führenden Gruppen galt. Er ging dann auf deren Beziehungen zu den Einheimischen ein, aber auch zu den verschiedenen Mutterländern. Den Fragen, ob und warum es zu Sezessionen kam, ob und warum Angehörige provinzialer Führungsschichten auch in die zentralen Leitungspositionen der jeweiligen Imperien aufsteigen konnten, schenkte er dabei seine besondere Aufmerksamkeit.

Bei der Behandlung der „Spanischen Römer" war der Zusammenhang mit den Themen und Perspektiven des ›Tacitus‹ besonders eng. Für die römische Politik galt nach Syme die Feststellung: "Rome, republican and imperial alike, exhibits the remarkable phenomenon of a governing class which changes steadily through the ages. That was due, not to any theory of doctrine, but to the pressure of facts, acknowledged by a conquering aristocracy – and also by the Caesars and their ministers" (3). In der inschriftlich wie literarisch überlieferten Rede des Claudius de iure honorum Gallis dando aus dem Jahre 48 n. Chr.[132] sah er dabei „the best and almost the only exposition of how the governing class was transformed through the ages" (4).

Innerhalb dieses Rahmens wurde dann der Aufstieg der "alert and ambitious men" aus Norditalien, der Narbonensis und schließlich auch Spanien besprochen, ein Aufstieg, den Syme mit den Auswirkungen der „Revolution der Manager" in der modernen Welt verglich (7). Die Folgen jener Entwicklung, die er vor allem an den Persönlichkeiten der beiden Seneca, Quintilians, Trajans und Hadrians verdeutlichte, umriß er so: "They began as clients of the Caesars and they end by supplanting them" (13). Er schloß: "Energy, ambition and opportunism brought the provincial élite to the conquest of the metropolis. Let us not depreciate these men or

[132] Dessau, Inscriptiones Latinae Selectae 212 – Tac. ann. XI, 24.

suspect their virtue and their value. The process is at the same time the triumph of the educated class in the Roman Empire . . ." (21 f.).

In den folgenden Vorlesungen über "Spanish America" und "English America" gab Syme dann lebendige Bilder der jeweiligen zivilisatorischen Entwicklungen. Er zeigte dabei die mächtigen Vorurteile auf, die einer nüchternen wissenschaftlichen Untersuchung des spanischen Imperiums noch immer entgegenstehen und bemühte sich um eine betont nüchterne, keineswegs beschönigende Analyse der Realität. Es gelang ihm so, die Persönlichkeiten und das Verhalten der "Conquistadores" ohne alle nationalen Attitüden verständlich zu machen: "Heroism or ferocity, they surpassed all adventurers of the other nations – and they had unparalleled opportunities for greed and licence. Would the energetic English, who before long tried to infringe the Spanish monopoly, have comported themselves much more soberly if they had Mexico for their prey and portion? Restraint and stability will not safely be postulated of men like the pirate and slavetrader Sir John Hawkins" (31).

Syme unterstrich, daß die Aufstiegsmöglichkeiten der Creoles sowohl in Amerika als auch in Spanien beschränkt waren, ihre Unzufriedenheit trotz aller wirtschaftlichen Erfolge wuchs, und er ließ sich jene Anekdote nicht entgehen, nach welcher Bolívar im Jahre 1808 auf dem Mons Sacer über die Geschichte Roms nachsann und beschloß, das spanische Imperium zu zerstören.[133]

Doch Syme hatte für Bolívars Revolution nur wenig übrig: "Roman history can teach other lessons: patience, distrust of theory and a preference for slow developments" (40). Er wies darauf hin, daß jene Freiheit, für die Bolívar kämpfte, lediglich die Freiheit für eine Minorität war.

Auch den Resultaten des Abfalls von Spanien stand Syme skeptisch gegenüber: "The Spaniards of Spanish America secured liberation from the home government, but that act brought no change in the social structure. No truly democratic movement was started, such as came after no long interval in the English colonies in northern America. Nor was any unity possible, only fragmentation, from the earliest days of the rebellion . . . Since their liberation the

[133] Siehe auch: Rome and the Nations, Diogenes 124, 1983, 33 ff. = Roman Papers. IV. Oxford 1988, 62 ff.

republics of Latin America have furnished a lavish chronicle of oligarchy and of tyranny" (40f.).

Im Unterschied zur Entwicklung im spanischen Kolonialbereich unterstrich Syme für die dreizehn englischen Kolonien Nordamerikas, daß diese von der britischen Regierung eher vernachlässigt als unterdrückt wurden. In eindrucksvoller Weise verglich er die beiden Entwicklungsstränge, wobei er sich für das „Englische Amerika" auf Virginia und New England konzentrierte, auf die reiche, aristokratisch geprägte Zivilisation im Süden und auf den härteren, puritanischen Norden. Auch hier ging Syme mit prosopographischen Mitteln vor, beschrieb etwa den Aufstieg der Familien der Byrd, Carter, Randolph und Lee im Süden, aber auch jenen der Intellektuellen des Nordens. Er wies auf die relativ große Zahl amerikanischer Studenten an den englischen Universitäten im 18. Jahrhundert hin, doch auch darauf, daß eine entsprechende Repräsentanz der Kolonien im Parlament fehlte. Syme stellte schließlich die Frage, ob der Bruch des Jahres 1776 unvermeidlich war – er selbst verneinte sie.

Vom ›Tacitus‹ führte Symes Weg nicht nur zu diesem weitgespannten Überblick der ›Colonial Élites‹, sondern schon im Jahre 1959 auch zu den sechs Sather Classical Lectures in Berkeley über „Sallust", die dann fünf Jahre später als Monographie erschienen und seit 1975 auch in einer deutschen Übersetzung vorliegen.[134] Anders als die meisten modernen Sallust-Studien wollte Syme vor allem „den gesellschaftlichen und geschichtlichen Rahmen für sein Leben und Werk" (VII) untersuchen, gleichzeitig aber auch den Reflex des Sallust auf die unmittelbare zeitgenössische Politik unter den Triumvirn beleuchten, jene furchtlose, inopportune Haltung und Kritik, die Syme bewunderte. Thematik und Stil dieser Historiographie mußten ihn in gleicher Weise anziehen: „der Niedergang und Fall der römischen Republik sollte sein Hauptthema werden: und er entdeckte den dafür passenden Ton und Stil: schlicht und kurz, breiter Beredsamkeit feind, scheinbar altertümlich, doch in Wahrheit kunstvoll, heimtückisch und völlig neuartig" (1).

Im Hinblick auf die bisherigen Annäherungen an Sallust betonte Syme, daß sich bei diesem Autor künstlerische, politische und mo-

[134] Nach dieser Übersetzung von U. W. Scholz, Darmstadt 1975, wird im folgenden zitiert.

ralische Aspekte nicht trennen lassen, im Hinblick auf die Authentizität der Werke klammerte er die Briefe an Caesar und die Invektive gegen Cicero kategorisch aus – Probleme, die in einem langen Anhang detailliert erörtert wurden. Größten Wert legte Syme dagegen auf die Rekonstruktion von Sallusts erstem Lebensabschnitt, die Vergegenwärtigung der politischen Szenerie Roms in der ersten Hälfte des ersten Jahrhunderts v. Chr., schließlich auf Sallusts politischen Werdegang. Sallusts Heimat (Amiternum in den Abruzzen), die Rolle der dem Amtsadel des Städtchens angehörenden Familie der Sallustii und die Epoche am Vorabend der „Römischen Revolution“ [135] hat er sicher und plastisch beschrieben.

Dabei sparte Syme aber auch nicht mit Kritik an seinem Idol. Er warf ihm einerseits vor, daß er die „liberale, menschliche Entwicklung“ (15) in der Zeit der späten Republik in seinen Werken nicht gebührend gewürdigt habe: „Er hat einen Ablauf ökonomischen Wechsels und politischer Angleichung mit Begriffen der Moral gedeutet; und dabei wurde er eine leichte Beute in den Fängen herkömmlicher Vorstellungen über die altrömische Tugend.“ Andererseits wurde Sallust mit für jene „Lehrmeinung“ verantwortlich gemacht, „daß es in Rom ein regelrechtes Zweiparteiensystem gab, Optimaten und Popularen“ (16). – Im übrigen mußte Syme jedoch trotz all seiner Bemühungen um Sallusts Anfänge einräumen: „Für die Zeit vor dem Sommer des Jahres 53, als sich Sallust um das Tribunat bewarb, ist über seine Laufbahn und sein Schicksal keine Aussage möglich“ (27).

Die weitere Laufbahn, vom Volkstribunat bis zur Statthalterschaft in Africa Nova und zur Beschuldigung des Amtsmißbrauchs, besprach Syme eher zurückhaltend, ebenso Sallusts Beziehung zu Caesar. Größeren Wert legte er darauf, die eigenartige Position des typischen homo novus zu markieren: „Er hatte gegen die Partei der Optimaten gekämpft; er hatte unter den nobiles Feinde. Das hinderte ihn nicht daran, Bewunderung für die aristokratischen Ideale zu empfinden, welche an die großartige Vergangenheit Roms gebunden waren. Altmodische Gesinnung übte auf die Männer aus den municipia einen starken Einfluß aus; und wenn auch die Erfahrungen, die ein Neuankömmling im Senat machte, kurz oder unan-

[135] „Sie war stürmisch, verdorben und ohne Moral . . . Andererseits war es aber eine Zeit der Freiheit, der Lebenskraft – und der Neuerung“ (15).

genehm waren, so entwickelte sich doch rasch ein Gefühl für die Tradition" (39). Damit war zugleich auch die Basis für Sallusts Weg „Von der Politik zur Geschichtsschreibung" skizziert, als nach Caesars Ermordung die Triumvirn herrschten.

Im Mittelpunkt von Symes Werkinterpretation stand die ›Catilinarische Verschwörung‹. In der wohl im Jahre 42 v. Chr. begonnenen und nicht vor 41 v. Chr. vollendeten Monographie (124) ging es Sallust nach Syme weder in erster Linie um eine Rechtfertigung Caesars noch um eine Korrektur der Selbstdarstellung Ciceros in dessen Schrift ›De consiliis suis‹, sondern vor allem um die immanente Kritik der Triumvirn. Catilina selbst war danach lediglich eine Gestalt, welche „für all das, was in Rom von Übel war" (64), symptomatisch erscheinen konnte, die Schilderung der Ereignisse immer wieder ein Beweis von „Sallusts Leichtgläubigkeit" (81 ff.).

Selbstverständlich wurden auch bei Syme die Reden Caesars und Catos im Senat sehr genau analysiert. Er kam dabei zu dem Ergebnis: „Sallusts Caesar-Porträt ist von Zweifeln und Zweideutigkeit durchzogen. Das gilt sicherlich auch von Sallusts eigener Einstellung zu Caesar" (114). Und: „bei all seinem Genie war Caesar der Genarrte. Caesars Enttäuschung und Tragödie fühlte der Historiker, er nahm daran teil. Sallust wußte manches vom Ehrgeiz" (116). – Bedeutsamer war für Syme freilich jene „Spiegelung zeitgenössischer Ereignisse und Personen" (124) in Sallusts Monographie, welche die frühere Forschung vernachlässigt hatte. Hier war der Autor der ›Römischen Revolution‹ ganz in seinem Element. Er konnte sein unvergleichliches Wissen einsetzen, aber auch konkret zeigen, wie geschickt Sallust „Caesar gegen die Erben Caesars" (117) ausspielte.

Bei der Erörterung von Sallusts zweiter Monographie, dem ›Bellum Iugurthinum‹, hat Syme den inneren Zusammenhang mit der ersten stark betont: „Die zweite geschichtliche Studie steht zu ihrem Vorgänger in enger Beziehung. Catilina, der römische Patrizier und Revolutionär, ist in der Monographie, die seinen Namen trägt, angeblich die Mittelpunktsfigur. Angeblich – denn das Werk ist bestimmt, eine vernichtende Diagnose der gesamten nachsullanischen Ordnung zu bringen, die für die Gegenwart, für die Wiederkehr von Bürgerkrieg, Proskription und Despotismus schneidend aktuell wird. In ähnlicher Weise scheint die zweite Monographie um die Person und das Schicksal eines Mannes, nämlich des numidischen Fürsten, aufgebaut zu sein – eines Mannes von Tatkraft und verbrecherischem Ehrgeiz, der elend endete. Und wirklich wird die Gestalt des Jugurtha von dem Autor herausgehoben. Erneut jedoch erweist sich der äußere Anschein als trügerisch. Das ›Bellum Iugurthinum‹ ist alles andere als eine Biographie. Es ist der Bericht über einen auswärtigen Krieg, der mit schrecklichen, tiefen Rückwirkungen auf die römische Innenpolitik übergriff. In der Tat leitete er das bellum Italicum, den Bürgerkrieg zwischen Marius und Sulla und die Diktatur Sullas ein. Der Autor macht dies deutlich" (134).

Im übrigen sah Syme durchaus die Schwächen dieses Werkes. Er hob die Mängel in Chronologie und Geographie hervor, rügte die Unausgeglichenheit und Sprunghaftigkeit der Schilderung, ja er stellte selbst Sallusts Gesamtkonzeption des Numidischen Krieges in Frage (169). Doch Syme beleuchtete auch die kühle, nüchterne und kritische Zeichnung jener beiden Persönlichkeiten, die in Sallusts Perspektiven am bedeutsamsten werden sollten, die des Marius und Sulla. Ebenso wichtig wie die einzelnen Akzente und Wertungen war nach Syme freilich die Einordnung des bellum Iugurthinum in den Gesamtprozeß der römischen Geschichte, das heißt in jene Entwicklung, die zum neuen Bürgerkrieg seiner Gegenwart und damit zur Verwüstung Italiens geführt hatte. Deshalb mußte das Werk auch gleichsam offen und melancholisch gestimmt enden.

Insgesamt gesehen sehr viel positiver fiel Symes Urteil über Sallusts ›Historien‹ aus. Ungeachtet der fragmentarischen Überlieferung der im Jahre 78 v. Chr. einsetzenden Bücher, die bei Sallusts Tod lediglich einen Zeitraum von zwölf Jahren umfaßten, spricht Syme von einem „Meisterwerk". Er rekonstruiert auf Grund der schmalen Textbasis Inhalt und Tendenzen der Schrift, rechnet indessen mit der Möglichkeit, daß Sallust „vielleicht ein noch weiter gestecktes Ziel (hatte), nämlich die Behandlung von etwa dreißig Jahren" (187). Vor allem aber kam es ihm darauf an, die Stellung der ›Historien‹ in Sallusts Existenz und dessen Gesamtbild römischer Geschichte zu erfassen:

„Durch seine Arbeit an den ›Historien‹ kam Sallust den Persönlichkeiten und Ereignissen, die ihm aus seinem frühen Mannesalter vertraut waren, immer näher. Er mußte nicht bis ins hohe Alter warten, ehe er über die Gaben und Wechselfälle des Schicksals nachdenken konnte. Ein anderer senatorischer Geschichtsschreiber hat einmal feierlich bekannt: Je mehr ein Mann über die vergangenen oder gegenwärtigen Dinge nachdenke, desto stärker sei er bedrückt durch die ludibria rerum humanarum cunctis in negotiis[136]. Und was Sallust betraf, der unter den Triumvirn über Sulla und die Zeit nach Sulla schrieb: es waren nicht nur die zufälligen Ähnlichkeiten, Ironien und Widersprüchlichkeiten, sondern die gesamte grausige Tragödie der römischen Geschichte, die sich da vor seinen Augen erneut abspielte. Diese Erfahrung zieht sich durch all seine Schriften – und wird klar ausgesprochen im Proömium des ›Bellum Iugurthinum‹ als persönliches Bekenntnis und als scharfer Protest" (208).

Mit Nachdruck versuchte Syme in immer neuen Anläufen die Bedeutung der Abfassungszeit und der zeitgenössischen Erfahrungen für die Konzeption, die Thematik und die Wertungen der Geschichtswerke Sallusts zu erweisen: „Wenn Sallust die Geschichte seiner eigenen Zeit darstellen wollte, dann aber seinen Plan änderte und sich entschloß, den Anfang des Werkes in die Jahre des Lepidus und Catulus zurückzuverlegen, dann mag Caesars Erbe einer der Gründe dafür gewesen sein" (219). Inmitten aller Enttäuschungen, Befürchtungen und Gefahren aber wurden Autor und Gegenwart so verbunden: „Die Aussichten waren düster. Die Welt mußte in den Abgrund stürzen oder in Knechtschaft zusammengehalten werden. In jenen finsteren Tagen ließ sich Sallust nicht entmutigen. Er zog Kraft aus seinem Beruf und konnte hoffen, seine Aufgabe zu einem Ende zu bringen. Muße und Ausspannen zerstören den Geist, doch Arbeit erhält einen Mann am Leben" (233).

In dem Kapitel „Geschichte und Stil" wollte Syme Untersuchungen von Sallusts Geschichtskenntnissen und Geschichtsbild mit solchen von Sprache und Stil des Autors verbinden, um auf diese Weise dessen geistige Struktur und Persönlichkeit zu ergründen. Er überprüfte dazu die Wortfrequenz wie die bewußt vermiedenen Begriffe (zum Beispiel consensus). In Anlehnung an Seneca[137] hob Syme die abgehackten Sätze, die unerwartet begegnenden Worte und die dunkle Kürze Sallusts als wesentliche Characteristica hervor. Sowohl im Hinblick auf die Satzstruktur als auch auf den Wortschatz wurde Sallust als „Anti-Ciceronianer" (251) bezeichnet,

[136] Tac. ann. III, 18, 4.
[137] ep. 114, 17.

dagegen vor allem jene Linien nachgezogen, die von Sallust zu Cato – und zu Thukydides führten. Archaismus, die Verhinderung von Harmonie und Ausgewogenheit, grundsätzlich antithetische Denkweise, Bevorzugung von Parataxe und inconcinnitas erschienen Syme als bewußt eingesetzte Ausdrucks- und Stilmittel.

Er wich deshalb auch der Frage nicht aus, ob man vom Historiker auf den Menschen Sallust schließen könne: „Was jenseits von Zweifel oder Verstellung übrigbleibt, ist der Grundzug eines Geistes der Negation und des Trotzes. Sallust steht zu seiner gesamten literarischen, gesellschaftlichen und politischen Umgebung in scharfem Gegensatz. Sein Stil ist neu und aggressiv; er ist gegen die Aristokratie (das ist persönliche Erfahrung ebenso wie politische Überzeugung), auch gegen die Triumvirn. Abneigungen und Unverträglichkeiten: je mehr, desto besser. Ein mächtiger Wille obwaltet und bestimmt eine einheitliche Färbung und Art“ (263).

Im Schlußkapitel „Sallusts Ruf und Ruhm“ wurde der Autor dann in die römische Literatur- und Geistesgeschichte eingeordnet. Den Glanzpunkt dieser Untersuchungen stellen die Erörterungen der Beziehungen zwischen Tacitus und Sallust dar, Erörterungen, die zugleich verständlich machen, warum sich Syme nach ›Tacitus‹ gerade ›Sallust‹ zuwandte: „Beide hatten einen Hang zum Finsteren und des Senators mißtrauisches Auge für Menschen und Mächte. Tacitus teilt Sallusts Vorliebe für Verbrechen, Gewalttat und Heuchelei; und wie Sallust hat er eine Schwäche für Persönlichkeiten, in denen sich das Böse mit dem Guten paart. Sallust schreibt in ungebrochener Reaktion auf das Erlebnis der Gegenwart. Deshalb ist er keineswegs in Gefahr, als ein wahrer Altrömer genommen zu werden. Tacitus kann uns täuschen. Sein Ton ist düster, er gibt keine Ermunterung zu Erwartungen, Hoffnung, Bequemlichkeit oder Glück. Furcht und Uneinigkeit überschatten seine Landschaft. Trotzdem kann man behaupten, daß der Autor voller Kraft und Spannung ist. Wie Sallust stellt er die Tatkraft und den einzelnen über alles. Beide sind erklärte Feinde des Despotismus, doch Tacitus genoß die paradoxen Vorteile der Verdammung, die aus Roms langer, bitterer Erfahrung unter den Caesaren flossen. Tacitus sah, daß er sich für die Redefreiheit einsetzen mußte, da die politische Freiheit verlorengegangen war; und er unterstreicht des Römers Verachtung für Unterwürfigkeit und Schmeichelei. Gleichzeitig besaß Tacitus noch etwas anderes, das Sallust versagt war –

Humor, Toleranz und ein gewisses Maß an Optimismus. Wenn er sich gegen überlieferte Glaubenssätze wendet und in aller Ruhe einen geheiligten Wahn zerstört, beteuert er in meisterhafter Untertreibung, daß in den alten Zeiten nicht alles besser war“ (287f.).

Mit den Kaiserbiographien der ›Historia Augusta‹, jener Viten-Sammlung, die vorgibt, in der Zeit Diokletians und Konstantins von sechs Autoren verfaßt zu sein, die Kaiser und Usurpatoren zwischen Hadrian und Carinus behandelt und damit eine der wenigen literarischen Quellen zur Rekonstruktion des 3. Jahrhunderts n. Chr. überhaupt darstellt, hatte sich Ronald Syme schon bei seinen Forschungen über Hadrian[138] und die Entwicklungen des 2. Jahrhunderts n. Chr. befassen müssen. Die Rätsel des Werks zogen auch ihn in ihren Bann. In den sechziger Jahren nahm er dann wiederholt aktiv an den von A. Alföldi und J. Straub geleiteten Bonner Historia-Augusta-Kolloquien teil. Schließlich legte er in rascher Folge eine ganze Reihe von Einzelstudien, Aufsatzsammlungen und Monographien zu diesem Komplex vor, als wichtigste: ›Ammianus and the Historia Augusta‹ (Oxford 1968), ›The Historia Augusta. A call for clarity‹ (Bonn 1971)[139], ›Emperors and Biography. Studies in the Historia Augusta‹ (Oxford 1971) und ›Historia Augusta Papers‹ (Oxford 1983).

Mag es auf den ersten Blick auch überraschend erscheinen, daß sich ausgerechnet Ronald Syme, der Meister des hohen Stils, dem

[138] Zum Beispiel bereits in Hadrian and Italica, Journal of Roman Studies 54, 1964, 142–149 = Roman Papers. II. Oxford 1979, 617–628. Für Symes Gesamtbild der Entstehungszeit ist die Äußerung wichtig, die er an den Anfang des Beitrags Fiction and Archaeology in the Fourth Century, Accademia Nazionale dei Lincei. Quaderno 105, 1968, 23–30 = Roman Papers. II. Oxford 1979, 642–649 setzte: “Fraud was rampant in that age, forgery an habitual weapon. From its inception, the imperial system encouraged dishonesty; and the traditional form of education was directed towards style, embellishment, and arts of persuasion. When a ‘pure and humble religion’ emerged and fought for dominance, there was no gain in truth and veracity. On the contrary. Christians annexed the inheritance of pagan letters, ruthlessly exploiting and enhancing all their tricks and devices.”

[139] G. Alföldy, American Journal of Ancient History 4, 1979 (1981), 181 f. weist darauf hin, daß es sich bei dem ausgedruckten Untertitel “A call of clarity” um einen Druckfehler handelt.

die Welt der Spätantike bisher so ferne stand, sich mit den „Eselsköpfen" (J. Burckhardt) eines Werkes der „Unterhaltungsliteratur" (E. Hohl) befaßte, so faszinierten ihn doch offensichtlich mehrere Problemkreise und Zusammenhänge von Schrift und Forschung. Zunächst bewunderte er die Initiative H. Dessaus, der ähnlich wie Syme von kritischen personengeschichtlichen Studien und von einer rigorosen Namenforschung ausgegangen war, ehe er in seinem revolutionären Aufsatz[140] die Abfassung des Werkes durch einen einzigen Autor gegen Ende des 4. Jahrhunderts n. Chr. postulierte und damit die inzwischen ein Jahrhundert andauernde Forschungslawine lostrat.

Namenforschung, Stilanalysen, literarische Abhängigkeiten, Biographienkritik, die Widerspiegelung zeitgenössischer Ereignisse in literarischer Darstellung – all dies ließ sich an der ›Historia Augusta‹ untersuchen, so daß Syme jahrelang zu immer neuen Ansätzen angeregt wurde. Schon früh zeichnete sich dabei jene Gesamtkonzeption ab, die sich ihm für die Sammlung ergab: Zunächst sprach er sich eindeutig für eine relativ einheitliche Komposition des Werkes selbst aus, das nirgendwo Intervalle von Jahren, Dekaden oder ganzen Generationen erkennen lasse.[141] Ein namentlich nicht bekannter Autor, ein vermutlich aus Africa stammender gelehrter, aber auch humorvoller „Grammaticus" sollte das Werk nach 392 n. Chr., wahrscheinlich 395 n. Chr., verfaßt haben, ein Mann, der sich möglicherweise auf die Mitarbeit eines Assistenten stützte, vor allem aber die Sammlung eines „Ignotus" benützte, eines Kaiserbiographen des 3. Jahrhunderts n. Chr., der Viten von Hadrian bis Caracalla verfaßt hatte.

Für die Chronologie der ›Historia Augusta‹ waren nach Syme die Zusammenhänge mit dem Geschichtswerk des Ammianus Marcellinus entscheidend. Da er an verschiedenen Stellen der ›Historia Augusta‹ Nachklänge vor allem des XV. Buches Ammians entdeckt hatte, stand damit für ihn ein gesicherter terminus post quem fest, der einen exakten zeitlichen Ansatz erlaubte. Im Anschluß an

[140] H. Dessau, Über Zeit und Persönlichkeit der S. H. A., Hermes 24, 1889, 337–392.

[141] Emperors and Biography. Oxford 1971, 282f. – In dem dort, 281–290, gegebenen Epilog findet sich eine eindrucksvolle Zusammenfassung von Symes Gesamtwürdigung.

E. Hohl lehnte Syme die Klassifizierung der ›Historia Augusta‹ als „Fälschung“ ab,[142] ebenso entschieden die Unterstellung propagandistischer oder apologetischer Absichten.[143] Großen Wert legte er dagegen auf die Berücksichtigung der positiven Entwicklung des Verfassers, sowohl im Hinblick auf dessen literarische Geschicklichkeit – als auch auf dessen Humor. Für Syme stand fest: “Some writers get bolder as they go on, and therefore better, discovering talent and a true vocation. The author of the Historia Augusta belongs to that happy company.”[144]

In der langen Reihe seiner Spezialuntersuchungen hat Syme zahlreiche Problemfelder und Elemente der ›Historia Augusta‹ berührt. Er konnte Schwindelnamen und Schwindelautoren eliminieren,[145] Einzelaspekte wie die Beurteilung der Aristokratie bei Ammianus Marcellinus und in der ›Historia Augusta‹[146], die Rolle Ägyptens und Isauriens in beiden Werken klären,[147] neue Bilder der Kaiser Severus Alexander,[148] Maximinus Thrax[149] und Tacitus[150] entwerfen, die Laufbahnen des Marius Maximus und Cassius Dios vergleichen,[151] Zusammenhänge zwischen den Gestalten der illyrischen Herrscher aufzeigen,[152] sich nicht zuletzt immer wieder mit der Kritik an seinen eigenen Auffassungen auseinandersetzen[153] – doch

[142] Emperors and Biography. Oxford 1971, 284: “Not ‘forgery’ therefore. Rather ‘imposture’ or ‘impersonation’.” Daneben sprach sich Syme für den Begriff von “mythistoria” aus. A. O., 285.

[143] Ammianus and the Historia Augusta. Oxford 1968, 212f.

[144] Emperors and Biography. Oxford 1971, 17. – Vergleiche auch Ammianus and the Historia Augusta. Oxford 1968, V: “Beginning, it appears, as a compiler in the earlier Vitae, he comes out before the end as a master in the art of historical fiction.”

[145] Ammianus and the Historia Augusta. Oxford 1968, 165ff.; Emperors and Biography. Oxford 1971, 1ff.; 78ff.

[146] Ammianus and the Historia Augusta. Oxford 1968, 142ff., 154ff.

[147] A. O., 25ff., 43ff.

[148] Emperors and Biography. Oxford 1971, 146ff.

[149] A. O., 179ff.

[150] A. O., 237ff.

[151] A. O., 135ff.

[152] A. O., 194ff., 208ff.

[153] Die wichtigsten Besprechungen von Ammianus and the Historia Augusta: A. Chastagnol, Revue philologique 43, 1969, 268–274; É. Demougeot, Revue des Études anciennes 71, 1969, 203–208; A. H. M. Jones,

im Mittelpunkt blieb für ihn stets die Aufgabe, den Verfasser des Werkes möglichst exakt zu erfassen.

Über den Facetten der Einzelresultate gewann der Autor immer greifbarere Gestalt: "The author of the HA was clever, but sly and silly, cynical and irresponsible; a rogue grammaticus alert for oddities of fact or language; a fancier of clothing and decoration, an art connoisseur in a small way; a fancier also of all curiosa, including the religious, but devoid of strong inner beliefs; and, above all, a collector with an untidy mind. His limitations help to reveal him. A character of this sort might not strain belief if history or fiction conjured him up from the underworld of letters in some other clime or season."[154]

Während Symes Bemühung um die ›Historia Augusta‹ noch andauerte, hatte er sich bereits wieder dem gewohnten Terrain, den Feldern der späten Republik und des Principats zugewandt, insbesondere den Problemen der augusteischen Epoche. Legte er in ›Some Arval Brethren‹ (1980) ein besonders für seine Methoden typisches *specimen eruditionis* vor, so zeigten ›History in Ovid‹ (1978) und schließlich das große Alterswerk ›The Augustan Aristocracy‹ (1986) noch sehr viel deutlicher seine persönliche Handschrift, markierten die Rückkehr zu den Problemen der ›Roman Revolution‹ wie des ›Tacitus‹.

›History in Ovid‹ bietet, wie Syme selbst ironisch feststellte, "more history than Ovid" (I), obwohl er sich schon auf der ersten Seite zu seiner alten Vorliebe für die ›Epistulae ex Ponto‹ bekannte, "that faithful companion, portable on long peregrinations". Die intensive Interpretation von Ovids Spätwerk sollte vor allem dazu dienen, die Beziehungen zwischen Politik und Literatur im letzten Jahrzehnt des Augustus zu klären. Daß dies für einen Autor wie Syme bedeutete, zunächst die Chronologie von Ovids Gedichten festzustellen, den Kreis seiner Freunde und Gönner in der römi-

Journal of Theological Studies 20, 1969, 320–321; A. Momigliano, English Historical Review 84, 1969, 566–569 = Quinto Contributo . . . Roma 1975, 104–108 (Vergleiche auch: Ders., Ammiano Marcellino e la Historia Augusta, Atti della Accademia delle Scienze di Torino 103, 1968/9, 432–436 = Quinto Contributo, 93–103). – Symes Epikritik: The Historia Augusta. Bonn 1971. Vergleiche auch unten S. 264.

[154] Ammianus and the Historia Augusta. Oxford 1968, 207f.

schen Gesellschaft zu ermitteln, dazu spezielle prosopographische Untersuchungen über die Ovid nahestehenden Angehörigen der augusteischen Aristokratie durchzuführen,[155] ist evident.

Wird schon durch diese Thematik der denkbar enge Zusammenhang mit ›The Augustan Aristocracy‹ deutlich, so gilt das erst recht für das letzte Drittel des Werks, dessen Kapitel ganz im Stile der ›Roman Revolution‹ mit "Poetry and Government", "Legislation and Morals" sowie schließlich "The Error of Caesar Augustus" überschrieben sind. Damit verbinden sie das persönliche Schicksal Ovids mit der Gesamtproblematik des augusteischen Systems.

In seiner Erörterung der chronologischen Fragen betonte auch Syme die tiefe Zäsur des Jahres 1 n. Chr., als sich Ovid den ›Fasti‹ und den ›Metamorphosen‹ zuwandte, die Liebesdichtung, die ihn so rasch berühmt gemacht hatte, aber nie mehr aufnahm. In den Mittelpunkt der Untersuchung rückten indessen die ›Epistulae ex Ponto‹, insbesondere in dem Kapitel "Forgotten Campaigns", in dem erstmals ein direkter Zusammenhang zwischen einem dem Rufinus gewidmeten Gedicht (III, 4) und den Feldzügen des Germanicus und Tiberius während des Jahres 13 n. Chr. in Germanien hergestellt wurde. Gleichzeitig analysierte Syme auch die Beziehungen Ovids zu Germanicus und Tiberius und erörterte noch einmal die augusteischen Kriege in Germanien, Illyricum und an der Donau, weitaus umfassender und eingehender, als es deren Niederschlag in Ovids Werk erfordert hätte. Allein der Suggestion der alten Lieblingsthemen konnte sich auch Ronald Syme nicht entziehen.

Ein Meisterstück prosopographischer Forschung bietet die Profilierung von Ovids Freundeskreis, den Höhepunkt darin die brillante Identifizierung des C. Vibius Rufinus sowie dessen Verbindung mit Vibius Rufus, geradezu ein Lehrstück der Personenforschung, das Syme denn auch mit einer nota censoria abschloß: "So far old Vibius Rufus, once the husband of Publilia M. f., and his son Vibius Rufinus. Cornelius Tacitus, distrustful of the historians, had recourse to the Acta Senatus, with manifest advantage. A glance

[155] So über die Söhne Messallas, M. Valerius Messalla Messallinus, cos. 3 v. Chr., und M. Aurelius Cotta Maximus Messallinus, cos. 20 n. Chr., über Paullus Fabius Maximus, cos. 11 v. Chr., und über Sextus Pompeius, cos. 14 n. Chr.

at the Fasti of the early Tiberian years would have done no harm" (87). Dabei ist anzufügen, daß in Symes Kritik die Autoren moderner Spezialuntersuchungen und Handbuchartikel keineswegs besser abschnitten.

Ein weiteres glänzendes Mosaikstück im Vorfeld der ›Augustan Aristocracy‹ bietet die Studie über die mit Ovid befreundeten Söhne des Messalla Corvinus, jenes reichen Konsulars und großen Redners, der so oft die Feldzeichen gewechselt hatte, einerseits zu seiner Vergangenheit stand, andererseits dann aber doch 2 v. Chr. Augustus den Titel eines „pater patriae" antrug.[156] An seinem Schicksal wie an dem seiner Söhne zeigte Syme dann die Entwicklung der römischen Aristokratie während der Römischen Revolution und des frühen Principats geradezu exemplarisch auf; die Grundlinie, die Perspektiven, aber auch Symes Wertungen und Akzente in der ›Augustan Aristocracy‹ werden schon hier sichtbar:

"What in Corvinus might be condoned or even praised, as due deference to the Princeps and a graceful recognition of changing times, comes out in the sons as abasement before power, an anxious and timorous comportment that was manifested already, and so painfully, in Ovid's poems from exile. – The theme of the Annales is decline and fall: liberty and the dynasty of the Caesars, and also the old aristocracy. Restored by Caesar's heir to wealth and prestige, the nobiles became clients of the Caesars: 'obsequium' passed into 'adulatio'.

The high aristocrat, it is true, can still aspire to the command of an army and gain the ornamenta triumphalia (the triumph being now denied). And civic virtue was not lacking, as witness consulars excellent in honour and judgement like Piso the Pontifex and Marcus Lepidus. There was another side to the nobilitas: arrogance and pretension, vice and sloth" (133).

Die Sorgfalt von Symes Kompositon läßt sich am Ende des prosopographischen Teils der Monographie erkennen. An die Untersuchungen der Familien des Messalla Corvinus, Paullus Fabius Maximus und Sextus Pompeius sowie deren Verbindungen zu Ovid schließt sich eine kurze Reflexion über die historische Bedeutung der ›Epistulae ex Ponto‹ an, die zugleich zum allgemeineren Schlußabschnitt überleitet: „ . . . die Epistulae ex Ponto leisten einen be-

[156] Sueton, Divus Augustus 58,2.

deutsamen Beitrag zum Verständnis von Leben und Literatur in der Zeit des Caesar Augustus. Angesichts des Mangels an zeitgenössischen Quellen sind sie für die letzte Epoche der Regierung besonders wertvoll. Sie bieten dabei nicht nur nützliche Einzelheiten über Personen und Ereignisse, die bündige Daten und Beziehungen gestatten. Ovid dokumentiert die für Huldigungen gegenüber Herrscher und Dynastie übliche Ausdrucksweise. Generell und vor allem ist er jedoch ein notwendiger Antipode jener Dichter, welche die Regierung schätzte und belohnte“ (168).

Der Kontrast zwischen den Dichtern, „welche die Regierung schätzte und belohnte“, vor allem Vergil und Horaz, und den Verfassern der Liebeselegien, Gallus, Tibull, Properz und Ovid, wurde dann in dem Kapitel "Poetry and Government" schärfer beleuchtet. Dabei stellte Syme insbesondere die gemeinsamen Züge dieser Dichtung heraus, ihre Vermeidung aller patriotischen Attitüden, der Welt der Politik wie der aktuellen staatlichen Interessen, ihre Konzentration auf den Raum des Privaten, Persönlichen, nicht zuletzt auf die praecepta amoris.

Die engen Verflechtungen zwischen Moral und Politik zeigte Syme dann noch einmal in seinen Analysen jener Vorgänge auf, die 2 v. Chr. zur Verbannung von Augustus' Tochter Julia, 8 n. Chr. zur Verbannung seiner Enkelin Julia geführt hatten, in beiden Fällen nach Symes Ansicht primär politischen, gegenüber der Öffentlichkeit jedoch moralisch bemäntelten Krisen. Wie schon früher,[157] so stand auch jetzt für ihn im Falle der Augustustochter Julia fest: "the five nobiles are a faction, not a society coterie that enjoyed the favours of a princess" (195). Der Ehebruch des Iullus Antonius, des Sohnes des Triumvirn, den Cassius Dio[158] erwähnt, trat damit in den Hintergrund. Kühl zog Syme die Bilanz: "Men of the time would not be deceived, but an official version may prevail with posterity. The tradition kept its concentration on Julia, Iullus being neglected and all but forgotten. Moreover, men's judgement is impaired by benevolence towards governments or preoccupation with sexual morality" (196).

Das Kapitel "Legislation and Morals" setzte die gewählten Perspektiven konsequent weiter fort. Von der Auswirkung der augu-

[157] The crisis of 2 B. C., Sitzungsber. Bayer. AdW., Phil.-hist. Kl. 1974, 7.
[158] 55, 10, 15.

steischen Sittengesetze des Jahres 18 v. Chr., vor allem der Lex Iulia de maritandis ordinibus und der Lex de adulteriis, auf die Stellung der Liebeselegie ging Syme zu einer gerafften, geradezu taciteischen Schilderung der düsteren letzten Regierungsjahre des Augustus über. In diese ist dann seine Analyse des Skandals (der impudicitia), der jüngeren Julia im Jahre 8 n. Chr. eingeordnet worden. Dabei rückte Syme insbesondere die Rolle von Julias Mann, des L. Aemilius Paullus, wieder ins Licht und schob auch hier die politischen Motive in den Vordergrund.

Im Schlußkapitel seiner Monographie "The Error of Caesar Augustus" untersuchte Syme die Ursachen von Ovids Verbannung, dies nicht ohne einen ironischen Ausfall über die bisherige Erforschung des Problems.[159] Sein Ausgangspunkt war dabei der Versuch, die "duo crimina, carmen et error" (Tristien II, 207) durch eine sorgfältige Interpretation aller einschlägigen Äußerungen Ovids exakt zu erfassen. Was den "error" anbelangt, so verhielt sich Syme erfreulich zurückhaltend und nüchtern. Er konstatierte lediglich, daß sich Ovid offensichtlich in einer kompromittierenden Situation befand und es versäumte, sich davon rechtzeitig zu distanzieren. Gleichzeitig wies er darauf hin, daß Augustus' Vorgehen gegen Ovid sehr viel schärfer war als jenes gegen D. Iunius Silanus, den einzigen namentlich bekannten Liebhaber der jüngeren Julia: Gegen das Edikt des Princeps, das Ovid nach Tomi verbannte, gab es keine Rechtfertigungsmöglichkeit.

In der Verbindung des „carmen", das heißt der „Ars Amatoria", mit dem "error" aber sah Syme "a mistake of the first magnitude" (221). Er suchte zwar Augustus' Verhaltensweise zu erklären sowie dessen Motive und dessen Ressentiments gegen Ovids ganze Existenz und dessen Werk zu erläutern. Doch eindrucksvoll wurde demgegenüber Ovids Reaktion vergegenwärtigt, der sich in den ›Tristien‹ als Opfer von „Caesaris ira" oder „iracundia" sehen mußte und dies nun seinerseits wirkungsvoll gegen Augustus aus-

[159] "The nature of Ovid's mistake has long engaged the attentions of the erudite, the ingenious, the frivolous. Hence a plethora of writing. A book recently published registers the names of some two hundred scholars. The catalogue is useful, and also a warning. It serves to attest a misdirection of the labour force, and other regrettable phenomena. Nor is the exposition exempt. The latest contributions are not always the best. The conspicious lack is political sense, and common sense" (216).

spielen konnte. Ovids Werke aber ließen sich nicht unterdrücken. Syme schloß in einer für ihn bezeichnenden Weise: "'Nam contra punitis ingeniis gliscit auctoritas.' In short and to conclude, the poet won his war with Caesar. Industry, tenacity, and style prevailed. As the historian proclaims in another context, 'meditatio et labor in posterum valescit'[160]" (229).

Das 1986 erschienene Alterswerk ›The Augustan Aristocracy‹ will als opus sui generis verstanden werden. Syme ging dabei von der Feststellung aus, daß das Schicksal der römischen nobilitas in der Zeit nach dem Bürgerkrieg nicht hinreichend erforscht worden sei. Zugleich hielt er fest: "A proper enquiry into their families cannot be confined within narrow limits. Both ancestors and postery come into the count" (I). In den Mittelpunkt seiner Interessen rückten somit die Schicksale der großen Familien der republikanischen Nobilität im Zeitraum zwischen Sulla und Nero, die herausragenden Gestalten der Aristokratie des frühen Principats und – um einen modernen Begriff zu gebrauchen – die „Personalpolitik" des Augustus wie jene der principes des julisch-claudischen Hauses.

Die Bedeutung der Thematik ergab sich aus Symes Beurteilung der römischen Gesellschaft und der politischen Strukturen jener Epoche: "The dynasty of Julii and Claudii is an aristocratic faction, annexing certain of the great houses through congenial matrimony, respendent and ominous. They went down in ruin together" (11). Daß ihm die erneute Konzentration auf die römische Oligarchie verdacht werden würde, war dem Nestor der prosopographischen Forschung völlig bewußt. Doch entschieden stand er auch jetzt zu seinen Prioritäten: "Though the masses may count for weight and pressure in the revolutionary wars through the resources of the provinces and the demands of the troops (they wanted money and land, and they were sometimes able to prevent the generals from fighting), the writing of history does not well accord with bare abstractions or with appeal to the voiceless and anonymous. – On an extreme pronouncement, not fully honoured by its author, 'non omnia narratu sunt digna quae per squalidas transiere personas'. Those who in any age compose the annals of Rome are moved towards 'clarorum virorum facta moresque'. They run a risk of

[160] Tac., ann. IV, 61.

dispraisal from adepts of recent fashions and doctrines, being condemned for prejudice or a narrow outlook" (13).

Die eigentliche Basis und den Kern des Werkes bilden daher subtile personengeschichtliche Untersuchungen der großen Adelshäuser und der Nachkommen der führenden Politiker der späten Republik.[161] Daneben stehen oft glänzende Porträts einzelner Persönlichkeiten, wie des Marcus Lepidus, Messalla Corvinus, "Lentulus the Augur", Quinctilius Varus, "Piso the Pontifex" und Fabius Maximus. Wie Tacitus so imponierten auch Syme in dieser Galerie vor allem zwei Männer: zunächst Marcus Lepidus, capax imperii sed aspernans[162], "who steered a safe course between the extremes of abrupt defiance and ignoble deference" (453), und Piso the Pontifex, "nullius servilis sententiae auctor"[163], jener römische Aristokrat, den auch das Frontispiz von Symes Buch zeigt.

Die immense Arbeit dieser Untersuchungen wurde noch nachträglich in 27 Stammbäumen zusammengefaßt[164] und damit Symes primäres Ziel erreicht: "As a kind of incomplete work of reference it may be of use to students of literature as well as history" (I). Doch selbstverständlich blieb Syme dabei nicht stehen. Übergreifende Kapitel schilderten die Existenz wie die Erwartungen der römischen Nobilität unter der Herrschaft des Augustus nach dem Ende der Bürgerkriege, die generellen Ursachen des Aussterbens der großen Familien, eine Partie, in welcher auch Phänomene wie Lebenserwartung, Heiratsalter, Geburtenrückgang und Adoptionen besprochen wurden. In dem Abschnitt "The Education of an Aristocrat" ging Syme insbesondere auch auf den Einfluß der griechischen Bildung auf Tiberius ein; weitere Kapitel galten Analysen des Horaz und Velleius Paterculus.

So wichtig alle diese Perspektiven waren, die historisch allgemein bedeutsamsten Abschnitte hat Syme am Beginn und am Ende der Monographie konzentriert: In dem Kapitel "Nobiles in Eclipse"

[161] Typisch dafür sind die Kapitel über "The Resplendent Aemilii" (104 ff.), "the Junii Silani" (188 ff.), "The Posterity of Messalla" (227 ff.), "The Last Scipiones" (244 ff.), "Descendants of Pompeius and Sulla" (255 ff.), "Descendants of Crassus" (270 ff.) und "The Other Pisones" (367 ff.).

[162] Tac., ann. 1, 13, 2.

[163] Tac., ann. 6, 10, 3.

[164] Darunter von größtem Interesse: 3. The Family of Augustus.

wurden die Verzeichnisse der Konsuln und der Angehörigen der großen Priesterschaften, der Arvalbrüder und der quindecimviri sacris faciundis, systematisch als Quelle des Niedergangs der alten nobilitas ausgewertet, im folgenden "Sixteen Aristocratic Consuls" dann jene Gruppe von Konsuln aus dem glücklichen und erfolgreichen Jahrzehnt zwischen 16 und 7 v. Chr. näher untersucht, die auch späterhin im Zentrum von Symes Einzelstudien bleiben sollten. Die anschließenden Abschnitte "Monarchy and Concord", "Some Perturbations" und „Stability Restored" gingen dann näher auf die engen Zusammenhänge zwischen den außen- und innenpolitischen Aktivitäten und Krisen des augusteischen Principats einerseits und den Schicksalen der daran teils aktiv beteiligten, davon teils passiv betroffenen Angehörigen der Nobilität andererseits ein.

Mit konkreten statistischen Angaben und einer Vielzahl von Namen konnte Syme so die Grundzüge der Veränderungen in den Führungsschichten des Imperiums dokumentieren, den Niedergang bekannter patrizischer und plebejischer Adelsgeschlechter wie den Aufstieg loyaler homines novi im neuen politischen System des Principats nachweisen. Waren in der ›Römischen Revolution‹ "the party" und die Klientelen der führenden Politiker die entscheidenden Strukturelemente und Beobachtungsfelder, so hier die großen Familien der Aristokratie.

Damit gewannen zugleich die Damen dieser Schicht erheblich an Bedeutung: In eigenen Spezialuntersuchungen wurden "Two Nieces of Augustus", "Nero's Aunts" und schließlich zusammenfassend "Princesses and Court Ladies" beleuchtet. Doch wie das ganze Buch zeigt, waren die Frauen stets präsent; ihre tatsächliche gesellschaftliche und politische Funktion erweist sich als weitaus größer, als sie Symes etwas ironische Einleitung zu den "Princesses ..." ahnen läßt: "Women have their uses for historians. They offer relief from warfare, legislation, and the history of ideas; and they enrich the central theme of social history, if and when enough evidence is available. Ladies of rank under the first imperial dynasty are a seductive topic. In the first place, betrothal and marriage, adultery and divorce. Next, licence and luxury, kinship and discord. Finally, the enormous wealth accruing to a widow or a daughter in families ancient or recent that had benefited from civil war and the bounty of the victor: the palaces at Rome, the villas in the

Italian countryside, the wide estates, the hordes of slaves. The testimony is casual and sporadic" (168).

Aufs Ganze gesehen bietet das Werk so, trotz der nicht fehlenden großen Linien, einer Vielzahl neuer Einzelerkenntnisse, souveräner persönlicher Wertungen und noch immer glänzender Aperçus,[165] doch in erster Linie den Eindruck eines breiten Mosaiks. Die gewählte Struktur, "a sequence of interlocking essays" (14), die Bündelung in sich selbständiger Kapitel, die in einem Zeitraum von rund zehn Jahren niedergeschrieben wurden, erwies sich als alles andere als optimal. Die zahlreichen Wiederholungen und Überschneidungen, die erneuten Variationen hinlänglich bekannter Lieblingsthemen – 2 v. Chr., 8 n. Chr., Ovid –, vor allem die völlig mißlungene Abgrenzung zu ›History in Ovid‹ wirken ärgerlich und enttäuschend. Daran kann auch der Respekt vor der Arbeitsleistung des Gelehrten, der dieses Werk als Achtzigjähriger vollendete, nichts ändern.

Beeindruckend ist dagegen das Schlußkapitel der Monographie, "The Apologia for the Principate". Syme ging hier noch einmal auf den Problemkreis von ›Decline and Fall of the Roman Republic‹ ein; er stellte gleichsam eine Verbindung zu ›A Roman Post-Mortem‹[166] her. Temperamentvoll lehnte er in der Einleitung die Vorstellung ab, daß die römischen Kaiser „Propaganda" einsetzten oder überhaupt nötig hatten; entsprechende Interpretationen der römischen Reichsprägung wurden ebenso beiseite gewischt wie solche des Herrscherkultes. Knapp und bestimmt trug Syme statt dessen eine lange Reihe von positiven Argumenten für den Principat vor, die in "the doctrine of the middle path" (453) gipfelten: "Not an exhilarating prospect, the middle path, so it appears. It is

[165] Als Beispiele seien erwähnt: 1. "To belong to an exclusive club confers value on a life devoid of talent or denied public recognition; and it is pure delight when membership brings arcane knowledge. After the end of the first dynasty the Arvales, turned into a congregation of that kind, mediocrity no longer protected by birth and ancestors" (6).
2. "At various times of emergency during the last sixty years the dearth of ex-consuls had been visible and painful. They were now numerous to excess. On a comforting view, senior statesmen lend dignity and authority to public transactions. They can also be a nuisance" (33).

[166] Todd Memorial Lecture, Sidney 1950 = Roman Papers. I. Oxford 1979, 206–217.

the recourse of the opportunist and the careerist. The other name is compromise or collusion. Yet such is the nature of political life. It exploits ambiguities, it seeks to have the advantage both ways" (454). So klang Symes Werk denn auch in taciteischem Stile aus, skeptisch und nüchtern, kritisch und noch in seinen letzten Sätzen wachsam gegenüber der Realität der Macht wie gegenüber der Macht der Worte und Formeln.

V

Ronald Symes umfassende und tiefe Wirkung läßt sich nicht allein aus der Resonanz seiner Bücher und dem nicht abreißenden Fluß seiner Studien[167] erklären, der weitere Bände von ›Roman Studies‹ füllen dürfte. Seine Ausstrahlung als Hochschullehrer und seine Faszination als Redner kommen hinzu. Wie vor einiger Zeit Fergus Millar aufgezeigt hat,[168] verstand es Syme in ungewöhnlicher Weise, qualifizierte Schüler an sich heranzuziehen und für seine Methoden und Fragestellungen zu begeistern, Schüler, die nachhaltig von ihm geprägt wurden, mochten sie sich Problemen und Autoren der Römischen Republik[169], der Kaiserzeit[170] oder der Spätantike[171] zuwenden.

Unter Syme wurde Oxford so nach dem II. Weltkrieg zum Mekka der Althistoriker aus aller Welt.[172] Im deutschen Bereich

[167] Siehe Paullus the Censor, Athenaeum 75, 1987, 17–26; Marriage Ages for Roman Senators, Historia 36, 1987, 318–332.

[168] Journal of Roman Studies 71, 1981, 151. Danach die folgenden Angaben der bei Syme entstandenen oder von ihm stark beeinflußten Arbeiten.

[169] E. Badian, Foreign Clientelae. Oxford 1958.

[170] F. Millar, A Study of Cassius Dio. Oxford 1964; G. W. Bowersock, Augustus and the Greeks. Oxford 1965; ders., Greek Sophists in the Roman Empire. Oxford 1969; C. P. Jones, Plutarch and Rome. Oxford 1971; ders., The Roman World of Dio Chrysostom. Cambridge/Mass. 1978; M. Griffin, Seneca: A Philosopher in Politics. Oxford 1976; E. J. Champlin, Fronto and Antonine Rome. Cambridge/Mass. 1980.

[171] T. D. Barnes, Tertullian. Oxford 1971; J. Matthews, Western Aristocracies and Imperial Court A. D. 364–425. Oxford 1976.

[172] Vergleiche zum Beispiel Z. Yavetz, Caesar in der öffentlichen Meinung. Düsseldorf 1979, 7.

war der Kontakt mit Heidelberg besonders eng,[173] wo Hans Schaefer seinen Doktoranden und Post-Graduates wiederholt ein Studium in Oxford empfahl. W. Schmitthenner, Schaefers Assistent und später einer der angesehensten deutschen Althistoriker seiner Generation, wurde bei Syme promoviert.[174] Andere jüngere Gelehrte des deutschen Sprachkreises folgten ihm in Methode und Themenwahl[175] – oder sie profilierten zumindest ihre eigenen Auffassungen in der Auseinandersetzung mit Symes inzwischen berühmter Autorität.[176]

Dazu kam nun, und dies bis ins hohe Alter, Symes Präsenz als Redner in allen Kontinenten. Seine Reiselust blieb ungebrochen. Wie die griechischen „Konzertredner" des 2. Jahrhunderts n. Chr. genoß er immer wieder aufs neue die Möglichkeit der Gastvorlesungen und Vorträge. Attraktive Themen, die er zur Wahl stellte, sicherten ihm allerorts ein großes Publikum, das er wohl nie enttäuschte. Syme dürfte derjenige Althistoriker des 20. Jahrhunderts sein, der während seiner Jahrzehnte hindurch gepflegten Vortragstätigkeit den insgesamt größten Hörerkreis erreichte. Gleichzeitig brillierte er in den damit verbundenen Empfängen und Konversationen im kleineren Kreis, wenn er unter Kollegen, die er respektieren konnte, seine dezidierten Wertungen abgab. Symes sarkastische Dicta machten in der Zunft weithin die Runde.

Nicht weniger erstaunlich als die Kontinuität der Perspektiven und Wertungen des Historikers der römischen Oligarchie sind die geistige Frische und der wissenschaftliche Elan, die sich Syme bewahren konnte. Sein Präsenzwissen, seine Kombinationsgabe, sein kritischer Sinn, die Schärfe seines Verstandes und seiner Logik, die Klarheit seines Denkens wie seiner Prosa scheinen kein Altern zu kennen, die Faszination, die Namen, cursus honorum, Verbindungen innerhalb der Führungsschicht auf ihn ausüben, einem intellek-

[173] Näheres darüber bei K. Christ, Römische Geschichte und deutsche Geschichtswissenschaft. München 1982, 294f.; G. Alföldy, Sir Ronald Syme, „Die römische Revolution" und die deutsche Althistorie. Sitz.-Ber. Heidelberger AdW. Phil.-hist. Kl. 1983, 1, 29ff.

[174] The Armies of the Triumviral Period. Thesis Oxford 1958.

[175] Hervorzuheben sind hier insbesondere G. Alföldy, W. Eck und U. Vogel-Weidemann.

[176] Zum einschlägigen Œuvre von Chr. Meier und zu den Studien seiner Schüler siehe G. Alföldy, a. O., (Anm. 173), 30f.

tuellen Jungbrunnen zu gleichen. Doch bestehen blieb auch jene passionierte Hingabe an die Forschung, wie sie Syme bei Ovid in einem Lieblinsgsvers erfaßt fand:

> ... non sum, qui segnia ducam
> otia: mors nobis tempus habetur iners[177]

Syme ist einer der ganz wenigen Althistoriker, dem es gelang, subtilste Spezialforschung mit brillanter Rhetorik und großer Geschichtsschreibung zu verbinden, der den nüchternen Epigraphiker und Prosopographen ebenso beeindrucken wie seine zahlreichen Hörer und Leser mitreißen konnte. In der ungeschriebenen Geschichte der Sprache der klassischen Historiker markiert sein Name eines der interessantesten Kapitel. Konkrete Forschung und prägnante Vermittlung gelangten bei ihm zur Synthese; die Mentalität eines Angehörigen einer modernen imperialen Führungsschicht erschloß den Zugang zur konkreten Erfassung entsprechender „kolonialer" Gruppen der Alten Welt, zu deren Denkweise, Ambitionen, Erfolgen, aber auch Ausdrucksformen und Stil. Geschichte und Stil sind bei Syme nie zu trennen.

Es ist kein Zufall, daß dieser Gelehrte den zahlreichen geschichtsphilosophischen und theoretischen Impulsen seiner eigenen Zeit immer fernstand, Marx wie Spengler und Toynbee. Methodologie als Selbstzweck war ihm nicht weniger verdächtig als das modische intellektuelle Glasperlenspiel mit immer neuen Begriffen, Abstraktionen und „-logien". Über den Sinn und die Legitimation der eigenen Disziplin äußerte er sich sehr selten, besonders eindrucksvoll am Ende seiner Whidden Lectures in Toronto: "Let us refuse to be intimidated by 'the inevitable', or discouraged by the elaborate constructions of Spengler and Toynbee, the laws they devise and impose. – On an extreme view, the study of history can be alleged to have scant value – in the phrase of Gibbon only 'the record of the crimes and follies of humanity'. And it can be added that the 'lessons of history' are all too often either obvious or delusive. Yet Gibbon did not consider that the story of the past was wholly devoid of instruction.

Henry Adams said of history that it is 'in essence incoherent and

[177] Epistulae ex Ponto I, 5, 43f. – Vergleiche History in Ovid. Oxford 1978, I; 227.

immoral'. None the less, in the phrase of Namier, a notable enemy of system and dogma, it can be described as an 'intelligible disorder'. 'Intelligible' is the word. Our occupations are not inevitably condamned to futility or pessimism. History is discovery. It broadens the horizon and deepens the understanding. It is a liberal and liberating force."[178]

[178] Colonial Élites. London 1958, 63f.

6

ARNALDO MOMIGLIANO
(1908–1987)

I

„Ich wurde in einem Haus voller Bücher geboren: Italienische Bücher, hebräische Bücher, französische Bücher, lateinische und griechische Autoren entweder im Originaltext oder in der Übersetzung. Jüdisch war unsere Tradition, und tatsächlich genoß mein Haus die Reputation eines patriarchalischen jüdischen Hauses. Aber wir waren ebenso fest mit dem italienischen Land verbunden, in dem unsere Vorfahren seit zweitausend Jahren gelebt hatten, ganz speziell aber mit der Region Piemont, in der die Wurzeln unserer Familie zumindest bis ins fünfzehnte Jahrhundert zurückgingen. Das italienische Risorgimento war für uns ein Ereignis, mit dem wir buchstäblich durch familiäre Bande verbunden waren. Außerhalb des Hauses war die kleine Stadt katholisch, aber sie war im 16. Jahrhundert gewaltsam vom Calvinismus wiederbekehrt worden. Zwei Meilen vor der Stadt liegt ein Ort, der den Ruf hat, die römische Siedlung Germanicia gewesen zu sein, angeblich aus der Zeit des Kaisers Claudius. Er faszinierte uns Kinder. Und wir wußten, daß Piemont einst Gallia Cisalpina war – ein keltisches Land.

Die Notwendigkeit, zwischen der jüdischen und der italienischen Seite unserer Person Ordnung zu schaffen, bestimmte täglich unser Leben, daneben erfüllte sie unsere Lektüre und unsere Gespräche. Da ich in Spinoza und in die moderne Bibelkritik schon eingeführt wurde, ehe ich ein Bar-Mitzva war, gab es keinen ernsthaften Konflikt zwischen Vernunft und Glauben, sondern vielmehr das Problem, die Elemente der vielfältigen Zivilisation abzuschätzen, deren bewußter Erbe ich war. In einem gewissen Sinne habe ich in meinem Gelehrtenleben nichts anderes getan, als zu verstehen zu suchen, was ich beiden schulde, dem jüdischen Haus, in dem ich erzogen, und dem christlich-römisch-keltischen Dorf, in dem ich geboren wurde.“ [1]

[1] Arnaldo Momigliano, After-dinner speech on the occasion of the con-

Mit diesen Sätzen hat Arnaldo Momigliano aus dem Rückblick jenes kulturelle, politische und religiöse Kräftefeld beschrieben, das seine Jugend und sein ganzes Leben prägte. Der am 5. September 1908 in Caraglio (Cuneo) in Piemont Geborene war zeitlebens stolz auf die Familie, der er angehörte, und trotz der vielfältigen Einflüsse, mit denen er in Berührung kam, bekannte er sich immer zu seinem Judentum. Wie „der größte jüdische Historiker unseres Jahrhunderts", Gershom Scholem, so war auch Momigliano davon überzeugt, „daß der Beginn der Wahrheit für einen Juden darin liegt, sein Judentum aufzunehmen, Hebräisch zu lernen, und die Konsequenzen zu ziehen – was immer sie sein mögen (was das Problem ist)" [2].

In dem Essay über die Juden Italiens,[3] in dem Momigliano in eindrucksvoller und bewegender Weise die Eigenart, die Leistungen und das Schicksal des italienischen Judentums skizzierte, hat er auch an bedeutende Vorfahren der eigenen Familie erinnert, an Jehuda de Montmélian, der zu Beginn des 14. Jahrhunderts von Montmélian in Savoyen nach Chambéry übersiedelte; an den Rabbi Marco Mordechai Momigliano, einen Bruder seines Großvaters, der im Jahre 1866 die jüdische Gemeinde in Bologna neu konstituierte,[4] und an manch anderen mehr. Im Vorwort der ›Pagine ebraiche‹ (Turin 1987) wies er ausdrücklich auf die Tatsache hin, daß er unter den Juden seiner Generation einer der wenigen war, die noch eine streng orthodoxe Erziehung erhielten und schilderte liebevoll das Leben in seinem Elternhaus: „Meine wirkliche Erfahrung der jüdischen Religion liegt in dieser intensiven, bescheidenen häuslichen Frömmigkeit. Die Kinder werden vom Vater am Freitagabend gesegnet, die Mutter umarmt den Mann und die Kinder." [5]

ferment of the degree of D. H. L. h. c. at Brandeis University, 22 May 1977, in: Ders., Ottavo Contributo alla storia degli studi classici e del mondo antico. Roma 1987, 431 f.

Würdigungen von Leben und Werk: Siehe unten S. 356 f.

[2] Settimo contributo . . . Roma 1984, 350.

[3] Ottavo Contributo . . . Roma 1987, 361–375 = Pagine ebraiche. A cura di Silvia Berti. Torino 1987, 129–142 = Die Juden in der Alten Welt. Berlin 1988, 79–93.

[4] M. Momigliano, Autobiografia di un Rabbino italiano. Palermo 1986 (La memoria, 142).

[5] Pagine ebraiche. Torino 1987, XXX.

Für die häusliche Erziehung Momiglianos wurde in der ersten Lebensphase zunächst Amadio Momigliano, ein Bruder seines Großvaters, zur einflußreichsten Gestalt. Dieser angesehene Talmudist legte offensichtlich die Grundlagen des orthodoxen jüdischen Glaubens. Später wurde der junge Arnaldo dann insbesondere von Felice Momigliano beeindruckt, dem römischen professore del magistero, der sich eine sehr eigenwillige geistig-politische Welt gebildet hatte. Dieser führte ihn nicht nur an die Propheten und an Spinoza heran, vermittelte ihm nicht nur die ersten Elemente der lateinischen und der griechischen Sprache, sondern brachte ihm als engagierter Politiker auch die Gedanken Mazzinis wie diejenigen eines idealistisch gefärbten Sozialismus nahe.[6] Für Arnaldo Momigliano war Felice jedenfalls der „zweite Meister"; vorher hatte es für ihn aber auch eine ideale «maestra» gegeben, die Schwester Gabriella Testa als Leiterin einer von Nonnen betreuten Elementarschule, die Momigliano einige Jahre lang, zusammen mit seinen Schwestern, besucht hatte, wobei die jüdischen Kinder offenbar mit der denkbar größten Toleranz behandelt wurden.

So heterogen und unsystematisch diese verschiedenen Bildungseinflüsse waren, am Ende reichten sie aus, um Momigliano 1925 die Zulassung zum Studium an der Universität Turin zu ermöglichen. Dort begegnete er in dem Althistoriker Gaetano De Sanctis einer imponierenden Persönlichkeit, in der sich höchste wissenschaftliche Kompetenz mit denkbar großer Liberalität und einer seltenen charakterlichen und moralischen Integrität verbanden. De Sanctis hat Momigliano von Anfang an fasziniert; der junge Student bemühte sich, durch höchsten persönlichen Einsatz die Anerkennung des großen Lehrers zu finden, durch dessen Schule er entscheidend geprägt wurde. J. Vogt sah diese Schule durch Fachkompetenz, rationale Schlußfolgerungen und durch geistige Unabhängigkeit charakterisiert.[7] Neben Gaetano De Sanctis wurde der Klassische Philologe Augusto Rostagni für Momigliano bedeutsam, doch ge-

[6] Vergleiche die Gedenkworte in: Felice Momigliano (1866–1924), in: Terzo contributo. Roma 1966, 843–849.

[7] Historische Zeitschrift 223, 1976, 669. – Vergleiche auch A. Momigliano, In memoria di Gaetano De Sanctis (1870–1957), Secondo contributo... Roma 1960. NDr. 1984, 299–317; Ders., Gaetano De Sanctis, 1870–1957, in: Quinto Contributo... Roma 1975, 179–186 sowie die unten S. 346 genannte Literatur.

staltete sich diese Beziehung aus vielen Gründen sehr viel distanzierter.[8] Nicht zu unterschätzen ist schließlich der Einfluß Benedetto Croces, dessen weite geistesgeschichtliche Perspektiven Momigliano nicht weniger beeindruckten als dessen historiographische Werke und dessen konsequent antifaschistische Haltung, die ihn mit De Sanctis verband.[9]

De Sanctis hat Momigliano in jeder Hinsicht gefördert. Er betreute nicht nur dessen erste Monographien, die Tesi di laurea über ›La composizione della storia di Tucidide‹[10] und die ›Prime linee di storia della tradizione Maccabaica‹[11], sondern half ihm auch, jene kleineren Beiträge zum Druck zu bringen, die schon der Zwanzigjährige verfaßt hatte. Er vermittelte ihm Rezensionen und zog ihn bereits 1930 zur Mitarbeit an der ›Enciclopedia Italiana‹ heran, deren altertumswissenschaftlichen Bereich De Sanctis leitete.[12] Der passionierte Schüler erschloß sich in seinen Publikationen immer neue Bereiche der Alten Geschichte; neben zahlreichen Spezialstudien erschien bereits 1932 eine weitere, stark beachtete Monographie ›L'opera dell'Imperatore Claudio‹, die zwei Jahre später auch in einer englischen Übersetzung vorlag.[13]

Nachdem Momigliano De Sanctis nach Rom gefolgt war, wurde er dort im Alter von 24 Jahren zum Professore Incaricato di Storia Greca ernannt, 1936 dann zum Professore Titolare di Storia Romana der Universität Turin berufen. Sein Ansehen wuchs ständig; in dem zweibändigen ›Sommario di storia delle civiltà antiche‹ hatte er ein in Italien weit verbreitetes Lehrbuch verfaßt, das rasch mehrere Auflagen erlebte;[14] die Herausgeber der ›Cambridge Ancient

[8] A. Momigliano, Gaetano de Sanctis e Augusto Rostagni, Quinto contributo . . . Roma 1975, 187–201.

[9] A. Momigliano, Reconsidering B. Croce (1866–1952), Quarto Contributo . . . Roma 1969, 95–115.

[10] Memorie della Reale Accademia delle Scienze di Torino, ser. II. 67, 1930, 1–48.

[11] Roma 1930. Torino ^{2}1931. Amsterdam ^{3}1968.

[12] Verzeichnis der Beiträge in Quarto contributo . . . Roma 1969, 721 ff.

[13] Claudius: The Emperor and his Achievement. Oxford 1934. Cambridge ^{2}1961. New York 1962.

[14] Sommario di storia delle civiltà antiche. I. L'Oriente e la Grecia. Firenze 1934. II. Roma. Firenze 1934. Vergleiche die bibliographischen Angaben S. 355.

History‹ übertrugen ihm wichtige Kapitel dieses großen internationalen Sammelwerks;[15] die Reihe der Monographien, Spezialuntersuchungen und Rezensionen riß nicht ab, die Bibliographie des Dreißigjährigen wies bereits über dreihundert Titel auf – da beendete 1938 die faschistische Rassenpolitik diese vielversprechende Karriere. Momigliano verlor seinen Turiner Lehrstuhl und sah sich, zusammen mit seiner jungen Frau und seiner kleinen Tochter, zur Emigration gezwungen.[16]

Für die Jahre zwischen 1939 und 1947 nennt Momiglianos Vita lakonisch: "research work in Oxford"; sie wurden zur schwierigsten Zeit seines Lebens. Als Exilant wurde auch er vom Kriegseintritt Italiens betroffen, erlebte zwar seit 1943 die schrittweise Befreiung seiner Heimat vom Faschismus, erhielt jedoch gleichzeitig auch immer neue Hinweise über das Schicksal der italienischen Juden. Seine Eltern, neun weitere Mitglieder seiner Familie und viele Freunde Momiglianos verloren in den nationalsozialistischen Vernichtungslagern ihr Leben. Angesichts dieser Katastrophen konnte Momiglianos persönliche Existenz trotz aller Schwierigkeiten, Behinderungen und Spannungen fast als privilegiert gelten. Stets blieb er Hugh Last[17] und Isobel Henderson für ihre treue Hilfe dankbar, eine Hilfe, die es ihm ermöglichte, seine wissenschaftliche Arbeit fortzusetzen. Später kamen Unterstützungen der Rockefeller Foundation und des Jowett Copyright Fund hinzu, vor allem aber die Verbindung mit dem Londoner Warburg Institut, in dem er eine kongeniale Atmosphäre für seine Forschungen und die notwendige Resonanz sowie volles Verständnis für seine geistes- und ideengeschichtlichen Interessen fand, das ihm in Oxford nicht immer zuteil wurde.[18]

Soweit es heute bekannt ist, hat sich Momigliano während des Krieges weder politisch noch propagandistisch betätigt. Eine Aus-

[15] Herod of Judaea, The Cambridge Ancient History X. 1934, 316–339, 884–887. 932–935; Nero, a. O., 702–742, 887–888, 978–984; Rebellion within the Empire, a. O., 849–865, 991–993.

[16] Zu Momiglianos Turiner Zeit siehe L. Romano, Una giovinezza inventata. Torino 1979, 95f.

[17] Der Secondo contributo ist G. De Sanctis und Hugh Last gewidmet; vergleiche auch Claudius. Cambridge ^{2}1961, IX.

[18] Vergleiche dazu T. Cornell, Arnaldo Momigliano 1908–87, University College London. The Bulletin October 1987, 20.

nahme bilden einige kurze Rundfunkansprachen, die «Conversazioni sul Nazismo», die im August 1943 in den italienischen Sendungen von BBC ausgestrahlt wurden.[19] Sie geben einen Einblick in die tiefen geistigen Erschütterungen, die Momigliano damals erlebt hatte und in die politischen Ideale, die ihn zeitlebens erfüllten. Es war für Momigliano „eines der außerordentlichsten Phänomene menschlicher Geschichte überhaupt“[20], daß ein Volk, das der Menschheit die Werke Kants, Goethes und Beethovens geschenkt hatte, von einer kollektiven Hybris erfaßt wurde. „Daß die Heimat Goethes einem Adolf Hitler vertrauen konnte, bleibt das große Paradoxon unserer Zeit.“[21] In einem Augenblick, in dem die nationalsozialistischen Kriegsverbrechen erst zum Teil bekannt waren, forderte er gleichwohl zum kompromißlosen Kampf gegen den Nazismus auf. Der Sturz Mussolinis war für ihn nur ein erster Schritt auf dem Wege zur Freiheit Italiens und Europas und damit zu einer neuen, vom Liberalismus geprägten Welt.

Die Jahre im Exil wurden für Momigliano zugleich Jahre eines intensiven Studiums der europäischen, nicht zuletzt der englischen Tradition. In welchem Ausmaß er in die geistige Welt seiner neuen Arbeits- und Wirkungsstätten eingedrungen war, sollte sich zeigen, als er seine Publikationstätigkeit, nun auch in englischer Sprache, wiederaufnehmen konnte. Mochte das Englisch, das er sprach, bis zuletzt "a delicious mixture of British and Italian English" bleiben, wie dies Edward Shils formulierte,[22] der Rhetor der Universität Oxford attestierte ihm jedenfalls anläßlich des Doctor in Litteris honoris causa, er wäre „linguae Anglicae scribendae usque ad invidiam indigenarum compos“[23].

Ohne Zweifel verwuchs Momigliano immer stärker mit der angelsächsischen Welt, die ihm bald auch eine Wirkung in den weitesten Dimensionen erlaubte. Obwohl er 1945 wieder zum Professore Ordinario di Storia Romana in soprannumero der Universität Turin ernannt worden war, blieb er in England, um dort eine neue akademische Existenz aufzubauen. Die ersten Möglichkeiten dafür

[19] Inzwischen veröffentlicht in Belfagor 42, 1987, 669–672.
[20] A. O., 670.
[21] A. O., 670.
[22] Memorial Service for A. D. Momigliano, Chicago, October 22, 1987.
[23] Addresses, 24 June 1970. Oxford 1970.

eröffnete ihm die Universität Bristol, wo er von 1947 bis 1949 als Lecturer und von 1949 bis 1951 als Reader in Ancient History wirkte. Dann wurde Momigliano im Jahre 1951 zum Professor of Ancient History in the University of London at University College berufen, eine Funktion, die er vierundzwanzig Jahre lang innehatte und die ihm die freie Entfaltung seiner Interessen ermöglichte.

Seit dem Beginn der sechziger Jahre folgte daneben die Übernahme einer ganzen Reihe von Lectureships und Gastprofessuren, vor allem in den Vereinigten Staaten, aber auch in Israel, in Oxford, Cambridge und an der École Normale Supérieure in Paris. Das abwechselnde Lehren in der Alten und Neuen Welt erreichte schließlich seine abschließende Gestalt, als Momigliano seit 1964 sowohl Professore di Storia Romana in soprannumero an der Scuola Normale Superiore di Pisa als auch seit 1975 Alexander White Visiting Professor an der Universität Chicago war.

London, Chicago und Pisa erlaubten Momigliano eine Existenz eigener Art. In London genoß er nicht nur die liberale Tradition des University College, mit dem er sich so lange identifizieren konnte, sondern in gleicher Weise die einzigartigen Arbeitsmöglichkeiten des Warburg Instituts, dessen Auditorium denn auch wiederholt die neuen Resultate seiner Forschungen ebenso hören konnte wie regelmäßig seine brillanten, aber auch sarkastischen Anmerkungen zu Vorträgen und Referaten. London und Chicago gestatteten ihm vor allem, einen Lebens- und Arbeitsrhythmus nach eigener Wahl zu gestalten, nötigten ihn lediglich zu einem Minimum jener formalen und bürokratischen Frustrationen, die das moderne Universitätsleben belasten.

Pisa wurde dagegen zur heimatlichen Basis; er liebte die Stadt und die vielen Freunde. Dort versuchte er in den regelmäßig abgehaltenen Seminaren auf seine Weise insbesondere die jüngeren Altertumswissenschaftler und Historiker Italiens kritisch zu fördern und das Niveau ihrer Arbeiten zu heben. Dort war er vor allem der große Vermittler der europäischen, nicht zuletzt der deutschen Wissenschaftstradition in ihrer klassischen Epoche, aber auch der amerikanischen Geistesströmungen der Gegenwart.

Der vielfache Wechsel der Wirkungsstätten war für Momigliano ebenso bezeichnend wie jener der Gegenstände seiner Untersuchungen. Er hatte zwar lange Zeit größere Werke über die Entwicklung des Freiheitsbegriffes in der Antike und über ›Tacitus' political ideas‹ geplant,[24] dafür wohl auch umfangreiche Vorarbeiten geleistet, beide Vorhaben indessen nie abgeschlossen. Das ihm angemessene Genos blieben die kürzeren Formen der speziellen Vorlesung, in die oft die Resultate ausgedehnter Studien eingegangen waren, sowie die mehrgliedrige Vorlesungssequenz, welche dann wichtigen Monographien zugrunde lag, und der anspruchsvolle historische und historiographische Essay, wie er ihn wiederholt auch in The New York Review of Books publizierte. Seit Momigliano 1955 damit begonnen hatte, diese kleineren Arbeiten in seinen ›Contributi alla storia degli studi classici e del mondo antico‹ (bisher 8 Teile in 11 Bänden, Rom 1955–1987) zusammenzufassen, konnte er sein weit verstreutes wissenschaftliches Werk auch geschlossen präsentieren und eindrucksvoll vor Augen führen. Teilsammlungen machten es zudem weiteren Kreisen zugänglich.[25]

In Großbritannien, Italien, Israel, den Vereinigten Staaten wurden Momigliano höchste Ehrungen zuteil: Er war Honorary Knight of the British Empire, Mitglied der Accademia dei Lincei, der British Academy, der Accademia delle Scienze di Torino, der Arcadia, des Istituto di Studi Romani, des Istituto di Studi Etruschi, der Royal Dutch Academy, der American Academy of Arts and Sciences, des Institut de France, des Deutschen Archäologischen Instituts, Ehrenmitglied der American Historical Association. Er wurde mit der Kenyon Medal der British Academy, der Goldmedaille des Italienischen Erziehungsministeriums, dem Premio Feltrinelli, dem Premio Cantoni der Universität Florenz, dem Kaplunpreis der Hebräischen Universität, dem Premio Sila, dem Premio Viareggio internazionale, dem Preis der MacArthur Foundation und durch viele weitere Ehrungen ausgezeichnet.

Die Universitäten von Bristol, Edinburgh, Oxford, Cambridge, London, Chicago, Leiden, Urbino, Tel Aviv, die Columbia University, die Brandeis University, das Hebrew Union College, das Bard College, die Hebräische Universität, Yale haben ihm Ehrendoktorate verliehen, 1986 auch der Fachbereich Geschichtswissenschaften der Philipps-Universität Marburg, eine Hochschule, die sechs

[24] Essays in Ancient and Modern Historiography. Oxford 1977, 225, Anm. 3.

[25] Siehe die Zusammenstellung S. 355.

Jahrzehnte zuvor auch Benedetto Croce auf diese Weise geehrt hatte.[26]

II

Die Erforschung der antiken Historiographie, quellenkritische Studien, historische Interpretationen und Untersuchungen der Ereignisgeschichte, vor allem jedoch Beiträge zur Geschichte der Historiographie standen bei Momigliano stets in denkbar engstem Zusammenhang und überschnitten sich vielfältig. Schon der Einundzwanzigjährige veröffentlichte zum Beispiel nebeneinander Quellenstudien zu Polybios und Flavius Josephus, ereignisgeschichtliche Aufsätze über die athenischen Expeditionen nach Ägypten und Sizilien sowie einen Beitrag zu Machiavellis ›Discorsi‹.[27] Für eine Übersicht über Momiglianos Gesamtwerk dürfte es indessen zweckmäßiger sein, von jenem Ordnungsprinzip auszugehen, das er selbst bevorzugte, das heißt von der Disposition, nacheinander seine Untersuchungen zur antiken Historiographie, seine historischen Interpretationen und die Studien zur Geschichte der Historiographie zu erörtern.

Die Themenstellung der frühen *Arbeiten zur antiken Geschichtsschreibung* ist durch die Interessenschwerpunkte des großen Lehrers Gaetano De Sanctis und dessen Schule geprägt. Dies gilt für die Turiner Tesi di laurea ›La composizione della storia di Tucidide‹ sowie für die im gleichen Jahr (1930) erschienenen, wiederholt nachgedruckten ›Prime linee di storia della tradizione Maccabaica‹. Da De Santis die Diskussionen innerhalb der deutschen Forschung stets mit besonderem Interesse verfolgt hatte, war es naheliegend, daß sich sein Schüler an den Kontroversen um Entstehung und Struktur des thukydideischen Geschichtswerkes beteiligte. Mit Genugtuung konnte Momigliano dabei registrieren, daß er in wichtigen Fragen zu denselben Auffassungen gelangt war wie W. Schadewaldt[28]. Schon in der Dissertation hatte Momigliano wiederholt

[26] Siehe J. Petersohn (Hrsg.), Prophetie und Geschichtsschreibung. Ehrenpromotion Arnaldo Momigliano. Marburg 1986 (Schriften der Universitätsbibliothek Marburg, 27).

[27] Die bibliographischen Nachweise für die hier und im folgenden genannten Einzeltitel finden sich in Momiglianos Bibliographie, siehe S. 354 ff.

[28] A. Momigliano, Rez. W. Schadewaldt, Die Geschichtschreibung des

auf Herodot zurückgegriffen, besonders in einem Abschnitt über die „Nuclei erodotei nella storia di Tucidide", und sosehr er die Leistung des Thukydides stets anerkannte, sollte ihn später dennoch Herodot stärker faszinieren als das Objekt seiner primitiae.

Auch die Probleme der Makkabäerbücher waren in der Schule von De Sanctis schon früher behandelt worden, und die Bemühung um die Erfassung der Eigenart, die Klärung der Chronologie sowie der Quellen dieser Schriften schien eher konventionell zu sein; die Untersuchung der Urkunden entspricht jener der Thukydidesstudie. Bemerkenswert ist freilich, daß sich Momigliano so intensiv mit den Problemen der Legende von der Verwandtschaft der Juden und der Spartaner beschäftigt hat. Bemerkenswert bleibt auch, daß er den Studien über die jüdische Geschichtsschreibung und Geschichte stets treu blieb, immer wieder auf die Makkabäerbücher, Philon von Alexandria und Flavius Josephus zurückkam, während er sich gegen Ende seines Lebens vor allem mit den Problemen der Prophetie, des Exodus und der Apokalyptik beschäftigte.[29]

Da auch für die Fragen der griechischen Geschichtsschreibung, wie noch näher ausgeführt wird, eine ähnliche Kontinuität festzustellen ist, bilden beide Bereiche gleichsam die Brennpunkte einer Ellipse, ein Bild, das auch deshalb zutreffen dürfte, weil es Momigliano in beiden Fällen immer wieder um die Fragen der politischen, kulturellen und religiösen Kontakte und Wechselwirkungen ging. Er studierte diese Phänomene, insbesondere in der hellenistischen und römischen Epoche und an oft weniger bekannten griechischen Historikern des vierten bis zweiten Jahrhunderts v. Chr. ebenso wie an Philon und Flavius Josephus.

Je weiter sich Momiglianos Werk im Bereich der antiken Geschichtsschreibung entfaltete, desto weniger ging es ihm um punktuelle quellenkritische Untersuchungen einzelner Autoren, die anfangs durchaus nicht fehlten, und desto stärker traten die Wechselbeziehungen zwischen orientalischen, hebräischen, griechischen, römischen und christlichen Denkformen und Geschichtsvorstellun-

Thukydides. Berlin 1929, in: Litteris 7, 1930, 98–105 (= Quarto contributo . . . Roma 1969, 603–610).

[29] Siehe die Zusammenstellungen in: A. Momigliano, Pagine ebraiche. A cura di Silvia Berti. Torino 1987 und ders., Die Juden in der Alten Welt. Berlin 1988.

gen in den Vordergrund seiner Interessen. Die Studien über die orientalischen Faktoren in der nachexilischen hebräischen und in der griechischen Geschichtsschreibung,[30] die Rolle, die Momigliano orientalischen Impulsen bei der Entstehung der griechischen Biographie zuwies,[31] die Untersuchung über Daniel und die griechische Theorie der Abfolge der Weltreiche[32] dürften dies schlüssig belegen.

Im griechischen Sektor hatten die Arbeit am Buch über Philipp II. von Makedonien[33] und die damit im Zusammenhang stehende Beschäftigung mit der Konzeption des »Hellenismus«, später dann die Untersuchungen zur frühen römischen Geschichte zu den für Momiglianos Perspektiven charakteristischen Studien über Ephoros[34], Theopomp[35], Timaios von Tauromenion[36], dann auch über Polybios[37] und Poseidonios[38] geführt. Insgesamt gesehen kreisten

[30] Fattori orientali della storiografia ebraica post-esilica e della storiografia greca, Rivista Storica Italiana 77, 1965, 456–464 (= Terzo contributo ... Roma 1966, 807–818).

[31] Siehe unten S. 260.

[32] Daniele e la teoria greca della successione degli imperi, Rendiconti Accademia dei Lincei 8, 25, 1980, 157–162 (= Settimo contributo ... Roma 1984, 297–304).

[33] Filippo il Macedone. Saggio sulla storia greca dal IV secolo A. C. Firenze 1934. Nachdruck Milano 1987.

[34] La storia di Eforo e le Elleniche di Teopompo, Rivista di Filologia e d'Istruzione Classica n.s. 13, 1935, 180–204; L'egemonia tebana in Senofonte e in Eforo, Atene e Roma 3, 3, 1935, 101–117 (= Terzo contributo ... Roma 1966, 347–365).

[35] Studi sulla storiografia greca del IV secolo a. C.: I. Teopompo, Rivista di Filologia e d'Istruzione Classica, n. s. 9, 1931, 230–242; 335–353 (= Terzo contributo ... Roma 1966, 367–392).

[36] Atene nel III secolo a. C. e la scoperta di Roma nelle storie di Timeo di Tauromenio, Rivista Storica Italiana 71, 1959, 529–556 (= Terzo contributo ... Roma 1966, 23–53); Timeo, Fabio Pittore e il primo censimento di Servio Tullio, in: Miscellanea di Studi Alessandrini in memoria di Augusto Rostagni. Torino 1963, 180–187 (= Terzo contributo ... Roma 1966, 180–187).

[37] Polibio, Posidonio e l'imperialismo romano, Atti della Accademia delle Scienze di Torino 107, 1972–73, 693–707 (= Sesto contributo ... Roma 1980, 89–101).

[38] Siehe Anm. 37.

sie alle um die Begegnungen der Griechen mit fremden Völkern, zuletzt mit den Römern. Vielleicht ist die Eigenart seiner späteren Beurteilungen Herodots für die Prioritäten seiner Sicht besonders charakteristisch.

Nach Momigliano beschränkte Thukydides Geschichte primär auf die politische Geschichte sowie auf die Darstellung zeitgenössischer Ereignisse und begründete damit jene Vorherrschaft der Gegenwartsgeschichte, die für die antike Geschichtsschreibung weithin bestimmend blieb. Herodot profilierte Momigliano dagegen als den Historiker, der zuvor auf Grund mündlicher Informationen ein Geschehen der letzten Generation rekonstruierte und der gleichzeitig auf seinen Reisen versuchte, ethnographische wie historische Kunde über die Länder des Persischen Weltreiches einzuholen. Um ein angemessenes Bild Herodots zu vermitteln, wählte Momigliano einen methodisch neuartigen Weg, indem er sich mit den antiken Vorwürfen gegen Herodot ebenso auseinandersetzte wie mit dessen Rezeption in der Neuzeit: „Die Geschichte von Herodots posthumem Kampf gegen seine Verleumder ist ein bedeutsames Kapitel in der Geschichte des historischen Denkens; sie ist, nach meiner Meinung, auch ein wichtiger Schlüssel zum eigentlichen Verständnis von Herodot.“ [39]

So wies Momigliano beispielsweise auf die Zusammenhänge zwischen den «relazioni» italienischer Diplomaten und spanischer Missionare über fremde Völker seit der Entdeckung Amerikas mit der Neubewertung Herodots im 16. Jahrhundert hin. Vor allem die ›Apologia pro Herodoto‹ des Henricus Stephanus von 1566 galt ihm als ein besonders prägnanter Beleg der neuen Stituation, die schließlich auch zu einer völlig neuen Wertung führte: „Die modernen Berichte von Forschungsreisenden, Anthropologen und Soziologen über primitive Bevölkerungen sind letzten Endes eine selbständige Weiterentwicklung von Herodots Historia. So ist Herodot noch immer bei uns mit der vollen Kraft seiner Methode der Erforschung nicht nur der Gegenwart, sondern auch der Vergangenheit nach mündlichen Zeugnissen. Es ist eine merkwürdige Wahrheit, daß Herodot zum Vater der Geschichte wirklich erst in der Neuzeit geworden ist.“ [40]

[39] Die Stellung Herodots in der Geschichte der Historiographie, in: Herodot. Darmstadt 1962, 139.

[40] A. O., 156.

Die im Jahre 1968 in Harvard abgehaltenen Carl Newell Jackson Classical Lectures, die kurze Zeit darauf unter dem Titel ›The Development of Greek Biography‹[41] erschienen sind, markieren einen weiteren Höhepunkt von Momiglianos Beschäftigung mit den Problemen der antiken Historiographie. Mit scheinbar leichter Hand und nicht ohne Humor[42] ging er dabei innerhalb weitester Perspektiven von der in den vergangenen Jahrhunderten oft diametral verschiedenen Beurteilung der Biographie aus und der Frage der Entstehung der griechischen Biographie nach. Anders als Friedrich Leo, der in der griechischen Biographie einst ein Produkt der Schule des Aristoteles gesehen hatte,[43] und anders als Albrecht Dihle, der in ihr eine Reaktion auf die Gestalt des Sokrates sehen wollte,[44] unterstrich Momigliano einmal die Bedeutung älterer biographischer Ansätze, zweitens vor allem aber jene der orientalischen Impulse, indem er auf das, auf Grund der politischen Strukturen, von Anfang an sehr viel stärkere Interesse an einzelnen Personen im kleinasiatischen Raum hinwies. Momigliano vertrat deshalb die These, daß die ersten griechischen Biographien und Autobiographien schon dem Zeitraum zwischen 500 und 480 v. Chr. zuzuordnen wären.

Für die folgende Entwicklung hat dann freilich auch Momigliano die generelle Bedeutung des Wirkens der philosophischen und rhetorischen Schulen des 4. Jahrhunderts v. Chr. unterstrichen, insbesondere die Schlüsselstellung des Aristoxenos herausgearbeitet: „Was Aristoxenos in dieser Hinsicht von seinen früheren pythago-

[41] Cambridge, Mass. 1971.

[42] So lautet die Einleitung der Vorlesungen: "When I was young, scholars wrote history and gentlemen wrote biography. But were they gentlemen? Scholars were beginning to wonder. They were increasingly suspicious of their neighbours, the biographers. The biographers were no longer keeping in their place. They claimed to be endowed with special intuitions of human motives; they even claimed to be the real historians. The old and honoured distinction between history and biography ... was apparently being denied by the boisterous international clan to which Emil Ludwig, André Maurois, and Lytton Strachey most conspicuously belonged. Dark forces loomed behind them." – a. O. 1.

[43] F. Leo, Die griechisch-römische Biographie nach ihrer literarischen Form. Leipzig 1901.

[44] A. Dihle, Studien zur griechischen Biographie. Göttingen 1956.

reischen Meistern lernte, ehe er der peripatetischen Schule beitrat, ist ein Geheimnis. Aber er scheint der erste gewesen zu sein, der der Biographie ein neues Profil gab. Was wir Hellenistische Biographie mit ihren verschiedenen Merkmalen der Bildung, des gelehrten Eifers, des Realismus der Details und des Klatschs nennen, scheint eher eine Schöpfung des Aristoxenos als des Aristoteles zu sein." [45]

In seinem Ausblick streifte Momigliano zuletzt auch noch die Frage der Rolle der Biographie im Römischen Reich: „Mit Cornelius Nepos und Varro wurde sie (sc. die Biographie) ein Weg, um die Römer mit Griechen und anderen Fremden zu vergleichen. Sie half eine kosmopolitische Zivilisation zu schaffen. Das Interesse an der Biographie wuchs durch diese Konfrontation zwischen griechischen und römischen Zivilisationen. Ich denke, daß es kein Zufall ist, daß soviel biographisches Material, griechisches wie römisches, uns aus der Zeit des Römischen Reiches überliefert ist. Das Element des Klatschs, frivoler Bildung, blieb in den Biographien der Kaiserzeit stark. Aber aufs Ganze gesehen empfinden wir eine neue Atmosphäre. Die Verfasser von Biographien schufen eine bedeutungsvolle Beziehung zwischen den Lebenden und den Toten. Der weise Mann, der Märtyrer und der Heilige wurden zentrale Stoffe der Biographie zusätzlich zum König, Schriftsteller und Philosophen." [46]

Sieht man von mehreren wichtigen Einzelstudien der folgenden Jahre ab, so sind für Momiglianos Beurteilung und Einordnung der griechischen Historiographie insbesondere jene Perspektiven und Akzente charakteristisch, die er für seinen Beitrag ›Die Geschichtsschreibung‹ in dem von Ernst Vogt herausgegebenen Band ›Griechische Literatur‹ des ›Neuen Handbuchs der Literaturwissenschaft‹ wählte.[47] So begrenzt dabei der zur Verfügung stehende Raum war, so umfassend waren die Radien, die Momigliano zog. Er griff nicht nur auf die Wurzeln der griechischen Geschichtsschreibung zurück, wobei er auch hier die Frage aufwarf, „ob nicht die Fühlungnahme mit orientalischen Völkern und das Leben unter persischer Herrschaft der griechischen Geschichtsschreibung eine eigene Triebkraft" [48] gab.

[45] A. O., 103.
[46] A. O., 104.
[47] Wiesbaden 1981, 305–336.
[48] A. O., 306.

Momigliano konfrontierte auf seine Weise die herodoteische und die thukydideische Form der Geschichtsschreibung; er stellte auch die Eigenart wie die Grenzen der griechischen Historiographie insgesamt heraus: „Geschichtsschreibung hatte ein begrenztes Ziel innerhalb einer mannigfaltigen, aber keineswegs scholastisch rigorosen Kultur. Sie sollte Ereignisse aus der Vergangenheit glaubwürdig bezeugen und mußte somit Kriterien der Zuverlässigkeit aufstellen. Insbesondere sollte sie sich mit Kriegen und mit politischen Revolutionen befassen, weil diese bestimmte Veränderungen zur Folge hatten. Sie hatte eine Erklärung für die Ereignisse zu liefern, sofern die Beweisstücke eine solche zuließen. Metaphysische Erklärungen wurden in der Regel entweder vermieden oder nur kurz angedeutet. Einige Historiker (vor allem Polybios) bedienten sich später in hellenistischer Zeit mit Vorliebe des Begriffs ‚Tyche' – ein eleganter Ausweg, um eine ernsthafte Stellungnahme auf religiösem oder philosophischem Gebiet zu vermeiden."[49]

Momiglianos Überblick über die sich allmählich herausbildenden neuen Formen der griechischen Geschichtsschreibung griff bis in die römische Welt aus, umfaßte die chronologischen Studien wie die antiquarische Forschung, die Rezeption der griechischen Geschichtsschreibung wie das Verhältnis von antiker und moderner Geschichtsschreibung. Man mag sein Verständnis des Gegenstandes geradezu extrem finden; es ist indessen keine Frage, daß ihm selbst die Einbeziehung jüdischer und christlicher Geschichtsschreibung in griechischer Sprache in einer überzeugenden Weise gelang und daß erst dadurch komplexe geistesgeschichtliche Zusammenhänge ebenso sichtbar wurden wie die tiefgreifenden Veränderungen in der Auffassung der Geschichte überhaupt.

Die Vielfalt und die Dimensionen von Momiglianos historiographischen Untersuchungen werden erst dann deutlich, wenn man auch die mit den Beiträgen zur griechischen und zur jüdischen Geschichtsschreibung annähernd gleichzeitigen Arbeiten zur römischen Historiographie berücksichtigt. Sofort nach dem Abschluß der beiden ersten Monographien setzten Untersuchungen zur römischen Geschichtsschreibung des 1. Jahrhunderts n. Chr. ein, die einerseits im Umfeld der ›Claudius‹-Monographie von 1932, andererseits im Zusammenhang mit den Momigliano übertragenen

[49] A. O., 311.

Kapiteln in der ›Cambridge Ancient History‹ anzusiedeln sind. Ein Beitrag über ›The Crisis in the Roman State: from Sallust to Tacitus‹[50] vor einer gemeinsamen Versammlung der Hellenic and Roman Societies im Jahre 1942 ist zwar nur dem Titel nach bekannt, zeigt indessen bereits deutlich die spezifische Bemühung um Tacitus, die dann fünf Jahre später sichtbar werden sollte.

Der Aufsatz ›The First Political Commentary on Tacitus‹ erwähnt zwar in einer Anmerkung den eigentlichen Ausgangspunkt dieser Studie: „A. Momigliano, Tacitus' political ideas, ch. III (forthcoming)"[51], er verfolgt indessen andere Ziele. Denn primär ging es Momigliano hier darum, die geistesgeschichtliche und auch die politische Bedeutung des Kommentars zu den ersten vier ›Annalen‹-Büchern von Momiglianos Landsmann, dem aus Cuneo stammenden Carolus Paschalius (1584), deutlich zu machen und ihn in die umfangreiche Literatur des Tacitismus einzuordnen. Zusammen mit einem kleinen Beitrag zu einem spanischen Detail der Tacitusrezeption erwies sich Momigliano hier als profunder Kenner der Wirkungsgeschichte des Tacitus. Wie in den Arbeiten der folgenden Jahre wurde offensichtlich, daß ihm eine immer engere Verknüpfung von Historiographie und "History of Historiography" notwendig erschien.

Im Zusammenhang mit einer Vorlesungsreihe des Warburg Instituts über Fälschungen stand Momiglianos Vortrag aus dem Jahre 1954 ›An Unsolved Problem of Historical Forgery: the 'Scriptores Historiae Augustae'‹[52], seine erste systematische Studie über ein Geschichtswerk der Spätantike und zugleich eine seiner dichtesten und glänzendsten Arbeiten überhaupt. Er gab hier eine originelle und anregende Einführung in die vielfältige Problematik dieser noch immer mysteriösen Biographiensammlung, gleichzeitig einen souveränen Forschungsüberblick über eine immense Spezialliteratur, nicht zuletzt eine völlig unabhängige Erörterung der grundsätzlichen Fragen, welche diese schillernde Quelle aufwirft. Die

[50] Bibliografia di Arnaldo Momigliano, in: Quarto contributo . . . Roma 1969, 689 Nr. 219.

[51] Journal of Roman Studies 37, 1947, 91–101 (= Contributo . . . Roma 1955, 37–59), Anm. 3.

[52] Journal of the Warburg and Courtauld Institutes 17, 1954, 22–46 (= Secondo contributo . . . Roma 1960, 105–143).

Aufgabe, die er hier übernommen hatte, war deshalb so delikat, weil er sich dabei mit dem besten englischen Kenner der Materie, noch dazu einem Vorgänger auf dem Londoner Lehrstuhl, mit dem von ihm verehrten N. H. Baynes, auseinanderzusetzen hatte.

Die erfrischende, skeptische, durchweg nüchterne Analyse der Problematik, die auf jede neue individuelle ‚Patentlösung' verzichtete, ist bis auf den heutigen Tag eine der kompetentesten Einleitungen in diese Materie geblieben. Sie stand R. Syme im Wege, als dieser 1968 in seiner Monographie über ›Ammianus Marcellinus and the Historia Augusta‹[53] einen neuen Lösungsversuch wagte, der prompt Momiglianos (faire, aber ebenso konsequente) Kritik hervorrief.[54] Die Kontroverse dauerte an, als Syme seine Argumentation in immer neuen Anläufen zu verteidigen suchte (›Emperors and Biography‹, 1971; ›Historia Augusta Papers‹, 1983); wie zu erwarten war, vertiefte Momigliano seine Vorbehalte nur.[55] Symes Konzeption setzte sich nicht durch.

Die stark beachtete Arbeit über die ›Historia Augusta‹ stand am Anfang von Momiglianos immer weiter ausgreifenden Untersuchungen zur spätantiken Historiographie. In ihrem geistigen Rang kommt ihr die ein Jahrzehnt später konzipierte Studie über ›Pagan and Christian Historiography in the Fourth Century A. D.‹[56] nahe. Momigliano stellte dort die Entwicklung der historiographischen Formen und Leistungen in den allgemeinen politischen und geistesgeschichtlichen Zusammenhang. Er beleuchtete die Hintergründe des christlichen Interesses an Chronographie so eindringlich wie diejenigen des Bedürfnisses neuer sozialer Schichten an Breviarien. Er rief ins Bewußtsein, daß die Christen in jener Epoche wohl die Kirchengeschichte und die Heiligenviten konzipierten, aber nie daran dachten, die traditionellen Formen griechi-

[53] Oxford 1968.

[54] English Historical Review 84, 1969, 566–569 (= Quinto contributo . . . Roma 1975, 104–108); Ammiano Marcellino e la Historia Augusta, Atti della Accademia delle Scienze di Torino 103, 1968–69, 423–436 (= Quinto contributo . . . Roma 1975, 93–103).

[55] English Historical Review 88, 1973, 114–115 (= Sesto contributo . . . Roma 1980, 714–716).

[56] In: A. Momigliano (Ed.), The Conflict between Paganism and Christianity in the Fourth Century. Oxford 1963, 79–99 (= Terzo contributo . . . Roma 1966, 87–109).

scher und römischer Historiographie bewußt zu 'christianisieren'. Dabei wurden die Bedeutung und Nachwirkung von Eusebs Form der Kirchengeschichte und von Athanasius' Leben des Heiligen Antonius hervorgehoben.

Eine Fortsetzung fand diese Übersicht dann einige Jahre später in der Studie ›L'età del trapasso fra storiografia antica e storiografia medievale (350–550 d. C.)‹[57], eine Vertiefung in der meisterhaften Miniatur von ›The Lonely Historian Ammianus Marcellinus‹[58], während die Leistung Cassiodors im Rahmen der italischen Kultur seiner Zeit schon früher Momiglianos Beachtung gefunden hatte.[59] War damit das Gesamtgebiet der antiken Historiographie intensiv bearbeitet, so erörterte Momigliano zuletzt Fragen und Aspekte der antiken Geschichtsschreibung wie deren Rezeption als Ganzes.

Ein fundamentales Problem der antiken Historiographie und des antiken Geschichtsdenkens behandelte er in dem Beitrag ›Time in Ancient Historiography‹[60]. Sein Ausgangspunkt waren dort die nach Ansicht zahlreicher moderner Gelehrter völlig verschiedenen Zeitbegriffe in Genesis 1 und in der ›Ilias‹, das heißt die Auseinandersetzung mit der Annahme verschiedener Zeitkonzeptionen, vereinfacht formuliert: einer linearprogressiven Auffassung bei Juden und Christen einerseits und einer zyklischen bei den Griechen andererseits. Momigliano hatte sich dabei mit einer vielfältigen theologischen und geschichtsphilosophischen Literatur zu befassen, mit rassisch wie religiös fundierten Interpretationen. Seine gediegenen Kenntnisse der jüdischen wie der griechischen Tradition gaben seiner Kritik dabei Überzeugungskraft.

Auf der Grundlage von Hermann Fränkels Studie über ›Die Zeitauffassung in der griechischen Literatur‹[61] ging es ihm nicht zuletzt um eine angemessene Differenzierung der Zeitkonzeption auf der

[57] Rivista Storica Italiana 81, 1969, 286–303 (= Quinto contributo ... Roma 1975, 49–71).

[58] Annali della Scuola Normale Superiore di Pisa, Cl. Lett. e Fil. III, IV, 1974, 1393–1407 (= Sesto contributo ... Roma 1980, 143–157).

[59] Cassiodorus and Italian Culture of his Time, Proceedings of the British Academy 41, 1955, 207–245 (= Secondo contributo ... Roma 1960, 191–229).

[60] History and Theory. Beiheft 6. 1966, 1–23 (= Quarto contributo ... Roma 1969, 13–41).

[61] Beilage der Zeitschrift für Aesthetik 1931.

griechischen Seite. Dabei zeigte er am Beispiel des Polybios, eines Kronzeugen der „zyklischen“ Konzeption, wie kompliziert die Dinge in Wirklichkeit waren: „Polybios, der Historiker der Punischen und Makedonischen Kriege, scheint nicht viel von Polybios, dem Studierenden der Verfassungen, gelernt zu haben. Ich möchte Polybios als ein Beispiel für die Tatsache nehmen, daß griechische Philosophen oft in der Form von Zyklen dachten, aber griechische Historiker nicht.“ [62]

Momigliano begnügte sich nicht mit der Widerlegung der angeblich verschiedenen Zeitkonzeptionen; seine Durchmusterung der Geschichtswerke ließ ihn gleichzeitig die Eigenart der griechischen Historiographie am Beispiel Herodots aufzeigen: „. . . seine Geschichte gründet sich auf eine Auswahl, die primär durch den inneren Rang der Ereignisse, sekundär durch die verfügbare Information bestimmt wird. Dieses doppelte Auswahlkriterium ist, in unterschiedlichen Relationen und mit unterschiedlichen Bewußtseinsgraden in allen historischen Werken der Griechen und Römer, die nach Herodot kamen, gegenwärtig, bis hin zu, sagen wir, Prokop und Cassiodor.“ [63]

Auch in der Loeb Lecture des Jahres 1972 über ›Tradition and the Classical Historian‹ [64] arbeitete Momigliano jene spezifischen Merkmale heraus, die seiner Ansicht nach für die allgemein anerkannten Klassiker der antiken Geschichtsschreibung zutrafen. Konstitutiv sah er für sie alle den Vorrang des annähernd zeitgenössischen Geschehens als Thema sowie die Problematik der für ihr Vorhaben jeweils zugänglichen Quellen. Er unterstrich, daß gerade bei den „klassischen“ Historikern – Herodot, Thukydides, Xenophon und Polybios einerseits, Sallust, Livius und Tacitus andererseits – Geschichte primär zur Geschichte von Kriegen und Revolutionen wurde, nicht zuletzt deshalb, weil sie jeweils bewußt einen Wandel erlebten: „klassische Historiographie . . . war der Spiegel des Wandels“ [65].

Nach Momiglianos Ansicht waren die klassischen griechischen

[62] In: Essays in Ancient and Modern Historiography. Oxford 1977, 189.
[63] A. O., 190.
[64] In: Essays in Ancient and Modern Historiography. Oxford 1977, 161–177.
[65] A. O., 166.

und römischen Historiker deshalb auch nicht primär Hüter der Tradition – eine allerdings in ihrer Zuspitzung teilweise problematische Bewertung. Aus dieser Grundthese ergab sich die notwendig begrenzte Resonanz und Bedeutung der „kleineren" Formen antiker Historiographie, der Tempel- und Stadtchroniken wie der Annalistik und ähnlicher Spezialgattungen. Plausibel konnte Momigliano dagegen erläutern, daß die klassischen Historiker gemäß ihren Präferenzen, Mitteln und Perspektiven die sich nur schrittweise und langfristig vollziehenden Veränderungen von Sitten und Gesetzen kaum je berücksichtigten. Er wies nachdrücklich darauf hin, daß sich gerade die Klassiker unter den Historikern des Altertums häufig aus der sie zunächst umgebenden Gesellschaft freiwillig oder unter Zwang gelöst hatten, daß die Zahl der Exilanten, Expatriierten oder derjenigen, die sich bewußt aus dem öffentlichen Leben zurückgezogen hatten, dominierte.

›The Place of Ancient Historiography in Modern Historiography‹[66] war ein Thema, das Momigliano bis zuletzt erregte. Sein 1980 publizierter Beitrag zu einer Tagung der Fondation Hardt beeindruckt durch die Unmittelbarkeit und den Realismus seiner Fragen in gleicher Weise wie durch die Kenntnisse antiker, mittelalterlicher und moderner Autoren. Ausgehend von einer Analyse der Konsequenzen der Renaissance für die Historiographie streifte Momigliano die Entwicklungen des siebzehnten, achtzehnten und des frühen neunzehnten Jahrhunderts, um die tiefe Zäsur herauszuarbeiten, die etwa um 1860 in der Geschichtsschreibung zu erkennen ist und die schließlich zur kategorischen Distanzierung von den klassischen Modellen führte.

In seine Erörterung der Hauptentwicklungsstränge fügte Momigliano einige sehr persönliche Akzente ein: seine Schilderungen der „Professionalisierung" und „Säkularisierung" der Historiker in der Renaissance, des Zusammenhangs zwischen der Neubelebung antiquarischer Forschung und dem Beitrag der Kritik der Antiquare zur religiösen Krise, seine Beleuchtung des Grundwiderspruchs im 17. Jahrhundert, als christliche Erziehung auf „heidnischen" Klassikern aufbaute, sein Hinweis, daß der Autoritätsverlust der klassischen Historiker in einem engen Kontext mit der Relativierung der Bedeutung der Historiographie überhaupt steht und nicht zuletzt

[66] Settimo contributo ... Roma 1984, 13–36.

mit deren Ideologisierung, sind Beispiele einer Methode, die über allen Detailinformationen die existentielle Dimension der Disziplin nicht verdeckt.

Momigliano zog aus seiner Analyse die folgenden Konsequenzen: „Wir müssen von dem offenen Eingeständnis ausgehen, daß wir eine von Thukydides' Geschichte verschiedene Geschichte schreiben. Und wir müssen zugeben, daß unser Impuls eher in unsern eigenen Problemen als in den antiken Quellen liegt. Aber wir sind noch immer, zumindest erscheint es mir so, von dem Problem betroffen, was an Thukydides oder an jedem anderen klassischen Historiker richtig ist. Darin ist nach meiner Ansicht impliziert, daß dieselbe Frage nicht nur bei Thukydides und jedem anderen traditionellen Meister westlicher Historiographie gestellt werden kann und muß, sondern auch bei Historikern verschiedener Traditionen. Vor längerer Zeit wurden wir gewarnt, daß wir, um die Kreuzzüge zu verstehen, auch die arabischen Berichte lesen müssen. Assyrische Chronisten, Ibn-Khaldun oder Ssu-ma-chien können und müssen uns nicht nur als Repräsentanten bestimmter Ideologien, sondern als Interpreten von Realitäten interessieren, als Autoren, die fähig sind, Wahrheiten zu vermitteln. Wir werden uns gleichwohl über sie weniger zu erregen haben, wenn wir uns über den Wert jener Historiker im klaren sind, die für uns die Kategorie der Geschichte schufen.“ [67]

III

Im Rahmen seiner jahrzehntelangen wissenschaftlichen Forschungen legte Momigliano eine Vielzahl größerer und kleinerer *historischer Interpretationen* vor, die hier nicht im einzelnen besprochen werden können. Allenfalls lassen sich die Themenkreise herausheben, denen sein besonderes Interesse galt. Dabei bietet es sich an, nicht von der Reihenfolge der Veröffentlichungen, sondern von den schwerpunktmäßig behandelten Epochen auszugehen. An die erste Stelle rückt dabei das hellenistische Zeitalter. Ihm war Momiglianos umfangreichste Monographie gewidmet, neben einer Vielzahl von Spezialuntersuchungen auch noch die rund vier Jahrzehnte später abgehaltenen Treveleyan Lectures an der Universität

[67] A. O., 33.

Cambridge, die dann unter dem Titel ›Hochkulturen im Hellenismus‹[68] auch in deutscher Sprache publiziert wurden.

In dem 1934 erschienenen Werk ›Filippo il Macedone. Saggi sulla storia greca del IV secolo A. C.‹[69] treten bereits viele Züge von Momiglianos eigenwilligen Perspektiven und Prioritäten hervor. Momigliano wollte hier aufzeigen,[70] daß schon unter Philipp II. von Makedonien die Grundlagen des supranationalen Staates Alexanders d. Gr. zu finden sind und daß die Strukturen dieses Staates somit nicht aus dem Kontakt mit dem Persischen Reich, sondern aus der Konfrontation mit der Krise der griechischen Welt entstanden. Philipp II. wurde dabei durchaus in die makedonische Geschichte eingeordnet, obwohl angesichts des damaligen Forschungsstandes die Entwicklung zwischen dem Philhellenen Alexander und Philipp II. nur knapp skizziert werden konnte. Ausführlicher erörterte Momigliano dann jedoch die einzelnen Phasen der Expansion unter Philipp, dessen militärische und insbesondere politische Ziele, den „Konflikt der Ideale" wie die Positionen der Theoretiker des Panhellenismus, allen voran diejenigen des Isokrates.

Momigliano bekannte sich schon eingangs zu den Traditionen eines K. J. Beloch und G. Grote, wobei er bei ersterem dessen Energie der Quellenkritik, bei letzterem dessen common sense rühmte. Doch vor allem rühmte er Johann Gustav Droysen, der nach Momigliano „ein für allemal sah, daß der entscheidende Charakter des Hellenismus die Konstituierung einer kosmopolitischen Zivilisation ist"[71]. Doch es war eine Rückkehr zum „primo Droysen", während der „secondo Droysen", der Droysen der zweiten, nach der Reichsgründung veröffentlichten Auflage der ›Geschichte des Hellenismus‹, von Momigliano abgelehnt wurde. Der „zweite Droysen", der Historiker der preußischen Politik, hatte nach Momigliano die machtpolitischen Aspekte der Einigung der Nation durch die Parallelisierung der Rollen Makedoniens und Preußens in den Vordergrund gerückt, während der „primo Droysen" einst von

[68] München 1979.

[69] Milano 1987 als Nachdruck erschienen. Er enthält eine für die Entstehungsgeschichte des Buches bedeutsame „Prefazione alla Ristampa" Momiglianos (XV f.).

[70] A. O., XVI.

[71] A. O., XVI.

der Priorität des fundamentalen religiösen Problems ausgegangen war.

Aus größerer Distanz gesehen sind weniger die Einzelheiten von Momiglianos Droysen- oder Isokratesinterpretation bedeutsam, sondern in erster Linie die gewählte Methode: die Berücksichtigung von Gegenwartsimpulsen der Historiographie als heuristisches Mittel und als Herausforderung zur Klärung historischer Fragen. Momiglianos Monographie über die Zeit Philipps II. von Makedonien war in vielfacher Hinsicht ein Werk völlig eigenwilliger Prägung. Sie war ein Werk, dessen gediegene Basis selbst entschiedene Kritiker der Wertungen anerkennen mußten, doch zugleich auch ein Werk zur Klärung des eigenen Weges. Momigliano distanzierte sich in diesem Buch nicht nur von den Perspektiven und Beurteilungen der parallelen italienischen Forschung, zum Beispiel von A. Ferrabino; in den Reaktionen und Gegenreaktionen, die folgten, wurde die nie mehr völlig geschlossene Kluft zu P. Treves aufgerissen. Die Diskussion um die Hellenismuskonzeption hielt noch nach Jahrzehnten an. Sie wurde von Momigliano selbst immer wieder stimuliert, sei es durch seinen großen Beitrag über ›Genesi storica e funzione attuale del concetto di ellenismo‹[72], sei es in den wiederholten Äußerungen zur Sicht J. G. Droysens.[73]

1973 kam Momigliano dann in seinen Treveleyan Lectures noch einmal auf die Strukturen, Inhalte und Auswirkungen der hellenistischen Epoche als Ganzes zurück. Er thematisierte dabei die Begegnung der Griechen mit Römern, Kelten und Juden sowie ihre Neubeurteilung der iranischen Kultur in hellenistischer Zeit. Den spezifischen Rang seines Themas sah er dadurch begründet, daß „der Hellenismus noch immer unsere Haltung gegenüber Kulturen des Altertums beeinflußt. Seit den Zeiten Attilas haben viele Faktoren zur Aushöhlung der hellenistischen Anschauung von der Welt beigetragen, aber der homo Europaeus ist ein intellektuell durch seine hellenistischen Vorfahren bestimmtes Wesen geblieben. Das

[72] Giornale Critico della Filosofia Italiana 16, 3, 1. 1935, 10–37 (= Contributo . . . Roma 1955, 165–193).

[73] J. G. Droysen between Greeks and Jews, History and Theory 9, 1970, 139–153 (= Quinto contributo . . . Roma 1975, 109–126); Hellenismus und Gnosis. Randbemerkungen zu Droysens Geschichte des Hellenismus, Saeculum 21, 1970, 185–188; Introduzione all'Ellenismo, Rivista Storica Italiana 82, 1970, 781-799 (= Quinto contributo . . . Roma 1975, 267–291).

Dreieck Griechenland – Rom – Judäa bildet noch heute den Mittelpunkt und wird ihn wahrscheinlich bilden, solange das Christentum die Religion des Westens bleibt." [74]

Momiglianos kleine Monographie profitierte von einer jahrzehntelangen Beschäftigung mit den behandelten Problemen. Wie einer der Rezensenten, selbst einer der besten Kenner der hellenistischen Welt, es formulierte, konnte nur Momigliano dieses souveräne und facettenreiche Buch schreiben,[75] in dem zudem immer wieder auch sein Humor aufblitzt. In dem Wechselspiel der fünf Zivilisationen bilden die Griechen gleichsam die Basis. Während die Vorgänge im Judentum bewußt breit dargestellt und eindrucksvoll akzentuiert wurden, hatte Momigliano zunächst offensichtlich die Rolle Roms in diesem Kräftegeflecht unterschätzt: „Was ich nicht festzustellen erwartete, aber feststellen mußte, war ein starker römischer Einfluß auf die geistigen Beziehungen zwischen Griechen und Juden oder Kelten oder Iranern von dem Augenblick an, als die römische Macht im zweiten Jahrhundert v. Chr. auch außerhalb Italiens fühlbar wurde. Roms Einfluß auf die Gemüter derjenigen, die mit ihm in Verbindung traten, wirkte unverzüglich und stark." [76]

Polybios und Poseidonios wählte Momigliano als exemplarische Gestalten für die Begegnung Griechenlands mit der römischen Welt.[77] Er hat dabei deren Leistung und Bedeutung nicht unterschätzt, aber die Grenzen dieser Autoren deutlich aufgezeigt. So hielt er fest, daß Polybios die Konflikte innerhalb der römischen Aristokratie bewußt ebenso herunterspielte wie jene zwischen Römern und Neurömern in Italien. Er unterstrich, daß sich Polybios weithin mit Roms Erfolgen identifizierte, daß er die römische Politik insgesamt nicht in Frage stellte und daß das fehlende Interesse des Polybios wie des Poseidonios an den Formen und Erscheinungen der Hellenisierung Roms letzten Endes „ein Symptom ihres gebrochenen Verhältnisses zu ihrer eigenen Kultur" [78] gewesen sei.

In der Darstellung der weitgespannten Begegnung der Griechen mit den Kelten wählte Momigliano Massalia zum Ausgangspunkt

[74] A. O., 21.
[75] E. Will, Classical Philology 72, 1977, 264.
[76] A. O., 15.
[77] A. O., 34ff.
[78] A. O., 53.

seiner Erörterungen. Die detaillierte Stadtvignette bot sich als Basis der griechisch-keltischen Beziehungen in Westeuropa an, wobei die relativ geringen Kenntnisse der Griechen von der Eigenart und den Vorstellungen der Kelten ebenso geschildert wurden wie die Tatsache, daß Rom später in weitem Umfang von der Gallia Graeca profitierte. Hier im Westen wie auf der Balkanhalbinsel oder in Kleinasien ging es Momigliano vor allem darum, den entscheidenden inneren Zusammenhang zwischen der griechischen und der römischen Begegnung mit den Kelten ins Bewußtsein zu rufen.

Für die Ausprägung der Physiognomie der hellenistischen Kultur hob Momigliano neben der Rolle der Römer auch diejenige der Juden stark hervor. Für die griechische Seite stellte er dabei fest, daß „in den ersten dreißig oder vierzig Jahren nach der Vernichtung des Perserreiches . . . griechische Philosophen und Historiker die Juden (entdeckten). Sie schilderten sie sowohl in Tatsachenberichten wie auch in Erzählungen als priesterliche Weise, wie man sie im Orient anzutreffen erwartete.“ [79] Für das Judentum wurde hingegen vermerkt: „Leute wie Kohelet und Ben Sira retteten dadurch, daß sie hebräisch schrieben und ihre geistige Unabhängigkeit bewahrten, die Juden vor der intellektuellen Sterilität, die das ägyptische und babylonische Leben unter den hellenistischen Königen kennzeichnete.“ [80]

Die weltgeschichtliche Bedeutung der Berührungen zwischen Griechen und Juden in der hellenistischen Epoche aber wurde folgendermaßen umrissen: „Die Juden blieben im Grunde überzeugt von der Überlegenheit ihres Glaubens und ihrer Lebensweise und kämpften dafür. Und doch verglichen sie unablässig ihre Ideen mit denen der Griechen, machten Propaganda für ihre eigenen Glaubensvorstellungen und nahmen dabei selbst viele griechische Vorstellungen und Sitten auf; am Ende befanden sie sich in einer geistesgeschichtlichen Lage, in der griechische und jüdische Wertvorstellungen miteinander in einem Widerstreit standen, die wir Christentum nennen.“ [81] – Es war naheliegend, daß die ausführliche Behandlung der Entwicklungen im Judentum selbst mit einer Rückkehr zu den Makkabäerbüchern identisch war.

[79] A. O., 106.
[80] A. O., 117.
[81] A. O., 19f.

Das knappe Kapitel über die Griechen und die Iraner[82] konnte nur eine erste Skizze der vielschichtigen Probleme mit ihren ganz beträchtlichen regionalen Sonderentwicklungen geben. Um so eindrucksvoller wirken demgegenüber die Schlußabschnitte des kleinen Buches, die das „Dilemma der hellenistischen Kultur" insgesamt behandeln: „Sie besaß alle Handhaben, um fremde Kulturen kennenzulernen außer der Kenntnis der Fremdsprachen. Sie hatte alle Merkmale einer siegreichen, herrschenden Oberschicht, nur fehlte ihren Vertretern der Glaube an die eigenen Erkenntnisse. Viele der Griechen, die politische Interessen hatten, wandten sich nach Rom, viele, denen Religion am Herzen lag, begaben sich nach einem Persien und nach einem Ägypten, die nur in ihrer Einbildung existierten. Mit dem Verfall der politischen Verhältnisse im hellenistischen Griechenland mehrten sich auch die Zweifel der Griechen an sich selber, was die schwächeren Geister und die Skrupellosen ermunterte, in Texten, die weder originelle Schöpfungen waren noch sein konnten, billige Auswege anzubieten."[83]

Zum Bereich der frühen Römischen Republik hatte Momigliano schon zur Zeit seiner wissenschaftlichen Anfänge zahlreiche, meist kleinere Spezialuntersuchungen vorgelegt; die Kette hielt bis in die Zeit des Zweiten Weltkriegs an. Weniger bekannte Gestalten des römischen Mythos, die Probleme der einzelnen römischen Magistraturen, die vielfach umstrittenen römischen Centuriatkomitien, aber auch klassische Vorstellungen republikanischer Zeit wurden dabei behandelt. Studien über Patrizier und Plebejer, den rex sacrorum, den praetor maximus sowie über die Beziehungen zwischen Griechen, Trojanern und Römern im Rahmen der römischen Tradition setzten diese Linie später fort.

Als sich dann nach dem Ende des Zweiten Weltkrieges die große, interdisziplinäre Diskussion um die Anfänge Roms entfaltete und jahrzehntelang die verschiedenartigsten Spezialisten in ihren Bann zog, gewann die Epoche auch für Momigliano eine neue Dimension. Schon sein Forschungsbericht von 1963[84] ließ die Vielfalt seiner Kritik und die Dichte seiner Informationen voll zur Geltung

[82] A. O., 146ff.

[83] A. O., 175.

[84] An Interim Report on the Origins of Rome, Journal of Roman Studies 53, 1963, 95–121 (= Terzo contributo . . . Roma 1966, 545–598).

kommen. Den Höhepunkt brachte dann der große Beitrag über ›The Origins of Rome‹[85] für die zweite Auflage der ›Cambridge Ancient History‹. Ganz ähnlich wie bei seinen letzten Hellenismus-Studien faszinierten Momigliano auch hier die Überlagerungen verschiedenartigster politischer, kultureller, religiöser und auch wirtschaftlicher Einflüsse, die er in Rom wie in einem Brennspiegel gebündelt sah. Archäologische, sprachwissenschaftliche, religionsgeschichtliche, ethnologische und historiographische Ansätze und Resultate wurden dabei erörtert und zu einem selbständigen neuen Gesamtbild vereinigt.

Indem Momigliano die gerade für die letzten Jahrzehnte charakteristischen, überspannten modernen Thesen und Interpretationen zurückwies oder sie zumindest auf einen plausiblen Radius reduzierte, versuchte er gleichwohl einerseits den unbestreitbaren und fundamentalen griechischen wie etruskischen Einflüssen auf das frühe Rom gerecht zu werden, andererseits aber die charakteristische römische Option für Troja als Symbol des besonderen römischen Weges herauszustellen.

Zur Geschichte des römischen Principats legte Momigliano schon im Jahre 1932, das heißt zwei Jahre nach der Dissertation über das Geschichtswerk des Thukydides und den Untersuchungen über die Makkabäerbücher, die Monographie ›L'opera dell'Imperatore Claudio‹[86] vor. Momiglianos Absicht war dabei nicht, eine

[85] VII^2 (noch nicht erschienen) – Abdruck in: Settimo contributo ... Roma 1984, 379–436.

[86] Firenze 1932 – Im Vorwort zur zweiten englischen Ausgabe der Monographie (Cambridge 1961) schrieb Momigliano: "I wrote my Claudius in 1931 because I was tired of the current studies on the Augustan principate. They were either mere constitutional history or mere political apology or, more often, both together. Claudius seemed to me a good starting point for an analysis of the contradictions between the republican utterances and the despotic acts of the first Roman Emperors. The case of Claudius was the more instructive because one could not doubt (as one could well doubt in the case of Augustus) the sincerity of his traditionalism and the depth of his knowledge of Roman republican history. A German scholar, W. Steidle, has referred to my Claudius as the typical example of an arbitrary reconstruction against the data of the sources. This seems to me characteristic of the attitude of mind which it was my purpose to fight. More recently R. Syme has mentioned my book as an example of the natural and inevitable sym-

Biographie des Claudius zu geben, sondern dessen persönlichen Anteil an den politischen wie administrativen Aktivitäten seiner Regierung zu klären, damit ein Problem zu lösen, das auch heute noch kontrovers ist. Angesichts des damaligen Forschungsstandes war es dabei naheliegend, daß sich Momigliano weniger auf die chronique scandaleuse der literarischen Überlieferung stützte, sondern in erster Linie von den damals zum Teil neu entdeckten oder intensiver behandelten Inschriften und Papyri ausging.

Momigliano versuchte zunächst Claudius von dessen Existenz und Interessen her zu erfassen, das heißt das Wirken des „Gelehrten" Claudius als Princeps adäquat darzustellen. Er wollte dabei weniger die Einzelheiten der einst ziemlich ausgedehnten literarischen Produktion des Claudius beleuchten, als vielmehr aufzeigen, daß Claudius' Geschichtskenntnisse ihn zu einem historischen Verständnis der Aufgaben wie der Entwicklung römischer Politik geführt hatten. Daraus leitete Momigliano Claudius' Bereitschaft zu inneren Reformen ab, so wie dies ganz eindeutig in Claudius' Rede für das ius honorum der Gallier zum Ausdruck kommt, einer Rede, die ihrerseits Gedanken der bei Livius (IV, 3–4) gestalteten Rede des Volkstribuns Canuleius aufnahm.

Neben den religionspolitischen Maßnahmen des Claudius, bei denen besonders dessen Reaktion auf die Lage der Juden in Alexandria eingehender erörtert wurde, bildete vor allem die „Zentralisierungspolitik" des Claudius einen Schwerpunkt der Studien. Im Gegensatz zu O. Hirschfeld und vielen anderen neueren Forschern sah Momigliano darin nicht ein Resultat des Ressortfanatismus der leitenden Freigelassenen, sondern das Ergebnis von Maßnahmen, die auf persönliche Direktiven des Princeps zurückgingen. Diese Maßnahmen waren nach Momigliano ihrerseits wieder unumgänglich, weil Claudius angeblich den „Kampf" gegen den Senat aufgenommen hatte, einen „Kampf", den Claudius nicht nur deshalb führte, weil er eine senatorische Opposition treffen wollte, sondern auch deshalb, weil er erlebte, daß der Senat seinen Funktionen im römischen Staat nicht mehr gewachsen war.

Momiglianos Konzeption blieb umstritten. Der Hypothese eines

pathy of a modern pedant for an ancient one. This I take almost as a compliment, though I doubt whether it does entire justice to my intentions." A. O., VIIIf.

„Kampfes" des Claudius gegen Senatoren und auch gegen die Ritter trat schon bald H. Last überzeugend entgegen.[87] Auch Momiglianos ziemlich einseitige, positive Würdigung der Persönlichkeit des Claudius, an der er nicht zuletzt ihren Gerechtigkeitssinn feierte, konnte sich nicht völlig durchsetzen. Ernst Hohl wies darauf hin, daß er „das Negative doch stärker betonen würde und einen Hinweis auf den offenkundigen geistigen Zerfall des früh gealterten und nie ganz gesunden Kaisers in den letzten Jahren seiner verhältnismäßig langen Regierung vermisse" [88]. Von keinem der Rezensenten wurde indessen bestritten, daß Momiglianos Monographie zahlreiche fundierte Ansätze und treffende Interpretationen enthält, sei es in der Würdigung von Claudius' Provinzialpolitik, sei es – um einen weiteren bezeichnenden Akzent zu nennen – in seiner Betonung der Tatsache, daß Seneca in der ›Apocolocyntosis‹ gerade Augustus, dessen idealisierter Gestalt Claudius nacheifern wollte, als dessen Ankläger auftreten ließ.

Momiglianos Prestige wuchs mit diesem Buch auch im Bereich der Geschichte des Imperium Romanum. Über den parallelen Arbeiten für die ›Enciclopedia Italiana‹ beschäftigten ihn in zunehmendem Maße auch die Strukturprobleme der historischen Epoche, Fragen, auf die noch näher zurückzukommen ist. Schon hier, vor allem aber nach dem Zweiten Weltkrieg wandte sich Momigliano insbesondere der Stellung des Christentums im Rahmen der Römischen Geschichte zu, damit einer Problematik, der er 1963 den wichtigen Sammelband ›The Conflict between Paganism and Christianity in the Fourth Century‹ widmete.[89]

In dem einleitenden Beitrag zu jenem Vortragszyklus behandelte Momigliano die Rolle des Christentums im Niedergang des Römischen Reiches.[90] Ausgehend von einem gerafften Überblick über die wichtigsten modernen Erklärungsmodelle des Niedergangs des Römischen Reiches, einem Überblick, der gleichsam im Schatten Gibbons erfolgte, setzte sich Momigliano das Ziel, erneut den direkten Zusammenhang zwischen dem Triumph des Christentums

[87] Journal of Roman Studies 22, 1932, 230–233.

[88] Philologische Wochenschrift 3. 12. 1932, 1490.

[89] Vergleiche oben S. 264f.

[90] Deutsche Übersetzung in: Der Untergang des Römischen Reiches. Darmstadt 1970, 404-424.

und dem Niedergang des Imperiums ins Bewußtsein zu führen. Anders als Gibbon wollte er sich dabei freilich nicht mit der Beschränkung auf die destruktiven Aspekte des Vorgangs begnügen: „Das Christentum brachte einen neuen Lebensstil hervor, schuf neue Loyalitäten, gab den Menschen neue Ziele für ihren Ehrgeiz und neue Befriedigungen. Bis jetzt hat noch niemand eine realistische Wertung des Einflusses des Christentums auf die Struktur einer heidnischen Gesellschaft verfaßt.“ [91]

Diese Aufgabe konnte im gesetzten Rahmen freilich auch Momigliano nicht erfüllen. Allein die „elementaren Bemerkungen“, mit denen er sich begnügen wollte, waren wichtig genug. So wies Momigliano darauf hin, daß die christliche Kirche im vierten Jahrhundert auch als Organisation für die Angehörigen der römischen Aristokratie eine immer größere Bedeutung gewann: „Die Kirche zog die fruchtbarsten Geister an: im Westen Ambrosius, Hieronymus, Hilarius von Poitiers, Augustin; im Osten Athanasius, Johannes Chrysostomos, Gregor von Nazianz und Basilius den Großen: fast alle geborene Herrscher, Herrscher eines Typus, den man, mit Ausnahme des gelehrten Kaisers Julian, kaum auf dem kaiserlichen Thron finden konnte. Sie verbanden christliche Theologie mit heidnischer Philosophie, weltliche politische Fähigkeiten mit einem festen Glauben an unvergängliche Werte. Sie konnten Gebildete wie Ungebildete unterrichten, wie sie zu leben hätten, und formten folglich sowohl die äußeren Züge als auch die innere Bedeutung des täglichen Lebens einer wachsenden Zahl von Menschen um.“ [92]

Momigliano zeigte die Auswirkungen der kirchlichen Aktivitäten auf allen Ebenen. Ob in der Bautätigkeit, Stiftungen, Armenpflege und anderen sozialen Leistungen, in allen diesen Bereichen gingen die staatlichen Initiativen zurück und nahmen gleichzeitig die kirchlichen zu. Der Reichtum der Kirche war nach Momigliano „sowohl eine Folge als auch eine Ursache des Niedergangs des Staates“ [93]. Am Ende konnte die christliche Kirche selbst von der neuen Bewegung der Einsiedler und der Klostergründungen profitieren. War diese zunächst als Abkehr von der Gesellschaft insgesamt wie von den christlichen Gemeinden entstanden, so wurden „die wahren

[91] A. O., 411.
[92] A. O., 415.
[93] A. O., 417.

Repräsentanten christlicher Askese" schließlich doch „eine Quelle der Macht und der Inspiration für die Kirche" [94].

In der „Barbaren"-Frage wies Momigliano auf die völlig konträre Haltung der christlichen Kirche im Westteil und im Ostteil des Imperiums hin: „Im Westen akzeptierte die Kirche, nachdem sie den römischen Staat geschwächt hatte, dessen Ableben und erwies ihre Unabhängigkeit im Handeln, indem sie die Barbaren zähmte. Im Osten identifizierte die Kirche sich fast mit dem römischen Staat von Konstantinopel." [95] Er folgerte: „Der Vorgang der Romanisierung der Barbaren durch ihre Christianisierung ist ein wesentlicher Zug der Geschichte des Römischen Reiches zwischen Konstantin und Justinian. Wenn das auch nicht das Reich bewahrte – wenigstens nicht im Westen –, so bewahrte es doch viele Züge der römischen Zivilisation." Damit hatte sich Momigliano Burckhardt genähert. Er ahnte, „daß der Einzelgänger Jacob Burckhardt auf diesem Gebiet wie auf anderen näher an der Wahrheit war als irgendein anderer Historiker des neunzehnten Jahrhunderts . . Burckhardt versuchte zu verstehen, was die Kirche einem im Niedergang befindlichen Reich zu geben hatte und unter welchen Bedingungen sie dazu bereit war. Wir ringen heute immer noch mit denselben Problemen." [96]

IV

Die *Geschichte der Historiographie* wurde jenes Arbeitsfeld, mit dem Momiglianos Name stets verbunden bleiben wird. Die Ansätze seiner Interessen sind hier schon früh greifbar. Bereits der Einundzwanzigjährige erwies sich als ein sehr genauer Kenner der ›Discorsi‹ Machiavellis,[97] dann setzte im Umfeld der Studien über das vierte Jahrhundert v. Chr. die intensive Auseinandersetzung mit J. G. Droysen ein, wie schon gesagt, ein Thema, zu dem Momigliano immer wieder zurückkehren sollte. Mit der ebenfalls schon gestreiften Arbeit ›Genesi storica e funzione attuale del concetto di

[94] A. O., 418.
[95] A. O., 422.
[96] A. O., 423.
[97] La Cultura 1, 1929, 740–742; 1930, 233f. (= Contributo . . . Roma 1955, 33–36).

ellenismo‹[98] erfolgte dann die wissenschaftsgeschichtliche Vertiefung des Hellenismus-Problems in den denkbar weitesten Dimensionen. Momigliano zeichnete hier zunächst die Entwicklung des Griechenbildes zwischen Winckelmann und Droysen nach. Er griff bis auf Heyne, Herder und vor allem auf Humboldt zurück, um die Voraussetzungen für die Beurteilungen der griechischen Geschichte im frühen 19. Jahrhundert zu klären. Doch in gleicher Weise bezog er auch Wolf, Boeckh und Hegel in seine Analyse mit ein, die damit den Hintergrund von Droysens Hellenismus-Begriff deutlich profilierte.

Droysens schon skizzierte Position bewertete Momigliano als den entschiedensten Versuch, über die historische Stellung der griechischen Welt gegenüber dem Christentum Rechenschaft zu geben.[99] Doch darüber hinaus bot Momigliano dann einen Ausblick auf die vielfältige Anwendung des Hellenismusbegriffs in der Altertumswissenschaft des 19. und 20. Jahrhunderts. Dabei ging er unter anderem auch auf die modernen Versuche ein, die römische Zivilisation und Geschichte in die Epoche des Hellenismus zu integrieren. Die Aufgabe, die Beziehungen zwischen der hellenistischen und der römischen Zivilisation im Rahmen des Imperium Romanum zu klären, sah er jedoch als noch nicht befriedigend gelöst an.

Von der Beschäftigung mit der Problematik der Positionen Droysens und des Hellenismus führten Momiglianos historiographische Forschungen in zwei Richtungen weiter, die freilich auch durch äußere Impulse nahegelegt wurden: einmal zu einer Bestandsaufnahme der italienischen Studien zur griechischen Geschichte insgesamt, zum andern zur Überprüfung der Strukturen der Geschichte des Imperium Romanum. Der 1934 erschienene, umfangreiche Forschungsbericht ›Studien über griechische Geschichte in Italien 1913–1933‹[100] des damals sechsundzwanzigjährigen Momigliano war in sehr persönlichem Stil abgefaßt. Momigliano bot dabei nicht nur die wichtigsten Informationen über die Veröffentlichungen und

[98] Giornale Critico della Filosofia Italiana 16, 1935, 10–37 (= Contributo . . . Roma 1955, 165–194).

[99] A. O., 181.

[100] Italienische Kulturberichte. Hrsg. vom Romanischen Seminar der Universität Leipzig 1, 1934, 163–195 (= Contributo . . . Roma 1955, 299–326). Dazu die Berichtigungen a. O., 2, 1, 1935, 1 f.

Leistungen der italienischen Geschichts- und Altertumswissenschaft zu den verschiedenen Epochen und Teilbereichen der griechischen Geschichte, sondern er ordnete deren Entwicklung gleichzeitig auch in ein bemerkenswert geschlossenes Bild der italienischen Kultur seiner Zeit ein.

So wurden die fachspezifischen Verbindungen zu Beloch und Holm ebenso gewürdigt wie die philosophischen Impulse von Croce und Gentile. Im Mittelpunkt seines Berichts aber stand naturgemäß die primär geistesgeschichtliche Betrachtungsweise der Schule von Gaetano De Sanctis, wobei mit Emphase ein adäquates Verständnis des griechischen Freiheitsgedankens gefordert wurde. Momigliano zögerte nicht, sowohl gegen Aldo Ferrabino als auch gegen den eigenen Lehrer den Vorwurf zu erheben, „daß sie immer von einer unberechtigten Gleichstellung des griechischen Freiheitsbegriffs mit den modernen Auffassungen der Freiheit ausgehen, während es in Wirklichkeit – um die politischen Kämpfe Griechenlands in ihrem unverfälschten Charakter wieder darstellen zu können – unsere Aufgabe ist, die Vorstellung und die Anwendung zu unterscheiden, die die Griechen zu den verschiedenen Zeitpunkten der Geschichte von der Freiheit machten im Vergleich zu den Völkern, die nach ihnen kamen.“ [101]

Schon zwei Jahre danach erschien dann, zunächst in der Form eines großen Beitrags in der ›Rivista Storica Italiana‹, 1938 auch in monographischer Gestalt, Momiglianos Untersuchung ›La formazione della moderna storiografia sull'impero romano‹ [102]. Die Aufgabe, für die ›Enciclopedia Italiana‹ einen Überblick über die römische Geschichte zwischen Augustus und Odoakar zu schreiben (Bd. XXIX, 628–654; 661–663), hatte Momigliano mit den grundsätzlichen Strukturproblemen der Geschichte des Imperium Romanum konfrontiert; er bezeichnete die neue Veröffentlichung daher auch als ein „Epilegomenon“. Die persönlichen Erfahrungen in der Darstellung der Geschichte der römischen Kaiserzeit und der Spätantike hatten Momigliano zu der Erkenntnis geführt, daß sich die Universalität des Imperium Romanum ohne die gleichzeitige Berücksichtigung der Universalität der christlichen Kirche nicht angemessen erfassen lasse.

[101] A. O., 305f.

[102] Rivista Storica Italiana 48, 1936, 1, 35–60; 2, 19–48. – Torino 1938 (= Contributo . . . Roma 1955, 107–164).

Momigliano postulierte deshalb für die Geschichte des Imperium Romanum eine Konzeption, welche jene innere Kohärenz der ‚profanen' Reichsgeschichte und der Geschichte des Christentums respektierte, die bis zu S. L. Lenain de Tillemont gegenwärtig war.

Um die in dieser Hinsicht völlig unbefriedigenden Profile des modernen Schrifttums über die Kaiserzeit zu konterkarieren, zeichnete Momigliano den Entwicklungsgang der modernen Historiographie über das Imperium Romanum unter spezieller Berücksichtigung seiner Leitidee nach. Er behandelte dabei in gedrängter Form die wesentlichen Werke, Positionen und Zusammenhänge: Machiavelli wie Sigonius und Gothofredus, Tillemont und Bossuet, Montesquieu und Voltaire, Herder und Gibbon, Niebuhr, Hegel, Mommsen und Ranke – um wenigstens die entscheidenden Stationen zu nennen. Das Ranke entnommene Schlußwort der Analyse konnte nicht nur für diese speziellen Erörterungen, sondern auch generell für Momiglianos neue Ansätze der Geschichte der Historiographie gelten, als eine Ermahnung, die stets präsent bleiben sollte: „Der Weg der leitenden Ideen in bedingten Forschungen ist ebenso gefährlich als reizend: wenn man einmal irrt, irrt man doppelt und dreifach; selbst das Wahre wird durch die Unterordnung unter den Irrtum zur Unwahrheit."[103]

Während der Jahre in Oxford hat Momigliano dann seine Studien zur Geschichte der Historiographie offensichtlich fortsetzen und vertiefen können. Jedenfalls trat er sogleich nach dem Ende des Zweiten Weltkriegs mit einer ganzen Serie einschlägiger Arbeiten hervor, deren wichtigste kurz in thematischer Reihenfolge skizziert seien. Ein weithin unbekanntes Feld betrat Momigliano schon in der materialreichen Studie ›Ancient History and the Antiquarian‹[104], in der er die Bedeutung der antiquarischen Aktivitäten insgesamt würdigte. Die Entfaltung antiquarischer Interessen in der Neuzeit bezeichnete er dabei als „einen neuen Humanismus"; das Zeitalter der Antiquare brachte nach Momigliano auch eine Revolution der historischen Methode mit sich. Die Antiquare lehrten nach ihm, „wie nichtliterarische Zeugnisse zu benutzen sind, aber sie

103 A. O., 164.

104 Journal of the Warburg and Courtauld Institutes 13, 1950, 285–315 (= Contributo ... Roma 1955, 67–106 = Studies in Historiography. London 1966, 1–39).

ließen auch den Unterschied zwischen dem Sammeln und Interpretieren von Fakten reflektieren“ [105].

Nachdem Momigliano die Entstehung antiquarischer Forschung in der Antike ins Bewußtsein geführt hatte, erörterte er die Kontroversen des 17. und 18. Jahrhunderts über den Wert historischer Quellen, erinnerte vor allem an eine der größten Leistungen der Überprüfung nichtliterarischer Quellen im 18. Jahrhundert, an die Entdeckung des vorrömischen Italiens. Die Besprechung der Konflikte zwischen Antiquaren und Historikern im 18. und 19. Jahrhundert zeigte schließlich einen überraschenden Zusammenhang: „Der Antiquar rettete die Geschichte vor den Skeptikern, obwohl er das nicht selbst schrieb. Seine Bevorzugung der originalen Dokumente, sein Scharfsinn in der Entdeckung von Fälschungen, seine Erfahrung im Sammeln und Klassifizieren der Quellen und, vor allem, seine grenzenlose Liebe zur Gelehrsamkeit sind die Beiträge des Antiquars zur ‚Ethik' des Historikers.“ [106]

In dem schon 1944 geschriebenen Beitrag über ›Friedrich Creuzer and Greek Historiography‹ [107] ging es Momigliano dagegen um die erneute Vergegenwärtigung eines älteren, grundlegenden Werkes. Friedrich Creuzers Monographie über ›Die historische Kunst der Griechen in ihrer Entstehung und Fortbildung‹ (^{1}1803, ^{2}1845) wurde dabei in die deutsche Geisteswelt ihrer Entstehungszeit eingeordnet, Creuzer insbesondere mit den Brüdern Schlegel, Heyne und Schelling verbunden. Die Jahre um 1800, jene Jahre, in denen Creuzer seine Schrift vorbereitete, waren nach Momigliano zugleich Jahre, „die den Beginn einer neuen Ära für historische Studien in Europa markieren und noch immer viele Anregungen bieten. Was in der Alten Geschichte geschah, war damals auch für die Geschichte im allgemeinen relevant. Die Methoden Griechischer und Römischer Geschichte waren noch immer exemplarisch. Die erzielten Ergebnisse waren von allgemeinem Interesse. Alte Geschichte ist jetzt ein provinzieller Zweig der Geschichte geworden. Sie kann ihr verlorenes Prestige nur wiedergewinnen, wenn sie

105 A. O. (Studies), 2.

106 A. O. (Studies), 27.

107 Journal of the Warburg and Courtauld Institutes 9, 1946, 152–163 (= Contributo . . . Roma 1955, 233–248 = Studies in Historiography. London 1966, 75–90).

sich wiederum fähig erweist, Ergebnisse anzubieten, welche das Ganze unseres Geschichtsbildes betreffen. Einer der Wege ist, ganz einfach, den Kontakt mit jenen Autoren der Vergangenheit wiederzugewinnen, welche klassische Gegenstände von vitaler Bedeutung für die Geschichte allgemein behandelt haben." [108]

Den Höhepunkt jener ersten Nachkriegsphase von Momiglianos Bemühung um die Geschichte der Historiographie stellt die Londoner Antrittsvorlesung vom 19. Februar 1952 dar, als er die Professur für Alte Geschichte am University College übernahm. In seiner Rede über ›George Grote and the Study of Greek History‹ [109], einem seiner imponierendsten und rhetorisch durchgefeiltesten Vorträge, der die englische Spielart dieses akademischen Genos souverän meisterte, verneigte sich Momigliano gleichsam vor der großen liberalen Tradition des University College, den bedeutenden Vorgängern auf dem Lehrstuhl wie vor George Grote selbst. Seine Ausführungen boten einen kenntnisreichen Überblick über die Historiographie zur Griechischen Geschichte in der Neuzeit, eine Analyse der Krise in diesem Felde und eine der nachdrücklichsten Vergegenwärtigungen ihrer Bedeutung.

Momigliano erinnerte zunächst an die Werke von William Mitford und John Gillies vom Ende des 18. Jahrhunderts, Werke, mit denen im englischen Bereich eine neue Epoche der Darstellungen der Griechischen Geschichte begann: „Was wirklich neu war, war die in die Griechische Geschichte einverleibte politische Diskussion, so wie man sie in Mitford und Gillies lesen konnte." [110] Diese einflußreichen englischen Werke verband Momigliano mit den vorausgegangenen kontinentalen und irischen Arbeiten von C. M. Olivier, des Abbé de Mably und von Th. Leland, bei dem er insbesondere dessen Vergleich von Philipp II. von Makedonien mit Friedrich dem Großen hervorhob. Unter historiographischem Aspekt wurde hier gleichsam Momiglianos persönlicher Faden zum Makedonenkönig wiederaufgenommen, en passant aber auch daran erinnert, daß im 17. Jahrhundert schon S. Pufendorf Philipp II. zum Gegenstand seiner Forschungen gewählt hatte.

[108] A. O. (Studies), 75f.

[109] London 1952 (= Contributo ... Roma 1955, 213–231 = Studies in Historiography. London 1966, 56–74).

[110] A. O. (Studies), 58.

Gerade am Beispiel des „antidemokratischen Historikers Griechenlands“ John Gillies wurden die Parallelen zwischen zeitgenössischen politischen Phänomenen und den Perspektiven und Wertungen in der Griechischen Geschichte aufgezeigt. Das Resultat der weitausgreifenden Untersuchungen war: „Wie immer es sich verhalten mag, die einfachen Tatsachen, die ich festgestellt habe, zwingen uns, die Vorstellungen über die Entwicklung der Historiographie im 19. Jahrhundert zu revidieren. Es wird allgemein angenommen – und ich habe das selbst so gesagt –, daß hauptsächlich Niebuhr für den Beginn der Diskussion über Demosthenes und Philipp (II.) in Deutschland während der Napoleonischen Kriege verantwortlich war und daß Droysen die Analogie zwischen Makedonien und Preußen entdeckte. Droysen wird auch die originelle Idee einer Geschichte der Epoche zwischen Alexander und Augustus zugeschrieben. Es tritt jetzt zutage, daß die Diskussion des vierten Jahrhunderts in den Begriffen moderner politischer Prinzipien – und selbst Preußens – fast ein Jahrhundert vor Droysen begonnen hatte. Obwohl Droysens eindringliche Vision des hellenistischen Zeitalters als des Zeitalters des Übergangs zwischen Heidentum und Christentum nicht mit Gillies' beschränkten politischen Interessen verglichen werden kann, ist es unbestreitbar, daß er auch in dieser Hinsicht einen Vorläufer hatte.“ [111]

Momigliano arbeitete weiter heraus, daß George Grote bei seinem Projekt einer neuen Darstellung der Griechischen Geschichte nicht nur mit dem Werk Mitfords, sondern auch mit dem seit 1835 erscheinenden von C. Thirlwall zu konkurrieren hatte. Während Thirlwall stark von der deutschen philosophischen und wissenschaftlichen Tradition geprägt war, war Grotes Zugriff sehr viel unmittelbarer und persönlicher: „Grote ... fand all das, was er wollte, im antiken Griechenland: die Anfänge demokratischer Regierung und die Prinzipien der Gedankenfreiheit und der rationalen Untersuchung. Seine bedeutende Entdeckung im Feld griechischen Denkens – die Aufwertung der Sophisten – war das Ergebnis seiner Studien über die Beziehungen zwischen griechischer Demokratie und intellektuellem Fortschritt.“ [112]

Bei seiner Analyse suchte Momigliano nicht nur Grotes persön-

[111] A. O. (Studies), 59.
[112] A. O., 62.

liche Wertungen und Ziele aufzudecken, sondern den Autor gleichzeitig auch in die gesellschaftlichen, politischen und geistigen Strukturen der Zeit einzuordnen, so vor allem die Verbindungen zu den philosophischen Radikalen, J. St. Mill und Sir George Lewis, zu ermitteln. Dennoch wurde die Einzigartigkeit von Grotes Werk unterstrichen: „Was Grotes Geschichte ihren nahezu einzigartigen Rang verleiht, ist diese Verbindung von leidenschaftlichen moralischen und politischen Interessen, ausgedehnten Kenntnissen und Respekt für die Überlieferung." Eindrucksvoll dokumentierte Momigliano dann die ungewöhnlich starke Resonanz von Grotes Werk in ganz Europa: „Alle deutschen Studien in Griechischer Geschichte während der letzten fünfzig Jahre des 19. Jahrhunderts sind entweder für oder gegen Grote." [113]

Nicht wenige Phänomene der Krise der Griechischen Geschichte, wie sie sich Momigliano im Jahre 1952 darstellte, dürften auch heute noch zutreffen. Zutreffen dürfte aber auch seine Feststellung: „Griechische Geschichte ist wesentlich für die Bildung des liberalen Geistes, aber der liberale Geist seinerseits ist religiös bei der Prüfung der Überlieferung. Hundert Jahre nach ihrem Erscheinen sind die Grenzen und Lücken von Grotes Geschichte nur zu offensichtlich. Wir brauchen nicht über Kleon zu streiten. Es dürfte genügen, festzustellen, daß Grote, als er seinen bemerkenswertesten Fehler beging, indem er die Athenische Freiheit des fünften Jahrhunderts mit der absoluten Freiheit identifizierte, die Warnung übersah, die schon viele Jahre zuvor von Benjamin Constant in seinem klassischen Essay über die Unterschiede zwischen antiken und modernen Freiheitsideen gegeben worden war." [114]

Doch trotz aller Vorbehalte im einzelnen rühmte Momigliano an Grote, daß er „den alles wiedergutmachenden Vorzug des liberalen Geistes besaß. Er war entschlossen, Zeugnisse zu verstehen und zu respektieren, von welcher Seite sie auch immer kamen; er erkannte Redefreiheit, Toleranz und Kompromiß als die Bedingungen der Zivilisation; er respektierte Gefühl, aber er bewunderte Vernunft." [115] Wieviel hier auch immer den Erwartungen des Tages geschuldet wurde, Momigliano konnte sich aus voller Überzeugung mit einer

[113] A. O., 64f.
[114] A. O., 70.
[115] A. O., 71.

Tradition identifizieren, die seinen eigenen Lehrer, Gaetano De Sanctis, wie dessen ganze Schule tief durchdrungen hatte.

Dem geradezu programmatischen (und exemplarischen) Auftakt der Londoner Antrittsvorlesung folgte eine lange Kette von Einzelstudien in den verschiedensten Formen, Arbeiten, die hier nicht ausführlich zu erörtern sind. Sehr persönlich gestaltete Kurzbiographien bedeutender Historiker und Altertumsforscher stehen neben umfassenden Analysen klassischer Geschichtswerke, systematische Forschungsberichte neben enger gefaßten problemgeschichtlichen Abrissen, kritische Erörterungen der Auswirkungen neuer Methoden neben eher rezeptionsgeschichtlichen Arbeiten. Momiglianos Rundblick auf dem Internationalen Historikerkongreß in Rom von 1955 [116] wurde ebenso stark beachtet wie seine Analyse der ›Konsequenzen Neuer Trends in der Geschichte des Antiken Rechts‹ [117] oder seine Darlegungen über die Unterschiede der auf schriftlicher oder mündlicher Tradition beruhenden Historiographie [118].

In einer eigenwilligen und erfrischenden Weise zeichnete Momigliano eine ganze Galerie von Porträts der wichtigsten Vertreter und Vermittler der Altertums- und Geschichtswissenschaften vom Humanismus bis zur Gegenwart. Neben den schon genannten Autoren erscheinen da Petrarca [119], Scipione Maffei [120], Vico [121],

[116] Sullo stato presente degli studi di storia antica (1946–1954), in: Relazioni del X Congresso Internazionale di Scienze Storiche. Rom 1955, VI, 3–40 (= Secondo contributo . . . Roma 1960, 319—349).

[117] Rivista Storica Italiana 76, 1964, 133–149 (= Terzo contributo . . . Roma 1966, 285–302).

[118] Storiografia su tradizione scritta e storiografia su tradizione orale, Atti della Accademia delle Scienze di Torino, Classe di scienze morali . . . 96, 1961/2, 186–197 (= Terzo contributo . . . Roma 1966, 13–22).

[119] Notes on Petrarch, John of Salisbury and the ‚Institutio Traiani', Journal of the Warburg and Courtauld Institutes 12, 1949, 189–190.

[120] Gli studi classici di Scipione Maffei, Giornale Storico della Letteratura Italiana 133, 1956, 363–383 (= Secondo contributo . . . Roma 1960, 255–271).

[121] La nuova storia romana di G. B. Vico, Rivista Storica Italiana 77, 1965, 773–790; Vico's Scienza Nuova: Roman 'Bestioni' and Roman 'Eroi', History and Theory 5, 1966, 3–23 (= Terzo contributo . . . Roma 1966, 153–177).

Gibbon[122], Niebuhr[123], Bernays[124], Ranke[125], Fustel de Coulanges[126], Burckhardt[127], Beloch[128], Eduard Meyer[129], Max Weber[130], Croce[131], Rostovtzeff[132], De Sanctis[133], Fraccaro[134],

[122] Gibbon's Contribution to Historical Method, Historia 2, 1954, 450–463 (= Contributo ... Roma 1955, 195–211); Edward Gibbon fuori e dentro la cultura italiana, Annali della Scuola Superiore di Pisa III. VI. 1, 1976, 77–95 (= Sesto contributo ... Roma 1980, 231–248); Eighteenth-Century Prelude to Mr. Gibbon, Sesto contributo, 249–263.

[123] G. C. Lewis, Niebuhr e la critica delle fonti, Rivista Storia Italiana 64, 1952, 208–221 (= Contributo ... Roma 1955, 249–262); Perizonius, Niebuhr and the Character of Early Roman Tradition, Journal of Roman Studies 47, 1957, 104–114 (= Secondo contributo ... Roma 1960, 69–87 = Römische Geschichtsschreibung. Hrsg. von V. Pöschl. Darmstadt 1969, 312–339).

[124] Jacob Bernays, Meded. K. Nederl. Akademie van Wetenschappen. Afd. Letterkunde, 32, 5. 1969, 151–178 (= Quinto contributo ... Roma 1975, 127–158).

[125] Hundert Jahre nach Ranke, Diogenes 2, 1954/5, 925–932.

[126] La Città Antica di Fustel de Coulanges, Rivista Storica Italiana 82, 1970, 81–98 (= Quinto contributo ... Roma 1975, 159–178).

[127] Introduzione alla Griechische Kulturgeschichte di Jacob Burckhardt, Secondo contributo ... Roma 1960, 283– 298.

[128] Karl Julius Beloch, Dizionario Biografico degli Italiani 8, 1966, 32–45 (= Terzo contributo ... Roma 1966, 239–265).

[129] Max Weber and Eduard Meyer: apropos of City and Country in Antiquity, Sesto contributo ... Roma 1980, 285–293.

[130] Siehe Anm. 129.

[131] Reconsidering B. Croce (1866–1952), Durham University Journal December 1966, 1–12 (= Quarto contributo ... Roma 1969, 95–115).

[132] In memoria di Michele Rostovtzeff (1870–1952), Rivista Storica Italiana 65, 1953, 481–495; M. I. Rostovtzeff, The Cambridge Journal 7, 1954, 334–346 (= Contributo ... Roma 1955, 341–354).

[133] In memoria di Gaetano De Sanctis, Secondo contributo ... Roma 1960, 299–317; Gaetano De Sanctis, 1870–1957, Atti della Accademia delle Scienze di Torino 104, 1969/70, 69–77 (= Quarto contributo ... Roma 1969, 179–186).

[134] Commemorazione del socio Plinio Fraccaro, Rendiconti Accademia dei Lincei, Classe di Scienze morali ... VIII. XV, 1960, 361–367 (= Terzo contributo ... Roma 1966, 827–835).

Dumézil[135], Leo Strauss[136], Vidal-Naquet[137], Marcel Mauss[138] – um wenigstens einen repräsentativen Überblick zu geben.

Eine letzte Phase der Impulse Momiglianos auf diesem Gebiet setzte im Jahre 1972 ein, als er die Reihe seiner berühmten wissenschaftsgeschichtlichen Seminare an der Scuola Normale Superiore di Pisa eröffnete. Nacheinander wurden dort die Leistungen von v. Wilamowitz[139], Eduard Schwartz[140], Karl Reinhardt[141], Freeman[142], Eduard Meyer[143], Hermann Usener[144], Karl Otfried Müller[145], Johann Jacob Bachofen[146] erörtert, auf diese Weise ins-

[135] Georges Dumézil and the Trifunctional Approach to Roman Civilization, History and Theory 23, 1984, 312–330 (= Ottavo contributo . . . Roma 1987, 135–159).

[136] Ermeneutica e pensiero politico classico in Leo Strauss, Rivista Storica Italiana 79, 1967, 1164–1172 (= Quarto contributo . . . Roma 1969, 117–128).

[137] Ciò che Flavio Giuseppe non vide, Settimo contributo . . . Roma 1984, 305–317; Platone, la storia e gli storici secondo P. Vidal-Naquet, Rivista Storica Italiana 95, 1983, 447–450 (= Ottavo contributo . . . Roma 1987, 427–430).

[138] Marcel Mauss e il problema della persona nella biografia greca, Rivista Storica Italiana 97, 1985, 253–263 (= Ottavo contributo . . . Roma 1987, 179–190).

[139] Premesse per una discussione su Wilamowitz, Rivista Storica Italiana 84, 1972, 746–755 (= Sesto contributo . . . Roma 1980, 337–349).

[140] Premesse per una discussione su Eduard Schwartz, Rivista Storica Italiana 90, 1978, 617–626 (= Settimo contributo . . . Roma 1984, 233–244).

[141] Premesse per una discussione su Karl Reinhardt, Rivista Storica Italiana 87, 1975, 311–318 (= Sesto contributo . . . Roma 1980, 351–359).

[142] Uno storico liberale fautore del Sacro Impero Romano: E. A. Freeman, Annali Scuola Normale Superiore di Pisa III. XI. 1981, 309–322 (= Settimo contributo . . . Roma 1984, 187–200).

[143] Premesse per una discussione su Eduard Meyer, Rivista Storica Italiana 93, 1981, 384–398 (= Settimo contributo . . . Roma 1984, 215–231).

[144] Premesse per una discussione su Hermann Usener, Rivista Storica Italiana 94, 1982, 191–203 (= Settimo contributo . . . Roma 1984, 201–214).

[145] Premesse per una discussione su K. O. Müller, Annali della Scuola Normale Superiore di Pisa 3. XIV. 1984, 805–909.

[146] Da Bachofen a Cumont, in: Saggi di Storia della Religione Romana. Ed. R. Di Donato. Brescia 1988, 135–149; Johann Jakob Bachofen: From Roman History to Matriarchy, Ottavo Contributo . . . Roma 1987, 91–107.

besondere die klassische deutsche Tradition im Bereich der Altertumswissenschaften vermittelt.

Trotz seiner ungewöhnlichen Aufgeschlossenheit für alle Stränge der internationalen Geistesgeschichte kehrte Momigliano zuletzt wieder zu jener Dialektik deutscher und italienischer Altertumswissenschaft zurück, von der er einst ausgegangen war. Seine Studien ›German Romanticism and Italian Classical Studies‹[147] und ›Classical Scholarship for a Classical Country: The Case of Italy in the Nineteenth and Twentieth Centuries‹[148] dokumentieren noch einmal die Brennpunkte dieser geistigen Ellipse. Gegenüber der Bilanz von 1934 konnte Momigliano nun mit Genugtuung feststellen, daß die italienische Forschung in der Zwischenzeit jene Selbständigkeit, jenes eigene Profil und jene internationale Anerkennung erworben hatte, die er damals vermißte. Was er nicht aussprach, aber allen seinen Hörern und Lesern bewußt war: Sie hatte dies nicht zuletzt erlangt durch die jahrzehntelange Inspiration wie die unerbittliche Kritik von Arnaldo Momigliano.

Untrennbar verbunden mit den Untersuchungen zur Geschichte der Historiographie sind die Hunderte von Rezensionen wesentlicher Neuerscheinungen aus allen Bereichen der Alten Geschichte, der Geschichtsschreibung, nicht zuletzt der jüdischen Geschichte, in denen Momigliano den aktuellen Prozeß der Forschung erörterte. Einige dieser stets material- und ideenreichen Besprechungen wurden später auch in die „Contributi" aufgenommen und besitzen selbst einen hohen wissenschaftsgeschichtlichen Rang.

Dies gilt zum Beispiel für die methodisch noch immer bedeutsame Stellungnahme zu R. Symes ›The Roman Revolution‹, in deren Zusammenhang Momigliano vor allem auf die Grundlinien jenes klassischen Werks einging: „... wir wollen unsere Überzeugung wieder bestätigen, daß die prosopographische Forschung keine befriedigende Deutung dieser Epoche (und, wie wir meinen, keiner historischen Epoche) geben kann. – ... Die prosopographische Forschung hat den großen Vorzug, einzelne Personen oder kleine Gruppen zu erfassen, aber sie erklärt nicht ihre materiellen oder geistigen Bedürfnisse: diese werden vielmehr einfach vorausgesetzt.

[147] Storia della Storiografia 1986, 9, 62–74 (= Ottavo contributo ... Roma 1987, 59–72).

[148] Atene e Roma 31, 1986, 115–132.

Geschichte ist die Geschichte von Problemen, nicht von einzelnen Personen oder Gruppen. Wenn die prosopographische Forschung großenteils auf der stillschweigenden Annahme beruht, daß die Menschen von persönlichem oder Familienehrgeiz getrieben werden, so ist diese Annahme nicht nur einseitig; sie setzt allgemeine Tendenzen an die Stelle von konkreten Situationen. Ferner ist in unserem besonderen Fall in Anbetracht der Art der Quellen, die für die römische Geschichte im ersten vorchristlichen Jahrhundert zur Verfügung stehen, die prosopographische Forschung notwendigerweise auf die führenden Männer beschränkt, und diese Männer können weniger bedeuten als die Massen. Symes Buch fehlt es an Hintergrund." [149]

Eine andere berühmte Rezension Momiglianos galt der italienischen Übersetzung der ›Griechischen Geschichte‹ von Helmut Berve. Nachdem er dort die erstaunliche Kontinuität entscheidender Wertungen Berves aufgezeigt hatte, zog er die Bilanz: „Die Übersetzung des Werkes von Berve scheint mir nützlich vor allem unter dem Gesichtspunkt, einen der wichtigsten nazistischen Historiker kennenzulernen. Es ist tatsächlich opportun, daß man in Italien die nazistischen Historiker in allen ihren Phasen des vollen Nazismus, des Pränazismus und des Postnazismus kennenlernt. Der Nazismus ist ein Phänomen, das in seinen originalen Dokumenten studiert werden muß, weil nur sie verständlich machen können, wie Intellektuelle von nicht geringer Befähigung Anhänger einer Religion wurden, die ihre großen Heiligtümer in Dachau und Auschwitz hat." [150]

Momigliano hat weder seine eigene Methode absolut gesetzt noch sich angemaßt, eine neue Theorie der Geschichtswissenschaft oder gar die „Historik" unserer Zeit zu schreiben. Er liebte die konkrete Arbeit im Bereich der Geschichte der Historiographie und wurde nur selten so grundsätzlich wie in den beiden folgenden Stellen. Im Vorwort seiner ›Studies in Historiography‹ von 1966 schrieb er: „Ich bin ein Studierender der Antiken Welt, und mein hauptsächliches Ziel ist es, die griechischen und römischen Historiker sowie die modernen Historiker der Antiken Welt zu verstehen und zu bewerten. Weder common sense noch Intuition können eine kriti-

[149] In: W. Schmitthenner (Hrsg.), Augustus. Darmstadt 1969, 145f.
[150] Terzo contributo . . . Roma 1966, 707f.

sche Kenntnis von früheren Historikern ersetzen."[151] Und in seiner Erörterung neuer Historismus-Tendenzen hieß es: „Die unvermeidliche Folge des Historismus ist Geschichte der Historiographie als Ausdrucksweise des Bewußtseins, daß historische Probleme selbst eine Geschichte haben. Dies hat freilich Bücher hervorgebracht, deren einziger Zweck es ist zu beweisen, daß jeder Historiker und jedes historische Problem historisch bedingt sind – mit der zusätzlichen Banalität, daß selbst ein Verdikt dieser Art durch einen Historiker der Historiographie historisch bedingt ist.

Ein solcher Ausdruck von reinem Relativismus ist meiner Meinung nach nicht zu verteidigen. Geschichte der Historiographie hat, wie jede andere historische Forschung, kein anderes Ziel, als zwischen Wahrheit und Irrtum zu unterscheiden. Als ein Zweig der Geistesgeschichte, der es unternimmt, die Leistungen eines Historikers zu überprüfen, hat sie zu unterscheiden zwischen Lösungen historischer Probleme, die nicht überzeugen können, und Lösungen (= Hypothesen, Modelle, Idealtypen), die es wert sind, neu formuliert und entwickelt zu werden. Um eine kritische Geschichte der Historiographie zu schreiben, muß man beides kennen, die Autoren, die man erforscht, wie das historische Material, das jene erforscht haben."[152]

V

Momiglianos Gesamtwerk ist in besonderem Maße existentiell geprägt. Er hat die Begegnung verschiedener Kulturen und auch Religionen schon als Kind erlebt, die Intoleranz gegenüber „anderen" und deren Verfolgung am eigenen Leib, in der eigenen Familie, in der eigenen Glaubensgemeinschaft erfahren, und gerade deshalb die Vermittlung zwischen verschiedenen Traditionen in Geschichte und Gegenwart zum Thema seiner wissenschaftlichen Lebensarbeit gewählt. Von diesen Impulsen stimuliert, befaßte er sich immer wieder mit den Problemen der Freiheit, der Toleranz und der Individualität in der Geschichte, wollte er einst Freiheit und Frieden im klassischen Altertum allgemein untersuchen wie die für diese Fra-

[151] A. O., VIII.
[152] Essays in Ancient and Modern Historiography. Oxford 1977, 372f.

gen so zentrale Epoche zwischen Seneca und Tacitus.[153] Von daher erklärt sich aber auch die große Bedeutung des biographischen Elements in Momiglianos Interessenfeld, eines Elements, das sich in den Hunderten von Beiträgen in der ›Enciclopedia Italiana‹ ebenso manifestiert wie in den zahlreichen Studien zur Wissenschaftsgeschichte oder in der energischen Bemühung um die antike Biographie.

Momiglianos Präferenzen galten eindeutig Problemen und Methoden der Geistes- und der Religionsgeschichte. Die Verbindung genuin historischer, philologischer, philosophischer und religiöser Interessen blieb eine Konstante seines Lebens, ebenso die Dominanz einer kritischen Rationalität, die sich – wie er selbst andeutete – über Gaetano De Sanctis bis zu Grote zurückführen läßt. Zu Momiglianos eigentlicher Domäne aber wurde die Geschichte der Historiographie, die er als notwendige Antithese zu neohistorischen Strömungen der letzten Jahrzehnte und zu anderen einseitigen Perspektiven in der modernen Geschichts- und Altertumswissenschaft verstand. Die Bewahrung der Tradition, die Vertiefung ihres Verständnisses und die Erweiterung der Dimensionen der Disziplin Alte Geschichte hat er hier am nachhaltigsten gefördert.

All dies ist nicht zu trennen von Momiglianos starker Persönlichkeit. Sein Erscheinungsbild war nicht frei von eigenwilligen, soweit es Kleidung und Auftreten betraf, ziemlich gleichgültigen Zügen. In einer großen Reisetasche schien er einfach alles zu versenken, was er benötigte, natürlich in erster Linie Bücher, vor allem solche, die er besprechen wollte, weiter Druckfahnen, die er in jedem Transportmittel studierte, endlich Reiseutensilien, Nahrungsmittel und Medikamente. Doch es war ein geordnetes Chaos, mit dem er sich umgab, ähnlich wie in seinen Arbeitsräumen, mit den Türmen der Bücher, Separata, Manuskripte und Fahnen.

Aber mit Momiglianos Person verbindet sich auch ein anderer Eindruck: Er schien gleichsam immer auf dem Sprung zu sein, auf der Jagd nach neuen Ideen, Quellen, Materialien, Forschungsresultaten, auf der Jagd nach immer neuen Büchern oder zumindest nach deren bibliographischen Daten. Und zu den vielen Paradoxien der Persönlichkeit gehört auch die Tatsache, daß aus diesem exzentrischen und genialischen Chaos gleichwohl stets termingerecht

[153] Contributo . . . Roma 1955, 291.

besonders klare, souverän geschriebene Untersuchungen und scheinbar mit leichter Hand formulierte Essays sowie imponierende Lectures hervorgingen. Sie alle ließen kaum je erkennen, wie voraussetzungsreich sie waren und welch immense Gelehrsamkeit in sie eingegangen war.

Denn ein gut Teil von Momiglianos Leben war intensivster Lektüre und Reflexion gewidmet. Es gab schon zu seinen Lebzeiten viele Anekdoten, die sich um seine Versenkung in Werke aller Art rankten. Nicht wenige Gespräche mit ihm begannen mit der Frage: „Haben Sie das gesehen . . .?“ Oft genug mußten die Gesprächspartner gestehen, daß sie bisher weder den Titel des neuen Werks noch die „fundamentale“ Rezension in einer fernen Zeitschrift kannten. Es ist kein Zufall, daß Momigliano in die berühmte Londoner Antrittsvorlesung auch einen oft überlesenen Satz von H. W. Garrod aufnahm, der zwar im Hinblick auf Scaliger und Bentley formuliert war, doch ebenso für Momigliano selbst galt: “Learning, consummate learning, is a thing a good deal more rare than genius.”[154]

Die ständige Bereitschaft zu lernen verlor Momigliano nie. Sein Informationsstand in den antiken Quellen, in den antiquarischen und wissenschaftsgeschichtlichen Bereichen, in den aktuellen Forschungsdiskussionen war ohne Beispiel. Sein Intellekt quoll über vor immer neuen Fragen und Problemen, die untersucht werden sollten. Immer wieder wies er auf Rezeptionsstränge hin, die geklärt werden mußten, war er enttäuscht, wenn seine Kollegen dabei nicht folgen konnten. Als er zum erstenmal nach Marburg kam, wußte er über J. Rubino, H. Nissen und B. Niese wie deren Schüler mehr als die Althistoriker am Ort. Er hielt damals ein privatissimum über die Pflege wissenschaftlicher Tradition, das nicht vergessen wurde.

Gleichzeitig lebte Momigliano von immer neuen Auseinandersetzungen mit fremden Positionen. Große Gelehrte seiner eigenen wie jüngerer Generationen wurden zum Objekt seiner scharfen Kritik. Er focht mit wahrer Lust, Leidenschaft und Unerbittlichkeit gegen Piero Treves wie gegen Ronald Syme, gegen Helmut Berve wie gegen Andreas Alföldi, gegen Georges Dumézil wie gegen Pierre Vidal-Naquet. Ob in Essays, Rezensionen, Diskussionsbemerkun-

[154] Scholarship, its Meaning and Value. Cambridge 1946, 10.

gen, die sich oft zu wahren Korreferaten entwickelten, gelegentlich auch autoritären Urteilen, brachte Momigliano seine Meinung zur Geltung, brandmarkte er modische Fehlentwicklungen, stand er auf der Wacht gegenüber Ignoranz und Profilierungssucht der Mediokritäten, vor allem aber gegenüber den scheinbar so griffigen Formeln der *terribles simplificateurs*, zuletzt gegenüber der Rhetorisierung und Ideologisierung der Geschichte.

Dem entsprach Momiglianos Vortragsweise. Ihm ging es in erster Linie um die Vermittlung neuer Informationen, neuer Zusammenhänge, neuer Ideen. Darin lagen seine Stärke und seine Faszination. Denn er faszinierte Freunde, Mitarbeiter und Helfer immer wieder durch seine souveränen geistigen Leistungen, jenen Personenkreis, der treu zu ihm stand und dem er seine Präsenz in den verschiedensten Regionen der akademischen Welt verdankte.

Momigliano blieb bis zuletzt von rastloser Unruhe erfüllt. Sein Wille zu wirken verdrängte alle gesundheitlichen Probleme, obwohl er nach einer schweren Herzkrise im Jahre 1985 den nahen Tod ahnte. Aus den Psalmen und aus Spinozas Ethik wählte er selbst die Sätze aus, die im Gedenken an ihn gesprochen werden sollten, darunter auch die Verse des 84. Psalms: „Wohl den Menschen, die Dich für ihre Stärke halten und von Herzen Dir nachwandeln, die durch das Jammertal gehen und machen daselbst Brunnen. Und die Lehrer werden mit viel Segen geschmückt." Am 1. September 1987 in einem Londoner Krankenhaus verstorben, wurde Momigliano, seinem Wunsche gemäß, am 7. September 1987 auf dem kleinen jüdischen Friedhof von Cuneo beigesetzt.

7

MOSES FINLEY
(1912–1986)

I

Über die Familientradition, die Kindheit und die ersten Erziehungsstufen des am 20. Mai 1912 geborenen Moses Finley (Finkelstein) ist sehr wenig bekannt. A. Momigliano wies darauf hin, daß er zu den Nachkommen großer Rabbinerfamilien des 16. Jahrhunderts gehörte, mit den Katzenellenbogen ebenso verwandt war wie mit dem berühmten Maharal von Prag, dem angeblichen Schöpfer des Golem.[1] Wie tief die persönliche Formung des jungen Moses Finkelstein durch die jüdische Tradition beeinflußt wurde, läßt sich schwer abschätzen. Es ist indessen evident, daß sie später nur noch indirekt und sekundär in Erscheinung trat, vor allem als er wohl gegen Ende der dreißiger Jahre seinen bisherigen Namen amerikanisierte.

1927 erwarb Finley an der Syracuse University seinen Bachelor of Arts, zwei Jahre später dann an der Columbia University den Master of Arts in Öffentlichem Recht. In New York hatten damit die für Finleys weitere Entwicklung entscheidenden Jahre begonnen, Jahre, die ihn in den vielfältigsten Positionen und Aktivitäten sahen. Traditionelle und modernste geistige Interessenfelder überlagerten sich dabei; intensives Studium in den verschiedensten Bereichen stand neben einer schon früh beginnenden Lehrtätigkeit sowie politischem und organisatorischem Einsatz. So wirkte er zwischen 1930 und 1933 an der ›Encyclopedia of the Social Sciences‹ mit, war kurze Zeit Forschungsassistent bei A. A. Schiller, der damals an der Columbia University Römisches Recht lehrte, und erhielt dort 1934–1935 ein Forschungsstipendium. Um die gleiche Zeit übernahm er einen Lehrauftrag am City College in New York,

[1] A. Momigliano, Moses Finley, Belfagor 41, 1986, 569–571; siehe auch Ders., Moses Finley and Slavery: A Personal Note, in: Classical Slavery. Ed. by M. I. Finley. London 1987, 1–6.

den er bis 1942 beibehielt. Vor allem aber geriet Finley in den Bannkreis des 1934 von Frankfurt nach New York verlegten, von Max Horkheimer geleiteten Instituts für Sozialforschung, das damals mit der Columbia University verbunden war. Finley war zwischen 1937 und 1939 an diesem Institut als eine Art wissenschaftliche Hilfskraft beschäftigt, die freilich auch Übersetzungen ins Englische zu übernehmen hatte.[2]

Die dreißiger Jahre waren für Finley alles andere als eine Studienzeit innerhalb eines speziellen und beschränkten Curriculums. In A. A. Schiller, der ihm eine gediegene Ausbildung in Antikem Recht vermittelte, und in W. L. Westermann, dem Schüler Eduard Meyers, der sein Interesse für Fragen der antiken Sklaverei schärfte, besaß er wohl eher konventionelle akademische Lehrer. Wie viele seiner Mitstudenten unter den Historikern befriedigte ihn die Sterilität der regulären Lehrveranstaltungen nur wenig. Dreißig Jahre später schrieb er darüber: „Und so gingen wir weg, um selbständig in Büchern das zu suchen, von dem wir dachten, daß wir es in den Vorlesungen und Seminaren nicht erhielten. Wir lasen und diskutierten über Marc Bloch und Henri Pirenne, Max Weber, Veblen und die Freudianer, solche Analytiker auf der Rechten wie Mosca (über politische Parteien) und Pareto (obwohl ich gestehen muß, daß ich ihn nicht lohnend fand und schnell aufgab). Und wir studierten Marx und die Marxisten . . .“[3]

Finley hat an jener Stelle selbst betont, daß der Marxismus für seine geistige Prägung eine wichtige Rolle spielte, doch Finleys Schüler B. D. Shaw und R. P. Saller wiesen zu Recht darauf hin, daß es der undogmatische Marxismus des Instituts für Sozialforschung war, der ihn faszinierte, so daß für ihn vor allem auch Max Horkheimers Unterscheidung des Freiheitsbegriffs – von der Freiheit „von“ zu der Freiheit „zu“ – maßgebend werden sollte, eine Vorstellung, die eng mit dem Bekenntnis zur aktiven, engagierten Rolle der Intelligenz in der Gesellschaft verbunden war.[4] So arbei-

[2] Siehe M. Jay, Dialektische Phantasie. Die Geschichte der Frankfurter Schule und des Instituts für Sozialforschung 1923–1950. Frankfurt 1976, 181 f.

[3] M. I. Finley, Class Struggles, The Listener 78, 1967, 201.

[4] Editor's Introduction, in: Economy and Society in Ancient Greece by M. I. Finley. London 1981, XII.

tete Finley 1939 bis 1941 als Sekretär des American Committee for Democracy and Intellectual Freedom, 1941-1942 im Rahmen der American Communications Association, 1942–1947 in Büros und Oganisationen, die sich mit den Kriegsfolgen befaßten, Aktivitäten, die notwendig auch zur engen Zusammenarbeit mit marxistischen Gruppen führten und ihn deshalb später suspekt erscheinen ließen.

Über all dem verzögerte sich Finleys akademische Karriere. Erst 1950 konnte er an der Columbia University seinen PhD erwerben, die Dissertation ›Studies in Land and Credit in Ancient Athens, 500–200 B. C. The Horos-Inscriptions‹ erschien 1952 jedoch bereits im Rahmen der Rutgers University, an der Finley seit 1948 zunächst als Lecturer, dann als Assistant Professor für Geschichte lehrte. Doch im Erscheinungsjahr des Buches wurde Finley entlassen, weil er sich geweigert hatte, im Zusammenhang mit den McCarthy-Untersuchungen mit einem Ausschuß des Amerikanischen Kongresses zusammenzuarbeiten. 1954 übersiedelte er deshalb nach Cambridge, wirkte dort seit 1955 zunächst als Lecturer in Classics, seit 1964 dann als Reader in Social and Economic History of the Ancient World. Als Nachfolger von A. H. M. Jones konnte er 1970 schließlich die dortige althistorische Professur übernehmen, die er bis 1979 innehatte; als Master von Darwin College (1976–1982) erreichte er den Höhepunkt seiner universitären Laufbahn in England.

Seinen raschen Aufstieg verdankte Finley in erster Linie der Reihe wertvoller und anregender Publikationen, die seinem Namen einen hohen Bekanntheitsgrad sicherten. Nach Momigliano wurde er früh nicht nur zum „besten lebenden Kenner der griechischen Sozialgeschichte", sondern darüber hinaus auch „der einflußreichste Althistoriker unserer Zeit . . . und auf beiden Seiten dessen, was man sich angewöhnt hatte, den Eisernen Vorhang zu nennen, in gleicher Weise respektiert und studiert"[5]. Daneben stellte sich Finley, der sich nie in den „elfenbeinernen Turm" zurückzog, auch den verschiedensten praktischen Aufgaben im universitären und im öffentlichen Bereich. So war er zwischen 1960 und 1964 Biblio-

[5] A. Momigliano, Die Griechen und wir. Zum historischen Werk von M. I. Finley, in: M. I. Finley, Antike und moderne Demokratie. Hrsg. von E. Pack. Stuttgart 1980, 118.

thekar am Jesus College, 1967–1969 Chairman des Faculty Boards of Classics, 1973–1974 Chairman des Social and Political Sciences Committees, 1974–1976 Präsident der Cambridge Philological Society, 1977–1984 Trustee des Britischen Museums.

Vor allem aber suchte Finley die breite öffentliche Resonanz. Seine hohen didaktischen Qualitäten und die Gabe, auch komplizierte wissenschaftliche Probleme einem größeren Publikum in ansprechender, frischer, aber stets gediegener Form zu vermitteln, qualifizierten ihn für viele Dutzende von Beiträgen in Rundfunk und Fernsehen, ließen seinen Namen häufig im Listener, im Times Literary Supplement und in anderen, weit verbreiteten Zeitungen und Journalen erscheinen, sicherten ihm die beständige Präsenz im öffentlichen Leben. Dazu kam, daß Finley in Cambridge bald einen Kreis qualifizierter Mitarbeiter und passionierter Studierender aus den verschiedensten Ländern an sich ziehen konnte, der sich rasch zu einem führenden Zentrum der Sozial- und Wirtschaftsgeschichte in Westeuropa entwickelte. Finleys Werke wurden in zahlreiche Sprachen übersetzt, er wurde zum Mitglied der Dänischen Akademie der Wissenschaften und der Literatur (1975), der Accademia Nazionale dei Lincei (1982) und zum Ehrenmitglied der American Academy of Arts and Sciences (1979) gewählt, im gleichen Jahr auch zum Sir Moses erhoben.

Von Finleys Persönlichkeit und Wirken gingen so ungewöhnlich viele Anregungen aus. Gewiß profitierte er dabei auch von den geistigen Entwicklungen seiner Zeit, von dem rasch wachsenden Interesse an den Fragen der Sozial- und Wirtschaftsgeschichte, vom Überdruß an der bloßen Fortschreibung steriler Denkformen und traditioneller wissenschaftlicher Methoden, von der Suche nach neuen Wegen in den Altertums- und Geschichtswissenschaften. Doch Finley war kein bloßer Konjunkturritter oder gar ein enger, dogmatischer Marxist. Die vielen reinen Theoretiker der geistig erregten letzten Jahrzehnte wurden Finleys ebensowenig froh wie die revolutionären Materialisten, die sich verzweifelt um den Nachweis der Klassenkämpfe in der Antike bemühten. Finley war durch eine viel zu strenge und kritische Schule gegangen, um sich oberflächlichen Modernisierungen auszuliefern, er beherrschte die antike Literatur wie die Inschriften, verfügte über eine komplexe Kenntnis der speziellen Fachstudien wie der Forschungen in den modernen Sozialwissenschaften. Vor allem aber war dieser vitale, temperamentvolle Mann nie zu einem sacrificium intellectus bereit.

Finleys Leben und Werk aber waren undenkbar ohne die von vielen gerühmte Gemeinschaft mit seiner Frau. Er hatte Mary F. Thiers schon als Zwanzigjährige geheiratet und an ihr stets den Halt gefunden, den er brauchte. Finley starb am 23. Juni 1986, einen Tag nach seiner Frau in Cambridge.

II

Während Finleys später zu besprechende Dissertation[6] aus dem Jahre 1952 seinen Namen lediglich im engeren Kreis der Spezialisten einführte, wurde er durch die zwei Jahre danach veröffentlichte Monographie über ›Die Welt des Odysseus‹[7] schlagartig einem größeren Publikum bekannt. Seine mit frischem Elan geschriebene, plastische Rekonstruktion der gesellschaftlichen und wirtschaftlichen Strukturen, aber auch der Sitten, Werte, Konventionen und religiösen Vorstellungen einer nur wenig bekannten Epoche der griechischen Geschichte machte sogleich stärksten Eindruck. Finleys konsequente Ablehnung der Gleichsetzung der Welt von ›Ilias‹ und ›Odyssee‹ mit der mykenischen Gesellschaft wurde zudem durch die späteren archäologischen Grabungen und nicht zuletzt durch die Entzifferung der Linear B-Täfelchen bestätigt. Stolz konnte er darauf hinweisen, „daß gründliche Bemühungen um Soziologie und Sozialgeschichte vorweggenommen haben, was Philologie und Archäologie später fanden" (8).

Um Homer als historische Quelle auswerten zu können, ging es Finley zunächst darum, dessen Existenz konkret zu erfassen, deutlich zu machen, daß Homer „nicht eigentlich ein Dichter", sondern ein „Erzähler von Mythen und Sagen" (18) war. Überzeugend führte er die Eigenart der heroischen Dichtung vor Augen, einer Dichtung, die er konsequent von späteren literarischen Epen wie

[6] M. I. Finley, Studies in Land and Credit in Ancient Athens, 500–200 B. C. The Horos-Inscriptions. New Brunswick, N. J. 1952. NDr. New York 1973.

[7] The World of Odysseus. New York 1954. ³1978. Deutsche Ausgaben: Darmstadt 1968. München 1979. Nach letzterer wird im folgenden zitiert.

der ›Äneis‹ trennte: „Heroendichtung ist mündliche Dichtung; sie wird beim Vortrag gestaltet, oftmals von Sängern, die der Schrift unkundig sind, und sie wird einer lauschenden Zuhörerschaft in Gesangsform vorgetragen“ (26). Hinsichtlich der Chronologie der homerischen Dichtungen folgte Finley der Ansicht, daß die ›Ilias‹ in der zweiten Hälfte des achten Jahrhunderts v. Chr. entstand, die ›Odyssee‹ dagegen erst eine oder zwei Generationen später (28).

Eine genaue Analyse der Entstehung, der Inhalte und der Eigenart von ›Ilias‹ und ›Odyssee‹ führte Finley dann zu folgendem, für ihn grundlegendem Ergebnis: „Die Welt des Odysseus war nicht das mykenische Zeitalter, fünf- oder sechs- oder sogar siebenhundert Jahre früher, noch war sie die Welt des achten oder siebenten Jahrhunderts v. Chr. Die Liste der nicht erwähnten zeitgenössischen Einrichtungen und Gebräuche ist sehr lang und sehr gründlich: kein Ionien, kaum Dorier, keine Schrift, keine eisernen Waffen, keine Reiterei in den Schlachtszenen, keine Kolonisierung, keine griechischen Händler, keine Gemeinschaften ohne Könige. Wenn also die Welt des Odysseus einer bestimmten Zeit zugewiesen werden soll, wie es durch alles, was wir von dem vergleichenden Studium heroischer Dichtung wissen, gefordert wird, dann scheint die nächstliegende das zehnte und neunte Jahrhundert zu sein“ (47).

In einem zentralen Kapitel des Werks behandelte Finley danach die Themenkreise „Besitz und Arbeit“. In enger Anlehnung an Max Webers Idealtypus sah Finley die fundamentale Wirtschaftseinheit der Epoche im Oikos: „Der Ansehen gebende Hausstand, der oikos, war der Mittelpunkt, um den sich das Leben ordnete, von dem nicht nur die Befriedigung der materiellen Bedürfnisse, einschließlich der Sicherheit, abhing, sondern auch die ethischen Normen und Werte, Pflichten, Verbindlichkeiten und Verantwortungen sowie die gesellschaftlichen Verbindungen und die Beziehungen zu den Göttern. Der oikos umfaßte über die Familie hinaus alle Menschen des Haushalts, mitsamt ihrem Land und ihrem Gut; *Ökonomie*, die Kunst einen oikos zu betreiben, bedeutete also, einen großen Landsitz zu verwalten, nicht nur die Fähigkeit, den Frieden in der Familie zu erhalten“ (57).

Daraus resultierte nun, daß nicht etwa der zu einem oikos gehörende Sklave, sondern der „ungebundene, besitzlose“, formaljuristisch gesehen „freie“ Arbeiter, der Thes, das schlechteste Los in dieser Gesellschaft zu tragen hatte. Der Sklave genoß dagegen nicht selten eine „patriarchalische“ Behandlung. Sehr anschaulich zeichnete Finley daneben die Entstehung und die Abgrenzung des Adels nach. Der „Unterschied der Geburt, des Blutes“ war für ihn nur ein oberflächliches Phänomen. Viel wichtiger erschien ihm die Tatsache, daß „Eroberung oder Besitz die ursprüngliche Trennung geschaffen hatten, die dann erstarrte und durch die endlosen Genealogien immer wieder ins Bewußtsein geführt wurde. Da es in der Welt des Odysseus weder beweglichen Besitz größeren Umfangs noch eine nennenswerte Möglichkeit zur Bildung neuer Vermögen gab, mußte die Sozialstruktur nahezu kastenartig erstarren, so wie dies auf Ithaka zu beobachten war.“

Wirtschaftliche und soziale Bedeutung des oikos fielen zusammen. Anschaulich schilderte Finley die ökonomischen Bedingungen: „Mit ihren Herden und mit ihrer Arbeitskraft, mit einem Überfluß an Steinen zum Bauen und Lehm für die Töpfe konnten die großen Hauswesen ihr Ideal der vollständigen Autarkie fast völlig verwirklichen. Der oikos war vor allem eine Verbrauchseinheit. Sein Betrieb wurde, insoweit er der Befriedigung materieller Bedürfnisse diente, durch einen einzigen Grundsatz geleitet, nämlich den, die Bedürfnisse des Herrn und seiner Leute zu erfüllen, wenn möglich aus den Erträgnissen des eigenen Besitzes, die noch durch Beute ergänzt wurden. Etwas aber gab es, was eine vollständige Autarkie verhinderte, ein Bedarf, der weder eliminiert noch durch Ersatzmittel befriedigt werden konnte, das war der Bedarf an Metall“ (60f.).

Neben der Rolle des Tauschhandels, für den Finley durch Gewohnheitsrecht fixierte Preise annahm, und der Betonung der Rolle von Nichtgriechen, vor allem von Phöniziern, in der kaufmännischen Sphäre unterstrich er sehr stark die Funktion von Geschenken, das heißt von Gaben und Gegengaben, die ganze Systeme von Beziehungen entstehen ließen. Er wies darauf hin, daß es sich dabei niemals um einseitige Akte handelte, sondern daß die Gaben stets die Erwartung von Gegengaben implizierten, gleichgültig ob diese in unmittelbarem Gegenzug oder erst lange Zeit später, dem Gebenden selbst oder dessen Nachkommen oder Verwandten erstattet wurden.

Bei der Erörterung der Sozialstruktur in der Welt des Odysseus wies Finley auf die sich überlagernden Kreise von Stand, Familie und oikos hin, die das Leben des einzelnen beherrschten. Er kam zu dem Schluß: „Adel ist vor der Monarchie da, logisch, historisch und soziologisch. Während die Adligen die Monarchie anerkannten, beabsichtigten sie jedoch zugleich, die fundamentale Priorität ihres Status zu bewahren und den König auf der Stufe eines Ersten unter Gleichen zu halten“ (86). So konnte Finley auch die eigenartige Rolle der Versammlungen in ›Ilias‹ und ›Odyssee‹ erklären, die den Königen die öffentliche Meinung enthüllten, während der Ältestenrat die Meinung der Adligen zeigte. Der König konnte zwar unter formalrechtlichem Aspekt allein entscheiden, in Wirklichkeit beugte er sich immer wieder der verbindlichen Macht der Tradition, dem „sich Geziemenden“ in dieser Gesellschaft, der sanktionierten Themis.

Aber wie das Beispiel des heimkehrenden Odysseus dokumentierte, des Königs, der sich lediglich noch auf seine Frau, seinen Sohn und auf treue Sklaven verlassen konnte, war königliche Macht immer wieder identisch mit persönlicher Macht. Mochte der Demos von Ithaka über die Lage denken, wie er wollte, er blieb in den Auseinandersetzungen der Adligen abwartend und neutral. – Außerhalb der Reichweite des oikos hat Finley dann insbesondere die Rolle der Gastfreundschaft hervorgehoben. Während in der Welt des Odysseus gegenüber Fremden in der Regel zunächst äußerste Zurückhaltung, Mißtrauen, wenn nicht gar Furcht herrschten, begründete die Gastfreundschaft oft weitreichende und dauerhafte Beziehungen, die Finley geradezu als „Vorläufer von politischen und militärischen Bündnissen“ (106) einstufte.

Im Schlußteil der Monographie wurde dann die Ethik der Welt des Odysseus besprochen, die „Sitten und Werte einer Kriegerkultur“ (117), die durch die individuelle Ehre des adligen Helden bestimmt wurde, für dessen Normen es später in der griechischen Polis, der Gemeinschaft des ‚Stadtstaates‘, keinen Raum mehr gab. Doch obwohl das leidenschaftliche Leben des homerischen Helden um Ehre, Kampf und Trophäen kreiste, obwohl es im Sinne Burckhardts agonal bestimmt war, erfüllt von beständigem Wettkampf und nie endenden Rivalitäten, zeigte es auch eine geradezu archaische Basis: „Die Helden hatten eine bäuerliche Ader, und damit hing ihre bäuerliche Liebe für Besitz, ihr Berechnen, ihr fast knikkeriges Horten, Messen und Zählen zusammen. Reichtum war ein eindeutiges Gut; je mehr Besitz, desto größer das Gut, dessen man sich rühmte und das nicht verborgen wurde" (127). Finley betonte auch die in der Regel völlig untergeordnete Rolle der Frau in dieser Gesellschaft, die angebliche Erinnerung an ein früheres Matriarchat sah er „ungemein schwach begründet" (92).

Finley war und blieb fasziniert durch die Rationalisierung des Menschen bei den Griechen: „Eine menschliche Gesellschaft ohne Mythen hat es nie gegeben, und es ist fraglich, ob eine solche Gesellschaft überhaupt möglich wäre. Die Art aber, in der der Mensch lernt, seine Mythen zu bändigen, in der seine Fähigkeit, zwischen den einzelnen Bereichen seines Verhaltens zu unterscheiden, zunimmt, der Grad, bis zu dem es ihm gelingt, seine wirkenden Kräfte mehr und mehr unter die Herrschaft der Vernunft zu bringen, ist ein Maßstab für die Beurteilung des menschlichen Fortschritts von seinen primitivsten Anfängen zu dem, was wir Kultur nennen. Bei diesem Fortschritt nun waren die Griechen allen anderen voraus" (21 f.).[8]

Doch ebenso entschieden trat er einem ‚Zuviel' an Rationalisierung gerade in diesem Zusammenhang entgegen: „Moderne Kritiker, die die Götter Homers *symbolische Aussagen* nennen und das Treiben auf dem Olymp des Dichters *Szenarium*, bringen nicht nur Begriffe aus der modernen Theologie und der modernen Wissenschaft in die Welt des Odysseus, sie zerstören auch die Gedichte. Ohne das Eingreifen der Götter bricht die ganze Erzählung zusammen, genauso wie die homerische Psychologie und die Verhaltensweise der Helden" (137). Finley betonte insbesondere den konsequenten Anthropomorphismus der Welt des Odysseus, rühmte die „Vermenschlichung der Götter" ebenso wie die „Universalität von Homers Menschlichkeit" (141 f.). Er konstatierte schließlich mit Emphase: „Die Ethik der Welt des Odysseus war vom Menschen gemacht und vom Menschen sanktioniert" (144).

Innerhalb dieser Perspektiven war es nur konsequent, daß Finley einen eindeutigen Zusammenhang zwischen dem Menschenbild der homerischen Dichtung und der menschlichen Entwicklung insgesamt herstellte: „Nachdem der Mensch den Alpdruck der unbegreiflichen und allmächtigen Naturkräfte abgeschüttelt hatte, behielt er doch das Bewußtsein davon, daß es im Universum

[8] Zur ‚Rationalität' bei Finley siehe auch A. Momigliano, Die Griechen und wir, a. O., 128 f.

Mächte gab, die er nicht beherrschen und nicht wirklich verstehen konnte. Aber es überkam ihn ein starkes Selbstbewußtsein, Stolz und Vertrauen auf sich, auf den Menschen und sein Dasein in der Gemeinschaft" (146). Er schloß deshalb auch mit dem Ausblick: „Nachdem Homer die Götter zu Menschen gemacht hatte, lernte der Mensch sich selbst kennen" (148).

Die Reaktion auf Finleys Werk, neue Impulse der Homerforschung, der Archäologie, nicht zuletzt die Debatten um die Entzifferung der Linear B-Schrift rückten in der Folgezeit erneut die Frage nach der Identifikation von Hissarlik mit Troja und nach der Historizität des Trojanischen Krieges in den Mittelpunkt oft leidenschaftlich geführter Diskussionen. Dies veranlaßte Finley, späteren Auflagen der ›Welt des Odysseus‹ zwei Vorträge beizufügen, die er zwanzig Jahre nach dem ersten Erscheinen seiner Monographie gehalten hatte. Im ersten, ›Die Welt des Odysseus im Rückblick‹, unterstrich er noch einmal: „Nach einem Jahrhundert verzweifelter wissenschaftlicher Bemühungen, aus dem Homer etwas zu rekonstruieren, das man, mit viel gutem Willen, einen mykenischen Palast nennen könnte, muß deutlich geworden sein, daß der Versuch von vornherein verfehlt war" (156). Einmal mehr ironisierte er „die berühmten Streitwagen, die als Taxis Verwendung fanden" (157), und erinnerte: „Auch kann gar nicht oft genug wiederholt werden, daß die Ausgrabungen bei Hissarlik nicht den geringsten Beleg für die Sagen erbracht haben" (160).

Im zweiten Vortrag, ›Schliemanns Troja – nach hundert Jahren‹[9], näherte sich Finley seinem Thema von einer anderen Seite her. Seine kritische Untersuchung der archäologischen Aktivitäten und der wissenschaftlichen Konzeptionen Heinrich Schliemanns wie Carl Blegens mündete in die Feststellung: „Hundert Jahre nach Schliemann kann man mit Recht äußerstenfalls sagen, daß, wenn es überhaupt einen Trojanischen Krieg wie den homerischen gegeben hat, Hissarlik die einzige Festung in diesem Teil Kleinasiens ist, die belagert worden sein könnte, und Troja VIIa die einzig relevante Schicht" (180). Nicht weniger entschieden war Finleys Hinweis: „Homers Krieg, der Krieg der Dichtung und der Überlieferung, ist

[9] 169ff. – Der Vortrag enthielt im übrigen eine bemerkenswert positive Bewertung der Position von Finleys späterem Lieblingsgegner Eduard Meyer: a. O., 176f.

ein zeitloses Geschehen, frei schwebend in einer zeitlosen Welt und, im von mir gebrauchten Sinn des Wortes, in einer kontextlosen Welt" (183). Ja, er ging noch einen Schritt weiter und schloß: „Wir schlagen vor, Homers Trojanischen Krieg aus der *Geschichte* der griechischen Bronzezeit zu verbannen" (187).[10]

III

Der ›Welt des Odysseus‹ ließ Finley bald weitere Monographien zur Griechischen Geschichte folgen, deren wichtigste Akzente hier zusammengefaßt seien. 1963 erschien erstmals seine knappe Gesamtdarstellung der griechischen Zivilisation, ›The Greeks‹[11], eine Einleitung, die noch mehrere Auflagen und Übersetzungen erleben sollte, 1968 im Rahmen einer dreibändigen Geschichte Siziliens der Überblick über das antike Sizilien bis zur Eroberung durch die Araber,[12] 1970 dann erstmals die Monographie ›Early Greece: The Bronze and Archaic Ages‹[13]. Gerade bei den beiden zuletzt genannten, ebenfalls weit verbreiteten Werken war Finley immer wieder gezwungen, auf Grund neuer archäologischer Funde ganze Kapitel umzuschreiben; in dieser konsequenten Berücksichtigung neuer archäologischer Daten lag ein Vorzug all seiner Veröffentlichungen. Es gab nur wenige Althistoriker seiner Generation, die stets so umfassend über die Probleme und Resultate der prähistorischen und der archäologischen Forschung informiert waren wie Moses Finley.

Im Mittelpunkt seiner wissenschaftlichen Arbeit stand für Finley immer die selbständige Untersuchung der verschiedenen Zivilisationen. Er gab nie nivelliertes Handbuchwissen oder eine bloße Wider-

[10] Es ist bemerkenswert, daß sich um dieselbe Zeit, völlig unabhängig von Finley und mit völlig verschiedenen Methoden, auch Hermann Strasburger um die Klärung der Strukturen der homerischen Gesellschaft bemühte, zunächst in: Der soziologische Aspekt der homerischen Epen, Gymnasium 60, 1953, 97–114 (= Europäische Heldendichtung. Hrsg. von K. von See. Darmstadt 1978. Wege der Forschung, 500, 77–104), dann vor allem in: Zum antiken Gesellschaftsideal. Abh. Heidelberger Akademie der Wissenschaften, Phil.-hist. Kl. 1976, 4.

[11] Deutsche Übersetzung München 1976. ²1983.

[12] Deutsche Ausgabe München 1979.

[13] ³1981. Deutsche Ausgabe München 1982.

spiegelung der communis opinio. Seine Monographien waren zwar didaktisch sehr geschickt angelegt, enthielten in der Regel Zeittafeln, Karten und aussagekräftige Abbildungen. Doch sie waren zugleich geprägt von Finleys oft eigenwilligem Urteil und von seinen zugespitzten Formulierungen. Häufig genug erwies sich Finley zudem als ganz entschiedener Nonkonformist. In der bis ins Neolithikum zurückreichenden Skizze der frühen griechischen Welt wurde zum Beispiel ‚die Ankunft der Griechen' völlig entdramatisiert: „Die „Ankunft der Griechen' bedeutet eigentlich die Ankunft eines neuen Bevölkerungselements, das mit den Ansässigen verschmolz, um allmählich eine neue Kultur hervorzubringen und sie nach Kräften zu verbreiten." [14]

Von den verschiedenen Zivilisationskreisen der frühen mediterranen Welt faszinierte Finley besonders das mittelminoische Kreta. Im Hinblick auf dessen Paläste, Fresken und Kleinkunst vertrat er die Ansicht: „Die Gesellschaft, zumindest ihre Spitze, offenbarte in der bildenden Kunst eine Seelenkenntnis und Lebensart, wie sie damals keine andere besessen hat und keine Epoche der Antike je besitzen sollte." [15] Gleichwohl hatte Finley aber auch den Eindruck, „als ob die kretische Gesellschaft zu Beginn des Mittelminoikums institutionell und ideologisch erstarrt wäre und in einen Gleichgewichtszustand geraten, der jahrhundertelang nicht ernstlich gefährdet wurde und nach allen Seiten hin sicher, vielleicht allzu passiv sicher war" [16]. So wie hier versuchte Finley auch bei der Erörterung der folgenden Epochen der Griechischen Geschichte stets alle verfügbaren Geschichtsquellen auszuwerten und ein plastisches Gesamtbild der griechischen Zivilisation zu entwerfen.

Neben der Besprechung der mykenischen Kultur und der Behandlung des Endes der Bronzezeit hat er wiederholt „die Dunklen Jahrhunderte" anhand der homerischen Gedichte dargestellt [17] und dabei in der retractatio manches noch prägnanter formuliert als einst in der ›Welt des Odysseus‹. So beschrieb er etwa die kaum zu überschätzende Bedeutung der ›Ilias‹ und der ›Odyssee‹ folgender-

[14] Die frühe griechische Welt. München 1982, 33.

[15] A. O., 48.

[16] A. O., 57.

[17] Die Griechen. München 1976, 12 ff.; Die frühe griechische Welt. München 1982, 83 ff.

maßen: „Die Gedichte waren, so wie sie vorgetragen wurden, sowohl die Wahrheit selbst als auch der Nachweis für ihre Wahrheit."[18] Ähnlich intensiv waren Finleys Bemühungen um das Verständnis des archaischen Zeitalters. Hier ging es ihm ebenso um eine angemessene Beurteilung der Kolonisation wie der Tyrannis. Im Falle der Kolonisation betonte Finley stets die Problematik dieses Begriffs angesichts der weitgehenden Selbständigkeit der Neugründungen. Er wies die Priorität von Handelsgesichtspunkten bei dieser Bewegung zurück und unterstrich im Gegenteil das Ziel des Landerwerbs, dies gerade in seiner Fallstudie über die Verhältnisse in Sizilien. Vor allem aber war nach Finley der Zwang zur Auswanderung entscheidend: „Nichts anderes hätte eine so anhaltende Bewegung in so verhältnismäßig großem Umfang auf so lange Zeit hinaus bewirken können, und nichts anderes hätte die Bereitschaft auszuwandern ausgelöst oder die Gemeinden dazu gebracht, ihre Bürger ziehen zu lassen und wenn nötig, sogar fortzuschicken."[19]

Schon in seiner Skizze der politischen Entwicklung des griechischen Mutterlandes hatte sich Finley um eine ausgewogene Bewertung der Tyrannis bemüht, „denn die Tyrannis war im Übergangsstadium von der personalen, in der Adelsfamilie erblichen Herrschaft zum klassischen Stadtstaat oft das entscheidende Phänomen"[20]. Doch von einer Idealisierung dieser Institution war Finley weit entfernt. Gerade für den sizilischen Schauplatz betonte er vielmehr deren Preis: „Innere und auswärtige Kriege, Unbarmherzigkeit im Kampf um die Macht und ein glänzender Aufschwung des kulturellen Lebens gingen nebeneinander her. Der Preis, der an Menschenleben und Menschenglück dafür zu zahlen war, läßt sich nicht ermessen."[21] Gegenüber modernen Forschungstendenzen, die eigenartige Stellung der sizilischen Tyrannen mit verfassungsrechtlichen Kategorien zu präzisieren, wählte Finley einen sehr viel realistischeren Weg: „Der ganz persönliche und individuelle Cha-

[18] Die Griechen, 14.

[19] A. O., 26. – Bei den wiederholten Behandlungen des Phänomens griff Finley immer wieder auf seine „Lieblingsquelle" zurück. Strabo VI 2, 4 wird in Übersetzung ausführlich zitiert. Die Griechen, 25; Die frühe griechische Welt, 105; Das antike Sizilien, 35.

[20] Die Griechen, 31.

[21] Das antike Sizilien. München 1979, 69.

rakter des Handelns der Tyrannen kann nicht entschieden genug betont werden. Sie hatten etwas bewußt Archaisches, sogar ‚Heroisches' an sich und waren nicht allzu weit vom Größenwahn entfernt. Man denke an die Zahl und die Ausmaße ihrer Tempel. Vor Greueln scheuten sie nie zurück, aber mit Begriffen wie ‚Brutalität' oder ‚Tyrannei' treffen wir die unvermittelte Zerstörung und Gründung von Städten, die hastig und wiederholt betriebene Umsiedlung von Zehntausenden nicht. ... Es ist von vornherein verfehlt, ihre verfassungsmäßige Stellung in der Heimat oder in unterworfenen Gemeinden klären zu wollen."[22]

Finleys persönliche Sympathien aber gehörten dem klassischen Stadtstaat und hierbei insbesondere jenem der athenischen Demokratie. Die sich seit der archaischen Epoche entwickelnde griechische Polis wollte Finley dabei nur innerhalb gewisser Grenzen mit der Definition eines „Stadtstaates" gleichsetzen. Er betonte statt dessen andere Aspekte: „Die polis war kein Ort, wenn sie auch ein bestimmtes Areal einnahm; sie war Volk, das gemeinsam handelte und deshalb in der Lage sein mußte, sich zu versammeln und sich mit seinen Problemen direkt auseinanderzusetzen. Das war eine, wenn auch nicht die einzige Voraussetzung der Selbstregierung."[23] Ähnlich wie Jacob Burckhardt unterstrich auch Finley die nahezu allumfassende Macht der Polis gegenüber ihren Bürgern, die diese Beschneidung ihrer Freiheit freilich hingenommen hätten. Denn Freiheit wurde nach Finley „nicht mit Anarchie gleichgesetzt, sondern mit einem geordneten Dasein in einer Gemeinschaft, die sich einem von allen geachteten feststehenden Kodex unterwarf"[24].

So fasziniert Finley von der griechischen Polis war, so betonte er doch gleichzeitig die faktische Ungleichheit ihrer Bürger: „Armut war weit verbreitet, der materielle Lebensstandard war niedrig, und es bestand eine tiefe Kluft zwischen arm und reich, was jeder griechische Autor, der sich mit Politik befaßte, wußte und auch aussprach. Dieser Zustand war in der Geschichte nichts Neues, aber in Griechenland erhielt er durch den Stadtstaat mit seiner Intensität, seiner Betonung der Gemeinschaft und der Freiheit und Würde des einzelnen, die sich aus der Zugehörigkeit ergab, einen ungewöhn-

[22] A. O., 81.
[23] Die Griechen. München 1976, 38.
[24] A. O., 41.

lichen Aspekt."[25] Völlig in seinem Element war Finley dann in jenen Partien seiner Werke, in denen er die soziale wie die politische Struktur der athenischen Demokratie darstellen konnte. Plastisch beschrieb er die Bevölkerungsrelationen, rechnete im 5. Jahrhundert v. Chr. mit einer Gesamtzahl erwachsener männlicher Bürger von rund 40 000 und betonte gleichzeitig, daß rund ein Drittel von ihnen über die Mittel verfügten, um als Hopliten eingestuft zu werden. Der Prozentsatz der athenischen Sklaven, deren Zahl Finley auf 60 000–80 000 schätzte, entsprach nach ihm demjenigen „im amerikanischen Süden vor dem Bürgerkrieg"[26].

„Die unmittelbare persönliche Teilnahme am politischen Leben war der Schlüssel zur athenischen Demokratie"[27] – darauf insistierte Finley immer wieder mit besonderem Nachdruck, insbesondere in den Vorlesungen über ›Antike und moderne Demokratie‹, in denen er speziell die historische Erfahrung der Griechen für die moderne Diskussion über die Theorie der Demokratie fruchtbar machen wollte.[28] Mit der Teilnahmslosigkeit und der weitgehenden politischen Ignoranz oder Apolitie der Bürger in den westlichen Demokratien des 20. Jahrhunderts konfrontierte Finley dort die politische Realität Athens, jener Welt der direkten Demokratie mit dem Vorrang des gesprochenen Wortes, allgemeiner Vertrautheit mit den öffentlichen Angelegenheiten, den durch Wirklichkeitsbezug und Spontaneität gekennzeichneten und von Leidenschaft erfüllten politischen Debatten. Den auf Mosca, Pareto und Michels zurückgehenden Elitetheorien der modernen Demokratien stellte er die athenische Lösung entgegen: „Die Konzentration der Entscheidungsbefugnis in der Volksversammlung, die weitreichende Aufteilung und der periodische Wechsel der Funktionen in der Geschäftsführung und ‚Verwaltung', die Bestimmung von Magistraten und Richtern durch das Los, das Fehlen einer besoldeten Bürokratie, die aus der Bürgerschaft besetzten Geschworenengerichte, all dies diente dazu, die Bildung eines Parteiapparates und somit einer institutionalisierten politischen Elite zu verhindern" (29).

Indessen war Finley auch bewußt, daß „das Seereich eine not-

[25] A. O., 42.
[26] A. O., 51 f.
[27] A. O., 54.
[28] Stuttgart 1980, 4.

wendige Voraussetzung des athenischen Typs der Demokratie" (54) gewesen ist. Er überging auch die Kritik an der athenischen Demokratie nicht – aber er relativierte sie: „Man könnte leicht einen Katalog aufstellen mit den Fällen von Unterdrückung, Denunziantentum, Kurzschlußhandlungen und regelrechter Brutalität in den fast zweihundert Jahren, in denen Athen eine Demokratie war. Dennoch blieben das während dieser langen Zeit, die Athen erstaunlich unberührt von der allgemeinen griechischen Krankheit des Aufruhrs und Bürgerkriegs zeigte, nur Einzelfälle."[29] Den antiken Kritikern der athenischen Demokratie und Sympathisanten Spartas, wie Platon, warf Finley vor, daß sie völlig vergaßen, „daß sie alle in Sparta gar nicht erst hätten denken dürfen, geschweige denn, daß man ihnen wie in Athen gestattet hätte, frei zu lehren"[30].

Sosehr für Finley die Fragen der wirtschaftlichen, gesellschaftlichen und politischen Struktur im Mittelpunkt seines Denkens standen, nie hat er darüber die Bedeutung der religiösen Elemente innerhalb der griechischen Welt aus den Augen verloren, nie deren vielfältigen Einfluß in dieser Zivilisation verkannt. Immer wieder betonte Finley in den verschiedensten Zusammenhängen, daß es im antiken Griechenland keine Trennung von Staat und Kirche gab, daß das religiöse Ritual weithin in der Hand von Laien lag und daß zum Beispiel auch der Tempelbau eine politische Dimension besaß: „In gewissem Sinne war der Tempel ein Denkmal, das die Gemeinde sich selbst setzte, eine offenkundige Darstellung ihrer Größe, Stärke und – vor allem – ihres Selbstbewußtseins."[31] Erst recht unterstrich er in der Monographie über die Olympischen Spiele die Tatsache, daß Olympia der Mittelpunkt der Zeusverehrung von ganz Griechenland war, immer eine Kultstätte blieb und daß der religiöse Zusammenhang bei den Spielen stets gewahrt wurde.[32]

In besonders eindrucksvoller Weise hob Finley das religiöse Fundament bei seiner Behandlung des griechischen, speziell des athenischen Theaters hervor. Dabei wies er vor allem in seinem

[29] Die Griechen. München 1976, 58.

[30] A. O., 59.

[31] A. O., 33.

[32] M. I. Finley – H. W. Pleket, Die Olympischen Spiele der Antike. Tübingen 1976, 35ff.

glänzenden Vortrag über die Idee des griechischen Theaters[33] auf die Unwiederholbarkeit jener Aufführungen hin, die einst durch eine spezifische religiös-politische Aura belebt wurden und die ohne die ganze zeitgenössische Atmosphäre der Debatten und Diskussionen ebenso undenkbar sind wie ohne ihre Einbindung zum Beispiel in die religiösen Feste für Dionysos. Nachdrücklich vergegenwärtigte Finley Dimensionen wie Funktionen dieser großen Gemeinschaftsfeiern, an denen etwa 1000 Männer und Knaben als aktive Mitwirkende teilnahmen, während das athenische Theater etwa 14 000 Zuschauer fassen konnte.[34] Im Hinblick auf die Tragödie vertrat Finley die Ansicht, daß es den Dramatikern vor allem darum ging, „die menschliche Seele zu erforschen" und eine Toleranz zu zeigen, „die in Situationen bewiesen wurde, in denen man gerade damit eigentlich nicht gerechnet hatte"[35].

Die Komödie hielt Finley dagegen für „grundsätzlich in jedem Sinne areligiös"[36], und er subsumierte: „Wo gibt es das sonst noch, daß alljährlich öffentliche Feste gefeiert werden, zudem noch religiöse, bei denen man sich in anhaltenden Schmähungen der höchstgeschätzten Institutionen und, was noch erstaunlicher ist, mitten in einem großen und bedrohlichen Krieg in pazifistischen Witzen und Antikriegsreden gefällt – und daß all das, von der Auswahl der Stücke am Anfang bis zur Krönung des siegreichen Dichters am Schluß, in der Hand des Staates liegt?" Und Finley folgerte weiter: „Vielleicht spiegelt nichts anderes so genau gewisse Züge Athens im fünften Jahrhundert – seine weitgehenden Freiheiten, seine Selbstsicherheit, seine Vitalität, seinen Überschwang und die Fähigkeit des Demos, über sich selbst zu lachen."[37]

Damit war nun auch das Problem der geistigen Freiheit und der Einschränkung dieser Freiheit in Athen berührt, jene Problematik, die Finley am eindringlichsten unter dem Thema ›Sokrates und die Folgen‹ im Rahmen seiner Vorlesungen über antike und moderne Demokratie behandelt hatte, als er Gast jener Universität war, die

[33] M. I. Finley, The Idea of a Theatre: The Greek Experience. London 1980 (British Museum Publications).

[34] Die Griechen, 74.

[35] A. O., 76.

[36] A. O., 77.

[37] A. O., 79.

ihm einst die Lehrbefugnis entziehen mußte. Auch in jenem Zusammenhang wies er einerseits auf die nahezu grenzenlose Freiheit des Aristophanes hin[38] und konfrontierte damit andererseits das juristische Vorgehen gegen Anaxagoras und Sokrates.[39] Den Unterschied sah Finley gerade in dem jeweiligen Rahmen der Äußerungen, welche bei Euripides und Aristophanes durch deren Einbindung in den religiösen Kontext immer noch als systemimmanent gelten konnten, während dies bei Anaxagoras und Sokrates nicht der Fall war. So gelangte er zu dem Urteil: „Die sich in dem (gegen Anaxagoras gerichteten) Gesetz des Diopeithes und den folgenden Prozessen spiegelnde Furcht muß als das genommen werden, als was sie sich präsentiert: als die Furcht, daß der sittliche und religiöse Charakter der Gemeinschaft durch die Verführung der jungen Leute und insbesondere der jungen Mitglieder der gesellschaftlichen Elite untergraben wurde."[40] Finley schloß mit dem, gerade in diesem Zusammenhang auch existentiell begründeten Hinweis: „Es wird weiterhin Fehler geben, Tragödien und Gottlosigkeitsprozesse, aber man wird vielleicht auch von der weitverbreiteten Entfremdung zu einem echten Gemeinschaftssinn zurückkehren. Die Verurteilung des Sokrates ist nicht die ganze Geschichte der Freiheit in Athen."[41]

Ganz anders war Finleys grundsätzliche Einstellung gegenüber Sparta. Hier ging er von den Perspektiven von F. Ollier[42] aus, wonach Sparta eine gleichsam „doppelte" Geschichte besaß, die „eigene und die seines Bildes im Ausland . . . Bedenkt man, wieviel in der Antike über Sparta geschrieben worden ist, so muß man sich wundern, daß ein so verworrenes, widersprüchliches Bild entstehen konnte. Zum Teil liegt das daran, daß das Trugbild sich unablässig vor die Wirklichkeit schiebt, sie verzerrt und oft vollständig verbirgt, teilweise auch daran, daß die Spartaner selbst so völlig schweigsam waren."[43] Sparta bot sich Finley in besonderer Weise

[38] Finley stellte dem die Unterdrückung der Aufführung eines Hochhuth-Stückes durch den Verwaltungsrat des Nationaltheaters im Jahre 1967 entgegen: Antike und moderne Demokratie. Stuttgart 1980, 87.

[39] A. O., 102ff.

[40] A. O., 104.

[41] A. O., 106.

[42] F. Ollier, Le mirage spartiate. 2 Bde. Paris 1933/43. NDr. 1973.

[43] Die Griechen, 59.

für eine idealtypische Bearbeitung an, in der er ausführlicher auf die Geschichte und die Gesellschaft jenes Staates einging als in den Monographien.[44]

In dieser speziellen Untersuchung klammerte Finley alle Probleme des frühen Sparta aus und konzentrierte sich ganz auf jene „klassische Ordnung Spartas", die sich nach der „Revolution des 6. Jahrhunderts" ausgebildet hatte. Diese Ordnung selbst sah Finley durch drei verschiedene Elemente charakterisiert: „1. die Infrastruktur der Landlose, der Heloten und Periöken mit allem, was das in bezug auf Arbeit, Produktion und Warenverkehr bedeutet; 2. das Verfassungssystem (einschließlich des militärischen Systems); 3. das Ritualsystem . . ." (329).

Finley hob insbesondere hervor, was die Teilnahme am gemeinsamen Lebenszyklus für die homoioi, die spartanischen männlichen Bürger, in der Praxis bedeutete: „1. eine gemeinsame, formalisierte, obligatorische Erziehung, deren Ziele Gehorsam, Tapferkeit, Disziplin und professionelles militärisches Können waren; 2. ein einziger Beruf, der eines Hoplitenkriegers oder Offiziers; 3. wirtschaftliche Sicherheit und völlige Freiheit von wirtschaftlichen Sorgen, da alle produktiven und dienenden Tätigkeiten von zwei besonderen Kategorien von Abhängigen – den Heloten und den Periöken – verrichtet wurden; 4. ein Leben in der Öffentlichkeit (kaum ein Privatleben) in einer reinen Männergesellschaft mit einem Höchstmaß von Konformismus und Geringschätzung der Individualität" (332f.). Finley anerkannte durchaus die militärischen Erfolge dieses Systems, aber er beleuchtete auch dessen Spannungen und Schwächen: die Auswirkungen der Helotie, der Bestechlichkeit, des Kampfes um die Führung, die fehlende soziale Mobilität, die unbefriedigende Rolle der Frauen in dieser Gesellschaft und die fehlende Auslandserfahrung. Und er hob die Paradoxie hervor, daß gerade der größte militärische Erfolg „den vorbildhaften Militärstaat zerstörte" (350).

Der „Kosmos" der abgeschlossen lebenden, fremdenfeindlichen spartanischen Berufssoldaten war keineswegs nach Finleys Sinn, die lakonische Ausdrucksweise nach ihm „ein Zeichen dafür, daß sie

[44] Sparta, in: The Use and Abuse of History. London 1975, 161–177; 238–240. Deutsche Übersetzung in: K. Christ (Hrsg.), Sparta. Darmstadt 1986, 327–350. Danach wird hier zitiert.

nichts zu sagen hatten"[45]. Dem ganzen System hielt er entgegen, daß „Mangel an Phantasie und geistige Unbeweglichkeit in der Politik wie in sozialen Angelegenheiten . . . sich in Zeiten des Erfolgs als höchst verderblich"[46] erwiesen. Trotz all seiner Reserven verkannte Finley indessen die Nachwirkung des idealisierten Spartas nicht: „Es war das Musterbeispiel der geschlossenen Gesellschaft, wie sie alle die bewundern, die eine offene Gesellschaft mit ihrer Parteipolitik, ihrer Hinnahme des demos als einer politischen Kraft, ihren häufigen ‚Mangel an Disziplin' und ihrer Anerkennung der Würde und der Ansprüche des Einzelnen ablehnen."[47]

So fasziniert Finley von der Staats- und Lebensform der griechischen Polis war, so nüchtern schilderte er ihren Verfall im 4. Jahrhundert v. Chr. Er machte sich über die Realisierbarkeit dieses Ideals keine Illusionen, blieb aber dennoch bei seiner hochgestimmten Würdigung: „Die polis, so schließt man, war eine großartige Konzeption, eine Idee jedoch, die eine so seltene Verbindung von materiellen und institutionellen Gegebenheiten voraussetzte, daß sie nie verwirklicht werden konnte, daß man ihr nur für eine sehr kurze Zeitspanne nahezukommen vermochte, daß sie eine Vergangenheit, eine flüchtige Gegenwart, aber keine Zukunft hatte. In diesem flüchtigen Augenblick gelang ihren Gliedern, was dem Menschen in seiner Geschichte nicht oft gelungen ist: die Größe, deren der menschliche Geist und die menschliche Seele fähig sind, zu erfassen und der Nachwelt zu überliefern."[48]

In seinem Sizilienbuch ging Finley der Frage nach, warum dort das Ideal der griechischen Polis auf Dauer nicht verwirklicht werden konnte. Er wies dabei auf den Zwang zum Leben in fremder Umgebung hin, einerseits auf die ständige Konfrontation mit starken Mächten, andererseits auf jene innere Instabilität, die durch Vertriebene, Umsiedlungen und Söldner bewirkt wurde und die Entstehung eines konstanten Gemeinschaftsgefühls verhinderte.[49] Die politische Geschichte des hellenistischen Zeitalters und die Auseinandersetzung des Griechentums mit der römischen Welt

[45] Die Griechen, 60.
[46] A. O., 62.
[47] A. O., 63.
[48] A. O., 67.
[49] Das antike Sizilien. München 1979, 100.

haben Finley dagegen weniger interessiert. Es ist für seine Prioritäten bezeichnend, daß die Schilderung der großen Sklavenaufstände in der Sizilienmonographie annähernd ebensoviel Raum einnahm wie das Kapitel „Zwischen Karthago und Rom“, das die Schicksale der Insel während der Punischen Kriege schilderte. Die Aufstände selbst analysierte Finley ausgesprochen kühl und nüchtern: „Die Sklaven erstrebten keine soziale Revolution . . . Man darf hinter den Zielen der Sklaven nicht allzuviel vermuten, denn es ist unwahrscheinlich, daß auch nur einer von ihnen – Eunus eingeschlossen – ein bis ins letzte durchdachtes Programm hatte“ (180). Und gegenüber den modernen religiösen Interpretationen der Erhebungen hielt Finley fest, „daß die Sklaven sich der Unterstützung aller erreichbaren göttlichen Wesen und nicht nur die einer einzigen Gottheit zu sichern suchten. Es ist deshalb wohl nicht richtig, von einer ‚religiösen Bewegung‘ zu sprechen bei Unternehmungen, die in diesem Bereich weder ein spezifisches Ziel verfolgten noch einen bestimmten Kult im Auge hatten“ (181).

Wie die kleine Einführung ›Die Griechen‹ und die frühen Monographien, so beeindruckt gerade das Sizilienbuch durch die umfassende Auswertung der archäologischen Denkmäler, dort auch der Zeugnisse des Judentums und des frühen Christentums auf der Insel. In der Disposition der Einführung wurde daneben auch den Bereichen von Literatur, Wissenschaft, „Volksmoral“ und Philosophie besonders viel Raum geschenkt. Dabei handelte es sich gerade in diesen Sektoren nie um eine kompendienhafte Zusammenfassung des Bildes der communis opinio, sondern um mit Verve ausgezogene persönliche Linien. Die Artikulationen wurden dabei immer in ihrem gesellschaftlichen Kontext gesehen, so zum Beispiel, wenn Finley zur Entwicklung der griechischen Dichtung in der klassischen Zeit konstatierte, „daß die klassische Dichtung die rein persönlichen Gefühle um sozialer, religiöser und hoher moralischer Themen willen aufgab“ [50].

Ob Finley Pindars 2. Pythische Ode exemplarisch interpretierte oder ob er Platon als „den einflußreichsten und radikalsten antidemokratischen Moralisten, den die Welt je gesehen hat“ (102), bezeichnete, häufig leuchten in seinen Darstellungen die ganz persönlichen Wertungen und Überzeugungen auf. Rationalistische

[50] Die Griechen, 70.

Strömungen würdigte er dabei, wo immer er sie traf. Das Buch über die frühe griechische Welt klang mit der Feststellung aus: „Das Selbstvertrauen und die Selbstsicherheit des Menschen . . . sind die Wurzel des griechischen Wunders“ (156). An anderer Stelle hieß es: „Die bis heute nie versiegende Anziehungskraft der Griechen beruht vor allem darauf, daß sie stets bemüht waren, sich von Zauberei und Unwissenheit zu befreien.“ [51] ›The Legacy of Greece‹, wie Finley sie sah und auch realisierte,[52] war weit entfernt von der Sicht eines Gilbert Murray oder Alexander Schenk Graf von Stauffenberg;[53] sein gleichsam „aufgeklärtes“ Bild entsprach vollkommen dem eigenen Wesen wie der geistigen Welt seiner Gegenwart.

IV

Moses Finleys früheste wirtschaftliche Untersuchungen nehmen in seinem Gesamtwerk eine singuläre Stellung ein. Die Vorbereitung eines Buches über den Geschäftsverkehr in den griechischen Poleis hatte ihn auf die komplexen Aspekte von Geld und Kredit geführt und ihm die moderne Forschungslücke speziell im Sektor der Kreditsicherungen aufgezeigt. Die sozialen und wirtschaftlichen Zusammenhänge zwischen Grund-und-Boden-Sicherheit auf der einen Seite und Kreditvergabe auf der anderen schienen ihm dringend näherer Studien zu bedürfen, wobei er sich von Anfang an nicht nur auf die juristischen Fragen im engeren Sinne beschränken wollte. Die Untersuchungen über die Verhältnisse in Athen im Zeitraum zwischen 400 und 250 v. Chr., die Finley auf der Grundlage einer exakten und umfassenden Interpretation der Horos-Inschriften, der Inschriften auf den eine Hypothek bezeugenden Steinen, durchführte, sollten dabei ursprünglich lediglich den ersten Band einer ganzen Reihe von Studien über den Gesamtbereich der Poliswelt darstellen.[54]

[51] Die Griechen, 108.

[52] M. I. Finley (Ed.), The Legacy of Greece. A New Appraisal. Oxford 1981.

[53] Siehe: Das antike Sizilien, 255.

[54] M. I. Finley, Studies in Land and Credit in Ancient Athens, 500-200 B. C. The Horos-Inscriptions. New Brunswick 1952. NDr. New York 1973, VII.

Das Werk fußte auf einer systematischen, gut kommentierten Materialsammlung sowie auf einer weit ausgreifenden Auswertung der Spezialliteratur. Die Funktionen der Horoi wurden ebenso erörtert wie die verschiedenen Zielsetzungen und Zusammenhänge der Sicherungsverfahren, die Kategorien des betroffenen Besitzes wie jene der beteiligten Personen. F. Pringsheim, der diesen Studien eine souveräne Besprechung widmete, zeigte trotz vielfacher Einzelkritik großen Respekt vor der „sorgsam unterbauten, neuartigen und fleißigen Arbeit“ [55], wies aber auch deutlich auf die prekäre Situation hin, die für Finley durch das annähernd gleichzeitig publizierte Werk von C. A. Fine [56] entstanden war, ein Werk, dem Finleys nachträglicher Kommentar kaum gerecht werden konnte.

Das faktische Ergebnis seiner Untersuchungen hat Finley später wie folgt beschrieben: „In dem Zeitraum zwischen ungefähr 400 und 250 v. Chr. benutzten die Athener ein einfaches Verfahren, um öffentlich bekanntzumachen, daß ein Immobilien- oder Landbesitz rechtlich verbindlich belastet war: sie versahen eine Steinplatte mit einer Inschrift von wenigen Worten und setzten sie als Markstein auf ein Stück Land oder brachten sie an einem Haus an. Als ich meine Studien dieser Dokumente im Jahre 1951 abschloß, waren 222 solcher Texte veröffentlicht, und davon 182 in einem für eine Analyse hinreichend vollständigen Zustand erhalten. Die Texte umfaßten nur drei bis fünfzehn Worte und ein oder zwei Zahlzeichen (die Angabe einer Geldsumme), aber ich war dennoch in der Lage zu zeigen, daß diese Steine die Verschuldung eher wohlhabender athenischer Landbesitzer auswiesen, die fast immer zum Zweck so konventioneller persönlicher Ausgaben wie einer Mitgift eingegangen worden war; mit anderen Worten diese Steine waren kein Beleg für einen steten Niedergang der attischen Bauern im 4. Jahrhundert v. Chr., wie die allgemein akzeptierte Interpretation lautete, die Generationen von Historikern allein auf das Zeugnis dieser falsch interpretierten Inschriftensteine gegründet haben.“ [57]

[55] Gnomon 25, 1953, 231. – Bemerkenswert ist Pringsheims treffende Charakterisierung von Finleys Argumentationsweise: „Hier wie oft dringt er genau ein, wägt aber nicht ruhig genug ab.“ A. O., 226.

[56] C. A. Fine, Horoi. Studies in mortgage, real security, and land tenure in ancient Athens, Hesperia-Suppl. 1951 f.

[57] M. I. Finley, Quellen und Modelle in der Alten Geschichte. Frankfurt 1987, 59f.

Die für Finleys Dissertation charakteristische Verbindung von wirtschaftlichen, gesellschaftlichen und juristischen Perspektiven sollte sich nach den „Horoi" nicht mehr in ähnlicher Form entfalten. Das Werk, das ihm in diesem Sektor die größte Resonanz brachte, die rund zwanzig Jahre später erschienenen Sather Classical Lectures mit dem Titel ›The Ancient Economy‹[58], zeigte ein ganz anderes Profil. Es begann mit Vorüberlegungen über die Rolle und Eigenart der Wirtschaft in der Antike, mit begriffs- und wissenschaftsgeschichtlichen Erörterungen des Terminus „Ökonomie". Dabei hob Finley mit Nachdruck hervor, daß den Menschen der Antike „der Begriff einer *Wirtschaft* fehlte und darüber hinaus die begrifflichen Voraussetzungen für das, was wir *die Wirtschaft* nennen. Natürlich waren sie als Bauern oder Händler tätig, stellten Waren her, betrieben Bergbau, natürlich wurden Steuern erhoben und Münzen geprägt, deponierte man Geld und nahm welches auf, natürlich machten sie Gewinn oder scheiterten in ihren Unternehmungen. Sie sahen aber nicht all diese einzelnen Aktivitäten gedanklich als Einheit, als *differenzierte Unterfunktion der Gesellschaft* nach Parsonsscher Terminologie. Aus diesem Grunde hat Aristoteles, dessen Ziel es war, alle Zweige des Wissens systematisch zu erfassen, keine Ökonomie geschrieben" (12).

Auf Hinweise über die speziellen Schwierigkeiten der modernen Forschung im Bereich der antiken Wirtschaft folgte die Abgrenzung der griechisch-römischen Welt des Zeitraums zwischen etwa 1000 v. Chr. und 500 n. Chr., die Erörterung der klimatischen und geographischen Faktoren wie der politischen Einheit im Imperium Romanum und des gemeinsamen kulturell-psychologischen Rahmens, die für die antike Wirtschaftswelt konstitutiv waren. Daran schloß sich eine sehr persönliche Stellungnahme zu den Problemen von Ständen, Status (= Sozialprestige) und Klasse an, die von der Bewertung von „Arm" und „Reich" in der Antike ausging sowie von einer Interpretation der Äußerungen Ciceros (de officiis 1, 150f.) über das Ansehen der verschiedenen beruflichen Tätigkeiten in der römischen Gesellschaft.

Präzise Abgrenzungen der einzelnen Definitionen konnte auch Finley angesichts eines teilweise uneinheitlichen antiken Sprachge-

[58] The Ancient Economy. Berkeley 1973. – Deutsche Ausgabe München 1977. Danach wird im folgenden zitiert. – 2., erweiterte Auflage, London 1985.

brauchs nicht geben. Beim „Stand" hob er die juristischen Aspekte hervor: „Er besitzt in einer oder mehrerer Hinsicht formale Privilegien und unterliegt Beschränkungen in bezug auf Beteiligung an der Regierung, auf das Militärische, seine Rechtsstellung, auf Wirtschaft, Religion, Eheschließung und bezüglich seiner Stellung im hierarchischen Verhältnis zu anderen Ständen" (43). Im Hinblick auf die römischen Patrizier und Plebejer der frühen Republik formuliert, mochte diese Fixierung zutreffen, doch bereits für die Folgezeit ergaben sich nicht unbeträchtliche Schwierigkeiten. Jetzt entwickelten sich in Rom Senatoren- und Ritterstand, aber auch die Angehörigen der römischen Bürgerschaft wollte Finley als „Stand" begreifen, wobei er die Schwierigkeiten durchaus sah. Die Nobilität dagegen war für ihn ein „Status" (45). Entschieden wandte sich Finley zunächst gegen die Anwendung des Begriffes „Klasse" in diesem Zusammenhang, vor allem gegen die Vorstellung eines Klassenkampfes zwischen Rittern und Senatoren: „Ein ungeheures Gebäude von Fiktionen, errichtet auf einem einzigen falschen Vorurteil über Klassen, gilt noch heute in zu vielen Büchern als römische Geschichte" (49).

Vorausblickend ist zu sagen, daß Finleys Kategorien, Begriffe und Wertungen vor allem in der Beurteilung der griechischen Gesellschaft alles andere als einheitlich und konsistent sind. In der ›Antiken Wirtschaft‹ wie in ›Antike und moderne Demokratie‹ distanzierte er sich eindeutig von der Anwendung des Klassenbegriffs auf antike Strukturen.[59] Auch Begriffe wie „soziale Klasse" oder „ökonomische Klasse" hielt er für „irreführend"[60]. In Finleys letztem Werk ›Das politische Leben in der antiken Welt‹ wurde dann jedoch der Klassenbegriff in einer höchst aparten Weise für den politischen Sektor wiederaufgenommen und dies folgendermaßen begründet: „Wenn ich hier auf ‚Klasse' zurückgreife (im Sinne des

[59] „Wie immer die Anwendbarkeit dieser (sc. der marxistischen) Klasseneinteilung auf die heutige Gesellschaft auch beurteilt werden mag, für den Althistoriker gibt es eine offenkundige Schwierigkeit: der Sklave und der freie Landarbeiter wären demnach, mechanisch eingeordnet, Angehörige derselben Klasse, ebenso der reichste Senator und der nicht mitarbeitende Besitzer einer kleinen Keramikwerkstatt. Das ist offensichtlich kein sehr sinnvoller Weg, die Gesellschaft der Antike zu gliedern." Die antike Wirtschaft, 48.

[60] Antike und moderne Demokratie, 60.

alltäglichen [sc. englischen] Sprachgebrauches, nicht in einem marxistisch oder sonstwie technisch verstandenem Sinne), dann heißt das nicht, daß sich meine Meinung geändert hätte, sondern nur, daß ‚Klasse' in diesem Sinne für die Darstellung antiker Politik die besser geeignete Terminologie ist." [61]

Finley sah die Grundstruktur der athenischen Gesellschaft durch den Gegensatz zwischen „Armen" und „Reichen" bestimmt,[62] durch einen Antagonismus, der sich ihm unter der Hand mit jenem zwischen den „Vielen" und den „Wenigen" überlagerte und damit zu eigentümlichen Widersprüchen führte. Wie Finley bei seiner Beschreibung der Situation im Athen der Mitte des fünften Jahrhunderts v. Chr. zeigte, konnte die einfache Polarisierung die gesellschaftliche und politische Realität jedoch nicht angemessen erfassen: „Den ‚Vielen' bot der Staat bedeutende materielle Vorteile und einen sehr beachtlichen Anteil an der Regierung, den ‚Wenigen' – einer recht zahlreichen Gruppe – jene Ehren und Anerkennungen, die politische und militärische Führerschaft mit sich bringen." [63] Wenn die ‚Wenigen' schon hier, als „recht zahlreiche Gruppe", mit der politischen und militärischen „Führerschaft" identifiziert werden, so wird die Anwendung des Begriffes noch problematischer, wenn man sich in Erinnerung ruft, daß Finley selbst darauf hinwies, daß immerhin rund ein Drittel aller erwachsenen männlichen Bürger Athens über die Mittel verfügte, um sich die kostbare Hoplitenausrüstung zu erwerben.[64]

Die Vehemenz, mit der Finley die gut fundierten Forschungen von P. Spahn[65] ablehnte, kann ebensowenig überzeugen wie seine apodiktische Setzung: „Wir müssen uns deshalb auf die Konnotationen beschränken, die das Wortpaar Arme und Reiche in der Antike hatte, und strikt die Annahme einer eigenständigen Mittelschicht mit definierten Interessen wie in der Moderne vermeiden." [66] Diese Setzung ist um so weniger zwingend, als auf derselben Seite eingeräumt wird, daß die Unterscheidung in die Gruppen

[61] München 1986, 181, Anm. 29.

[62] Die antike Wirtschaft, Kap. 2; Antike und moderne Demokratie, 61; Das politische Leben, 21.

[63] Die Griechen, 58.

[64] A. O., 52.

[65] Mittelschicht und Polisbildung. Frankfurt 1977.

[66] Das politische Leben, 22.

der „Reichen" und der „Armen" nach Finley „nicht als hinreichende soziologische Kategorisierung einer Klassenstruktur" verstanden werden kann. Alle dialektischen Kunstgriffe können an der Tatsache nichts ändern, daß sich die extreme Polarisierung der griechischen Gesellschaft des 5. Jahrhunderts v. Chr. als ebenso problematisch erweist wie jene der späten Römischen Republik oder des Principats.[67]

In dem Abschnitt „Herren und Sklaven" der Monographie über die antike Wirtschaft ging Finley auf die Schwierigkeiten ein, die eine adäquate Erfassung der Institution der antiken Sklaverei bietet. Er wies dabei schon eingangs nicht nur auf das weite Spektrum der Existenz der Sklaven hin, auf ihre keineswegs generell identischen Positionen als Person und Eigentum, auch auf die Implikationen der römischen Freilassung sowie auf spezielle Phänomene wie das Helotensystem oder die Institution des peculium. Der traditionellen Fixierung auf die drei Kategorien der Sklaven, Leibeigenen und freien Lohnarbeiter am unteren Ende der sozialen Skala setzte Finley eine sehr viel differenziertere Vorstellung entgegen. Dem „Spektrum von Status und Ständen" (73) im oberen Teil der Gesellschaftspyramide entsprach ein strukturell ähnliches „Spektrum" im unteren. Dies hatte zum Beispiel zur Folge, daß die „Besitzsklaven" lediglich als eine Kategorie der abhängigen oder unfreiwilligen Arbeiter eingestuft wurden.

Finley konstatierte durchaus, daß die Sklaverei in Athen und in anderen griechischen Stadtstaaten vom 6. Jahrhundert v. Chr. an, in Rom und Italien vom 3. Jahrhundert v. Chr. an bis in das 3. Jahrhundert n. Chr. „andere Formen abhängiger Arbeit" verdrängt hatte, aber er wandte sich gleichzeitig auch gegen jede isolierte Behandlung der antiken Sklaverei und wies darauf hin, daß in den archaischen Phasen der griechischen wie der römischen Geschichte die Klientel, die Schuldknechtschaft und andere Formen abhängiger Arbeit für den wirtschaftlichen Bedarf ausreichten. Kritisch wurden sodann überlieferte und geschätzte Sklavenzahlen und -relationen für die Antike besprochen, Stellung und Leistung der Sklaven in den verschiedensten Sektoren erörtert, „das klassische

[67] Siehe dazu K. Christ, Grundfragen der römischen Sozialstruktur, in: Ders., Römische Geschichte und Wissenschaftsgeschichte. II. Darmstadt 1983, 172f.

Griechenland und Italien ... wie der amerikanische Süden in demselben weiten Sinne des Wortes (als) eine Sklavenhaltergesellschaft" (88) bezeichnet. Im Gegensatz zu allen modernen Versuchen, die Rentabilität der Sklavenarbeit in Zweifel zu ziehen, wies Finley darauf hin, daß eine solche Auffassung die antiken Sklavenbesitzer verwundert hätte, „die nicht nur viele Jahrhunderte hindurch überzeugt waren, daß sie aus ihren Sklaven erhebliche Gewinne zogen, sondern auch diese Gewinne großzügig ausgaben" (94).

War der erste Teil von Finleys Vorlesungssequenz überwiegend den Problemen der Sozialstruktur gewidmet, so der zweite den Beziehungen zwischen Stadt und Land. In „der Eingliederung des Bauern als vollwertigen Teil der politischen Gemeinschaft" sah Finley eines der bedeutsamsten Phänomene der klassischen Antike, zugleich jedoch auch die Ursache für die ideologische Verherrlichung der Landwirtschaft auf vielen Ebenen (110). Über allen Einzelheiten und den notwendigen Differenzierungen hob er hervor, „daß die meisten Menschen in der Welt der Antike in der einen oder anderen Weise vom Bodenertrag lebten und daß sie selbst der Meinung waren, das Land sei die Quelle aller materiellen und moralischen Güter" (112). Auch hier betonte Finley das weite Spektrum in der Größe des Landbesitzes in allen Regionen und Epochen ebenso wie die unverkennbare Tendenz zum Anwachsen der Gesamtbesitzgrößen in den Oberschichten. Er wies weiter auf die besonders prekäre Lage der Kleinbauern hin, die sich häufig am Rande des Existenzminimums bewegten, sowie auf den paradoxen Widerspruch, daß gerade der freie Bauer besonders bedroht war: „Der vollständig freie Bauer genoß keinen Schutz vor einer Serie von Mißernten, vor dem Zwang zum Militärdienst, vor den endlosen Plünderungen in Kriegen und Bürgerkriegen" (125). Dem stellte Finley eindrucksvoll die sehr viel günstigere Situation auf den häufig mit Pächtern arbeitenden Produktionseinheiten der großen Güter entgegen.

Bei seinem Überblick über die Beziehungen zwischen Stadt und Land im engeren Sinne ging Finley von jener politischen und sozialen Definition der Stadt aus, die in ihr in erster Linie ein „politisches und kulturelles Zentrum" (147) sieht. In der Tradition von Max Weber wies auch er auf das „Wechselspiel des Verhältnisses von Stadt, Land und Meer" (153) hin, insbesondere auf die Bedeutung der Transportprobleme in der Antike. Während Rom ihm als atypische, „vollkommen parasitäre Stadt" (155) erschien, unterstrich Finley andererseits, daß die große Mehrheit der antiken Städte „im Kern ihrer Bürgerschaft aus Landwirten (bestand), gleichgültig ob aktiv tätig oder adlige Grundbesitzer, aus Menschen also, deren wirtschaftliches Interesse hauptsächlich und oft ausschließlich dem Land galt" (156).

In der Frage der Relationen von Import und Export in der griechischen Welt setzte sich Finley temperamentvoll mit den Auffassungen von A. W. Gomme[68] auseinander. Die Möglichkeit einer Bilanz lehnte er strikt ab und resümierte: „Im wesentlichen beruhte die Fähigkeit antiker Städte, für ihre Ernährung, Metalle, Sklaven und andere Bedarfsgüter zu zahlen, auf vier veränderlichen Größen: der Höhe der lokalen landwirtschaftlichen Produktion, d. h. des Ertrages in dem zu der Stadt gehörigen ländlichen Gebiet; dem eventuellen Vorhandensein besonderer Ressourcen, also vor allem Silber, aber auch anderer Metalle oder besonders begehrter Weine oder Ölfrüchte; den unsichtbaren Exporten durch Handel und Tourismus; und viertens dem Einkommen aus Landbesitz und aus dem Reich, d. h. Pachten, Steuern, Tributen, Geschenken von Klientelstaaten oder Unterworfenen. Der Beitrag, den Manufakturwaren leisteten, war geringfügig; es ist nur eine falsche Vorstellung, die Historiker dazu verleitet, nach ihnen zu suchen, wo sie nicht bezeugt sind und wo es sie nicht gab" (166 f.).

Es war naheliegend, daß Finley im Rahmen seiner allgemeinen Darstellung auch zu den Themen seiner frühen wirtschaftlichen Untersuchungen zurückkehrte. So skizzierte er das „Geschäftsgebaren" und hielt die begrenzten Mittel des antiken Finanzwesens fest: „Es war eine Geschäftswelt, die niemals Kreditgeld in irgendeiner Form schuf oder übertragbare Wertpapiere" (168). Er wies auf das Fehlen jeder Art von öffentlicher Verschuldung hin, auf die sehr wenigen Fälle, in denen Geld nachweislich für Geschäftszwecke geliehen wurde, auch darauf, daß die bekannten See- und Schiffskredite funktional primär als eine Versicherung zu verstehen sind. Zuletzt ging Finley dann auf das Verhältnis von Staat und Wirtschaft in der Antike ein; er besprach die Funktion der Liturgien und der munera, jener Leistungen, die einst für die reichen Bürger Ver-

[68] Traders and Manufacters in Greece, in: Ders., Essays in Greek History and Literature. Oxford 1937, 42–66.

pflichtung wie Ehre waren, dann aber schließlich zur reinen Zwangsmaßnahme wurden, um staatlichen Bedarf abzuwälzen.

Gegenüber der Anwendung der Begriffe „Ausbeutung“, „Imperialismus“ und „Kolonialismus“ äußerte Finley im Falle Roms erhebliche Reserven. Die bewußte „kommerzielle oder kapitalistische Ausbeutung“ bestritt er: „Die antike Wirtschaft hatte ihre eigene Form billiger Arbeitskräfte und beutete daher die Provinzen nicht in dieser Weise aus. Man besaß auch kein überschüssiges Kapital, für das man gewinnträchtigere Investitionsmöglichkeiten suchte, was wir mit unserer Vorstellung von Kolonialismus verbinden“ (188). Die Eingriffe der römischen Herrscher in das Wirtschaftsleben des Imperiums schätzte Finley, insgesamt gesehen, sehr gering ein. Er war der Ansicht, daß sie keine Neigung zeigten, „in ihrer Planung über den Horizont der Stadtstaaten hinauszugehen“ (198). Auch er sprach schließlich von einem „Teufelskreis von Übeln“, die „auf Grund ihrer sozialen und politischen Struktur, ihrer tiefverwurzelten und institutionalisierten Wertvorstellungen und der Organisation und Ausbeutung ihrer Produktivkräfte“ (211) mit den seit dem 2. Jahrhundert n. Chr. aufbrechenden äußeren Problemen nicht fertig werden konnten.

V

Ende des Jahres 1978 hielt Finley am Collège de France in Paris vier Vorträge, die wenig später unter dem Titel ›Ancient Slavery and Modern Ideology‹[69] erschienen. Diese Monographie sollte stark beachtet werden, aber eine, insgesamt gesehen, sehr zwiespältige Aufnahme finden.[70] Finley wollte darin erörtern, „wie die antiken Gesellschaften der Sklaverei entstanden sind und wie sie sich in dem langen Prozeß, der schließlich zum mittelalterlichen Feudalismus

[69] London 1980. – Der Titel der deutschen Ausgabe: Die Sklaverei in der Antike. Geschichte und Probleme. München 1981 trifft den Inhalt weit weniger genau. Nach ihr wird hier zitiert.

[70] Die wichtigsten Rezensionen: H. Heinen, Das Historisch-Politische Buch 30, 1980, 98f.; G. W. Bowersock, American Historical Review 86, 1981, 578; P. A. Brunt, The Classical Review 31, 1981, 70ff.; G. L. Cawkwell, English Historical Review 96, 1981, 841f.; G. Walser, Schweizerische Zeitschrift für Geschichte 32, 1982, 211f.; J. Deininger, Historische Zeitschrift 237, 1983, 671ff.; K. Rosen, Historisches Jahrbuch 104, 1984, 173ff.

führte, veränderten, welche Rolle die Sklaverei in der antiken Wirtschaft und dem antiken Staatswesen spielte und wie sie aus sozialer und moralischer Perspektive beurteilt wurde, schließlich auch, wie sich die antike Sklaverei in der Sicht der modernen Historiker darstellt und wie dies begründet wird. Diese Themen sind eng miteinander verflochten“ (9).

Die Disposition des Bandes ist sehr eigenwillig. Das erste und wichtigste Kapitel des Buches: „Antike Sklaverei und moderne Ideologie“ ist etwa doppelt so lang wie jedes der drei folgenden: „Die Entstehung einer Gesellschaft der Sklaverei“, „Sklaverei und Humanität“ und schließlich: „Der Niedergang der antiken Sklaverei“, Kapitel, die sich mit früheren Arbeiten Finleys zu dieser Thematik überschneiden und dem Kenner seiner Werke nur wenig Neues bieten. Im Abschnitt über die Entstehung einer Gesellschaft der Sklaverei wird wieder an die Unterscheidung von „Arbeit für sich selbst und der Arbeit für andere“ (79) erinnert. Als wesentliche Komponenten der Sklaverei hob Finley die „Stellung des Sklaven als Eigentum, seine völlige Rechtlosigkeit und sein(en) Mangel an familiären Bindungen“ (91) hervor und zog daraus die Folgerung: „Die Sklaven waren mit anderen Worten eine eigene Art innerhalb der größeren Klasse von Zwangsarbeitern, zugleich aber ließen sie sich deutlich in Untergattungen gliedern. Anders ausgedrückt waren die Sklaven zwar im logischen und juristischen Sinn eine Klasse, aber keine soziale Klasse im landläufigen Sinn“ (91 f.).

Zu Recht drängte Finley auf die Präzisierung der verschiedenen Formen von Zwangsarbeit und stemmte sich etwa gegen die Verwischung der Unterschiede zwischen Sklaven, Heloten und Leibeigenen bei dem Leningrader Assyriologen Diakonow (83). Im Hinblick auf die Relationen des Anteils der Sklaven an der Gesamtbevölkerung, dem „Zahlenspiel“, das er so oft kritisiert hatte, konstatierte er zunächst, „daß der Befund eine quantitative Betrachtung nicht wirklich zuläßt“ (95). Doch dann stellte er gleichwohl die Schätzungen des Sklavenanteils an der Bevölkerung für die Südstaaten der USA um 1860, Kuba, Brasilien, Athen gegen Ende des 5. Jahrhunderts v. Chr. und die späte Römische Republik zusammen, Zahlen, die jeweils annähernd bei etwa 30–35 % liegen. Finley konnte damit belegen, daß jeweils mit guten Gründen von einer „Gesellschaft der Sklaverei“ gesprochen werden kann, nicht zuletzt deswegen, weil die „Sklaven den größten Teil des direkten Einkommens aus Besitz . . . für die wirtschaftlich, sozial und politisch herrschende Schicht erwirtschafteten" (97f.).

Anregend, aber keineswegs schlüssig belegt waren dann die Spekulationen Finleys über den Ursprung der Gesellschaft der Sklaverei in Griechenland. Hier stützte er sich vor allem auf Argumente der politischen und der sozialen Psychologie. Er ging dabei von der Lage in Athen nach Solons Reformen, das heißt von der abstrakten Analyse der griechischen Polis jener Epoche aus: „Die Bauernschaft hatte ihre persönliche Freiheit und ihren Besitzanspruch auf das Land durch einen Kampf gewonnen, der ihnen auch das Bürgerrecht, die Zugehörigkeit zur Gemeinschaft, der Polis einbrachte. Das war schon an sich etwas vollständig Neues in der Welt, und es führte seinerseits zu der zweiten bemerkenswerten Neuerung – einer Gesellschaft der Sklaverei" (107).

Finley konstatierte seine Spekulation folgendermaßen: „Jedermann wußte, daß ein freier Mann für einen anderen nicht regelmäßig und freiwillig arbeiten würde. Und ebenso wußte jedermann, daß es eine Einrichtung gab, die wir Sklaven nennen. Daher herrschte, wie ich vermute, allgemeine Übereinstimmung darüber, daß man zu Sklavenarbeit überging . . . Ein freier Mann war jemand, der weder unter dem Zwang eines anderen lebte, noch zu dessen Vorteil arbeitete. Er lebte vorzugsweise auf dem Land seiner Vorfahren mit seinen Altären und Familiengräbern. Indem dieses Bild eines freien Mannes in einer vorindustriellen Welt mit gering entwickelter Technologie entstand, entwickelte sich als dessen Folge eine Gesellschaft der Sklaverei. Es gab keine realistische Alternative" (108).

Das folgende Kapitel des Werks war, wie schon seine Überschrift „Sklaverei und Humanität" dokumentiert, insbesondere gegen Auffassungen J. Vogts gerichtet. Finley ging dabei von der prinzipiellen Schwierigkeit aus, die allgemeine, durchschnittliche Lage der Sklaven überhaupt angemessen zu erfassen. Er wies auf die übliche körperliche Züchtigung der Sklaven hin, auf die Anwendung der Folter, die uneingeschränkte sexuelle Verfügbarkeit sowie auf andere Formen inhumaner Behandlung und Diskriminierung, die von der modernen Forschung nur unzulänglich behandelt wurden. Wieder einmal interpretierte er exemplarisch die stadtrömischen Vorgänge des Jahres 61 n. Chr., die Hinrichtung aller Sklaven des Haushaltes des ermordeten Stadtpräfekten Pedanius Secundus. Er ging hier speziell der Frage nach, warum sich die stadtrömische Plebs dabei so entschieden engagierte, und vertrat die Ansicht, daß man „das Leben einzelner retten (wollte), mit denen Angehörige der Plebs ... tägliche Arbeit und gemeinschaftliches Leben teilten" (124).

Entschieden wandte sich Finley gegen die positiven Würdigungen treuer und sozial voll integrierter Sklaven, insbesondere – wie dies Vogt getan hatte[71] – in jenen Bereichen, „bei denen die Beziehung zwischen Herren und Sklaven moderne Kommentatoren unwiderstehlich zu Sentimentalität und Banalitäten verleitet allein deswegen, weil diesen Beziehungen ein emotionaler Charakter innewohnt" (125f.), den Bereichen der Medizin und der Haussklaven. In seiner betont nüchternen Analyse wies Finley demgegenüber auf die geradezu extreme „Bandbreite" der Verhaltensweisen hin, erörterte das Phänomen der Sklavenflucht, verglich die Sklavenbande unter Drimakos auf Chios mit den „Maroons" des 18. Jahrhunderts auf Jamaika und streifte schließlich auch die Sklavenaufstände. Gegenüber all diesen Eruptionen und Verweigerungen konstatierte er jedoch am Ende zutreffend, „daß die überwältigende Mehrheit der Sklaven in der Antike sich den Bedingungen auf die eine oder andere Weise anpaßte, egal ob passiv und mürrisch oder bereitwillig, oder wie es wohl gewöhnlich war, mit einer Mischung von beiden" (139).

Die Ausführungen schlossen dann mit der grundsätzlichen Kritik an jenem Bild des „guten Sklaven", wie es Vogt auf Grund von Plautusstellen entworfen hatte:[72] „Hier wird der Geist Wilhelm von Humboldts nur zu deutlich sichtbar, und hinter ihm der Geist Senecas und des Hl. Paulus, die Anpassung und Gehorsam im Namen höherer Werte forderten. Nicht jeder wird es für ein höheres moralisches Ziel der Humanität ansehen, ein ehrenvolles Bild braver Dienerschaft abzugeben, oder die Anpassung an das Sklavendasein für eine moralische Tugend halten" (147f.).

In der Erörterung des Problemkreises um den „Niedergang der antiken Sklaverei", dem Schlußkapitel von Finleys Werk, ging der

[71] J. Vogt, Sklaverei und Humanität im klassischen Griechentum, in: Ders.: Sklaverei und Humanität. Wiesbaden 1965, 1–19; Ders., Wege zur Menschlichkeit in der antiken Sklaverei, a. O., 69–82.

[72] Sklaverei und Humanität, 83f.

Autor von den auffallend hohen überlieferten Sklavenzahlen der Melania vom Anfang des 5. Jahrhunderts n. Chr. aus sowie von den Thesen von M. Bloch.[73] Nach Finley war der Rückgang der Sklavenzahlen in der Spätantike insgesamt weitaus geringer, als dies lange Zeit angenommen wurde; er wandte sich gleichzeitig auch gegen die Konzeption des Anstiegs der Sklavenpreise. Statt dessen vertrat er die Auffassung, „daß die grundlegende Änderung in der politisch-militärischen Struktur, die sich im Laufe der Geschichte des Römischen Reiches vollzog, vielleicht der entscheidende Faktor dafür war, daß Sklaven schrittweise durch andere Arten von Arbeitskräften ersetzt wurden“ (173).

Finley hob insbesondere das Absinken von Bauern, Pächtern und Landarbeitern in eine abhängige Existenz hervor und folgerte deshalb: „Es hatte eindeutig eine strukturelle Umschichtung stattgefunden. In deren Verlauf wurden die Sklaven in den Städten nach und nach durch Leute ersetzt, die zwar juristisch gesehen Freie blieben, aber doch nicht mehr die freien Bürger der klassischen Welt waren, und die Sklaven auf dem Lande durch Leute, die weder juristisch noch politisch im herkömmlichen Sinne frei waren“ (183).

Standen die bisher besprochenen drei Kapitel von Finleys ›Sklaverei in der Antike‹, von der Schärfe und den Disproportionen einzelner Ausfälle abgesehen, im allgemeinen in der Linie seiner bisherigen Vorlesungssequenzen und Monographien, so war dies beim Einleitungsteil „Antike Sklaverei und moderne Ideologie“, nach dem Urteil mehrerer Rezensenten der persönlichsten und wichtigsten Partie des ganzen Buches, nicht der Fall.

Finley ging hier zunächst von der Feststellung aus, daß „das Ausmaß und die heftige Polemik der Studien zur Geschichte der Sklaverei . . . eine auffallende Erscheinung der heutigen Geschichtsforschung“ (11) sind, wobei dieses Phänomen auch für die Arbeiten zur antiken Sklaverei zutrifft. Die Ursache dafür sah Finley in den großen ideologischen Konflikten. Er sprach deshalb auch im Vorwort seines Werkes die Überzeugung aus, „daß es eine notwendige Voraussetzung für die gründliche Analyse der antiken Sklaverei ist, umfassend und offen zu beschreiben, wie sich das moderne Interesse daran äußert“ (10). Für die eigene Untersuchung wählte er

[73] M. Bloch, Comment et pourquoi finit l’Esclavage antique, Annales 2, 1947, 30–44, 161–170 = Ders., Mélanges historiques 1, Paris 1963, 261–285.

dazu „eine grobe und zum Teil künstliche Unterscheidung zwischen einer moralisch-geistigen und einer soziologischen Betrachtungsweise des historischen Prozesses“ (11), eine Unterscheidung, die er trotz all ihrer Mängel für seine „Zwecke brauchbar“ hielt, was er mit zwei exemplarisch gewählten Zitaten von Arnold Heeren und Friedrich Engels zu belegen suchte (Heeren galt ihm dabei als Zeuge für die Rechtfertigung der Sklaverei durch den universellen Rang der griechischen Kulturleistungen; Engels als Repräsentant primär sozioökonomischer Perspektiven).

Finleys Prämisse, seine „grobe und zum Teil künstliche Unterscheidung“, wirft freilich die Frage auf, ob es sich dabei nicht um jenen „teleologischen Irrtum“ handelt, den er in einer beredten Weise der Geistesgeschichte im allgemeinen und Joseph Vogt im besonderen vorwarf: „Er besteht in der Annahme, daß die Wertvorstellungen des Schreibenden sozusagen schon vom Beginn aller Zeiten an bestanden haben . . . Dann wird alles frühere Denken und Handeln so untersucht, als ob es sich tatsächlich oder vermeintlich auf die Verwirklichung dieser Vorstellung hinbewegt, so als ob die Menschen in anderen Zeiten die gleichen Fragen gestellt und sich denselben Problemen gegenüber gesehen hätten wie der Historiker und seine Zeit“ (18).

Dies gilt selbstverständlich auch für jene „soziologische“ Methode, mit welcher sich Finley persönlich identifizierte und die er unbekümmert auch auf D. Hume und die frühen Ökonomen des 18. Jahrhunderts reprojizierte. Es ist zweifellos Finleys großes persönliches Verdienst, zahlreiche vergessene oder nur noch vage bekannte Positionen vielfältiger älterer Behandlungen der antiken Sklaverei wieder ins Bewußtsein gerufen zu haben, so die Arbeiten von T. Popma (1608), L. Pignoria (1613), J. Potgießer (1703), B. Franklin (1751), D. Hume (1752), J. F. Reitemeier (1789), Fr. Creuzer (1836), H. Wiskemann (1866) und manch andere mehr. Doch ebenso eindeutig ist seine Parteinahme für deren Perspektiven, eine Parteinahme, welche von einer maßlosen Polemik gegen Ed. Meyer, W. L. Westermann, vor allem aber gegen J. Vogt begleitet wurde.[74]

[74] Zunächst hatte Finley Vogts Initiativen durchaus begrüßt. Vergleiche die Rezension v. J. Vogt, Von der Gleichwertigkeit der Geschlechter in der bürgerlichen Gesellschaft der Griechen, Abh. AdW Mainz 1960, 2 in: Gnomon 35, 1963, 313f.

VI

Moses Finley war einer der größten Polemiker in der Alten Geschichte seiner Generation. Aber er begnügte sich nicht mit der punktuellen Kritik einzelner Werke, obwohl er eine ganze Reihe von bemerkenswerten Rezensionen schrieb,[75] sondern griff immer wieder die generellen Fragen der Methodik seiner Disziplin auf. Seine ungewöhnlich breiten und gediegenen Kenntnisse nicht nur der altertumswissenschaftlichen Spezialliteratur im engeren Sinne, sondern auch der Studien in Archäologie und Vor- und Frühgeschichte, vor allem aber der Wirtschafts- und Gesellschaftswissenschaften befähigten ihn, die Impulse neuer wissenschaftlicher Methoden und deren Tragweite für das eigene Fach zu erkennen und abzuwägen. Dabei war er alles andere als ein *rerum novarum cupidus*; er sah frühzeitig auch die Grenzen anspruchsvoller moderner Konzeptionen, so wenig er von den traditionellen Fragestellungen und Methoden der Disziplin befriedigt wurde.

In zahlreichen Aufsätzen und Vorlesungen hat Finley seine Vorstellungen immer wieder bekannt gemacht, sie auch in Sammelbänden[76] publiziert, zuletzt noch einmal in dem programmatischen kleinen Buch ›Quellen und Modelle in der Alten Geschichte‹[77], das seine Überzeugungen in gedrängter Form zusammenfaßt. Finleys Ausgangspunkt war dabei die Frage nach der Tragweite, der Funktion und den Grenzen der antiken Quellen[78]. An den exempla von Momiglianos keineswegs immer beachteter Unterscheidung von Primär- und Sekundärquellen, an den Forschungskontroversen um die römische Frühgeschichte wie um die Bewertung der Reden in den antiken Geschichtswerken, aber auch an der Überprüfung der Beziehungen zwischen der Alten Geschichte und den verschie-

[75] Exemplarisch erwähnt seien: H. Frankfort, Kingship and the Gods (1948), Political Science Quarterly 63, 1948, 275–281; Some Problems of Greek Law: A Consideration of Pringsheim on Sale, Seminar 9, 1951, 72–91; A. E. Boak, Man-Power Shortage and the Fall of the Roman Empire in the West (1955), Journal of Roman Studies 48, 1958, 156–164.

[76] Aspects of Antiquity. London 1968; The Use and Abuse of History, London 1975; Economy and Society in Ancient Greece. Ed. B. D. Shaw and R. P. Saller, London 1981.

[77] Frankfurt 1987.

[78] Der Althistoriker und seine Quellen, a. O., 16–38.

denen modernen Perspektiven, Methoden und Zielen im Felde der Archäologie zeigte er die Gesamtproblematik einer auf klassische schriftliche Quellen fixierten Althistorie auf.

Kritische Bemerkungen galten indessen auch den Analysen und Grenzen der Dokumente[79]. Er rief dabei die Feststellung von A. H. M. Jones in Erinnerung, daß es für die Antike keine verwertbaren Statistiken gibt, eine Feststellung, die vor den starken Einflüssen der quantitativen Wirtschaftswissenschaften auf den Bereich der Wirtschaftsgeschichte getroffen wurde, das heißt vor der „Herausbildung der neuen quantitativen Geschichte (oder Geschichte der langen Reihen histoire sérielle – oder Cliometrie)" (39). An athenischen Quellen wie an den Zenon-Papyri dokumentierte Finley die Notwendigkeit einer intensiven Bearbeitung von Dokumenten-Gruppen, aber er ging weiter und schärfte das Bewußtsein dafür, „daß alles, was eine bestimmte Gesellschaft fragt oder nicht fragt, aufzeichnet oder nicht aufzeichnet, als solches wichtige Einsichten in die Natur dieser Gesellschaft eröffnet" (127).

Finley postulierte daher, daß „die erste Frage, die man sich in Hinsicht auf jede schriftliche Quelle stellen muß . . . die (ist), warum sie geschrieben wurde, warum sie veröffentlicht wurde. All das läuft der vorherrschenden Tradition auf dem Gebiet der Erforschung der Alten Geschichte zuwider. Sehr wenige Althistoriker stellen Betrachtungen über ihre eigene Tätigkeit an: man muß ihre ureigensten Voraussetzungen aus den konkreten Darstellungen herauslesen, da sie nicht gewillt sind, methodisch Fragen zu erörtern. Es ist, wie ich glaube, zutreffend, wenn man feststellt, daß die vorherrschende Forschungstradition von der Annahme ausgeht, daß der Text *heilig* sei, daß er und er allein der Ausgangspunkt für jede Darstellung oder Analyse sei und sein müsse" (127). Nach Finley sollte dagegen „der Historiker selbst . . . die richtigen Fragen stellen . . . und den richtigen konzeptuellen Rahmen liefern". Er setzte seine Hoffnung deshalb auf eine „vorsichtige und besonnene Anwendung von kognitiven Modellen" und hielt fest: „Ohne ein theoretisch begründetes konzeptuelles Schema läßt sich das spärliche und unzuverlässige Quellenmaterial in alle Richtungen manipulieren, und es gibt keine Kontrollmöglichkeit" (29).

Finleys wichtigster Beitrag zu den methodischen Fragen der

[79] Dokumente, a. O., 39–61.

Alten Geschichte liegt in seinem Aufsatz aus dem Jahre 1977 ›'Fortschritt' in der Historiographie‹[80] vor. Er ging damals von den Thesen von P. Veyne über die Geschichtsschreibung aus,[81] beschrieb den Wandel in der Alten Geschichte, das Anwachsen der Datenmasse, die Verbesserung des technischen Instrumentariums, aber auch die Zunahme an historischer Erfahrung, welche „die Möglichkeit eines Wandels in der Akzentsetzung und in der Erarbeitung von Erklärungsmodellen" (11) in sich schloß. Am Vergleich der Wirkungen Burckhardts und Nilssons im Forschungsgefüge der Gegenwart erhellte er dessen bornierte Strukturen: „Nicht einmal der schärfste Kritiker Burckhardts kann behaupten, daß hier ein vertretbares Verhältnis zwischen intellektueller Fähigkeit und professionellem Ansehen besteht" (12).

Indem Finley den Begriff „Ideologie" in weitester und gleichsam neutraler Definition des englischen Sprachgebrauchs übernahm, das heißt im Sinne eines Systems „von Ideen in bezug auf die Erscheinungen, insbesondere die des gesellschaftlichen Lebens; eine Denkweise, die für eine Klasse oder ein Individuum charakteristisch ist", konnte er konstatieren: „Das nackte Gerüst historischen Erzählens, die Auswahl und Anordnung der Ereignisse in einer zeitlichen Abfolge setzt bereits eine Wertung (oder Wertungen) voraus. Das Studieren und Schreiben von Geschichte ist, kurz gesagt, eine Art Ideologie" (13). Ausdrücklich fügte er hinzu: „Professionalismus um seiner selbst willen, der Kult der Forschung, ist auch eine Form von Ideologie" (14). Daraus ergab sich naturgemäß, daß einerseits Historiographie einem ständigen Wandel unterlag, andererseits die Anwendung des Begriffes ‚Fortschritt' in der Geschichte selbst stets prekär blieb.

Für seine eigene Position traf Finley folgende Feststellung: „Es ist deutlich geworden, daß ich an einem ziemlich altmodischen Konzept von Geschichte festhalte, nämlich von Geschichte als einer systematischen Darstellung über einen hinreichend langen Zeitraum, der es erlaubt, nicht nur Beziehungen und Verbindungen, Ursachen und Folgen festzustellen, sondern auch ermöglicht zu

[80] Die deutsche Ausgabe (a. O., 9–15) bietet lediglich einen redigierten Auszug der Originalpublikation Progress in Historiography, Daedalus 106, 1977, 125–142, die – wenn immer möglich – herangezogen werden sollte.

[81] P. Veyne, Comment on écrit l'histoire. Paris 1971.

zeigen, wie und warum Wandel geschieht" (14). In der Vorlesung ›Wie es eigentlich gewesen‹[82] machte sich Finley Lord Actons kritisches Urteil über Ranke zu eigen; er ging zu Rankes oft zitierter Zielsetzung ebenso auf Distanz wie zu der modernen Methode der „Cliometrie". Hierzu wiederholte er seine Vorbehalte: „Alle möglichen Statistiken, über Heiratsalter, Familiengröße oder Zahl der unehelichen Geburten werden zusammen keine Geschichte der Familie ergeben" und stellte mit Genugtuung fest, daß „die Cliometrie die narrative Historie nicht überflüssig gemacht hat" (74).

Optimistisch sprach sich Finley dagegen für die Anwendung nichtmathematischer Modelle und Idealtypen aus. Er übernahm dabei einen modernen Modellbegriff, wonach ein Modell definiert wurde als „vereinfachte Strukturierung von Realität, mit der als signifikant angenommene Relationen in eine allgemeingültige Form gebracht werden. Modelle sind insofern höchst subjektive Annäherungen an die Wirklichkeit, als sie nicht alle den Gegenstand betreffende Beobachtungen oder Vermessungen einbeziehen; als solche sind sie jedoch wertvoll, weil sie zufällige Details verdecken und statt dessen die fundamentalen Aspekte der Realität erkennen lassen. Diese Selektivität bedingt, daß Modelle unterschiedliche Grade von Wahrscheinlichkeit aufweisen und nur auf eine begrenzte Spannweite von Bedingungen anwendbar sind."[83] Selbstverständlich sah Finley auch im Idealtypus Max Webers prinzipiell ein Modell.

Der starke Einfluß von Webers Abstraktionen auf Finleys Denken wurde bereits erwähnt. Umgekehrt konnte Finley feststellen: „Ich glaube behaupten zu können, daß meine eigenen Arbeiten mehr als alle anderen in den letzten Jahrzehnten die Diskussion über Weber unter den Althistorikern angeregt haben, und zwar zunächst mein Buch über Die antike Wirtschaft und dann mein noch offenkundiger an Weber orientierter Aufsatz über die Konsumentenstadt" (108). Um so überraschender mußte es wirken, als Finley in seinem Vortrag über ›Max Weber und der griechische Stadtstaat‹[84] wesentliche Punkte von Webers Konzeption kriti-

[82] 62–83. Erstpublikation Historische Zeitschrift 239, 1984, 268–286.

[83] A. O., 76. – Nach R. J. Chorley – P. Haggett (Ed.), Socio-Economic Models in Geography. London 1968, 22.

[84] 107–125. – Der Vortrag wurde am 25. 8. 1985 auf dem 16. Internat. Historikerkongreß in Stuttgart gehalten.

sierte: dessen Vorstellungen über die Entwicklung von der ‚Stammesorganisation' zum Stadtstaat nicht weniger als Webers Sicht der griechischen Demagogen im Zusammenhang seiner Auffassung von ‚charismatischer' Herrschaft oder dessen inadäquate Behandlung des griechischen Rechts. Webers Spätwerk schien Finley zu zeigen, daß „die Erstellung von Modellen zu abstrakt, zu schematisch werden" (129) kann. Sein eigenes Ziel war es daher auch, „ein komplexeres Bild durch die Verwendung vereinfachender Modelle zu gewinnen" (131).

Gerade Finleys letzte Arbeiten lassen somit deutliche Vorbehalte gegenüber den von ihm bevorzugten Methoden erkennen, dazu ein hohes Maß von Selbstkritik und Bescheidenheit. So war ihm klar, daß seine Reflexionen über ›Krieg und Herrschaft‹[85] lediglich Anregungen boten, jedoch kein zufriedenstellendes Modell. Seiner Ansicht nach könnte nur „ein umfassendes Forschungsprogramm" die zwischenstaatlichen Beziehungen in der Antike auf befriedigende Weise klären und damit auch die wichtigsten Auseinandersetzungen erhellen. Aus Finleys Sicht ist es etwas überraschend, daß er auf diese Weise eine Darstellung erhofft, die dem näher käme, ‚wie es eigentlich gewesen'. „Mehr als das kann niemand mit gutem Grund verlangen, die engen Grenzen dessen, was wir über die Welt der Antike wissen können, können zwar ein wenig, vielleicht beträchtlich ausgedehnt, aber niemals gesprengt werden" (129). Dennoch bewahrte er sich den Mut zur Hypothese: „Die verbreitet zu findende Furcht vor apriorischen Konstruktionen ist fehl am Platze; jede Hypothese kann modifiziert, angepaßt oder, wenn nötig, gänzlich aufgegeben werden. Ohne Hypothese jedoch kann es überhaupt keine Erklärung geben, sondern nur Reportage und grobe Klassifizierung, antiquarische Forschung im engsten Sinne" (83).

VII

Moses Finley war wohl der entschiedenste Neuerer in der Disziplin der Alten Geschichte während des 20. Jahrhunderts. Sein bewußter Neuansatz vor allem in den Bereichen der Wirtschafts- und

[85] A. O., 84–106. Erstpublikation Historische Zeitschrift 239, 1984, 286–308.

Sozialgeschichte des Altertums wurde mit missionarischem, gelegentlich geradezu aggressivem Eifer vorangetrieben; der Ausbruch aus den traditionellen Bahnen und Methoden des Faches erfolgte mit Leidenschaft und einer unbändigen Vitalität. Finley benötigte zur Klärung seiner eigenen Positionen die Dialektik intellektueller Auseinandersetzungen, die Polemik in ihrer denkbar schärfsten Form. Seine Fixierung auf den wissenschaftlichen Kontrahenten konnte dabei zur Manie werden, sich bis zur Maßlosigkeit steigern und mußte damit seiner Sache schaden.

Es war kein Zufall, daß er gerade in Joseph Vogt einen seiner Lieblingsgegner fand, in einem Gelehrten, der in Naturell, „Paideia", wissenschaftlicher Methode und Zielsetzung von ihm völlig verschieden war.[86] Der vorsichtig abwägende, distanzierte Humanist alten Schlags provozierte den kämpferisch zupackenden, vitalen Protagonisten des sozialwissenschaftlichen Bereichs ebenso wie der sich gerne stilisierende, gläubige Katholik den vom Marxismus geprägten Rationalisten, der an der Kontinuität geisteswissenschaftlicher Methodik festhaltende Universalhistoriker den mit all dem radikal brechenden Pionier einer Modell- und Typenlehre. Die zu immer einseitigeren Verdikten führende Eskalation der Ablehnung[87] wurde dem Gegner freilich ebensowenig gerecht wie im Falle von Eduard Meyer.

Diese passionierten Kampagnen, in denen es selbst dann kein Zurück gab, wenn sich Unterstellungen als unrichtig erweisen mußten, sind deshalb so auffällig, weil der durch seine juristischen wie sozial- und wirtschaftswissenschaftlichen Studien geschulte Finley über eine ungewöhnliche Logik, Klarheit und Abstraktionsvermögen verfügte und nicht zuletzt gerade von dem Phänomen griechischer Rationalität besonders angezogen war. Es kommt hinzu, daß er immer wieder durch die Unmittelbarkeit seines Denkens und Fragens imponierte, nicht zuletzt durch sein Rechtsempfinden.

[86] Siehe K. Christ, Joseph Vogt, Gnomon 59, 1987, 476–478; Ders., Joseph Vogt und die Geschichte des Altertums, in: Römische Geschichte und Wissenschaftsgeschichte. 3. Darmstadt 1983, 151–195; Ders., Geschichte des Altertums, Wissenschaftsgeschichte und Ideologiekritik, a. O., 228–243, bes. 237 ff.

[87] Sie steigerte sich von der Rezension in Gnomon 35, 1963, 313 f. über Daedalus 106, 1977, 134 ff. zu Ancient Slavery and Modern Ideology. London 1980.

Doch in seinen Fehden und Auseinandersetzungen hinderte ihn all das nicht.

Finley war alles andere als ein enger Theoretiker. Seine Kenntnis der literarischen und archäologischen Überlieferung der Antike mußte immer wieder von neuem imponieren; sie verlieh ihm Sicherheit und Autorität. Es ist für ihn charakteristisch, daß er gegen die Tabuisierung der schriftlichen Quellen anging, sie gleichzeitig aber auch unter völlig neuen Fragestellungen auswertete. Dennoch zeigte sich hier auch die Distanzierung von geisteswissenschaftlichen Perspektiven als Begrenzung der eigenen Methode und vor allem der eigenen Kritik. Das Fehlen jeweils zeitgenössischer Primärquellen konnte die Tragweite überlieferter Texte erheblich einschränken, das Verwerfen von Sekundärquellen aber auch zur Nichtberücksichtigung formierter Traditionen führen, deren Macht und Wirkung Finley selbst im Falle der Sklaverei dokumentiert hat. Die Problematik von Hypothesen und Erklärungsmodellen, die sich ausschließlich auf archäologische Zeugnisse stützen, sollte nicht übergangen werden. Die Lehren von Manching sind dafür deutlich genug.

Im Mittelpunkt von Finleys Leistung und Wirkung steht gleichsam die Vitalisierung der antiken Sozial- und Wirtschaftsgeschichte wie die enge und persönliche Verschränkung dieser Bereiche mit Politik und Zivilisation insgesamt. Eine singuläre didaktische Begabung und die Kurzformen des Essays, des Vortrags wie der Vorlesungssequenzen sicherten ihm eine außerordentlich starke Resonanz. Im Unterschied zu A. H. M. Jones, dem großen Vorgänger in Cambridge, lagen ihm systematische Werke wie dessen ›The Later Roman Empire‹ nicht. Er brauchte die aktuelle Diskussion, die beständige Präsenz im Forschungsgang der Gegenwart.

Finleys Methode kam dabei dem Abstraktionsbedürfnis der modernen Sozial- und Geschichtswissenschaft sehr entgegen. Es ist kein Zufall, daß sie dort ihre überzeugendsten Resultate erzielte, wo nur wenige und überwiegend archäologische Quellen vorliegen. So blieb ›Die Welt des Odysseus‹ sein glücklichster Wurf; dort konnte die Konzeption der Modelle und Idealtypen am besten greifen. An anderen Stellen gelang dies weniger: Finleys Konzeptionen von Polis, Tyrannis, antiker Demokratie und antiker Sklaverei haben gewiß nachhaltige Wirkungen erzielt, den Anspruch der Methode selbst dagegen nicht einlösen können. Die von Finley bewußt gewählte Kontrastierung antiker und moderner Phänomene war nicht weniger anspruchsvoll. Was er dabei erreichte, blieb singulär. Damit hängt es zusammen, daß er trotz der intensiven Betreuung seiner Schüler und trotz der vollen Hingabe an seine akademischen und sozialen Verpflichtungen stets ein entschiedener Individualist geblieben ist.

Finley ging weder in Westermanns papyrologischen Untersuchungen noch in Schillers juristischen Forschungen, weder in Horkheimers sozialwissenschaftlichen Initiativen noch in Polanyis wirtschaftswissenschaftlichen Aktivitäten völlig auf.[88] Er wurde weder zum orthodoxen Marxisten noch zum rein pragmatischen Ökonomen. Er war eine eigenwüchsige, starke Persönlichkeit, welche die verschiedensten geistigen Strömungen von Vergangenheit und Gegenwart auf selbständige Weise in sich zu verbinden wußte. Er war ein Gelehrter, der wie wenige andere für seine Existenz die volle geistige und politische Freiheit brauchte, der sich von keiner Seite vereinnahmen ließ und der gerade deshalb zum passionierten Vermittler der Werte der griechischen Welt in unserer Zeit geworden ist.

[88] Wie tief der Einfluß der Konzeptionen von K. Polanyi (vergleiche die inzwischen vorliegenden Übersetzungen seiner Werke: Ökonomie und Gesellschaft. Frankfurt 1974; The Great Transformation. Politische und ökonomische Ursprünge von Gesellschaften und Wirtschaftssystemen. Frankfurt 1978) in dessen New Yorker Phase auf Finley war, wurde bisher nicht sicher abgeklärt. Vergleiche dazu B. D. Shaw – R. P. Saller, Editors' Introduction, in: Economy and Society in Ancient Greece by M. I. Finley. London 1981, XIX; A. Momigliano, Die Griechen und wir, in: M. I. Finley, Antike und moderne Demokratie. Stuttgart 1980, 120.

ANHANG

LITERATURVERZEICHNIS

Die folgende Bibliographie stellt zunächst in einem *allgemeinen* Teil die wichtigste Literatur zur Entwicklung der althistorischen Disziplin und ihrer Nachbarwissenschaften im 20. Jahrhundert zusammen sowie diejenige zu speziellen Aspekten und Themenkreisen, zur Entwicklung der Institutionen und zu bedeutenden, hier nicht ausführlich behandelten Gelehrten. Die bibliographischen Angaben des Bandes ›Von Gibbon zu Rostovtzeff‹ (Darmstadt ³1989) werden in der Regel nicht wiederholt. Leider konnte für die zweite Hälfte dieses allgemeinen Teils keine gleichmäßige Informationsdichte erzielt werden.

Im *speziellen* Teil folgen Übersichten über die Hauptwerke der in diesem Band besprochenen Althistoriker und Zusammenstellungen der jeweils einschlägigen Beiträge zu ihrer Person und zu ihrem Werk.

A. Allgemeiner Teil

a) Neuere Übersichten zur Entwicklung der althistorischen Disziplin und der Nachbarwissenschaften

G. Alföldy, Beobachtungen zur Lage der Althistorie in der Bundesrepublik, in: H. Flashar u. a. (Hrsg.), Geisteswissenschaft als Aufgabe. Berlin 1978, 194–203.

W. Berthold, Zum Problem einer umfassenden Geschichte der Geschichtswissenschaft und der antiken Geschichtswissenschaft in ihrem Rahmen, Klio 66, 1984, 366–379.

R. Bianchi Bandinelli, Klassische Archäologie. München 1978.

W. den Boer u. a., Les Études Classiques aux XIXe et XXe siècles. Vandœuvres-Genève 1980.

E. Burck u. a., Die Geschichte des Deutschen Altphilologenverbandes 1925–1985. Mitteilungsblatt des Deutschen Altphilologenverbandes. Sonderheft 1987.

G. Cambiano, Il ritorno degli antichi. Roma 1988.

L. Canfora, Intelletuali in Germania tra reazione e rivoluzione. Bari 1979.

R. Chevallier (Hrsg.), Influence de la Grèce et de Rome sur l'Occident moderne. Paris 1977.

K. Christ, Römische Geschichte und deutsche Geschichtswissenschaft. München 1982.
K. Christ, Römische Geschichte und Wissenschaftsgeschichte. III. Wissenschaftsgeschichte. Darmstadt 1983.
G. Daniel, A Hundred and Fifty years of Archaeology. London ²1975.
H.-J. Drexhage, Deutschsprachige Dissertationen zur Alten Geschichte. 1844–1978. Wiesbaden 1980.
M. Finley, Progress in Historiography, Daedalus 106, 1977, 125–142.
M. Fuhrmann, Brechungen. Wirkungsgeschichtliche Studien zur antik-europäischen Bildungstradition. Stuttgart 1982.
Groupe romand des Études grecques et latines (Hrsg.), Cinquante années d'études grecques et latines en Suisse romande (1932–1982). Lausanne 1983.
R. Günther, Forschungen zur Geschichte des Altertums in der DDR, Zeitschrift für Geschichtswissenschaft. Sonderheft 18, 1970, 281-292.
R. Günther – H. Klengel – H. Kreissig, Forschungen zur Alten Geschichte, Zeitschrift für Geschichtswissenschaft. Sonderheft 28, 1980, 30–45.
Fr. Hampl – K. Pivec, Praelectiones Brixinenses. Padova 1968.
H. Heinen, Die Geschichte des Altertums im Spiegel der sowjetischen Forschung. Darmstadt 1980.
A. Hentschke – U. Muhlack, Einführung in die Geschichte der klassischen Philologie. Darmstadt 1972.
G. Heydemann, Geschichtswissenschaft im geteilten Deutschland. Frankfurt 1980.
W. Kunkel, Geschichte als Prozeß? Hamburg 1987.
V. I. Kuziščin (Hrsg.), Istoriografija antičnoj istorii. Moskau 1980.
R. Lullies – W. Schiering, Archäologenbildnisse. Mainz 1988.
S. Mazzarino, Storia romana e storiografia moderna. Napoli 1954.
A. Momigliano, Gli Studi Italiani di storia Greca e Romana dal 1895 al 1939, in: Scritti in onore di B. Croce. Napoli. I. 1950, 84–106 (= Ders., Contributo alla storia degli studi classici. Roma 1955, 275–297).
A. Momigliano, Sullo stato presente degli studi di storia antica (1946–1954), in: Relazioni del X Congresso Internazionale di Scienze Storiche. VI. Roma 1955, 3–40 (= Ders., Secondo Contributo alla storia degli studi classici. Roma 1960, 319–349).
A. Momigliano, Classical Scholarship for a Classical Country, The Case of Italy in the Nineteenth and Twentieth Centuries, in: Ders., Ottavo Contributo alla storia degli studi classici e del mondo antico. Roma 1987, 73–89.
M. Reinhold, Classica Americana: the Greek and Roman heritage in the United States. Detroit 1984.
F. Sartori, Praelectiones Patavinae. Roma 1972.

W. Schuller (Hrsg.), Die Antike in der Moderne. Konstanz 1985.
P. Schumann, Die deutschen Historikertage von 1893 bis 1937. Diss. Marburg 1974.
S. Timpanaro – E. Gabba, Il primo (sc.. secondo) cinquantennio della ‚Rivista di filologia e d'istruzione classica', Rivista di filologia ... 100, 1972, 387–441; 442–488.
P. Treves, Un secolo di storie della storia greca, in: Studi di storiografia antica in memoria di L. Ferrero. Torino 1971, 2–24.
I. Weiler, Die Erforschung der Griechischen Geschichte seit der Renaissance, in: Ders., Griechische Geschichte. Darmstadt ^{2}1988, 11–25.

b) Zu speziellen Aspekten und Themenkreisen

H. Bengtson, Über die Beziehungen der deutschen und der italienischen Historiographie des Altertums, in: Ders., Kleine Schriften zur Alten Geschichte. München 1974, 628–638.
N. Brockmeyer, Antike Sklaverei. Darmstadt 1979.
H. Chantraine, Die Leistung der Juden für die Alte Geschichte im deutschen Sprachraum, Jahrbuch des Instituts für Deutsche Geschichte der Universität Tel-Aviv. Beiheft X, 1986, 113–145.
A. Demandt, Politische Aspekte im Alexanderbild der Neuzeit, Archiv für Kulturgeschichte 54, 1972, 325–363.
A. Demandt, Der Fall Roms. Die Auflösung des römischen Reiches im Urteil der Nachwelt. München 1984.
W. Gawantka, Die sogenannte Polis. Stuttgart 1985.
H.-J. Gehrke, Phokion. München 1976.
P. Hassel, Der Untergang Westroms aus der Sicht neuerer marxistischer Forschungen im deutschen Sprachraum. Diss. Marburg 1980.
Ch. Hoffmann, Juden und Judentum im Werk deutscher Althistoriker des 19. und 20. Jahrhunderts. Leiden 1988.
V. Losemann, Nationalsozialismus und Antike. Hamburg 1977.
M. Mazza, Nationalsocialismo e storia antica, Studi Romani 26, 1978, 145–160.
B. Näf, Von Perikles zu Hitler? Die athenische Demokratie und die deutsche Althistorie bis 1945. Bern 1986.
I. Stahlmann, Imperator Caesar Augustus. Studien zur Geschichte des Principatsverständnisses in der deutschen Altertumswissenschaft bis 1945. Darmstadt 1988.
Z. Yavetz, Caesar in der öffentlichen Meinung. Düsseldorf 1979.

c) Zur Geschichte einzelner Institutionen

Athen

U. Jantzen, Einhundert Jahre Athener Institut. 1874–1974. Mainz 1986.

Basel

H. Reinau, „Alte Geschichte" in Basel – nicht erst seit fünfzig Jahren, uni nova 33/1984 – Februar, 2f.

Berlin

W. Arenhövel – Chr. Schreiber (Hrsg.), Berlin und die Antike. 2 Bde. Berlin 1979. Im Aufsatzband insbesondere: A. Demandt, Alte Geschichte an der Berliner Universität 1810–1960, 69–97 und A. H. Borbein, Klassische Archäologie in Berlin vom 18. bis zum 20. Jahrhundert, 99–150.

K. Bittel u. a., Beiträge zur Geschichte des Deutschen Archäologischen Instituts von 1929 bis 1979. Mainz 1979.

Das Institut für griechisch-römische Altertumskunde. Berlin 1957.

Chr. Kirsten, Die Altertumswissenschaften in der Berliner Akademie. Wahlvorschläge zur Aufnahme von Mitgliedern von F. A. Wolf bis zu G. Rodenwaldt, 1799–1932. Berlin 1985.

Bonn

P. E. Hübinger, Das historische Seminar der Rheinischen Friedrich-Wilhelms-Universität zu Bonn. Bonn 1967.

Freiburg

150 Jahre Humanistische Bildung an der Universität Freiburg i. Br. Freiburg 1987.

Gießen

H. G. Gundel, Althistoriker in Gießen, Gießener Universitätsblätter X, 1977, 2, 95–105.

Göttingen

C. J. Classen (Hrsg.), Die Klassische Altertumswissenschaft an der Georg-August-Universität Göttingen. Göttingen 1988.

Halle

H. Schulz-Falkenthal, Die Entwicklung des Faches Alte Geschichte an der Universität Halle, Wiss. Zeitschr. Halle 10, 1961, 915–926.

Heidelberg

Vom frühen Griechentum bis zur römischen Kaiserzeit. Gedenk- und Jubiläumsvorträge am Heidelberger Seminar für Alte Geschichte.

Stuttgart 1989 (Heidelberger Althistorische Beiträge und Epigraphische Studien, 6).

Jena

M. Simon, Abriß der Entwicklung der Altertumswissenschaften an der Friedrich-Schiller-Universität Jena von 1945 bis 1980, in: Alma Mater Jenensis. 1, 1983, 122–132.

Innsbruck

R. Bichler (Hrsg.), 100 Jahre Alte Geschichte in Innsbruck. Innsbruck 1985.

Kiel

K. Jordan, Geschichtswissenschaft, in: Geschichte der Christian-Albrechts-Universität Kiel 1665–1965. V, 2. Neumünster 1969, 7–94.

K. Telschow, Die Alte Geschichte in Lehre und Forschung an der Christian-Albrechts-Universität in Kiel bis zu ihrer Etablierung als eigenständiges Fach, in: J. Bleicken (Hrsg.), Symposion für Alfred Heuß. Kallmünz 1986, 67–85.

Geschichte in Kiel. Kiel 1987.

Leipzig

G. Schrot, Forschung und Lehre zur Alten Geschichte an der Universität Leipzig, Wiss. Zeitschrift Leipzig 8, 1958/9, 323–337.

Mainz

H. Bellen, Das Institut für Alte Geschichte, in: Tradition und Gegenwart. Institute der Philosophischen Fakultät 1946–1972. Beiträge zur Geschichte der Universität Mainz 11/II, 2. Mainz 1977, 59–66.

Marburg

G. Wirth, Die Entwicklung der Alten Geschichte an der Philipps-Universität Marburg. Marburg 1977.

K. Christ, Zur Entwicklung der althistorischen Lehre und Forschung an der Philipps-Universität im Zeitraum 1870–1976, in: W. Heinemeyer u. a. (Hrsg.), Academia Marburgensis. Marburg 1977, 241–301.

München

E. Buchner, 25 Jahre Kommission für Alte Geschichte und Epigraphik, Chiron 6, 1976, VII f.

Rom

L. Wickert, Beiträge zur Geschichte des Deutschen Archäologischen Instituts 1879 bis 1929. Mainz 1979.

F. W. Deichmann – Th. Kraus, Zur Geschichte der Abteilung Rom des Deutschen Archäologischen Instituts von 1929 bis 1979, in: Das Deutsche Archäologische Institut. Geschichte und Dokumente. III. Mainz 1979.

Mitteilungen des Deutschen Archäologischen Instituts, Römische Abteilung. 25. Ergänzungsheft. Mainz 1982.

Wien

Hundert Jahre Institut für Alte Geschichte, Archäologie und Epigraphik der Universität Wien, 1876–1976. Wien 1977.

Würzburg

P. Baumgart (Hrsg.), Vierhundert Jahre Universität Würzburg. Neustadt an der Aisch 1982.

d) Zu einzelnen Gelehrten

Franz Altheim

Schriftenverzeichnis: W. Merkel, Bibliographie Franz Altheim, in: R. Stiehl – H. E. Stier (Hrsg.), Beiträge zur Alten Geschichte und deren Nachleben. Berlin 1970, 390–426.

Jérôme Carcopino

R. Tomasson, Bibliographie des œuvres de Jérôme Carcopino, in: Ders. (Hrsg.), Hommage à la mémoire de Jérôme Carcopino. Paris 1977, 349–411.

H.-I. Marrou, Notice sur la vie et les travaux de Jérôme Carcopino, Comptes rendus de l'Academie des Inscriptions et Belles-Lettres 1972, 204–220.

P. Grimal u. a., Jérôme Carcopino. Un historien au service de l'humanisme. Paris 1981.

Gaetano De Sanctis

Gaetano De Sanctis. 1870–1952. Accademia Nazionale dei Lincei. Quaderno N. 43. Roma 1958 – mit Bibliographie S. 15–33.

A. Momigliano, L'opera storica di Gaetano De Sanctis, in: Ders., Secondo Contributo alla storia degli studi classici. Roma 1960, 299–317.

G. De Sanctis, Ricordi della mia vita. A cura di S. Accame. Firenze 1970.

A. Momigliano, Gaetano De Sanctis e Augusto Rostagni, Quinto Contributo alla storia degli studi classici e del mondo antico. Roma 1975, 187–201.

E. Gabba, Riconsiderando l'opera storica di Gaetano De Sanctis, Rivista di Filologia e di Instruzione Classica 99, 1971, 5–25.

L. Polverini, Gaetano De Sanctis, Recensore, in: Annali della Scuola Normale Superiore di Pisa III. III, 4. 1973, 1047–1094.

S. Accame, Gaetano De Sanctis fra cultura e politica. Firenze 1976.

Victor Ehrenberg
Schriftenverzeichnis in: E. Badian (Hrsg.), Ancient Society and Institutions. Oxford 1966, XI–XV.
H. Schaefer, Victor Ehrenbergs Beitrag zur historischen Erforschung des Griechentums, Historia 10, 1961, 387–399 (= Ders., Probleme der Alten Geschichte. Göttingen 1963, 428–440).
J. Vogt, Gnomon 48, 1976, 423–426.

Ernst Fabricius
M. Gelzer, Gnomon 18, 1942, 238–240 (= Ders., Kleine Schriften. III. Wiesbaden 1964, 332–335).

Aldo Ferrabino
F. Sartori, Aldo Ferrabino, Atti e memorie del'Accademia di scienze, lettere ed arti Padova 85, 1972/3, 171–200.

Plinio Fraccaro
Schriftenverzeichnis von E. Gabba, Athenaeum 37, 1959, XXII–XLI.
G. Tibiletti, Athenaeum 37, 1959, IX–XXI.
A. Momigliano, Commemorazione del Socio Plinio Fraccaro, in: Ders., Terzo Contributo alla storia degli studi classici e del mondo antico. Roma 1966, 827–835.
L. Polverini, Fraccaro e De Sanctis, Athenaeum 63, 1985, 68–113.

Matthias Gelzer
Schriftenverzeichnis in: Ders., Kleine Schriften. I. Wiesbaden 1962, 1–14.
J. Bleicken u. a., M. Gelzer und die Römische Geschichte. Kallmünz 1977.

Alfred Heuß
Schriftenverzeichnis in: J. Bleicken (Hrsg.), Symposion für Alfred Heuß. Kallmünz 1986, 93–100.
Erste Verleihung des Preises des Historischen Kollegs. München 1984.

Konrad Kraft
Schriftenverzeichnis in: H. Castritius – D. Kienast (Hrsg.), K. Kraft, Kleine Schriften. III. Darmstadt 1985, 223–227.
A. Alföldi, Gnomon 43, 1971, 318–320.
H. Gesche, Zum Tode von Prof. Dr. Konrad Kraft, in: K. Kraft, Der ‚rationale' Alexander. Kallmünz 1971, 133–136.

Santo Mazzarino
F. Tessitore, Santo Mazzarino e la „Decadenzidee", Archivio di Storia della Cultura 2, 1989, 95–111.

Ernst Meyer

Fr. Fürer, Schriftenverzeichnis Ernst Meyer, 3 Teile. Maschinenschr. Zürich 1968. 1973. 1976.

F. G. Maier, Gnomon 48, 1976, 635–637.

K. Christ, Ernst Meyer (1898–1975), in: Ders., Römische Geschichte und Wissenschaftsgeschichte. III. Darmstadt 1983, 137–150.

Friedrich Münzer

A. Kneppe – J. Wiesehöfer, Friedrich Münzer. Bonn 1983.

André Piganiol

Schriftenverzeichnis: Bibliographie des Travaux de A. Piganiol, in: R. Chevallier (Hrsg.), Mélanges d'archéologie et d'histoire offerts à André Piganiol. Paris 1966, 11–26.

A. Chastagnol, André Piganiol (1883–1968), Revue Historique 240, 1968, 566–571.

H. Bengtson, André Piganiol, Jahrbuch der Bayerischen Akademie der Wissenschaften 1969, 1–5.

J. Heurgon, Notice sur la vie et les travaux de M. André Piganiol, Comptes rendus de l'Académie des Inscriptions et Belles-Lettres 1971, 572–586.

Fritz Schachermeyr

Fr. Schachermeyr, Forschungen und Betrachtungen zur griechischen und römischen Geschichte (mit Schriftenverzeichnis). Wien 1974.

G. Dobesch – H. Schachermeyr (Hrsg.), Fritz Schachermeyr. Ein Leben zwischen Wissenschaft und Kunst. Wien 1984.

G. Dobesch, Nachruf Fritz Schachermeyr, Almanach der Österr. Akademie der Wissenschaften 138, 1988, 419–436.

Hans Schaefer

H. Schaefer, Probleme der Alten Geschichte. Göttingen 1963 (mit Schriftenverzeichnis).

V. Ehrenberg, Nachruf auf H. Schaefer, Jh. Heidelberger AdW. 1961/2, 91–95.

H. U. Instinsky, Hans Schaefer, Gnomon 33, 1961, 844–848. – Siehe auch: *Heidelberg*.

Hermann Strasburger

Schriftenverzeichnis in: H. Strasburger, Studien zur Alten Geschichte. I. Hildesheim 1982, XI–XV.

W. Schmitthenner, Biographische Vorbemerkung, a. O., XVII–XXXIV.

Chr. Meier, Gedächtnisrede auf H. Strasburger, Chiron 16, 1986, 171–197.

Johannes Straub
Schriftenverzeichnis in: A. Lippold – N. Himmelmann, Bonner Festgabe Johannes Straub. Bonn 1977, 1–4.
Romanitas–Christianitas. Festschrift für Johannes Straub. Hrsg. von G. Wirth. Berlin 1982.

Fritz Taeger
Schriftenverzeichnis in: Gedenkblatt für Fritz Taeger. Stuttgart 1963, 45–48.
K. Christ, Fritz Taeger (1894–1960), in: Ders., Römische Geschichte und Wissenschaftsgeschichte. III. Darmstadt 1983, 128–136.

Eugen Täubler
E. Täubler, Der römische Staat. Stuttgart 1985.
E. Täubler, Aufsätze zur Problematik jüdischer Geschichtsschreibung 1908–1950. Tübingen 1977.
E. Täubler, Ausgewählte Schriften zur Alten Geschichte. Stuttgart 1987.

Gianfranco Tibiletti
E. Gabba, Gianfranco Tibiletti storico, Athenaeum 55, 1977, 5–14 – Schriftenverzeichnis a. O., 14–18.

Friedrich Vittinghoff
Schriftenverzeichnis: G. Schindler-Horstkotte, in: W. Eck u. a. (Hrsg.), Studien zur antiken Sozialgeschichte. Köln 1980, IX–XV.

Wilhelm Weber
Schriftenverzeichnis liegt nicht vor.
J. Vogt, Gnomon 21, 1949, 176–179.

Ulrich Wilcken
M. Gelzer, Gedächtnisrede auf Ulrich Wilcken, in: Ders., Kleine Schriften. 3. Wiesbaden 1964, 336–344.
F. Oertel, Ulrich Wilcken 1862–1944, in: Bonner Gelehrte. Geschichtswissenschaften. Bonn 1968, 332–339.

B. Spezieller Teil

ANDREAS ALFÖLDI

I. Hauptwerke

Der Untergang der Römerherrschaft in Pannonien. 2 Bde. 1924–1926.
A Festival of Isis in Rome under the Christian Emperors of the IVth Century. 1937.
Daci e romani in Transilvania. 1940.
Die Kontorniaten. 2 Bde. 1942–1943.
Zur Geschichte des Karpatenbeckens im 1. Jahrhundert v. Chr. 1942.
Zu den Schicksalen Siebenbürgens im Altertum. 1944.
The Conversion of Constantine the Great and Pagan Rome. 1948.
A Conflict of Ideas in the Late Roman Empire. 1952.
Der frührömische Reiteradel und seine Ehrenabzeichen. 1952.
Studien über Caesars Monarchie. 1953.
Die trojanischen Urahnen der Römer. 1957.
Early Rome and the Latins. 1965.
Studien zur Geschichte der Weltkrise des 3. Jahrhunderts n. Chr. 1967.
Die monarchische Repräsentation im römischen Kaiserreiche. 1970.
Der Vater des Vaterlandes im römischen Denken. 1971.
Die zwei Lorbeerbäume des Augustus. 1973.
Die Struktur des voretruskischen Römerstaates. 1974.
Caesar in 44 v. Chr. II. 1974.
Römische Frühgeschichte. Kritik und Forschung seit 1964. 1976.
Oktavians Aufstieg zur Macht. 1976.
Aion in Mérida und Aphrodisias. 1979.
Caesariana. 1984.
Caesar in 44 v. Chr. I. 1985.

II. Schriftenverzeichnis

Bibiliography prepared by G. Alföldy u. a., in: Andrew Alföldi 1895–1981. Princeton 1982, Institute for Advanced Study, 31–52.

III. Bibliographische Hinweise

Neben der unter II. genannten Gedenkpublikation des Institute for Advanced Study sind hervorzuheben: J. Heurgon u. a., Journal des Savants 1981, 197–227; M. R.-Alföldi, Historische Zeitschrift 233, 1981, 781–786;

G. Alföldy, Gnomon 53, 1981, 410–414; U. Bianchi, Studi Romani 29, 1981, 384–386.

Joseph Vogt

I. Hauptwerke

Die alexandrinischen Münzen. 2 Bde. 1924.
Die griechisch-ägyptische Sammlung Ernst von Sieglin. Terrakotten. (Expedition Ernst von Sieglin II 2). 1924.
Römische Politik in Ägypten. 1924.
Homo novus. Ein Typus der römischen Republik. 1926.
Herodot in Ägypten. 1929.
Orbis Romanus. 1929.
Die römische Republik. 1932.
Ciceros Glaube an Rom. 1935.
Unsere Stellung zur Antike. 1937.
Cicero und Sallust über die Catilinarische Verschwörung. 1938.
Kaiser Julian und das Judentum. 1939.
Caesar und seine Soldaten. 1940.
Vom Reichsgedanken der Römer. 1942.
Rom und Karthago. (Hrsg.). 1943.
Constantin der Große und sein Jahrhundert. 1949.
Sklaverei und Humanität im klassischen Griechentum. 1953.
Gesetz und Handlungsfreiheit in der Geschichte. 1955.
Struktur der antiken Sklavenkriege. 1957.
Geschichte des Altertums und Universalgeschichte. 1957.
Von der Gleichwertigkeit der Geschlechter in der bürgerlichen Gesellschaft der Griechen. 1960.
Orbis. Ausgewählte Schriften zur Geschichte des Altertums. 1960.
Wege zum historischen Universum. 1961.
Zur Religiosität der Christenverfolger im römischen Reich. 1962.
Ammianus Marcellinus als erzählender Geschichtsschreiber der Spätzeit. 1963.
Der Niedergang Roms. 1965.
Sklaverei und Humanität. 1965.
Kulturwelt und Barbaren. Zum Menschheitsbild der spätantiken Gesellschaft. 1967.
Sklaverei und Humanität. Ergänzungsheft. 1983.
Begegnung mit Synesios. 1985.

II. Schriftenverzeichnis

U. Vogt, Verzeichnis der Schriften Joseph Vogts (1924–1971), in: Beilage zu Aufstieg und Niedergang der Römischen Welt. Hrsg. von H. Temporini, I, 1. Berlin 1970, 15*–28*.

III. Bibliographische Hinweise

Im Zusammenhang mit J. Vogts 75. Geburtstag entstanden die Würdigungen von V. Ehrenberg in: Beilage zu Aufstieg und Niedergang der Römischen Welt. Hrsg. von H. Temporini. I, 1. Berlin 1970,5*–13* und K. Christ, Joseph Vogt und die Geschichte des Altertums, Saeculum 21, 1970, 106–150. Vergleiche auch A. Toynbee, Die „Alte Geschichte" und die Universalhistorie. Für Joseph Vogt, Saeculum 21, 1970, 91–105.

Hervorzuheben sind die folgenden Nachrufe: H. Bellen, Akademie der Wissenschaften und der Literatur Mainz, Jahrbuch 1986, 87–92; K. Christ, Gnomon 59, 1987, 476–478; F. G. Maier, Neue Zürcher Zeitung 19./20. 7. 1986, 33; H. Gräfin Vitzthum, Tübinger Blätter 73, 1986, 100.

Helmut Berve

I. Hauptwerke

Das Alexanderreich auf prosopographischer Grundlage. 2 Bde. 1926.
Griechische Geschichte. 2 Bde. 1931–1933. ²1951–1952.
Miltiades. 1937.
Sparta. 1937. ²1944.
Thukydides. 1938.
Perikles. 1940.
Das neue Bild der Antike. (Hrsg.). 2 Bde. 1942.
Imperium Romanum. 1943.
Gestaltende Kräfte der Antike. 1949. ²1966.
Die Herrschaft des Agathokles. 1952.
Dion. 1956.
König Hieron II. 1959.
Die Tyrannis bei den Griechen. 2 Bde. 1967.

II. Schriftenverzeichnis

Eine separate Gesamtbibliographie liegt nicht vor. Vergleiche jedoch das Nachwort der Herausgeber E. Buchner und P. R. Franke in: H. Berve, Gestaltende Kräfte der Antike. München ²1966, 485–488.

III. Bibliographische Hinweise

Gesamtwürdigungen von Berves Persönlichkeit und Leistung gaben A. Heuß, Historische Zeitschrift 230, 1980, 779–787 und Fr. Hampl, Gnomon 51, 1979, 413–415.

Zu Berves Tätigkeit in der Bayerischen Akademie der Wissenschaften siehe H. Bengtson, Jahrbuch der Bayerischen Akademie der Wissenschaften 1979, 251–256; zu jener in der Mainzer Akademie H. Bellen, Akademie der Wissenschaften und der Literatur Mainz, Jahrbuch 1979, 80–82.

Kritische Auseinandersetzungen mit Berves Geschichtsbild finden sich bei A. Momigliano, Terzo Contributo alla storia degli Studi classici e del mondo antico. Roma 1966, 699–708; B. Näf, Von Perikles zu Hitler? Bern 1986, 146–159.

Zu Berves Spartabild siehe K. Christ, Spartaforschung und Spartabild, in: Ders. (Hrsg.), Sparta. Darmstadt 1986 (Wege der Forschung, 622), 45–63.

Ronald Syme

I. Hauptwerke

a) Monographien

The Roman Revolution. 1939.

A Roman Post-Mortem. An inquest on the fall of the Roman Republic. 1950.

Tacitus. 2 Bde. 1958.

Colonial Élites. Rome, Spain, and the Americas. 1958.

Sallust. 1964.

Ammianus and the Historia Augusta. 1968.

History in Ovid. 1978.

Some Arval Brethren. 1980.

The Augustan Aristocracy. 1986.

b) Sammelbände

Ten Studies in Tacitus. 1970.
Danubian Papers. 1971.
Emperors and Biography. 1971.
Historia Augusta Papers. 1983.
Roman Papers. I. 1979. II. 1979. III. 1984. IV. 1988. V. 1988.

II. Schriftenverzeichnis

E. Badian, Bibliography of Sir Ronald Syme (to 1970), in: Roman Papers. II. 1979, 855–862.

III. Bibliographische Hinweise

Zur Einführung in Symes Leben und Werk eignet sich am besten der Beitrag von F. Millar, Style abides, Journal of Roman Studies 71, 1981, 144–152.

Symes prosopographische Methode erörtert umfassend G. Alföldy, Review-Discussion R. Syme, Roman Papers. 2 Bde. 1979, American Journal of Ancient History 4, 1979, 167–185.

Zur Problematik von The Roman Revolution siehe A. Momigliano, Besprechung von R. Syme, The Roman Revolution, in: W. Schmitthenner (Hrsg.), Augustus. Darmstadt 1969, 140–152, sowie G. Alföldy, Sir Ronald Syme, „Die römische Revolution" und die deutsche Althistorie, Sitz.-Ber. Heidelberger AdW., Phil.-hist. Kl. 1983, 1, ferner die in dem Band La Rivoluzione Romana. Inchiesta tra gli Antichisti (Ed. A. Guarino). Napoli 1982 (Bibliotheca di Labeo, VI) gesammelten Beiträge.

Arnaldo Momigliano

I. Hauptwerke

a) Die ›Contributi‹

Contributo alla storia degli studi classici. 1955. Nachdruck 1979.
Secondo Contributo alla storia degli studi classici. 1960. Nachdruck 1984.
Terzo Contributo alla storia degli studi classici e del mondo antico. 2 Bde. 1966 (vergriffen).
Quarto Contributo . . . 1969 (vergriffen).
Quinto Contributo . . . 2 Bde. 1975 (vergriffen).

Sesto Contributo . . . 2 Bde. 1980.
Settimo Contributo . . . 1984.
Ottavo Contributo . . . 1987.

b) Sammelbände

Studies in Historiography. 1966.
Essays in Ancient and Modern Historiography. 1977.
Problèmes d'historiographie ancienne et moderne. 1983.
Sui fondamenti della storia antica. 1984.
Tra storia e storicismo. 1985.
Storia e storiografia antica. 1987.
Pagine ebraiche. 1987.
On Pagans, Jews, and Christians. 1987.
Die Juden in der Alten Welt. 1988.
Saggi di storia della religione romana. 1988.

c) Monographien

Prime linee di storia della tradizione Maccabaica. 1930. ²1931. ³1968.
L'opera dell'Imperatore Claudio. 1932. = Claudius: The Emperor and his Achievement. 1934. ²1961.
Filippo il Macedone. Saggio sulla storia greca del IV secolo A. C. 1934. ²1987.
Sommario di storia delle civiltà antiche.
I. L'Oriente e la Grecia. 1934. ²1937. ³1938. Nachdruck 1946.
II. Roma. 1934. Nachdrucke 1958. 1961.
Roma fino all 133 a. C. 1936. ²1937. ³1938.
Roma dal 133 a. C. ²1936.
La formazione della moderna storiografia sull'impero romano. 1938.
The Conflict between Paganism and Christianity in the Fourth Century. (Hrsg.). 1963.
Ricerche sull'organizzazione della Giudea sotto il dominio romano (63 a. C. –70 d. C.). 1968.
The Development of Greek Biography. 1971.
Polybius between the English and the Turks. 1974.
Introduzione bibliografica alla storia greca fino a Socrate. 1975.
Alien Wisdom. The Limits of Hellenization. 1975 = Hochkulturen im Hellenismus. Die Begegnung der Griechen mit Kelten, Römern, Juden und Persern. 1979.
La storiografia greca. 1982.

New Paths of Classicism in the Nineteenth Century. 1982.
L'Antichità nell'Ottocento in Italia e Germania. (Hrsg. mit K. Christ). 1988.

II. Schriftenverzeichnis

Bibliografia di Arnaldo Momigliano, 1928–1968 (luglio), in: Quarto Contributo . . . 1969, 667–727;
Bibliografia di Arnaldo Momigliano, agosto 1968 – luglio 1978, in: Sesto Contributo . . . 1980, 843–860;
Bibliografia di Arnaldo Momigliano, agosto 1978 – luglio 1986, in: Ottavo Contributo . . . 1987, 433–449.

III. Bibliographische Hinweise

Nach Momiglianos Tod erschienen in zahlreichen Organen der internationalen Presse Nachrufe. Hervorgehoben seien: The Times, 3. 9. 1987; Daily Telegraph, 12. 9. 1987; The Independent 7. 9. 1987; L. Romano, Arnaldo Momigliano e la piccola Patria, Corriere della Sera, 31. 10. 1987; T. Cornell, University College London, The Bulletin October 1987, 19–23; F. G. Maier, Geschichte als kritische Wissenschaft. Zum Gedenken an Arnaldo Momigliano, Neue Zürcher Zeitung 12./13. 12. 1987, 66.

Die Ansprachen der Gedenkveranstaltungen in Chicago, London und mehreren italienischen Städten liegen derzeit noch nicht vollständig vor. Siehe jedoch A. C. Dionisotti, The Letter of Mardochaeus the Jew to Alexander the Great. A Lecture in memory of Arnaldo Momigliano, Journal of the Warburg and Courtauld Institutes 51, 1988, 1–13; J. Weinberg, Where Three Civilizations Meet. A tribute to the life and work of Arnaldo Dante Momigliano. London 1988 (Leo Baeck College Lectures).

Von späteren Nachrufen seien genannt: C. Dionisotti, Ricordo di Arnaldo Momigliano, Annali della Scuola Normale Superiore di Pisa, Cl. di Lettere e Filosofia. Ser. III. XVII, 3, 1987, 549–564; E. Shils, The Community of Learning. Arnaldo Dante Momigliano, 1908–1987, Encounter LXXI, 5 December 1988, 66–71; K. Christ, Gnomon 60, 1988, 571–575; O. Murray, Journal of Roman Studies 77, 1987, XIf.

Besonders hervorzuheben sind die Beiträge verschiedener Gelehrter, die in einem Sonderheft des Jahrganges 100 der Rivista Storica Italiana zusammengefaßt wurden. Vergleiche ferner C. Dionisotti, Arnaldo Momigliano e Croce, Belfagor 43, 1988, 617–642; A. C. Dionisotti u. a. (Hrsg.), The Uses of Greek and Latin. Historical Essays. London, The Warburg Institute, 1988; G. Clemente, Arnaldo Momigliano e la storia della cultura, Archivio di Storia della Cultura 2, 1989, 85–88; R. Di Ronato, La memoria e la storia: in ricordo di Arnaldo Momigliano, a. O., 89–93.

Von früheren Würdigungen seien erwähnt: M. I. Finley, The Historical Tradition: The Contribution of Arnaldo Momigliano, in: Ders., The Use and Abuse of History. London 1975, 75–86; K. Christ, History and Theory 17, 1978, 327–336; Ders., Fundamente der Alten Geschichte und der Historiographie, Storia della Storiografia 1985, 8, 154–158; J. Petersohn (Hrsg.), Prophetie und Geschichtsschreibung. Ehrenpromotion Arnaldo Momigliano. Marburg 1986.

Moses Finley

I. Hauptwerke

a) Monographien

Studies in Land and Credit in Ancient Athens, 500–200 B. C. 1952. Nachdruck 1973.

The World of Odysseus. 1954. ^{2}1956. ^{3}1962. ^{4}1978.

The Greek Historians: the Essence of Herodotus. Thucydides, Xenophon, Polybius. 1959.

Slavery in Classical Antiquity: Views and Controversies. (Hrsg.). 1960. Nachdruck 1968.

The Ancient Greeks. 1963.

Ancient Sicily to the Arab Conquest. 1968. ^{2}1979.

Early Greece: The Bronze and Archaic Ages. 1970. ^{2}1981.

The Ancestral Constitution. 1971.

The Ancient Economy. 1973. ^{2}1985.

Democracy Ancient and Modern. 1973.

Problèmes de la terre en Grèce ancienne. (Hrsg.). 1973.

Studies in Ancient Society. (Hrsg.). 1974.

The Olympic Games. (With H. W. Pleket). 1976.

Studies in Roman Property. (Hrsg.). 1976.

Atlas of Classical Archaeology. (Hrsg.). 1977.

The Idea of a Theatre: The Greek Experience. 1980.

Ancient Slavery and Modern Ideology. 1980.

The Legacy of Greece. A New Appraisal. (Hrsg.). 1981.

Politics in the Ancient World. 1983.

Ancient History. Evidence and Models. 1985.

b) Sammelbände

Aspects of Antiquity. 1968. ^{2}1977.
The Use and Abuse of History. 1975.
Economy and Society in Ancient Greece. 1981.

II. Schriftenverzeichnis

Bibliography of M. I. Finley, in: B. D. Shaw and R. P. Saller (Hrsg.), Economy and Society in Ancient Greece. By M. I. Finley. London 1981, 312–318.

III. Bibliographische Hinweise

Die derzeit beste Einführung in Leben und Werk von M. I. Finley bietet die Editors' Introduction von B. D. Shaw und R. P. Saller in: Economy and Society in Ancient Greece. London 1981, IX–XXVI; vergleiche daneben A. Momigliano, Die Griechen und wir. Zum historischen Werk von M. I. Finley, in: M. I. Finley, Antike und moderne Demokratie. Stuttgart 1980, 118–138 sowie M. De Sanctis, Moses I. Finley. Note per una biografia intellettuale, Quaderni di Storia 5, 1979, Nr. 10, 3–37.

Zu den Horoi siehe P. Millett, The Attic Horoi reconsidered in the Light of Recent Discoveries, Opus 1, 1982, 219–249.

ZEITTAFEL

(Die folgende Liste umfaßt lediglich die wichtigsten Werke der hier behandelten Autoren. Berücksichtigt wurde nur die Erstpublikation.)

1924 (–1926) A. Alföldi, Der Untergang der Römerherrschaft in Pannonien. 2 Bde.
J. Vogt, Die alexandrinischen Münzen. 2 Bde.
J. Vogt, Die griechisch-ägyptische Sammlung E. von Sieglin. Terrakotten.
J. Vogt, Römische Politik in Ägypten.
1926 H. Berve, Das Alexanderreich auf prosopographischer Grundlage. 2 Bde.
J. Vogt, Homo novus.
1929 J. Vogt, Herodot in Ägypten.
J. Vogt, Orbis Romanus.
1930 A. Momigliano, Prime linee di storia della tradizione Maccabaica.
1931 H. Berve, Griechische Geschichte. I.
1932 A. Momigliano, L'opera dell'Imperatore Claudio.
J. Vogt, Die römische Republik.
1933 H. Berve, Griechische Geschichte. II.
1934 A. Alföldi, Die Ausgestaltung des monarchischen Zeremoniells am römischen Kaiserhofe.
H. Berve, Kaiser Augustus.
A. Momigliano, Filippo il Macedone.
A. Momigliano, Sommario di storia delle civiltà antiche. 2 Bde.
1935 A. Alföldi, Insignien und Tracht der römischen Kaiser.
J. Vogt, Ciceros Glaube an Rom.
1937 A. Alföldi, A Festival of Isis in Rome under the Christian Emperors of the IVth Century.
H. Berve, Miltiades.
H. Berve, Sparta.
J. Vogt, Unsere Stellung zur Antike.
1938 H. Berve, Thukydides.
A. Momigliano, La formazione della moderna storiografia sull' impero romano.
J. Vogt, Cicero und Sallust über die Catilinarische Verschwörung.
1939 R. Syme, The Roman Revolution.

1939 J. Vogt, Kaiser Julian und das Judentum.
1940 A. Alföldi, Daci e romani in Transilvania.
H. Berve, Perikles.
J. Vogt, Caesar und seine Soldaten.
1942 A. Alföldi, Zur Geschichte des Karpatenbeckens im 1. Jahrhundert v. Chr.
(-1943) A. Alföldi, Die Kontorniaten. 2 Bde.
H. Berve (Hrsg.), Das neue Bild der Antike. 2 Bde.
J. Vogt, Vom Reichsgedanken der Römer.
1943 H. Berve, Imperium Romanum.
J. Vogt (Hrsg.), Rom und Karthago.
1944 A. Alföldi, Zu den Schicksalen Siebenbürgens im Altertum.
1948 A. Alföldi, The Conversion of Constantine the Great and Pagan Rome.
1949 H. Berve, Gestaltende Kräfte der Antike.
J. Vogt, Constantin der Große und sein Jahrhundert.
1950 R. Syme, A Roman Post-Mortem.
J. Vogt (Leitung), Forschungen zur antiken Sklaverei.
1952 A. Alföldi, A Conflict of Ideas in the Late Roman Empire.
A. Alföldi, Der frührömische Reiteradel und seine Ehrenabzeichen.
H. Berve, Die Herrschaft des Agathokles.
M. Finley, Studies in Land and Credit in Ancient Athens, 500–200 B. C.
1953 A. Alföldi, Studien über Caesars Monarchie.
J. Vogt, Sklaverei und Humanität im klassischen Griechentum.
1954 M. Finley, The World of Odysseus.
1955 A. Momigliano, Contributo alla storia degli studi classici.
J. Vogt, Gesetz und Handlungsfreiheit in der Geschichte.
1956 H. Berve, Dion.
1957 A. Alföldi, Die trojanischen Urahnen der Römer.
J. Vogt, Struktur der antiken Sklavenkriege.
J. Vogt, Geschichte des Altertums und Universalgeschichte.
1958 R. Syme, Tacitus. 2 Bde.
R. Syme, Colonial Élites.
1959 M. Finley, The Greek Historians.
H. Berve, König Hieron II.
1960 M. Finley (Hrsg.), Slavery in Classical Antiquity.
A. Momigliano, Secondo Contributo alla storia degli studi classici.
J. Vogt, Orbis.
J. Vogt, Von der Gleichwertigkeit der Geschlechter in der bürgerlichen Gesellschaft der Griechen.
1961 J. Vogt, Wege zum historischen Universum.

1962 J. Vogt, Zur Religiosität der Christenverfolger im römischen Reich.
1963 M. Finley, The Ancient Greeks.
A. Momigliano (Hrsg.), The Conflict between Paganism and Christianity in the Fourth Century.
J. Vogt, Ammianus Marcellinus als erzählender Geschichtsschreiber der Spätzeit.
1964 R. Syme, Sallust.
1965 A. Alföldi, Early Rome and the Latins.
J. Vogt, Der Niedergang Roms.
J. Vogt, Sklaverei und Humanität.
1966 A. Momigliano, Terzo Contributo alla storia degli studi classici e del mondo antico. 2 Bde.
A. Momigliano, Studies in Historiography.
1967 A. Alföldi, Studien zur Geschichte der Weltkrise des 3. Jahrhunderts n. Chr.
H. Berve, Die Tyrannis bei den Griechen.
J. Vogt, Kulturwelt und Barbaren.
1968 M. Finley, Ancient Sicily to the Arab Conquest.
M. Finley, Aspects of Antiquity.
A. Momigliano, Ricerche sull'organizzazione della Giudea sotto il dominio romano (63 a. C. – 70 d. C.).
R. Syme, Ammianus and the Historia Augusta.
1969 A. Momigliano, Quarto Contributo alla storia degli studi classici e del mondo antico.
1970 A. Alföldi, Die monarchische Repräsentation im römischen Kaiserreiche.
M. Finley, Early Greece: The Bronze and Archaic Ages.
R. Syme, Ten Studies in Tacitus.
1971 A. Alföldi, Der Vater des Vaterlandes im römischen Denken.
M. Finley, The Ancestral Constitution.
A. Momigliano, The Development of Greek Biography.
R. Syme, Danubian Papers.
R. Syme, The Historia Augusta.
R. Syme, Emperors and Biography.
1973 A. Alföldi, Die zwei Lorbeerbäume des Augustus.
M. Finley, The Ancient Economy.
M. Finley, Democracy Ancient and Modern.
M. Finley (Hrsg.), Problèmes de la terre en Grèce ancienne.
1974 A. Alföldi, Caesar in 44 v. Chr. II.
A. Alföldi, Die Struktur des voretruskischen Römerstaates.
M. Finley (Hrsg.), Studies in Ancient Society.
A. Momigliano, Polybius between the English and the Turks.
1975 M. Finley, The Use and Abuse of History.

1975 A. Momigliano, Quinto Contributo alla storia degli studi classici e del mondo antico. 2 Bde.
A. Momigliano, Alien Wisdom. The Limits of Hellenization.
A. Momigliano, Introduzione bibliografica alla storia greca fino a Socrate.
1976 A. Alföldi, Römische Frühgeschichte. Kritik und Forschung seit 1964.
A. Alföldi, Oktavians Aufstieg zur Macht.
M. Finley – H. W. Pleket, The Olympic Games.
M. Finley (Hrsg.), Studies in Roman Property.
1977 M. Finley (Hrsg.), Atlas of Classical Archaeology.
A. Momigliano, Essays in Ancient and Modern Historiography.
1978 R. Syme, History in Ovid.
1979 A. Alföldi, Aion in Mérida und Aphrodisias.
R. Syme, Roman Papers. I. II.
1980 M. Finley, Ancient Slavery and Modern Ideology.
M. Finley, The Idea of a Theatre: The Greek Experience.
A. Momigliano, Sesto Contributo alla storia degli studi classici e del mondo antico. 2 Bde.
R. Syme, Some Arval Brethren.
1981 M. Finley, Economy and Society in Ancient Greece.
M. Finley (Hrsg.), The Legacy of Greece.
1982 A. Momigliano, La storiografia greca.
A. Momigliano, New Paths of Classicism in the Nineteenth Century.
1983 M. Finley, Politics in the Ancient World.
A. Momigliano, Problèmes d'historiographie ancienne et moderne.
R. Syme, Historia Augusta Papers.
1984 A. Alföldi, Caesariana.
A. Momigliano, Settimo Contributo alla storia degli studi classici e del mondo antico.
A. Momigliano, Sui fondamenti della storia antica.
R. Syme, Roman Papers. III.
1985 A. Alföldi, Caesar in 44 v. Chr. I.
M. Finley, Ancient History. Evidence and Models.
A. Momigliano, Tra storia e storicismo.
J. Vogt, Begegnung mit Synesios.
1986 R. Syme, The Augustan Aristocracy.
1987 A. Momigliano, Ottavo Contributo alla storia degli studi classici e del mondo antico.
A. Momigliano, Storia e storiografia antica.
A. Momigliano, Pagine ebraiche.
A. Momigliano, On Pagans, Jews, and Christians.

1988 A. Momigliano, Saggi di storia della religione romana.
A. Momigliano, Die Juden in der Alten Welt.
A. Momigliano – K. Christ (Hrsg.), L'Antichità nell'Ottocento in Italia e Germania.
R. Syme, Roman Papers. IV. V.

REGISTER